轨道交通
智能技术导论

张秀彬

[巴基] 曼苏乐
(Muhammad Mansoor Khan)　　著

叶尔江·哈力木

上海交通大学出版社
SHANGHAI JIAO TONG UNIVERSITY PRESS

内容提要

本书在现代科技及人工智能(AI)理论与技术高度发展的基础上,系统阐述了轨道交通智能技术的科学原理与技术。内容包括轨道交通系统智能监控、列车动力系统的智能传感与识别、轨道交通系统运管中的人工智能技术、人工智能在轨道交通运维中的应用、列车车辆环境的智能维护等的技术原理、理论算法与实用工程技术。

本书可以作为高等院校轨道交通系统、通信、自动化、智能装备设计与制造、人工智能、计算机科学与技术、电气工程与自动化等相关专业的教材或教学参考书,也可作为轨道交通系统设计、运行与维护专业人员的参考书。

图书在版编目(CIP)数据

轨道交通智能技术导论／ 张秀彬,(巴基)曼苏乐,叶尔江·哈力木著. —上海:上海交通大学出版社,2021.9(2025.7 重印)
ISBN 978 - 7 - 313 - 25170 - 1

Ⅰ. ①轨… Ⅱ. ①张…②曼…③叶… Ⅲ. ①人工智能-应用-城市铁路-轨道交通-高等学校-教材 Ⅳ. ①U239.5

中国版本图书馆 CIP 数据核字(2021)第 143199 号

轨道交通智能技术导论
GUIDAO JIAOTONG ZHINENG JISHU DAOLUN

著　　者:张秀彬　[巴基]曼苏乐　叶尔江·哈力木
出版发行:上海交通大学出版社
邮政编码:200030
印　　制:苏州市古得堡数码印刷有限公司
开　　本:710 mm×1000 mm　1/16
字　　数:327 千字
版　　次:2021 年 9 月第 1 版
书　　号:ISBN 978 - 7 - 313 - 25170 - 1
定　　价:68.00 元

地　　址:上海市番禺路 951 号
电　　话:021 - 64071208
经　　销:全国新华书店
印　　张:18.25
印　　次:2025 年 7 月第 4 次印刷

前　　言

　　历经十几年,我和我的同事及多位学生(曼苏乐、吴浩、应俊豪、莫臻、计长安等博士,还有众多的硕士和学士)的研究工作涉及传动与节能、网络与通信、检测与控制、传感与信号处理、状态识别、图像处理、数学模型与智能算法、人工智能在轨道交通系统中的实用技术等。他们中有些人还直接参与轨道交通系统装备技术改造、研发或运行管理,并取得了相应成果。这些早就促使我要将相关成果编撰成书。唯因自己忙碌,一时便将此事置之脑后。如今,我的学生叶尔江正在深入研究智能理论及其算法,于是又激活了我的思维和"冲劲"。

　　虽然自己已出版若干论著,但还是想就所涉足的学术领域继续做一些归纳与整理,以鼓励我所教过的学生们继续努力,为完善相关理论与技术再做出些许贡献。

　　或许,这又是自己的一次"躬蹈矢石"之举,然而静心而思,感触良多:繁华已散尽,痴心仍不改! 借用自己曾经的"涂鸦"以表心意:"天云舒卷未阅尽,遥望远景叹不已;攀登之路甚乏力,欲罢矢志却难移!"

　　将本书谓之"导论",颇有概述与帮扶之意,希望所阐述之内容能够起到"引索"作用。轨道交通是一庞大复杂的系统,所涉及的知识面极为广阔,其所涵盖的学科均可列出专项课题予以深入研究而无止境。

　　十分感激曼苏乐与叶尔江,还有其他弟子们"云屯雾集"般的鼎力扶助! 为回报大家的辛勤劳作,以此抛砖引玉为序。

上海交通大学张秀彬

2021 年 8 月 25 日于上海

目 录

第1章　轨道交通发展简史

以史为鉴可以知兴替。

我国曾经历过一段极为"可悲"的历程。中华民族曾经有过的辉煌科技成就被昏庸无能的封建统治者"掩埋"于历史的"尘埃"之中。尤其是腐败的清朝统治者，在近代西方工业革命浪潮早已波及世界之时，却"毫无察觉"。长期以来，封建统治者面对落后与颓败的封建制度冥顽不化，还对当时先进的"西学"采取排斥态度，将当时西方"方兴未艾"的科学理论与技术鄙称为"夷学"，根本无心"取人之长"来弥补自身科学与技术的"短缺"。从雍正的"百年禁教"起，早在明朝时期已经"孕育"起来的"西学东渐"被阻隔长达 160 多年之久，从而导致我国成为世界科技发展史上最可悲的井底之蛙。恰在此期间，西方科技却在"思想解放"的浪潮中蓬勃兴起，如牛顿（Newton，1643—1727，英国著名物理学家）的"物体运动三定律"开启了经典物理学的时代；瓦特（Watt，1736—1819，英国发明家、企业家）的蒸汽机催生了世界第一次工业革命；麦克斯韦（Maxwell，1831—1879，英国物理学家、数学家）的经典电动力学与经典统计力学形成；法拉第（Faraday，1791—1867，英国物理学家、化学家）的电磁感应定律产生；等等[1]。

本书就轨道交通智能技术的发展而论，自然需要对世界近现代轨道交通的发展状况做一简要的阐述，以助读者能够思前想后、行成于思。

1.1　世界近代轨道交通发展史简述

早在公元 60 年前后，希罗（Heron，公元 10—公元 70 年，古罗马数学家、工程师）就已创造出了蒸汽发动机雏形——利用蒸汽推动的空心钢球，蒸汽从钢球两根方向相反的弯管中排出，形成一个扭力，使球转动，俗称"汽转球"。这是人类最早发明的、将蒸汽转变为动力的一种简单机械技术方法。希罗为此还撰写了一本叫作《压缩空气的理论和应用》的专著，留存于世[2]。

尽管,1698年西弗里(Severy,英国工程师)、1712年纽科门(Newcomen,1664—1729,英国工程师)和1769年瓦特,都对早期蒸汽机技术的发展做出了贡献,但是,最终要数瓦特的贡献更为突出。这是因为瓦特运用当时已有的科学理论,逐渐发现了这种蒸汽机的技术缺陷,于1776年制造出第一台具有实用价值的蒸汽机。

蒸汽机的重要性在当时就已经超出了人们的想象,而瓦特对原有蒸汽机机械结构的改进,极大地提高了蒸汽机的能量转换效率,在工业生产领域具有极高的实用价值。

很快,蒸汽机被广泛地应用于工业生产,成为几乎所有机器的动力装置,从而改变了人们的生产方式,极大地推动了技术进步,进而拉开了西方工业革命的序幕。其中极为重要的是,由瓦特发明的离心飞摆调速器是早期动力机械运动速度控制的重要技术。自从有了瓦特调速器,便解决了蒸汽机推动机械转动速度的调节与稳定问题,这也是人类自动化技术发展史上开天辟地的理论创立与技术进步的基础[1]。

在瓦特首次解决了机械转速稳定与速度自动调节技术难题之后,世界上第一台蒸汽机车才问世。即1804年特里维斯克(Trevisk,英国矿山技师)根据瓦特蒸汽机及其调速器的原理制造出世界上第一辆蒸汽机车"新城堡号",其质量为6.5 t,可以牵引30 t货物,动轮直径为4 ft(1 ft=0.304 8 m),轨矩为4 ft 8 in(1 in=24.5 mm)(合1 422 mm)(见图1-1)。

图1-1 世界上第一台蒸汽机车

尽管最早的蒸汽机车结构简单,热效率低,体型笨重,其他辅助技术也极其简陋,但却是当时英国贵族出行的时髦交通工具(见图1-2)。

19世纪,尽管火车还不如一匹马跑得快(见图1-3),但是它却能够载运大批量的货物进行较长距离的运输,这一优点在当时就已经非常突出。1814年,英国铁路火车运营已经成为一项成熟的轨道交通工具(见图1-4)。

1894年,继英国之后,德国研制成功第一台汽油内燃机车并投入运营,从此开创了火车技术的新纪元。图1-5所示为国外早期的内燃机车。

临近20世纪,西方的蒸汽机车便已开始"驶进"历史博物馆,铁路运输开始了电力机车和内燃机车的新时代。

图 1-2　英国贵族曾经的时髦交通工具

图 1-3　19 世纪的火车不及马跑得快

图 1-4　英国 1814 年的运营火车

图 1-5　国外早期内燃机车

　　自 1900 年开始,美国紧随欧洲大规模地兴建铁路,直至 1945 年达到"鼎盛"。其间的 1924 年,德、美、法等国均成功研制了各种柴油内燃机车,并在世界上广泛使用。1941 年,瑞士研制成功新型燃油汽轮机车,这种机车以柴油为燃料,结构简单、震动小、运行性能好,被当时的西方工业国家普遍采用。

　　据历史资料显示,1941 年,全世界铁路总长度就已达到 126 万千米,这是世界轨道交通技术史上最蓬勃发展的一段时期。

图1-6 美国20世纪拆除铁路的场面

然而，在1946年至1964年间，随着汽车技术的发展和普及，以美国为首的欧美国家又纷纷开始拆除多余的铁路（见图1-6）。这是由于汽车具有"门对门"的"代步"优势和社会投入/产出的经济效益，以及轨道交通技术的发展暂时出现了"停滞"所致。

从20世纪60年代后期开始，随着轨道交通新一轮技术的发展（包括牵引方式、新能源、轨道结构、隧道桥梁网络、车身设计、运行速度等新技术的兴起），世界上交通工具的整体发展态势又出现了翻天覆地的变化。新技术的层出不穷使得轨道交通又重新回到了历史进程的"高位"。

1964年，日本建成了世界上第一条速度为200 km/h的高速铁路，一时轰动世界，使世界各国重新开始重视轨道交通的发展，并且纷纷效仿日本技术建造高速列车和兴建高速铁路[3]。其间，日本与德国迅速成为高速铁路技术的"发源地"。图1-7所示为日本"新干线"运行时的壮观景象；图1-8为德国高速列车的"雄姿"。

图1-7 日本新干线

图1-8 德国高速列车

面对伴随着电子、计算机、通信、控制乃至智能高科技而迅速发展的轨道交通技术，我们中国人曾经感慨万千。赶上和超过世界先进科技水平成为国人深藏心中的努力方向和埋头苦干的无穷动力。以下，简要介绍我国轨道交通技术发展史。

1.2　中国轨道交通发展史

我国轨道交通的发展可以从两段历史中审视。第一阶段为新中国成立前的一段艰辛历程，这一时期轨道交通的发展可以说先是"惨不忍睹"，经过了一段时间的艰辛"爬坡"后，刚刚开始极为勉强地有个"抬头机会"的时候，又遇上连连战乱与外敌侵略，始终处于可悲可叹的境地。第二阶段为新中国成立至今，中华民族厚重的历史被翻开新的一页，我国以崭新的雄姿重新屹立于世界民族之林，从此铺开了交通发展的伟业宏图。

1.2.1　清朝的科技悲哀

1864 年，中国出现了第一条铁路，是英国人在北京宣武门外修建的，长约 500 m，为窄轨铁路，根本就没有也无法进行营业。在其试行的时候，还闹出了一个很大的笑话。

李岳瑞[1862—1927，清光绪八年（1882 年）中举，次年中进士，曾任工部主事，主办铁路矿事务]在笔记体小说《春冰室野乘》中记载："同治四年七月，英人杜兰德，以小铁路一条，长可里许，敷于京师永定门外平地，以小汽车驶其上，迅疾如飞。京师人诧所未闻，骇为妖物，举国若狂，几至大变。旋经步军统领衙门饬令拆卸，群疑始息。此事更在淞沪行车以前，可为铁路输入吾国之权舆。"

最初，铁路建成后，清朝的实际掌控者慈禧太后（1835—1908，清朝晚期的实际统治者）对"铁路"这件新事物饶有兴趣，还"一本正经"地举行了"通车典礼"（见图 1 - 9）。

(a)　　　　　　　　　　　　　　　　(b)

图 1 - 9　中国曾经的第一条铁路

（a）中国第一条铁路；（b）"通车典礼"

当时列车行驶得飞快,声音很大,让从没见过火车的京城人士惊吓不已,纷纷指责这是怪物。慈禧太后也不喜欢这样新奇的事物,加上民间也不接受火车,就立马派人将这条小铁路拆了,中国出现的第一条铁路就这样以闹剧收场[4]。

当时的清朝虽然已经开始承认自己的落后,但还是不愿意"以夷制夷",接受西方世界的新事物,而全国上下对西学有兴趣的也寥寥无几。

魏源(1794—1857,清代启蒙思想家、政治家、文学家)的《海国图志》被清人视为妖书,反倒被日本人当成宝物,并成为日本明治维新的关键读物。当时的洋务运动刚刚开始,巨大的阻力也让洋务派无暇顾及铁路的发展[5]。

1876年,英国人又在中国修建了一条铁路——吴淞铁路,它是和清朝商人合营偷偷修建的,没有得到清政府的允许,这也是中国第一条营业的铁路。铁路运营一年多,终因各种矛盾被迫停止,清政府开始和英国谈判,谈判的结果是,清政府以285 000两白银赎回铁路,随后铁轨被摧毁并全都抛进了大海。虽然此时的清朝已经接受了铁路,但这条铁路还是没运营起来。

一年后,洋务派大员丁日昌在台湾基隆矿区修建了一条铁路,主要运输煤矿,这也是我国自行修建的第一条铁路。

图1-10 中国历史上的"火箭号"

1881年,中国制造了第一辆简易蒸汽机车"火箭号"(见图1-10)。这是当年唐胥铁路通车之际,中国工人凭借时任唐山开平矿务局工程师的英国人金达(Kinder,1852—1936,英国工程师)的几份设计图纸,采用矿场起重锅炉和竖井架的槽铁等旧材料试制而成。

1888年,经过李鸿章(晚清名臣)的多方斡旋,慈禧太后力排众议准许了李鸿章在中南海紫光阁修建铁路的奏折。这条窄轨铁路从皇宫中的北海到中南海,总长度为1 510 m。铁路建成后,李鸿章又从法国进口了一台蒸汽机车和六节客车车厢作为慈禧的御车(见图1-11)。

1909年,京张铁路建成,这是中国第一条自行设计和建造的铁路,全长200多千米,历时4年多建成,是中国铁路工程技术的创举,意义颇为重大。

以上是我国在19世纪末至20世纪初,轨道交通技术"低吟浅唱"的一曲历史悲歌。

图 1-11　从北海至中南海的窄轨铁路及火车

1.2.2　新中国成立后的轨道交通

沉重的历史被伟人毛泽东领导下的中国共产党揭开了最为光辉的一页——中华人民共和国成立了,从此中国人民站起来了!

可是,由于中华民族数百年来积贫积弱的困苦,让我们不得不负重前行。

新中国成立之初,交通运输面貌十分落后,全国铁路总里程仅有 2.2 万千米。据 1949 年新中国成立初统计,当时全国有 4 069 台机车,分别来自 9 个国家的 30 多个厂家,机车型号多达 198 种,因此被人们戏称为“万国机车博物馆”。图 1-12 所示为当时被保留下来的日本 1936 年生产的火车。

图 1-12　日本遗留的 1936 年生产的火车

随着新中国铁路运输事业的发展,对机车的需求日益增加。但是,由于我国当时铁路牵引动力以蒸汽机车开始起步,只能沿着改造、仿制到自行设计的技术路线,循序渐进。如图 1-13 所示,“前进型”到“建设型”蒸汽列车的发展代表了当时极为典型的一类机车动力发展过程。

1958 年,我国第一台内燃机车仿照苏联的 T3 型电传动内燃机车在大连机车车辆工厂试制成功(见图 1-14)。该机车速度仅为 100 km/h。

(a)   (b)

图 1‑13 从"前进型"到"建设型"火车

（a）"前进型"列车；（b）"建设型"列车

1964 年，我国生产的"东方红 1 号"内燃机车速度已经达到 120 km/h（见图 1‑15）。此后，"东方红"系列内燃机车相继问世，列车时速及其他技术性能也得到极大的改进与提高。其间，我国以西南交通大学为主要研究单位，从 1986 就已经开展磁悬浮列车技术研究。1989 年，国防科技大学研制出中国第一台磁悬浮试验样车。1990 年，西南交通大学磁浮团队研究成功了由 4 台小电磁铁构成的磁浮模型车，并实现了模型车的稳定悬浮和基于直线电机的驱动。1994 年，该研究团队成功地研制出了我国第一辆磁悬浮列车，并实现了系统的稳定悬浮与运行。接着，1995 年，中国第一条磁悬浮列车试验线在西南交通大学建成。不过，国内在磁悬浮技术研究与实用方面与德国技术相比尚有一定差距。

图 1‑14 "巨龙号"电传动内燃机车   **图 1‑15 "东方红 1 号"内燃机车**

我国从 2000 年开始生产"神州号"内燃机车（见图 1‑16）。与此同时，我国电动机车的研制与生产也在同步进行。其中，以"韶山"系列为代表的列车（见图 1‑17），其行驶速度与整体技术性能都在迅速提升。2007 年，我国开始吸收"西门子"技术生产"和谐号"电动机车（见图 1‑18）。

2013年,以CRH380BL技术平台为基础,中国北车所属长客股份公司和唐车公司联合设计生产CRH3A型动车组。CRH3A型动车组设计速度最高达250 km/h。紧随其后的CRH3C型电力动车组采用动力分布式,每列8节编组,4动4拖,最高运营速度达350 km/h(见图1-19)[6]。

图1-16 "神州号"内燃机车

图1-17 国内早期电力机车

(a)

(b)

图1-18 "和谐号"电动列车

(a)"和谐号"客列;(b)"和谐号"货列

图1-19 最高速度为350 km/h的"复兴号"电气机车

2006 年，采用德国技术的上海磁浮列车示范运营线开通运营，这也是我国首条商业化运营的磁浮线路。上海现有 4 列磁浮列车，其中有 1 列为国产化列车（见图 1-20）。

图 1-20　上海运营中的磁悬浮列车

2017 年，国内最高速的悬挂式单轨列车在"中车四方"下线，进入型式试验和试运行阶段，其设计速度为 80 km/h，最高运行速度为 70 km/h。"中车四方"研制的悬挂式单轨列车应用了部分高铁技术，提升了运营安全性和乘客舒适度，适用于景区、山地、城市轻型交通。

2017 年由中车株洲电力机车研究所有限公司研制的智能轨道快运系统（autonomous rail rapid transit，ART）在株洲首次亮相（见图 1-21）。这种融合了现代有轨电车和公共汽车各自优势的新型交通工具属于"跨界之作"，它颠覆了人们对城市交通的传统认识，为解决大中城市出行难带来了新的选择和体验。实际上，这是一种采用图像识别技术，使得列车能够自主遵循地面交通标志线行驶的技术，因此将其称为智能轨道快运系统。其中的"轨道"并不是实际的轨道，而是两条并行的彩色线条，故称其为虚拟轨道。

2018 年，国内最高时速的悬挂式单轨列车在青岛正式进入试运行阶段（见图 1-22）。此类空中列车采用的是新型的永磁电机，爬行能力是普通列车的

图 1-21　全球首辆智能轨道快运列车

图 1-22　我国最高时速悬挂式单轨列车

3 倍,即使在崎岖陡峭的路段上,也会让乘客感觉很舒适。列车采用了双层避震,噪声很小。空中列车最大的优点就是在空中运行,节省了地面空间,而且造价低。在运行过程即使遇到雨雪等恶劣天气,也不用担心会出现脱轨等事故。同时该列车还设置全车监控系统、蓄电池救援、联挂救援等装置,当乘客遇到紧急状况时,能方便、快速、安全地脱离危险现场。

其实,20 世纪 80 年代,在德国联邦政府的支持下,这种全新的轨道交通系统已经开始研制。在这种超前理念的指导下,德国早已诞生了 H - Bahn(空中轨道)这种全新的公交系统。日本从 2006 年也已开始建造千叶丹桂悬挂列车运行线。此类技术可以成为原有交通的延伸与补充。这种全新的轨道交通系统非常环保(无废气排放、无噪声污染),对原有建筑及环境没有太大影响。

上海也将在市中心建设悬挂式空中列车,串联起几大核心商圈,设计方案正在论证中。当然,今后还有可能会出现更新概念的"真空管道子弹列车",速度可达 $2×10^4$ km/h 以上等新兴技术。不过,这些都还停留于概念阶段,距离现实还有相当的一段时间,于此,暂不赘述[7]。

当前,我国轨道交通也已成为应用先进技术,如信息化、智能化、节能、安全、环保等技术的前沿阵地。在轨道交通发展浪潮的推动下,大量先进技术与新型装备得到广泛应用,有力推动了以安全、高效、绿色、智能和可持续发展为特征的现代轨道交通体系高质量发展。

中国轨道交通建设走过了一个不平凡的历程。截至 2020 年 7 月底,我国铁路营业里程已达 14.14 万千米,规模居世界第二;高铁里程达 3.6 万千米,居世界第一。国家《新时代交通强国铁路先行规划纲要》还明确了中国铁路未来 30 年的发展蓝图:到 2035 年,现代化铁路网率先建成,铁路网内外互联互通、区际多路畅通、省会高效连通、地市快速通达、县域基本覆盖、枢纽衔接顺畅、网络设施智慧升级,有效供给能力充沛,全国铁路网达 20 万千米,其中高铁 7 万千米左右,20 万人口以上城市实现铁路覆盖,50 万人口以上城市高铁通达;到 2050 年,建成更加发达完善的现代化铁路网。

城市轨道交通作为整体交通系统的重要组成,也在近数十年的时间里飞速发展。截至 2020 年 5 月 1 日,我国已开通城市轨道交通的城市达 47 个。截至 2019 年底,我国内地城市轨道交通累计投运车站总计 3 982 座,其中换乘车站 354 座,拥有换乘站的城市达到 28 个,据不完全统计,累计投运车辆段和停车场共计 317 座。截至 2019 年底,我国内地已开通城市轨道交通运营线路 208 条,城市轨道交通线路长度共计 6 730.27 千米,其中地铁 5 187.02 千米、轻轨 255.40 千米、单轨 98.50 千米、城市区域快轨 715.61 千米、现代有轨电车 405.64 千米、磁浮交通 57.90 千米、自动捷运系统 10.20 千米。按线路敷设方式来分,地下线 4 366.5 千米,地面线 920.3 千米,高架线 1 449.4 千米。

所有这些,堪称人间奇迹,只有中国共产党领导下的中华儿女才能做到。

1.3 世界轨道交通曾经的灾难

轨道交通给人们出行和货物运输提供方便与快捷的同时,也给人们带来了不少痛苦的记忆——交通事故所造成的灾难[8]。

1.3.1 世界列车事故列举

19 世纪初,蒸汽机火车曾是世界上长距离运输最常见的交通形式。直到现在,火车仍然是非常安全可靠的运输方式。但是由于轨道交通安全保障技术的不成熟,事故屡有发生。

1833 年,美国新泽西州发生了第一次有记录的火车事故,差点杀害了前总统约翰·昆西·亚当斯(John Quincy Adams,美国第六任总统)。不过,相对于这次火车事故而言,此后世界上所发生的列车事故才是真正致命的,也是人们永远无法抹去的记忆。

1917 年 12 月 12 日,法国一列军车在塞尼山隧道附近的圣米歇尔德莫里耶讷莫列讷河谷脱轨,造成大约 700 人死亡(见图 1 - 23)。

图 1 - 23　法国圣米歇尔河谷火车事故

1944 年,因意大利蒸汽机使用了劣质煤,煤炭燃烧过程所产生的一氧化碳充满了严重超载的火车车厢内,结果在巴尔瓦诺出现灾害性事故,造成 520 人死亡(见图 1 - 24)。

图 1-24 意大利巴尔瓦诺火车事故

1955 年 4 月 3 日,墨西哥一列火车在瓜达拉哈拉坠入溪谷,造成 600 人死亡。

1981 年 6 月 6 日,印度一列旅客列车行驶至比哈尔邦的一座大桥时,因大桥突发倒塌,而随即坠入水中,大约有 800 人死亡。甚至有人估计可能还有 1 000 多名乘客被河水淹死(见图 1-25)。

图 1-25 印度比哈尔邦火车坠河

1985 年 1 月,因速度过快,一列特快旅客列车在埃塞俄比亚阿瓦什镇附近出轨,导致列车的部分车厢掉落到河峡谷的底部,造成 400 名乘客死亡,500 多名乘客严重受伤。

1989 年 6 月 4 日,苏联前往乌法市的火车在古比雪夫铁路段发生爆炸,冲击波震撼了整个亚莎镇,这是俄罗斯和苏联历史上最严重的事故。事故的发生是因为附近一个巨大的管道煤气泄漏,两个客运列车在此交会时的摩擦火花点燃了泄漏的煤气而产生爆炸。事故造成 625 人死亡,近 1 000 人受伤,37 辆车皮被摧毁。

2002 年 1 月 19 日,从开罗开往卢克索的旅客列车在艾阿雅特发生爆炸,7 列车厢起火。当时,客车严重超载,除了有些人跳车幸免于难外,许多人被活活烧死。实际死亡人数要比官方报道的 383 人多得多(见图 1 - 26)[9]。

图 1 - 26　埃及艾阿雅特火车事故

2004 年 12 月 26 日,斯里兰卡"海洋王后号"列车在行驶至塔尔沃塔(Telwatta)的沿海铁路时被印度洋地震引发的特大海啸袭击,车上的人几乎全部被淹死在海啸中,估计有超过 1 700 人死亡,最后只有 100 人获救。这是 21 世纪最大的一次火车事故(见图 1 - 27)。

图 1 - 27　斯里兰卡被海啸摧毁的列车

2007 年 2 月 28 日,从新疆乌鲁木齐驶往阿克苏的 5806 次旅客列车行到南疆线珍珠泉站至红山渠站区间的 42 千米处,因大风造成车辆脱轨,11 节车厢在大风中倾覆。事故造成 4 名旅客死亡,南疆线一度中断行车(见图 1-28)。

图 1-28　新疆因大风造成车辆脱轨

2010 年 5 月 23 日,因连日降雨造成山体滑坡掩埋线路,由上海南开往桂林的 K859 次旅客列车,运行至江西省境内余江至东乡间,发生脱轨事故,机车及机后第 1 至 9 节车厢脱轨,中断上下行线路的行车。事故死亡人数达 19 人,另有 71 人受伤(见图 1-29)[10]。

图 1-29　江西列车脱轨

2011 年 7 月 23 日，在浙江省温州市境内，由北京南站开往福州站的 D301 次列车与杭州站开往福州南站的 D3115 次列车发生动车组列车追尾事故。此次事故已确认共有 6 节车厢脱轨，即 D301 次列车第 1 至第 4 以及 D3115 次列车第 15 与第 16 节车厢脱轨。事故造成 40 人死亡，172 人受伤，中断行车 32 小时 35 分，直接经济损失达 19 371.65 万元（见图 1-30）[11]。

图 1-30　"7·23"甬温线动车追尾事故

2017 年 12 月 19 日，美国铁路公司的一辆客运列车（当地时间 18 日）在华盛顿州 5 号州际公路附近发生脱轨事故。事故导致 6 人死亡，77 人受伤（见图 1-31）[12]。

图 1-31　美国华盛顿州的列车脱轨事故

地面长距离轨道交通的事故可以说屡见不鲜，在城市地铁（或轻轨）中的事故也并不少见。比如，2009 年 12 月 22 日，上海地铁 1 号线陕西南路至人民广场区间突发供电跳闸故障,造成该区段列车停驶。此时,因 1 号线在北段实行的是富锦路站至上海火车站站的小交通运营,117 号车在到达上海火车站站下客后,空车再由上海火车站站开出,往中山北路方向隧道开行数百米,准备通过道岔到达折返线,可是其后续由中山北路至火车站下行的 1 号线 150 号车,运行至上海火车站折返站时,信号系统在该轨道区段应该向 150 号车发出 20 km/h 的速度信号,却错发成 65 km/h 的速度信号,造成制动距离不足,致使 150 号车与正在折返的 117 号空车发生侧面冲撞事故。

2013 年 7 月间,西班牙发生列车出轨事故(见图 1-32),据说是因为列车在过弯道时司机超速而造成出轨、翻车[2]。

图 1-32　西班牙列车出轨事故图例

为了达到安全运行的目的,列车运行的速度必须受到轨道运行管理系统的控制。其中,控制指令可以来自卫星定位与通信系统,也可以来自运行管理中心的无线数据分组通信系统,也可以由司机自行操纵。为了提高运行可靠性,列车运行速度控制应该而且必须接受多种并行指令的约束,其中还包括运行途中定点限速警示信号。看来,西班牙列车运行管理系统还存在重大的技术功能缺陷。

1.3.2　列车事故发生的原因

轨道交通包含普通铁路、高速铁路、城市地铁、城市轻轨、城市单轨悬挂式列车、虚拟轨道列车,还可能有未来的管道准真空超声速列车等多种类型。所有这些类型的轨道交通都曾经发生过交通事故。归纳起来,不外乎碰撞、追尾、脱轨、火灾、爆炸、断电、传感信号缺失、控制失灵、通信中断、牵引故障、车厢辅助技术损坏等多种形式。碰撞、追尾、脱轨、火灾、爆炸在普通铁路中较为常见。其中，碰撞不仅仅会发生在列车与列车之间，还会发生在铁路与公路交汇的道口。究其原因，大体上可以分为人为（管理、调度、操作不当）和技术（不完善）两大因素。要能够彻底克服任何形式的事故发生，最终还是必须依靠科学与技术来提供最有效的保障，才能达到人们的终极目标。

列车事故成因简析如下。

（1）调度不当且缺乏纠错机制。调度不当是早期造成铁路事故最常见的因素，容易导致后车过早闯入前车行驶区间，大多数列车的追尾和相撞都与此有关。2011 年发生的"7·23 甬温线特别重大铁路交通事故"的直接原因就是调度混乱。随着电子信息通信技术的高速发展，铁路调度系统已今非昔比，新建高速（含快速）铁路线上的动车组列车因调度失误造成重大铁路事故的可能性大大降低。

（2）缺乏智能纠正超限速行驶性能。火车速度快、质量大，过弯道需要具备强大向心力。如果超限速行驶，列车重力水平方向上的分力将无法给列车提供足够的向心力，列车就会挤压外轨引发脱轨事故。2005 年发生的"4·25 日本兵库县 JR 福知山线城铁脱轨事故"和 2013 年发生的"7·24 西班牙列车脱轨事故"都因列车在弯道上超限速行驶所导致。

（3）缺少地质灾害的预测与避险功能。传统铁路，其沿线大多经过人迹稀少、地势险要的山川河流，是地质灾害多发地段。一旦因自然灾害造成桥梁垮塌、隧道坍塌就极易导致列车脱轨、掩埋或坠崖。1981 年成昆铁路列车坠桥事故就是由大渡河支流利子依达沟爆发泥石流冲垮铁路桥所造成的。随着桥隧工程技术以及卫星监测技术的成熟，这类事故已经被有效遏制。

（4）系统检控设备缺乏冗余技术。火车质量大，具有很大的惯性，即使是每小时几十千米的车速也会产生很长的刹车后"惯性滑行"距离。如果铁路系统设备出现故障而"失灵"，极易引起调度混乱，最终导致司机无法确认前方路况而引发追尾或相撞事故。2006 年发生的"京九铁路 4·11 旅客列车追尾事故"就是因信号灯故障引起司机误判而酿成的悲剧。温州动车事故起因也是信号灯设备出现故障。

铁路养护人员违规施工是导致列车撞轧行人的另一常见原因。如 2008 年的"胶济线 1·23 重大路外交通事故"就是一例。就当前的技术状况而言，绝大多数情况仍然是依靠人工对轨道进行巡检。一旦发现道岔故障或被挤坏后，需要立即做好防护，禁止一切机车车辆通行，及时报告车站值班员（调车区长），通知工务、电务部门进行检查修理。显然,这是一种传统而陈旧的维护方法,稍有疏忽,就势必隐藏(潜伏)可能发生事故的危机。如今铁路沿线的防护措施都比较完善,加之大面积采用高架桥,已经从轨道工程构造上克服了行人擅自横穿轨道的事故发生。

高铁系统对设备依赖程度更高,所以,减少设备故障率并增加多重(多冗余)应急设备是高铁建设中的重要环节之一。

(5) 列车零部件故障缺乏智能识别功能。高速列车及其高速轨道是集合大量复杂精密零件为一体的设备,运作环境极端严格,因此也增加了机车车辆检修和铁路轨道养护的难度。高速列车如同民航客机,一旦有零件出现故障,比如松懈、变形或脱落等,都可能导致列车颠覆。1998年的德国"艾须德高铁车祸",就是因车轮外层壳变形脱落在铁轨上,并卡住了铁路岔道导致列车脱轨。

除了列车本身缺乏对运行环境的智能识别与决策功能外,有时还会因为运行列车中有闸瓦抱紧车轮的现象。轻者,仅发出一些摩擦声、冒烟或火花;重者,则有可能出现车辆抱闸的危险。一旦车辆出现抱闸,必将造成列车运缓、坡停,严重时还可能引起装载危险、易燃货物的起火或爆炸。

当前,列车尚未具备对动力装置运行状态的智能识别与决策,基本上依靠司机根据常规检测仪表(或传感数据)对其进行判断,确定是否需要停车处理。因为人为判断的不准确(或者失误)往往会造成列车运行失常、失控,甚至出现速度骤降而引起车厢惯性挤压等危及乘客安全的事故发生。

总之,轨道交通的一系列安全保护系统需要构建多层次的结构,即使某一环节出现失误也能及时发现并得到纠正。

轨道交通自诞生之日开始,其事故就屡见不鲜。为了能够彻底克服轨道交通事故的发生,很重要的一点是需要提升轨道交通科学技术的水平。当然,更为有效的措施就是采用智能技术辅助参与列车人工驾驶和轨道交通系统人工管理,并逐渐取代所有人工操作,最后迈入轨道交通的全智能时代。

1.3.3　现代列车安全运行的基本要素

世界上许多国家通过对过去发生的悲惨事故进行详细分析,相应地提出了保证列车运行安全的要求。列车运行的安全性、实时性与舒适性需要现代科学与技术的保障。

1. 安全保障的内容

整个轨道交通系统的安全运行需要依靠通信、调度、检测、控制等子系统构成一个完整的技术保障链,每个子系统既具有技术相对独立性又相互"勾连"与交叉,从而形成轨道交通运行的安全保障系统。

1) 列车定位完好性

全球卫星导航系统已成为铁路运行安全的保障之一。尽管当前卫星导航定位的精度已经达到大部分时候都可以比较准确地提供列车运行行驶信息的需求,但是在列车行驶过程中,一旦导航系统发生故障而不能及时向列车提供告警信息时,将出现严重的安全隐患。

列车接收机能否确定其位置或速度以及能否具有与卫星导航系统时间同步的精度,取决于各种因素错综复杂的相互作用。一般来说,卫星导航系统的精度取决于伪距和伪距残差测量以及卫星星历数据的质量。有关的误差是由控制端、空间段和用户段引起的。为了分析各种误差对精度的影响,通常要做一种基本假设,即可以将这些误差源归属到各颗卫星的伪距中,并可以看成在伪距中实际的等效误差。

卫星和接收机的时钟偏移以及各种误差源都会影响卫星到用户之间几何距离的测量,进而影响对用户的定位精度。

卫星信号穿过大气层时会产生延迟,而且反射(即多径)、选择可用性及用户天线相位中心和接收机的码相关点之间的硬件运行误差都可能使信号延迟(或超前)。由这些影响因素所造成的总时间偏差为

$$\delta t_D = \delta t_{atm} + \delta t_{noise\&rcs} + \delta t_{mp} + \delta t_{hw} + \delta t_{SA} \qquad (1-1)$$

式中,δt_{atm} 为大气层引起的延迟;$\delta t_{noise\&rcs}$ 为接收机噪声和分辨误差;δt_{mp} 为多径偏差;δt_{hw} 为接收机硬件偏差;δt_{SA} 为选择可用性偏差。伪距的时间等效值是信号被接收时的接收机时钟读数和信号被发送时的卫星时钟读数之差。

"完好性"异常情况的发生是由卫星或主控站(MCS)引起的,它会导致不可预测的超过安全允许范围的定位误差。一般情况下,"完好性"异常现象发生的次数每年仅为个位数计,但一旦发生了,就可能会对定位带来巨大的影响,所以对于列车导航来说,这是极为重要且关键的技术要素[13]。引起"完好性"异常问题的主要原因可能来自卫星时钟异常、卫星星历误差、卫星的特殊问题和主控站。

卫星时钟异常是由于随机游离、大跃变或者两种情况结合造成的频率标准问题所引发的。当频率标准的射束流或温度发生剧烈变化时,主控站会出现"过时钟跳变"的情况。

卫星星历误差指卫星广播轨道与真实轨道之差,称为星历残差。由于卫星

的位置都是估计信息,再传递给用户。只有随着卫星定轨技术的不断进步,定位精确度才会逐步得到提高。卫星星历异常原理如图 1-33 所示。卫星星历异常是由于在轨的卫星受多种阻力影响,无法准确确定这些阻力对卫星位置造成的影响。

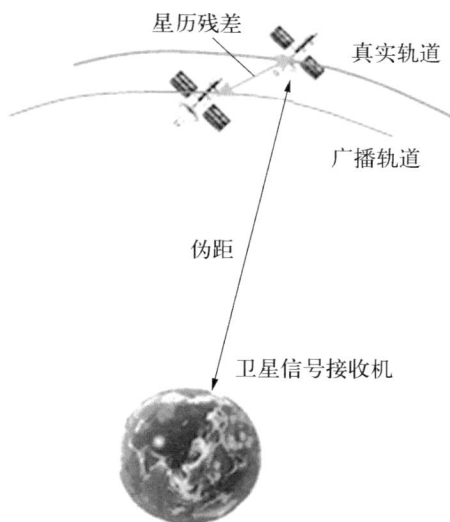

星历残差

真实轨道

广播轨道

伪距

卫星信号接收机

图 1-33　卫星星历异常原理

当前对卫星星历异常的估计仍然十分困难。首先取决于卫星导航系统的精确性能。在全球定位系统(GPS)中,Block Ⅰ 卫星(美国第一代 GPS 通信卫星)相对来说容易发生星历异常。日食发生时,由于卫星与太阳被阻隔,必须依靠其内部电源运行。随着卫星

的老化,一旦没有太阳电池板从太阳收集来的附加动力,它们将停止运行。因此这种异常一般发生于日食后卫星离开地球阴影区和太阳板视图重新获得对太阳的跟踪时。此时卫星通过点燃助推器调整运行姿态,会导致偏差增大。Block Ⅰ 卫星内部缺少抗空间环境辐射的强化措施,因而容易发生"位损伤",影响导航电文和 C 场调谐的"字损伤",这是因为铯束进行对准的 C 场调谐寄存器会受到太阳辐射的干扰。同时,为了克服"位损伤",当 Block Ⅰ 卫星改变一些"位"——用于对铯束的对准方向做计数的那些位,会导致在数分钟内产生数千米的偏差。Block Ⅰ 卫星还容易产生 P 码偏移,这种偏移会导致 P 码跟踪的丢失,造成定位结果出现数千米量级的偏差。在 Block Ⅰ 之后,美国的 Block Ⅱ/Ⅱ A/Ⅱ R 卫星就已经克服了这种缺陷。我国北斗系统具有明显的后发优势,在这些技术性能方面已经超越了 GPS。

主控站问题则大多由硬件、软件、人为因素造成。曾经发生过一次主控站的事故就造成卡尔曼滤波的协方差计算发生错误。由于这些异常值的存在,在察觉到故障之前,列车可能已经发生了几千米的偏差。当前,GPS 地面监测网还未能做到 24 小时覆盖所有卫星,因此如果发生"完好性"问题,很有可能不会立刻被发现。

为了把"完好性"异常发生的可能性尽可能降至最低程度,主控站技术还在持续地改进过程中。具体措施为安装冗余硬件和牢固软件,以及对操作人员进行培训,尽可能做到减少人为错误。然而,仅依靠主控站告警永远不能满足"及

时性"的技术要求,因为发出告警信息需要一定的响应时间(时滞)。所以依靠用户(轨道交通系统中的车辆及调度检控)自己独立检测"定位完好性"和卫星异常的方法需要得到相应提升。这也就是当前我国实现全球布网后的北斗系统所特有的技术优势[14]。完成全球布网后的北斗卫星系统已经为轨道交通系统的精确定位提供了可靠的技术保障。

2) 列车调度管理

在列车调度管理中,最为突出的是缺少车站区域保护区段。所谓保护区段,即在不保证提供有保障目的的制动系统中,不允许取消向信号机发送的禁止信号外发车的信号。

比如,在继电连锁系统中,出站信号机或进路信号机由于红灯故障而熄灭。这种情况,特别是在夜晚,有可能会发生可悲的后果。在陈旧(技术上已经日渐被淘汰)的系统中,在接车进路末端或者从一个车库向下一个车库转移进路末端被熄灭的红色信号灯往往被忽视。在这种情况下,极有可能会发生车辆调度事故[15]。

3) 地质灾害对列车安全运行的影响

随着高速铁路的日益普及,不少新建的高铁线路需要通过山区甚至泥石流易发区。常见的中等强度的泥石流势必对高速列车在桥上的运行安全造成严重威胁[16]。主要因为泥石流冲击荷载会使邻近的桥梁梁体以及钢轨产生较大的横向应力响应。由泥石流冲击荷载造成的桥梁横向位移和加速度远大于由列车行驶激励产生的横向位移和加速度。桥梁响应的主频分量接近全桥横向弯曲频率时,对列车运行会产生极大的安全威胁。

4) 人为因素对列车安全运行的影响

人为因素是影响地铁列车安全运行的重点之一,加强对人为因素的管理,能够切实保护乘客的生命安全,具有较高的实际意义。如何科学管理成为列车安全运行需要普遍关注的问题。

其中,列车司机是影响列车运行安全的重要因素。目前,部分司机存在安全意识不强、业务素质较差等问题,导致其在应急事务处理、现场判断中存在失误,不能有效地控制突发事件,最终导致风险事件发生。

此外,现阶段地铁调度指挥员岗位主要为电力调度、行车调度、环控调度三种。在列车运行中,列车调度的作用十分突出。以行车调度为例,行车调度工作的主要内容为制订每日列车运行的示意图,并组织、计划列车运行,是列车安全与稳定运行的关键。若行车调度在工作中出现偏差,会导致列车的发车时间不准确,最终引发事故。

还有,列车维修人员在有关部门的指导下,负责列车的各种维修、检查工作,能进一步延长列车的运行寿命,保证行车安全。若维修人员在工作中出现偏差,会导致列车在运行过程中出现问题,最终演化为安全事故[17]。

2. 保障列车安全运行的基本技术方法

随着科学与技术的发展,诸多智能化技术早已融入轨道交通系统中,尤其是高铁系统。可以说,高铁技术从诞生的第一天开始,就与智能技术相伴而行。高铁的车辆设计与制造,以致运行的每个过程,都与动力机械工程学、工程材料学、通信理论与技术、检测与控制、信号处理与智能算法、人工智能等紧密相连。也正因为在交叉学科的现代科学与技术的烘托下,才实现了当今先进、安全的轨道交通工具,给社会带来了前所未有的先进生产力,使人们生活高度便捷。

1) 保障列车定位的基本方法

卫星导航系统出现故障时,向列车及其调度系统提供告警能力的完好性具有十分重要的意义。这其中就涉及卫星信号接收机自主完好性监测技术。

比如,检测算法都是对线性高斯系统进行完好性处理,而在真实运行环境中观测噪声分布往往难以用单一的确定型分布来精确刻画。这时,就可以采用一种高斯混合粒子滤波 RAIM 算法。引入了高斯混合模型,通过期望最大算法,将卫星的观测噪声由未知噪声近似表示成高斯和的形式,利用粒子滤波方法对非高斯条件下的卫星定位接收机的自主完好性进行分析与判别,进而在检验统计量对卫星故障时刻进行识别的基础上,对故障卫星进行隔离,从而为列车在复杂环境下的运行安全提供重要的定位技术保障。

2) 列车调度管理的优化

考虑到世界上许多铁路在进站信号机、进路信号机、出站信号机和通过信号机后方规定了长度约为几百米的保护区段,在发出允许跟随信号开始进路的命令之前,需要对该区段的空闲和敌对进路进行检查。

采用了保护区段后,这些系统的制动距离是根据列车在自动紧急制动时能够达到完全停车的运动动力学要求来计算的。

3) 克服地质灾害的技术方法

对于因地质灾害而引起的荷载冲击,在加大地质运动状态检测的同时,可以根据地质荷载冲击时刻的不同冲击力所带来大小不同的响应,采用智能算法来判定冲击波对列车的影响,进而做出列车运行决策(改变运行速度或紧急停车)。比如,在相同的桥梁参数、轨道参数以及轨道不平顺谱(反映轨道不平顺情况的数学描述)的情况下,需要研究列车运行速度与泥石流冲击强度对列车运行安全的联合影响。

4）克服人为因素对列车运行安全影响的方法

除了加强司机在线安全监控机制,强化不良因素预警,健全以本单位为基础的列车行车管理制度,即建立自上而下的安全管理网络制度和健全安全事故分析制度之外,更为重要的是,随着人工智能的高度发展,需要逐渐普及与推广人工智能技术在列车运行中的应用,包括列车自动驾驶或列车智能辅助驾驶技术的普及。

随着轨道交通智能化技术的不断完善,终于有条件使得曾经屡见不鲜的事故逐渐成为历史,最终全智能化技术在轨道交通系统的实现指日可待。

1.4 轨道交通发展史带给人们的启示

轨道交通发展历史是一部伴随近现代科技发展的历史,是一个不断完善、不断进步的科学理论与技术发明成果综合运用的历史。

1.4.1 轨道交通离不开科学基础理论和技术创新的支撑

所有人只要一谈起轨道交通,几乎无一例外地都要提及瓦特发明的蒸汽机,这是因为它在动力工程学中所占的地位不可动摇。实际上,蒸汽机的完善成型经历了一段相当漫长的时间。最早的蒸汽机不仅运行效率低下,而且没有解决传动机械的转速稳定及其调节技术问题,因而无法直接推广应用于工业领域。从1765年到1790年,瓦特对原有的蒸汽机进行了一系列的改进和技术发明。需要指出的是,在早期蒸汽机得到推广应用中占有重要技术地位的离心式调速器是动力机械运动控制的重要发明成就。由蒸汽驱动的转动机械转速控制的数学描述并不复杂:

$$M_z - M_f = \frac{\eta \rho QP}{\omega} \tag{1-2}$$

式中,M_z、M_f分别为蒸汽机输出的转矩和负载力矩;Q、P、ρ分别为蒸汽流量、压力和密度;η为蒸汽机工作效率;ω为蒸汽机所带动的转动机械角速度。

当角速度ω（rad/s）采用工程上常用的转数n（r/min）来表示时,则式(1-2)可以转化为

$$n = \frac{30\eta \rho QP}{(M_z - M_f)\pi} \tag{1-3}$$

从式(1-3)中可以看出,M_z、M_f、Q、P、ρ都是影响转动机械转速的参数

（变量），其中 Q 又是 M_z、M_f、P、ρ 的参变量，因此，只要改变流量 Q 的大小即可有效控制（调节）转数 n。这就是瓦特发明离心调速器的基本理论依据。

瓦特掌握了由蒸汽驱动的转动机械转速的形成原理，而且还领悟到，仅凭式（1-3）的描述是不够的，关键的问题还在于如何实现对转速的检测并实时地反馈给蒸汽调节阀。这就是瓦特发明离心调速器的绝妙之处和天才之举。瓦特的天才就在于他先于别人发明了离心调速器的原理模型，并发现了该模型的理论原理。

工作主机在转速的带动下，转速检测轮的转速就与工作主机的转速存在对应关系。当转速升高时，两个对称"离心飞摆"的转速加快，在离心力增大的作用下偏离转轴，于是向下拉动上端的套筒，致使杠杆的右端上抬，减小蒸汽调节阀阀门开度，进而减小了流入蒸汽机工作室的蒸汽流量，工作主机的转速随之下降。反之，当转速降低时，两个对称"飞摆"的转速减慢，在离心力减小的作用下向转轴靠近，于是向上提升上端的套筒，致使杠杆的右端下推，增大了蒸汽调节阀阀门开度，进而增加流入蒸汽机工作室的蒸汽流量，工作主机的转速随之升高（见图 1-34）[1]。

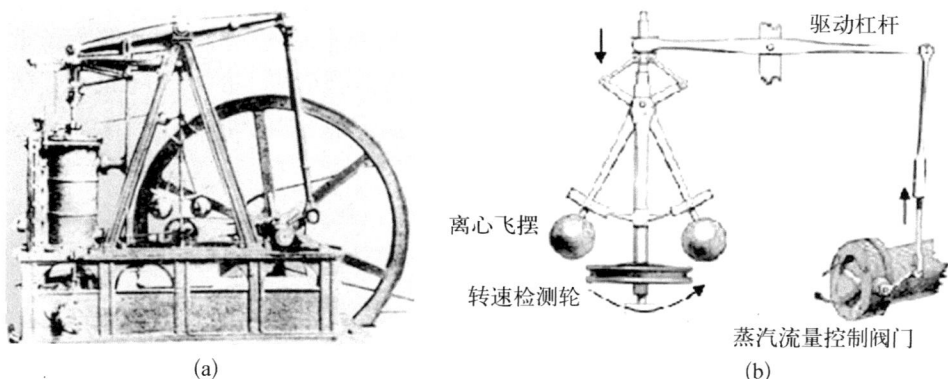

离心飞摆

转速检测轮

驱动杠杆

蒸汽流量控制阀门

(a) (b)

图 1-34　瓦特发明的离心调速器

（a）原型图；（b）调速器原理图

运用经典控制理论就能够对离心飞摆的速度检测与调节做出非常完美的解释，离心调节器能够很好地实现转速的比例与积分调节。

也就是说，当离心飞摆随着机械转速的变化而改变套筒的上下位置时，就能够使蒸汽调节阀阀门根据机械传动结构的比例关系进行开度调节，同时还能够利用离心飞摆的偏差信号来克服调节过程中的机械转速的静态偏差，最终实现比例积分调节。其传递函数为

$$G(s) = K_0\left(1 + \frac{1}{T_i s}\right) \qquad\qquad (1-4)$$

式中，K_0 为比例传递系数；T_i 为积分传递系数；s 为拉普拉斯算子。

正是因为瓦特发明了离心飞摆调速器，制造出世界上第一台具有实用价值的蒸汽机装置。从此人类迎来了利用能源的新时代，并标志着工业革命的开始。后人为了纪念这位伟大的发明家，把功率的单位定为"瓦特（W）"。也正因为瓦特在分析与描述蒸汽机速度调节工作原理过程中，通过天才构思才发明出"离心飞摆调速器"，并形成了一种全新的比例/积分调节方法，为后续经典控制理论的形成创造了良好的理论与实验基础。

当然，当时的瓦特并没有明确提出调速器的传递函数表达式，但是毋庸置疑，瓦特已经"潜意识"地将这种传递函数关系应用于调节器的发明创造之中。之后的经典控制理论最早就是从瓦特调速器的原理中得到了极为重要的提示与启发[1]。

有了瓦特的蒸汽机，加上与其伴生的调速器的出现，才真正使得早期的火车车辆制造技术具有实用价值，同时也是人类第一次迈出了工业自动化技术的脚步。这也是世界第一次工业革命的实质性内容——机械工业革命。

第一次工业革命使人类由 200 万年来以人力为主的手工劳动时代跨入了近代机器大生产的蒸汽机械时代，标志着工业发展达到历史上的第一座顶峰。随着蒸汽机广泛地应用于工业生产，使其成为几乎所有机器的动力装置，从而改变了人们的生产和生活方式。

人类的工业技术并没有停留在机械技术的创新上。紧随其后，1831 年，法拉第（Faraday）通过一连串重大的实验发现电磁感应现象，进而提出电磁感应定律，建立了电磁感应学说，并根据电磁感应原理亲自发明（制作）了世界上第一台原始发电机——法拉第圆盘发电机。

电磁感应现象是电磁学中最重大的发现之一，它揭示了电、磁现象之间的相互联系。而且，后人接连发明了各式各样发电机与电动机。这也证明了基础理论对技术发明的重要指导意义——一项科学基础理论就是科技发展的新起源。从此开启了人类第二次工业革命，第二次工业革命就是以人类进入"电气时代"为背景的。

随后的电力、内燃发动机、新材料、电报和无线电等新技术突显了其在第二次工业革命中的重要作用。于是，这些现代化的技术开始登上历史舞台，为当今高科技条件下的生产与生活方式奠定了基础。同时，也为后续电气机车的问世提供科学理论基础和技术创新思维。

第三次工业革命始于第二次世界大战后的初期,20 世纪 50 年代中期至 70 年代初期达到高潮,20 世纪 70 年代以后进入一个新阶段。第三次工业革命促使全球信息和资源交流变得更为迅速,大多数国家和地区都被卷入全球化进程之中,世界政治经济格局进一步确立,人类文明的发达程度也达到空前的高度。电子计算机、信息与数字通信技术就是其标志性的科技成果。

第三次工业革命引起生产力各要素的变革,从此加强了产业结构非物质化和生产过程智能化的趋势,实现了生产与生活的现代化。随着电子计算机技术的发展和广泛运用,逐渐形成了各种"人-机控制系统",加速生产自动化、办公自动化和家庭生活自动化的实现。这预示着人类社会将从机械化、电气化的时代进入另一个更高层级的自动化时代。

第四次工业革命始于 21 世纪,是以人工智能、清洁能源、机器人技术、量子信息技术、可控核聚变、虚拟现实以及生物技术为主的技术革命。这是一场全新的绿色工业革命,它的实质和特征就是大幅度地提高资源利用率。在这第四次绿色工业革命中,中国第一次与发达国家站在同一起跑线上。

在梳理人类科技进步的历程中,人们已经习惯采用"工业革命"来划分进步发展的每个阶段。实际上,所谓"工业革命",就是人类的科学与技术革命。后人应该从"工业革命"(科技革命)的实质上来认识其对自然界、社会与人类自身所产生的"革命性影响"[1]。毫无疑问,科技进步和新技术的出现所带来的变化将影响整个世界。

说到底,如今轨道交通具有如此相对完善的技术就是世界屡次出现的工业革命所催生的结果,其间更离不开诸多科学理论的引导和技术创新的支持。

1.4.2　保障中国轨道交通发展的社会制度优越性

如上所述,1769 年,瓦特发明蒸汽机的重要性在当时就已经超出了人们的想象力,蒸汽机很快被广泛地应用于工业生产,成为几乎所有机器的动力装置,从而改变了人们的生产方式,极大地推动了技术进步,并拉开了工业革命的序幕。蒸汽机的应用与推广,加快了进入工业时代的脚步,蒸汽机车成为这个时代文化和社会进步的重要标志和关键工具。可以说,历史上围绕蒸汽机动力装置的发明、创造与改进的一系列科技成就对人类社会生产、生活的贡献达到了科技发展历史上的一个阶段性高点。

与此同时,中国却仍然停留在牛马拉车与毛驴推磨的时代,难能看到"水磨坊"在技术上的突破,因为,此时的中国人还普遍缺乏动力学与电学等理论知识,封建社会制度严重制约了整个中华民族的创新思维。

其实,古代中国的《演禽斗数三世相书》(1280 年印制)就已经记载:大约始于中国明代即已发明双动拉杆式活塞风箱,对当时的冶炼技术产生"革命性"的效果[见图 1-35(a)]。这种风箱两端各设一个进风口,口上设有活瓣(正向开启、反向关闭),风箱的一侧设有一风道,风道前后侧两端各设一个出风口,风道中部设置有摆动活瓣。伸出风箱外的拉杆驱动活塞往复运动,促使活瓣一开一闭,于是活瓣便会随风摆动而形成鼓风通道[见图 1-35(b)]。这种风箱直至20 世纪 70 年代还大量存在于我国城乡的大小手工作坊中,代替尚不普及的电动鼓风机而成为手工作坊的重要鼓风设备。

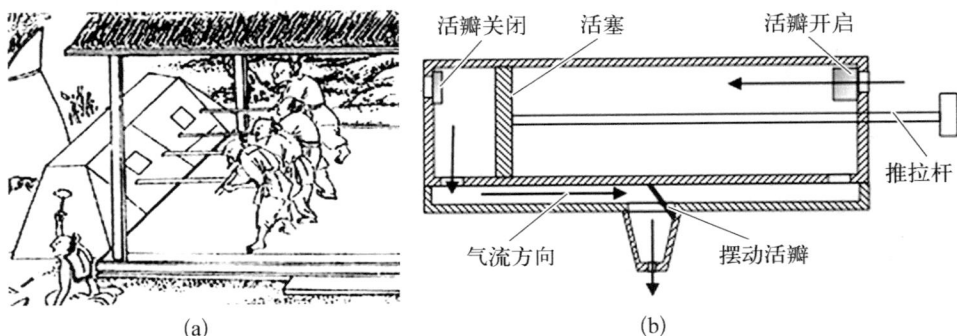

图 1-35　中国古代拉杆式活塞风箱
(a) 古籍记载的风箱操作图;(b) 风箱结构原理图

从工作原理上讲,风箱的"功/能"转换过程是推动拉杆使活塞做功,从而引起空气压缩,将能量转换为空气的压力动能,向化学反应装置(如炼铁炉等)提供空气(氧气),或者作为一种空气动力做功;而蒸汽机的"功/能"转换过程是蒸汽压力势能对活塞的推动被转换为活塞的动能,去推动其他机械运动。也就是说,古代中国的拉杆式活塞风箱与瓦特蒸汽机是两个互为相反的"功/能"转换器。前者早于瓦特完善蒸汽机之前 500 年就已经出现。可惜,历经几百年,古代中国就没有出现一位"天才"人物能够从拉杆式活塞风箱的工作原理中得到"反向思维"的启发:"风力"正/反向轮番推动活塞还可以产生推拉杆的运动推力。一旦有了这种"反向思维",很自然地就会联想到蒸汽具有风的同等效力。如此一来,曾经的明朝历史似乎又会多了一笔"重彩的篇章"。

历史的遗憾毕竟是过去的事,但是,人们应该从近代西方追求"独立精神与自由思想"而催生第一次工业革命的历史中得到启发:创新思维才是留给后人的珍贵"礼物"[1]。

尽管西方近代技术只是属于形而下的发展,但是西方近代文明却也产生了形而上的变革。其中突出的表现就在于建立在技术之上的诸多科学理论的发现、完善与成熟。可以说,文明造就了西方科技自工业革命后在世界上的领先地位。这种领先主要奠定于 16 世纪开始的"文艺复兴",即以人文精神代替玄虚神学,科学理性取代迷信偏执,自由意志冲破专制闭锁。这说明,没有社会制度的变革,就没有人们思想的解放,文明、发展、创新就只能成为一句空话。

20 世纪初,中华民族的革命先驱们正在为了推翻清朝的腐朽统治而浴血奋斗。1911 年辛亥革命爆发后,清朝统治被推翻,1912 年元月正式建立中华民国。

正当新的历史曙光从地平线上冉冉升起时,满天乌云却又翻滚而至。早就觊觎中华大地与财富的日本军国主义者趁中华民族尚未从"久病未愈的苦难"中"康复"过来,终于展开实施精心策划的侵略阴谋。从此中华民族就在硝烟弥漫的战火中度过几十年。其间,中华民族在世界近代科技发展史上何来一席之地?

直至 1949 年,毛泽东在天安门城楼上向全世界宣告:"中国人民从此站起来了!"中华民族终于掀开国家(民族)历史发展的崭新一页。新中国成立以来的 70 多年,中国人经历了从"骑着毛驴上北京",到"坐上火车去拉萨",再到 3 万千米高铁基本覆盖 80% 大城市、"复兴号"实现速度 350 km/h"陆地飞行"的历史跨越。截至 2020 年 7 月底,我国铁路营业总里程已跃居世界第二位,仅次于美国。

我国地铁建设的数量、规模与里程在世界上也已经位居首位,开通城市已经达到 47 个之多。其中,开通地铁里程最多的城市当属上海和北京。此外,广东省拥有地铁的城市有广州、深圳、佛山和东莞,这 4 个城市的地铁里程之和达到 800 千米之长。

除了铁路交通与城市地铁(含城市轻轨)的运营里程远远领先于世界各国之外,我国在轨道交通的自动化与智能化方面也已开始逐渐超越原有发达国家的技术水平,在某些领域的创新思维与实践更是领先于其他国家,达到世界先进水平。这体现在我国轨道交通在车辆设计与制造技术方面已经赶上西方水平,尤其在轨道交通系统的通信、调度、检测与控制以及辅助人工智能等方面的技术已经处于国际技术前沿。这是国家社会制度优越的体现。

不过,中华民族的子孙后代绝不可忘却那遗恨万年的、受人欺凌的历史。如今,在正确政治社会制度的保障下,在发展经济的同时,必须努力在科学与技术领域超越曾经侵略和奴役过华夏民族的"列强",才能宽慰那些为了中华民族的复兴而献身的先驱英魂,谱写属于中国人民的最壮丽的历史篇章[1]。

　　本书就是在审视世界轨道交通发展历程的基础上,阐述轨道交通智能技术系统理论的基本原理及其技术研发的思维"脉络"。为了我国轨道交通智能技术的进一步发展与壮大,需要深入了解和掌握轨道交通系统的完整技术及其未来的发展方向。

第 2 章　轨道交通系统智能监控

轨道交通需要通过智能通信与监控(或者说检测与控制)来实现列车的安全与稳定运行,这是关系到轨道交通能否持续发展的重要条件,也是确保轨道交通系统运行安全性与实时性的主干技术。

可以说,当今的各种人工智能算法与技术要想在轨道交通系统得以实现,无论如何也离不开最基础的物理传输系统,因为这是整个轨道交通智能技术得以实现的最根本的物理层,轨道交通所有的监控信息与列车调度指令的交互均需通过该物理层才能送达。这就使得原有列车与地面间的通信要求越来越高,如何将更安全、更可靠、更高效的现代科技应用于轨道交通通信与监控系统中,成为该技术领域备受关注的核心问题,即信号系统功能的提升问题。所以,轨道交通系统智能技术的实现直接涉及通信、检测与控制三大领域。

信号系统作为传统轨道交通系统车辆运行过程中的重要通信与监控媒介,主要负责列车的进路办理、实时监控以及指挥全局进行宏观调度。

目前,基于通信的列车控制系统(communication-based train control,CBTC)有成熟的技术优势,具有双向、传输信息量大、传输速度快等特点,因此早已在实际应用中成为主流技术。同时,CBTC 中的信号主要依靠无线局域网(wireless local area networks,WLAN)技术,具有传输速率高、兼容性强等优势。

可以说,CBTC 已经具备了一定程度的智能化概念,实际程序中已经蕴含了基本的智能分析与判断功能。但是,从更高层面上来看,现有的 CBTC 技术方案却没有真正引入现代智能识别算法,因此也只能说 CBTC 仅仅具备智能化技术的雏形。

2.1　CBTC 基本工作原理

CBTC 基本工作内容包括移动闭塞和移动授权。

2.1.1 移动闭塞工作原理

在轨道交通领域,"闭塞"是利用信号系统的设备人为地把线路分成多段闭塞区间。这个区间不仅可以定义为物理性的区间,也可以定义为逻辑性的区间。划分闭塞区间的目的是为了方便对列车行车间隔的判断,以提升整个系统的效率。

目前,闭塞区间分为三种:固定闭塞、准移动闭塞和移动闭塞。固定闭塞的区间是固定的,区间之间也会设置相应的防护信号指示,只有当列车驶出当前地理区段时,该地理区段才会对其他列车开放进路;移动闭塞区间会随着前方列车的速度、位置以及其他线路信息的变化而变化。

移动闭塞区间搭载无线通信技术,前车和后车都将位置和速度信息发送给管控中心。管控中心根据列车的实际情况,在保证安全的前提下,使列车以一个尽可能小的间隔距离保持行驶,因而提升了系统的安全与效率。移动区间由列车的长度、紧急制动距离和安全防护距离组成。正常的 CBTC 列车只能在授权区段内行驶,而该分区也随着列车自身的位置速度以及前车的位置进行实时更新。

移动闭塞下的列车追踪主要分为相对位置模式与相对速度模式。

(1) 在相对位置模式中,后车不考虑前车的速度而只考虑前车的位置,两车的间隔只由后车的速度决定。受控列车与前车的追踪距离为

$$S = L + VT + \frac{V^2}{2a} + S_0 \tag{2-1}$$

式中,L 为受控列车长度;V 为受控列车制动前速度;T 为匀速行驶的时间;a 为受控列车制动加速度;S_0 为与前车车尾应该保持的安全距离。

(2) 在相对速度模式中,后车不但要考虑前车的位置,还需要考虑前车的速度,它们之间的追踪间隔会根据两车的速度变化而时刻产生变化。受控列车与前车的追踪距离为

$$S = L + V_2 T_2 + \frac{V_2^2}{2a_2} - V_1 T_1 - \frac{V_1^2}{2a_1} + S_0 \tag{2-2}$$

式中,V_2、V_1 分别为受控列车与前车的制动前速度;T_2、T_1 分别为受控列车与前车的匀速行驶的时间;a_2、a_1 分别为受控列车与前车的制动加速度。

2.1.2 移动授权工作原理

在城市轨道交通中,车地无线通信系统通过分配移动授权来实现对列车的

控制。移动授权是一段具有特殊含义的线路，线路的起点从列车的车尾开始，线路的终点是前方的障碍物。障碍物包括进路的终点、道岔、前方列车等。移动授权的产生步骤如下：

（1）在受控制线路区域内的列车按照正常时刻表运行，车载控制器根据轨道旁的信标和测速计算出列车当前的位置与速度；

（2）车载控制器通过轨旁无线单元的接入点（access point of trackside wireless unit，AP）将列车的位置和运行方向发送给区域控制器，并判断是否要申请延伸当前的移动授权；

（3）区域控制器根据列车当前的位置和速度以及其他的线路状态计算出每辆列车的移动授权；

（4）区域控制器在计算完成后将移动授权发送给各个列车的车载控制器，并将列车的位置信息发送给列车自动监督系统，以便列车自动监督系统对线路内所有车辆实施监控。

在整个过程中，区域控制器实时地与自动监督、自动防护等子系统进行信息交互；通过数据通信系统车载设备周期性地将列车信息发送给区域控制器；同时区域控制器也会根据轨道运行状况计算出每辆列车的移动授权，对车载设备进行应答。

2.2　对 CBTC 的基本分析与评价

在深入阐述轨道交通智能技术系统之前，对现有 CBTC 做一简要的分析与评价很有必要。

2.2.1　无线局域网的发展过程概述

在无线局域网（WLAN）的发展历程中，曾经一度涌现出很多技术和协议，如 IrDA、Blue Tooth 和 HyperLAN2 等。然而，发展至今，在 WLAN 领域被大规模推广和商用的是 IEEE 802.11 系列标准协议，WLAN 也被定义成基于 IEEE 802.11 标准协议的无线局域网。

在 20 世纪 90 年代初，为了满足人们对 WLAN 日益增长的需求，美国电气和电子工程师协会（IEEE）成立了 802.11 工作组，专门研究和制订 WLAN 的标准协议，并在 1997 年 6 月推出了第一代 WLAN 协议——IEEE 802.11—1997。该协议定义了物理层工作在 ISM（industrial scientific medical band）的 2.4 G 频段，数据传输速率设计为 2 MB/s。该协议由于在速率和传输距离上的设计不能满足人们的需求,并未大规模使用。

随后,IEEE 在 1999 年推出了 IEEE 802.11a 和 IEEE 802.11b。IEEE 802.11a 工作在 5 GHz 的 ISM 频段上,并且选择了正交频分复用(orthogonal frequency division multiplexing,OFDM)技术,能有效降低多路径衰减的影响和提高频谱的利用率,使 IEEE 802.11a 的物理层速率可达 54 MB/s。IEEE 802.11b 则依然工作在 2.4 GHz 的 ISM 频段,但在 IEEE 802.11 的基础上进行了技术改进,使 IEEE 802.11b 的通信速率达到 11 MB/s。

OFMD 是一种多载波调制技术,主要是将指定信道分成若干子信道,在每个子信道上使用一个子载波进行调制,并且各子载波并行传输,可以有效提高信道的频谱利用率。虽然 IEEE 802.11b 提供的接入速率比 IEEE 802.11a 低,但当时 5 GHz 芯片研制进度过慢,待芯片推出时 IEEE 802.11b 已被广泛应用。由于 IEEE 802.11a 不能兼容 IEEE 802.11b,再加上 5 GHz 芯片价格较高和地方规定的限制等原因,使得 IEEE 802.11a 没有被广泛采用。

在 2000 年初,IEEE 802.11g 工作组开始开发一项既能提供 54 MB/s 速率,又能向下兼容 IEEE 802.11b 的协议标准。并在 2001 年 11 月提出了第一个 IEEE 802.11g 草案,该草案在 2003 年正式成为标准。IEEE 802.11g 兼容了 IEEE 802.11b,继续使用 2.4 GHz 频段。为了达到 54 MB/s 的速率,IEEE 802.11g 借用了 IEEE 802.11a 的成果,在 2.4 GHz 频段采用了 OFDM 技术。IEEE 802.11g 的推出,满足了当时人们对带宽的需求,对 WLAN 的发展起了极大的推动作用。

对于急速发展的无线局域网,54 MB/s 的速率无法满足用户的需求。2002 年,一个新的 IEEE 工作组,即 IEEE 802.11n(Task Group n,TGn)成立,开始研究一种更快的 WLAN 技术,目标是达到 100 MB/s 的速率。在长达 7 年的制定过程中,IEEE 802.11n 的速率从最初设计的 100 MB/s,完善达到 600 MB/S。IEEE 802.11n 采用了双频工作模式,支持 2.4 GHz 和 5 GHz,且兼容 IEEE 802.11a/b/g。

随后,又制订出 IEEE 802.11ac,并在 2013 年正式推出。IEEE 802.11ac 工作在 5 GHz 频段,向后兼容 IEEE 802.11n 和 IEEE 802.11a。IEEE 802.11ac 沿用了 IEEE 802.11n 的诸多技术并做了技术改进,使速率达到 1.3 GB/s。IEEE 802.11n 较之前的标准协议主要有如下优势:更多的子载波、更高的编码率、更短的 GI(guard interval)、更宽的信道、更多的空间流和 MAC 层的报文聚合功能等。

2.2.2 原有 CBTC 技术的局限性

由于最初 WLAN 标准并不是针对高速场景而设计的,原有 CBTC 存在着一定程度的局限性,具体表现在以下的若干方面[18]。

(1)移动性差。对于轨道交通系统,尤其是高铁,当列车的速度过高时,原有在轨道交通系统中所使用的通信标准往往会导致通信性能急剧下降,达不到轨道交通通信系统对于高可靠与低时延的要求。

(2)干扰源多。无线局域网工作在 2.4 GHz 开放频段,而这一频段也是许多民用设备的工作频段,这样势必会对车地无线通信传输产生干扰。

(3)天线覆盖范围小。由于无线访问接入点(access point,AP)的覆盖范围仅为 200 m 左右,当列车高速行驶时,需要频繁地进行越区切换,势必导致整体的通信质量受到影响。

(4)缺乏优先级保障机制。城市轨道无线通信系统中传输的信息除了与安全相关的 CBTC 列车控制信息之外,还应该具备乘客信息系统(passenger information system,PIS)和视频监控系统(video monitoring system,VMS)等信息。如果所有这些系统都工作在一个频段上,在没有建立优先级的情况下,就无法保证与安全相关的列车控制信息的可靠传输。为了保障列车安全信息传输的可靠性,目前的解决方式是采用独立组网的方式,因此又导致资源不能共享,还存在频谱竞争问题,同时多个网络的建设投资及后期维护的成本必然又会被提高。

为了解决上述技术局限性,现有运行系统中已经引入一种新的通信技术,即所谓“长期演进”(long term evolution,LTE)技术。LTE 相对 WLAN 具有明显优势:① 专有频段,干扰在可控范围之内;② 多级“服务质量”(service quality,SQ)控制,可优先保证 CBTC 的传输;③ 可支持 350 km/h 的移动性;④ 覆盖距离长,覆盖区域半径可达 1 km,跨区域切换平滑性强。

不过,尽管传统的 CBTC 技术还存在技术缺陷,即该系统中的通信是基于车-地之间的交互,所有的列车都将自身的状态信息传输到地面的管控中心,由其通过服务器进行统一调度。如此控制链接方式必然存在一个问题:一旦地面的管控中心遭受攻击,整个系统就会濒临瘫痪,最终会导致事故的发生。2011年发生的“7·23 甬温线”特大铁路交通事故就是因列车控制中心设备存在严重设计缺陷,在雷击导致设备故障后应急处置不力等因素而造成的事故。

可以预见,未来的 CBTC 将是一项全新的具有智能化的通信与监控系统。本书即是沿着该创新思维的方向来阐述在 CBTC 基础上增殖多层智能化算法及其功能的科学理论与方法。

2.3 全系统智能通信与监控

轨道交通全系统通信与智能控制的总体结构如图 2-1 所示。其中,轨旁设备及相邻轨旁设备用于对路基与轨道的状况监测,同时还承担对运行中的列车速度、加速度的检测,以便能够提前向列车智能监控系统和列车子系统提供路基与轨道状况的实时信息,以及列车运行的基本状态参数;列车子系统和相邻列车子系统即列车自身所具备的车载控制子系统,能够接收来自相关检测平台与数据中心的状况信息;空基平台与天基平台是分别设置于空中和太空飞行器上的监控系统。图 2-1 中,实线为有线连接,虚线为无线连接[19]。

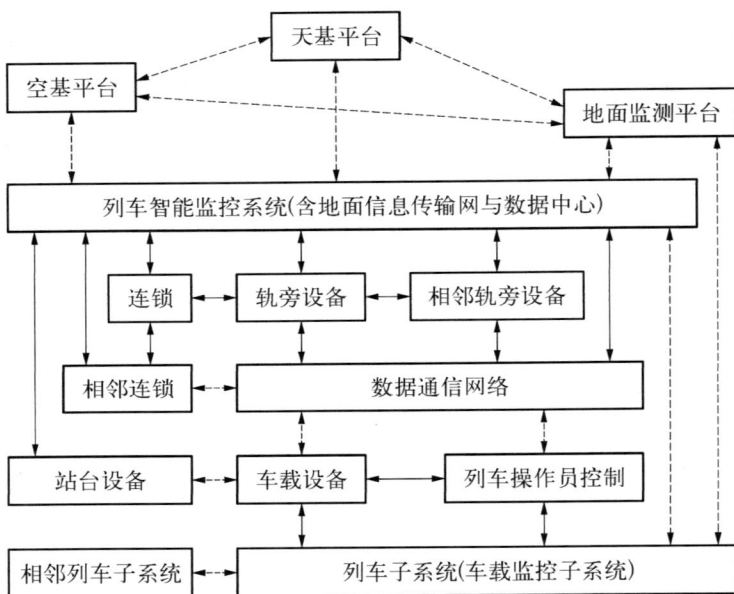

图 2-1 轨道交通智能监控系统结构框图

2.3.1 数据通信系统

数据通信系统(data communication system,DCS)侧重于城市轨道交通系统中的双向数据通信网络。其中有线网络为地面的控制中心、车站、轨旁等设备之间提供数据传输通道;无线网络为列车和地面控制设备之间提供连续的双向无线数据传输。一般的数据通信系统网络是专用的通信网络,采用独立的组网方式,并且网络结构采用双冗余设计,为城市轨道交通系统数据提供两条独立的网络传输通道。系统的功能主要分为三个部分。

（1）通信传输通道。DCS 设备能够实现点对点、点对多点之间的数据通信能力，并且可以基于端口对端口进行数据分类，即按照各业务的数据需求对带宽进行分类。

（2）网络管理。DCS 设备采用简单网络管理协议（simple network management protocol，SNMP）实现管理，主要包括网络性能、配置、故障等的管理功能。

（3）网络安全。通信网络体系具备整套安全策略，且在无线通信安全性管理功能和传输通道的功能需求上满足特定标准。

图 2-1 所示为全系统通信中所包含的专用短程通信（dedicated short-range communication，DSRC）是专用于车辆间短程或者中程的无线通信的一组协议和标准，主要采用 5.9 GHz 频段，且具有低传输延迟特性。DSRC 的本质是一组协议的集合，它以协议栈的方式发布，涉及的标准主要有 IEEE802.11p、IEEE1609 等协议系列。

IEEE 802.11p 是一个由 IEEE 802.11 标准扩充的通信协定。该通信协定主要用在车用电子的无线通信上。在设定上，它是由 IEEE 802.11 扩充延伸而符合智能运输系统（intelligent transportation systems，ITS）的相关应用。其应用的层面包括高速率的车辆之间以及车辆与 5.9 GHz（5.85～5.925 GHz）波段的标准 ITS 路边基础设施之间的资料数据交换。

IEEE 802.11p 对传统的无线短距离网络技术加以扩展，可以实现更先进的切换机制（handoff scheme）、移动操作、增强安全、识别（identification）、对等网络（peer-to-peer）认证。最重要的是，在车载规定频率上进行通信，将充当专用短程通信（DSRC）或者面向车载通信的基础。车载通信可以在车辆之间进行，也可以在车辆与路边基础设施网络之间进行。

IEEE 1609 标准则是以 IEEE 802.11p 通信协定为基础的高层标准。此外，对于安全报文，DSRC 还添加了特殊的处理机制。

DSRC 协议栈如图 2-2 所示，主要包括四个层次，从下至上分别为物理层、数据链路层（含 MAC 层、MAC 子层扩展、LLC 子层）、网络传输层、应用层。数据链路层主要又分为两个子层：介质接入控制（media access control，MAC）及其扩展和逻辑链路控制（logical link control，LLC）。

其中，MAC 定义了数据包如何在介质上的传输，制订了接入信道时应该遵从的竞争规则，它的目的是让接入的节点更加高效、更加公平地竞争资源，从而达到信道分配公平与资源利用率提高的效果。在 IEEE 802.11 协议簇中信道的

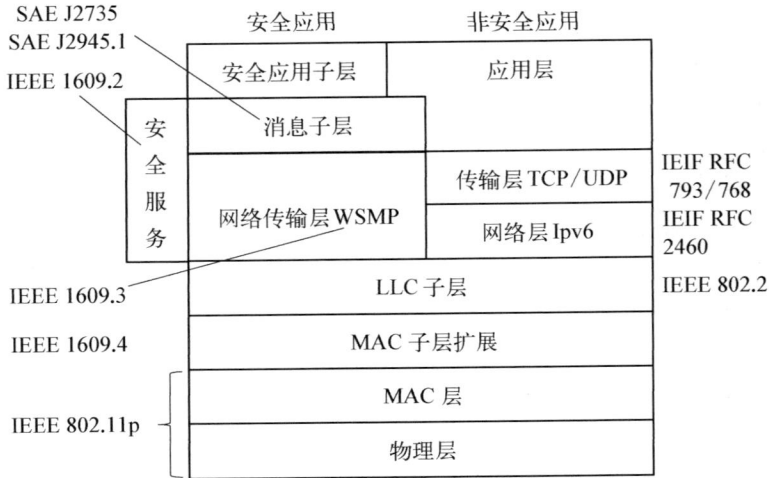

图 2-2　DSRC 协议栈结构图

竞争规则可以归纳为两类：一类是规定节点在代表第三层交流信息之前需要采取一定措施的会话规则；另一类是适用于个体传输的帧-帧规则。对于无线信道,IEEE 802.11 的介质接入模式为能够避免冲突的载波侦听多路访问,即载波截获多址接入（carrier interception multiple access with collision avoidance）。该机制主要的原理是监听信道的状态。如果检测到信道状态忙的话,就会退避,直至信道变为空闲状态为止。另外,该机制还加入了确认字符（acknowledgement character,ACK）来保证数据的成功接收。

逻辑链路控制（LLC）子层使用 IEEE 802.2 协议,并加入子网络访问协议（sub network access protocol）进行补充,主要封装了 IP 数据包、地址解析协议（address resolution protocol）的请求和答复。此外,IEEE 1609.3 协议还支持带有无编号消息帧的无确认无连接服务。图 2-3 所示为 LLC 子层协议数据单元格式。

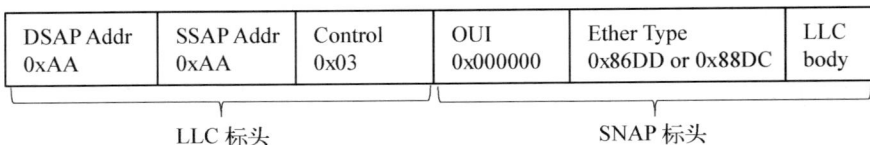

DSAP Addr 0xAA	SSAP Addr 0xAA	Control 0x03	OUI 0x000000	Ether Type 0x86DD or 0x88DC	LLC body
LLC 标头			SNAP 标头		

图 2-3　LLC 子层协议数据单元格式

2.3.2　状态信息无线传感网

为了确保轨道交通运行的安全,系统通信与控制必须采用多源感知的方式获取轨道交通系统的运行状态信息,并进行相应的状态分析与故障诊断,为轨道交通系统的运营保障提供技术和决策支持。

目前,轨道交通系统状态主要依靠人工轨道巡检、综合监测列车巡检与车载检测设备结合的方式对轨道交通系统的运行状态进行"定期体检",并对检测数据进行离线处理和解析,进而对运行状态进行预估而确定"安全生命周期"。因此,现有的检测效率明显低下,而且不具备实时性。

由于检测周期一般都是根据状态统计规律与现场专家的运行经验来制订的,对突发故障的发生显然缺乏预见性。同时,检测的时段与列车运行时段不能重叠,即不能平行开展,势必降低了轨道交通系统运营的效率。为了提升轨道交通系统运行状态监测的经济性、实时性、可靠性和安全性,必然需要形成有线状态信息监测传输系统,采用视频、光纤光栅及应力应变等监测传输技术,实现对轨道交通系统基础设施的在线监测及监测信息的实时传输,才能不可或缺地提升轨道交通基础设施状态信息获取的实时性。然而,基于有线通信的在线监测系统在实际应用中还存在建设成本高、施工难度大、适应性低和可靠性差等诸多困难。

显然,无线传感网具备对监测对象进行准确感知和信息稳定传输的能力,随着无线传感器技术、无线通信及其数据处理技术的发展,无线传感技术的优越性日益突出[20]。

1. 无线传感系统架构

轨道交通系统状态无线监测系统由天基平台,空基平台,车载信息采集平台,地面信息采集平台,天、地、车无线通信网络和轨道交通数据中心等组成(见图 2-4)。

(1)天基平台。天基平台是通过我国的北斗卫星导航系统实现对轨道交通系统的全覆盖监测和信息传输,保证信息大范围的实时可达性。天基平台主要负责列车定位等关键信息及指令的传输。

(2)空基平台。空基平台由驻留在平流层的飞艇与低空无人机组成"高低相配合"的监测与通信子系统。飞艇可以弥补广域稀疏路网难以全天候、定区域安全监测的技术缺陷,提供系统全方位、全息化的运营与安全综合保障能力,监测覆盖范围可以达到 7×10^5 平方千米。

无人机具有快速部署、实时监测、操作简易、远程作业等技术特点,因此满足局部增强监视的技术需求。对于轨旁监测设施较少的区域,可以实施沿线定期巡检。在发生突发故障的情况下,无人机可以第一时间到达现场上空获取故障信息,对临时性局部监测尤为有效。

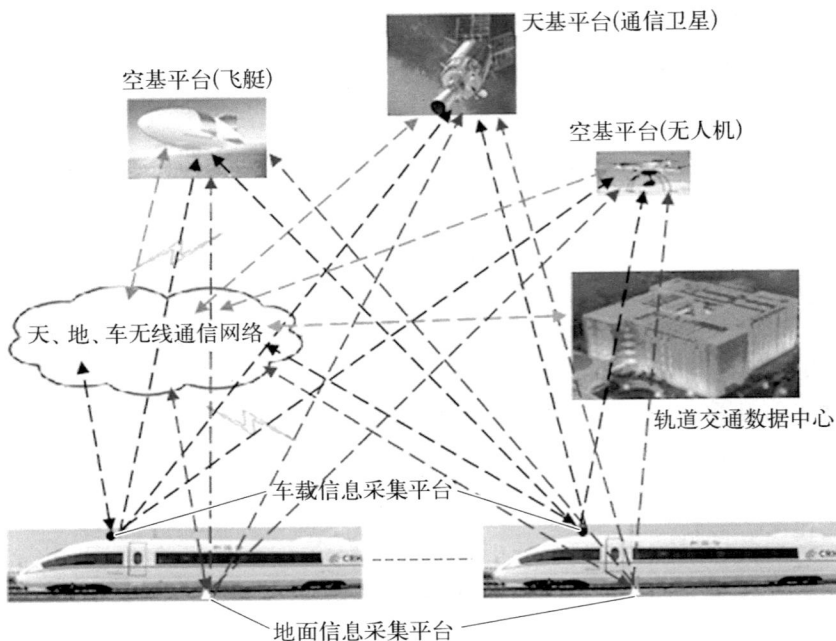

图 2-4 轨道交通无线传感系统架构

（3）车载信息采集平台。车载信息采集平台主要是通过列车关键部位安装的传感器，对列车关键部件的服役状态（转向架、轮轴与电气设备等）及列车的运行状态（速度、加速度、温度等）进行实时监测，并将监测信息上传至车载数据中心进行处理分析或者通过车地通信的方式经地面信息传输平台发送到数据中心进行数据处理。机车车载信息采集平台的基本物理结构如图 2-5 所示。

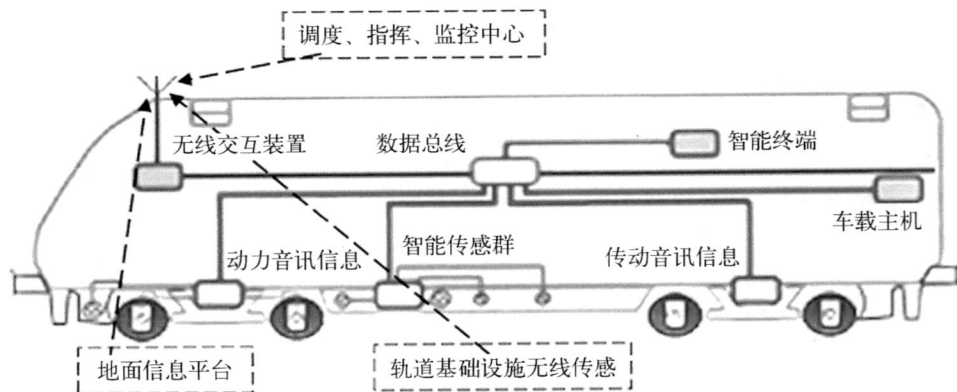

图 2-5 机车车载信息采集平台基本物理结构

（4）地面信息采集平台。地面信息采集平台为轨道基础设施服役状态与列车运行基本参数的监测平台,主要通过在轨道沿线及其周边布设大量传感器,对轨道线上、线下基础设施与牵引供电系统的服役状态以及运行中的列车运动参数进行实时监测并上传。

（5）天、地、车无线通信网络。无线通信网络对天(空)、地、车的监测数据实现高冗余度地交互,并实时传输到轨道交通数据中心。

（6）轨道交通数据中心。轨道交通数据中心是信息存储、处理、运行状态分析与控制指令输出平台。基于空、天、车、地一体化的轨道交通系统监测无线/有线网络,可以大范围、全天候、系统性地对轨道交通的运行状态进行监测,为轨道交通系统的高效、安全运行提供技术保障。

2. 轨道交通无线传感关键技术

在北斗卫星导航系统成熟技术的支持下,加之我国无线通信基站技术的先进性(信号覆盖无"间隙"),轨道交通信息传感就成为确保整个系统稳定性与可靠性的最关键环节。这些传感包括对机械应力、液压传动压力、温度、热像、声纹、图像等信息的感应与采集。而且,所有传感信息还要进行一系列的前置处理,才能交付后端处理器进行分析与评判。这就需要依靠诸多硬件结构与软件算法等高端技术的支持,也是关键技术之所在[21]。

2.3.3　无线传感与高铁车联网

车联网的内涵主要指车辆上的车载设备通过无线通信技术,对信息网络平台中的所有车辆动态信息进行有效利用,在车辆运行中提供不同的功能服务。车联网具有以下几点特征:车联网能够为车与车之间的间距提供保障,降低车辆发生碰撞事故的概率;车联网可以帮助车主实时导航,并通过与其他车辆和网络系统的通信,提高交通运行的效率。车联网的概念源于物联网,即车辆物联网,是以行驶中的车辆为信息感知对象,借助新一代信息通信技术,实现车与其他对象,包括车与车、人、路、服务平台之间的网络连接,提升车辆整体的智能驾驶水平,为用户提供安全、舒适、智能、高效的驾驶感受与交通服务,同时提高交通运行效率,提升社会交通服务的智能化水平。高铁车联网(vehicle networking)则是车联网的进一步延伸。

1. 高铁车联网体系结构

高铁车联网体系结构由三大层次结构组成,即采集层、网络层和应用层。

（1）采集层。采集层负责数据的采集,它是由各种车载传感器完成的,包括车辆实时运行参数、道路环境参数以及预测参数等,例如车速、方向、位置、里程、发动机转速、车内温度等。所有采集到的数据将会上传到后台服务器进行统一处理与分析,得到用户所需要的业务数据,为车联网提供可靠的数据支持。

(2) 网络层。网络层主要功能是提供透明的信息传输服务,即实现对输入输出数据的汇总、分析、加工和传输,一般由网络服务器以及 WEB 服务组成。卫星定位信号及车载传感器信号上传到后台服务中心,由服务器对数据进行统计管理,为每辆车提供相应的业务,同时可以对数据进行联合分析,形成车与车之间的各种关系,成为局部车联网服务业务,为用户群提供高效、准确、及时的数据服务。

(3) 应用层。应用层是车联网的最高层次,可以为联网用户提供各种车辆服务业务,主要由全球定位系统取得车辆的实时位置数据,然后返回给车联网控制中心服务器,经网络层的处理后进入用户的车辆终端设备,终端设备对定位数据进行相应的分析处理后,可以为用户提供各种导航、通信、监控、定位等应用服务。

2. 高铁车联网的物理组成

高铁车联网主要由三部分组成,即演进的分组核心网、演进的地面无线接入网和车载设备。前两部分及系统间的接口沿用了 LTE(long-term evolution)架构协议,而第三部分则是在 LTE 架构的基础上将车载设备作为移动收发设备,通过空口(air interface)与基站(eNodeB)相连。在地面无线接入网中,eNodeB 之间的连接通过 X2 接口,在网络层采用 IP 协议进行传输,其中的数据包和信令的转发可以实现越区切换的无缝衔接。

LTE 网络架构是 E‐UTRAN(UMTS terrestrial radio access network, UMTS 陆地无线接入网)去除 RNC(radio network controller,无线网络控制器)网络节点,目的是简化网络架构和降低延时,RNC 功能被分散到了演进型 Node B(Evolved Node B,eNode B)和服务网关(Serving GateWay,S‐GW)中。LTE 接入网称为演进型 UTRAN(Evolved UTRAN,E‐UTRAN),相比传统的 UTRAN 架构,E‐UTRAN 采用更扁平化的网络结构。

E‐UTRAN 结构中包含了若干个 eNode B,eNode B 之间底层采用 IP 传输,在逻辑上通过 X2 接口互相连接,即网格(mesh)型结构,这样的设计主要用于支持 UE 在整个网络内的移动性,保证用户的无缝切换。每个 eNode B 通过 S1 接口连接到演进分组核心(evolved packet core,EPC)网络的移动管理实体(mobility management entity,MME),即通过 S1‐MME 接口与 MME 相连,通过 S1‐U 与 S‐GW 连接,S1‐MME 和 S1‐U 可以分别看作 S1 接口的控制平面和用户平面。

在 EPC 侧，S‑GW 是 3GPP 移动网络内的锚点。MME 功能与网关功能分离，主要负责处理移动性等控制信令，这样的设计有助于网络部署、单个技术的演进以及全面灵活的扩容。同时，LTE/SAE 体系结构还能将 SGSN 和 MME 功能整合到同一个节点之中，从而实现一个同时支持 GSM、WCDMA/HSPA 和 LTE 技术的通用分组核心网。

高铁车联网对现有的 LTE 网络设备和安全机制进行升级就可以实现 LTE 网络结构设计。一个 eNodeB 与多个移动性管理实体或者业务网关相连，是 eNodeB 在移动通信系统层面上的演进，增加了无线网络控制器的物理层（PHY）、媒体接入控制子层（MAC）、无线链路控制子层（RLC）、分组数据会聚协议子层（PDCP）和无线资源控制层（PRC）上的一些功能，以及移动性管理和无线资源管理等接入网的全部功能[22]。

高铁车联网的物理模型如图 2‑6 所示。通过建立起来的高铁车联网，不仅能够实现监控中心对高铁列车的调度与实时信息交互，而且还实现了高铁列车相互间的信息交互。

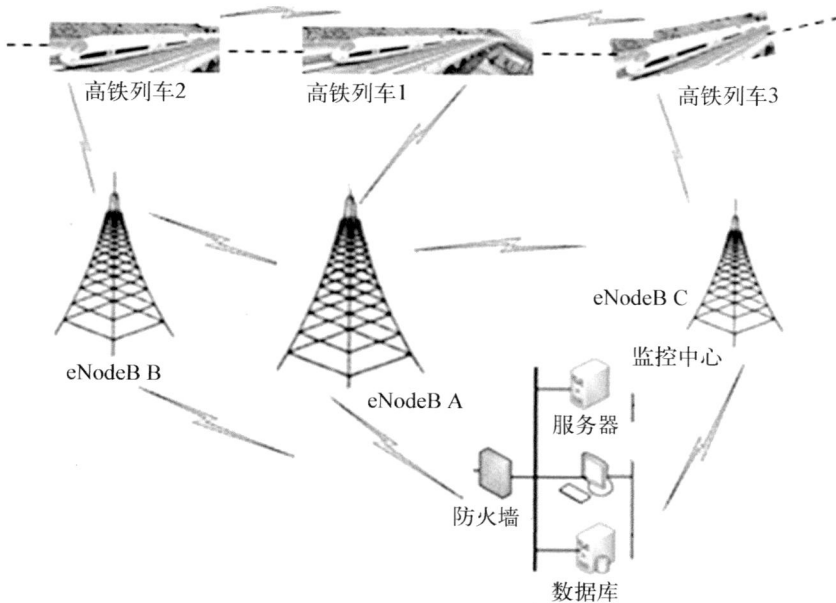

图 2‑6　"车联网"系统物理模型

高铁车联网的通信采用两种互补的传输模式：一种是直接通信，以 D2D（device-to-device）为基础，通过 Side-Link 链路直接进行中近距离的传输，它运行于 ITS(intelligent transportation system,智能交通系统)频段,主要工作在 5.9 GHz 频率,是独立于蜂窝网络的;另一种是网络通信,也就是传统的借助于蜂窝网络的通信,采用的是 Uu 接口,运行在传统的移动宽带授权频段上,满足网络和终端之间的大数据量的要求。

　　高铁车联网与 eNodeB 的空口协议栈如图 2-7 所示。其中,空口部分继承了 LTE 空口协议,用户平面协议包括四个层次,并且都在网络侧的 eNodeB 实体处终止。包括 LTE 无线接入的控制平面空口协议栈如图 2-8 所示。

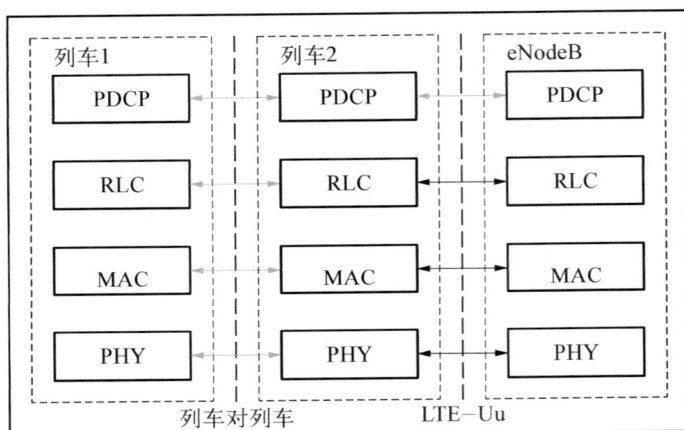

图 2-7　车对车与 eNodeB 的空口协议栈

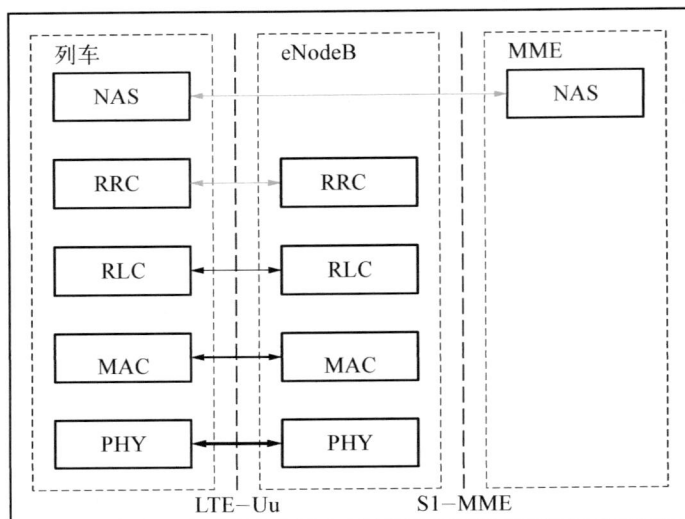

图 2-8　车对车 eNodeB 控制平面空口协议栈

2.4　列车子系统工作原理简述

所谓列车子系统,即基于 CBTC 的移动列车自动控制系统,具备列车自动防护、自动驾驶和自动运行的功能,主要包括信号连锁、列车自动防护、列车自动监督、列车自动驾驶和数据通信子系统等。

2.4.1　信号连锁

信号连锁即将列车智能控制系统所控制范围内的信号机、列车检测装置及道岔等设备信息构成一种既相互联系、又相互制约的关系,从而保证进路列车的安全,提升运输效率。

系统采用高可靠性硬件和冗余结构。硬件体系机构具有层次性,可分为人机对话层、安全运算层和执行表示层。

人机对话层由操作显示设备、系统诊断维护设备组成,并采用冗余结构,可与列车自动监控设备合并设置。安全运算层由连锁计算机组成。执行层由带CPU 的智能单元或者不带 CPU 的电子电路实现。

信号连锁主要具备以下几个功能:

(1)封锁/解锁区段,将列车占用检测的区段分为逻辑区段和物理区段,并有封锁/解锁区段的权限,当一个区段被封锁后,连锁系统就不排列该区段的进路直到区段被解锁。

(2)转换信号机的显示,当信号连锁子系统接收列车自动防护子系统提供的列车变状态信息时,控制进路端信号机进行显示转换。

(3)操纵道岔,道岔的基本状态分为定位、反位、四开,连锁子系统可以操控道岔完成几种状态的切换,具备单独锁闭和单独解锁的功能。

(4)进路的功能,包括进路的办理(人工办理/列车自动监控的自动办理)、进路的锁闭、进路的解锁。

(5)保护区段功能,连锁子系统提供不同路径的区段保护,当保护区段与后续进路方向一致时,两者可以重复锁闭。

2.4.2　列车自动防护子系统

列车自动防护子系统主要保障列车的运行安全,它依照"故障导向安全"的原则构建而成,是列车自动控制系统的基础,列车自动监控与列车自动运行都是依托于列车自动防护子系统而工作的。列车自动防护子系统可实现列车间隔控

制、防止超速等功能,其具体功能如下:

(1)列车速度和位置测定。系统在CBTC区域内,能够确定列车的速度、位置(包括列车两端的位置)和运行方向,并通过冗余方式的测速系统对其速度信息进行校验。

(2)列车安全制动曲线的计算。列车自动防护子系统的地面设备计算出移动授权曲线,并周期性地发送给列车自动防护子系统的车载设备,车载设备会构建出连续的速度-距离安全制动模型防止超速,并且将列车间的安全行车距离保持在一个合理的范围内。

(3)列车完整性监督。列车自动防护子系统会从车辆相关接口获得列车设备连续监督的完整性信息(一旦车辆完整性丢失,列车会实施紧急制动)。

(4)车门状态与站台门监控。列车自动防护子系统实时监控车门与站台门的状态,并在不同驾驶模式下对于临时突发的状况做出不同的应对。

(5)控制级别建立。在列车进入CBTC区域时,列车自动防护子系统会获取到区域的边界信息,对轨道设备进行检查,以验证是否满足进入区域的条件。

(6)驾驶模式管理。列车自动防护子系统支持驾驶模式的转换,包括人工驾驶模式或受控(限制)人工驾驶。

(7)通信状态监督和故障处理。列车自动防护子系统可以监督车载设备与地面设备之间的通信状态、信号连锁的通信状态和邻近地面设备的通信状态(一旦地面设备发生故障,列车自动防护子系统车载设备立即报警并且紧急制动列车,并且将驾驶模式切换为限制人工驾驶模式)。

2.4.3　列车自动监督子系统

列车自动监督子系统是列车自动控制中的一个重要子系统,主要提供线路中列车运行状态的实时监控。列车自动监督子系统通过独立的冗余网络将分布在控制中心、车站、停车场/车辆段的相应设备组成一个统一的网络,并且在线路图上显示线路中所有列车的状态位置信息,实现对列车等级、发车时间、出站时间的自动调节,保证列车实际的运行符合之前制订的运行时刻表。其主要功能如下:

(1)显示系统信息。列车自动监督子系统能够实时显示整个线路的线路布置图和列车位置信息、列车车次消息以及信号系统主要轨旁设备(如道岔、信号机、计轴等)的状态。

(2)控制功能。列车自动监督子系统的控制等级划分为控制中心控制、车站控制和车站连锁控制。

(3)列车追踪控制。在信号系统范围内的列车追踪分为通信列车追踪和非通信列车追踪,系统可以根据通信状态的变化来实现自动切换。

(4)运行图管理。列车自动监督子系统按照一定的格式生成运行图,并可以提供相关运行图的创建、添加、删除和变更功能。

(5)列车运行调整。列车自动监督子系统可以修改列车服务号、车次号、目的地号等信息,并且能够自动调整列车的停站时间和区间运行时间,确保列车准点运行,同时列车自动监督子系统还提供在线列车冲突管理、终端发车顺序管理和列车调整模式。

2.4.4 列车自动驾驶子系统

列车自动驾驶子系统是在列车自动防护子系统的防护下实现列车自动控制、站台自动化作业、列车自动运行调整等功能的控制系统。其主要功能如下:

(1)列车自动驾驶。列车运行设备的自动控制,包括列车启动、加速、制动、惰行等过程,且使列车达到舒适节能的要求。

(2)站台停车控制。该子系统可以保证列车在站内精准停车,且采用一次连续制动模式制动至目标停车点,最后在列车停车时保持制动命令以防溜车。

(3)车门/站台门监控。列车在站台停车后,在确定车门/站台门关闭且锁闭前,该系统会禁止启动列车。

(4)运行调整。该子系统可以支持调停、扣车、停站时间等运行调整方式。

(5)运营辅助。该子系统可以向列车广播设备提供有关旅客信息的数据,并且向司机提供推荐的运行速度及各种提示信息。

(6)故障诊断和报警。该子系统具有自我诊断功能,在检测到故障时会立即退出自动驾驶模式,并向司机及其他相关子系统提供报警信号。

2.4.5 数据通信子系统

数据通信子系统为城市轨道交通系统构建双向数据通信网络。其中,有线网络为地面的控制中心、车站、轨旁等设备之间提供数据传输通道;无线网络为列车和地面控制设备之间提供连续的双向无线数据传输。一般的数据通信系统的网络是专用的通信网络,采用独立的组网方式,并且网络结构采用双冗余设计,为CBTC 数据提供两条独立的网络传输通道。系统的功能主要分为以下三部分:

(1)通信传输通道。数据通信子系统能够实现点对点、点对多点之间的数据通信能力,并且可以基于端口对各应用进行数据分类,按照各业务的数据需求对带宽进行分类。

(2)网络管理。该系统采用简单网络管理协议(simple network management

protocol，SNMP)实现管理,实现网络性能、配置、故障等方面的管理功能。

（3）网络安全。制订了整套安全策略,而且在无线通信安全性管理功能和传输通道的功能需求上满足一定的标准。

2.5　车车通信协同原理

车车通信是当前车联网的一种新概念。它不仅能够扩展轨道交通信息的覆盖领域,而且能够引申车与车之间的信息交互,使得轨道交通系统运行过程的安全性与可靠性得到进一步提升。

2.5.1　车车通信技术结构

车车通信系统(车联网中的特例)由地面系统和车载系统两部分组成。地面系统包括列车自动监控、列车管理单元(traffic management unit，TMU)、目标控制器(object controller，OC)等。车载系统的核心是智能车载设备(intelligent vehicle equipment，IVE)。各系统主要功能如下:

（1）列车自动监督系统实现对列车的运行监督,实施过程为整个线路中列车的信息显示→列车时刻表自动生成→列车进路安排→列车运行状态检测→辅助工作人员对管控范围内的列车进行调度控制;

（2）列车管理单元负责线路数据的管理,同时记录区域内列车的信息,并且提供线路列车信息的查询功能,上线的列车需要同列车管理单元进行版本检验,且接收临时限速指令的下发;

（3）目标控制器负责采集轨道旁设备的状态,向控制中心和列车传递轨旁设备状态信息,并且根据接收到的命令对轨道旁设备进行控制;

（4）智能车载设备实现车车直接通信,并且具备列车超速防护与列车自动驾驶功能,同时具备自主运行的能力,可以与其他列车进行协同通信,计算出自身的移动授权权限。

2.5.2　车车通信的原理步骤

在车车通信系统中,影响列车当前行驶状态的主要因素是前车的位置和速度。前车对于后车来说相当于一个移动的障碍物,要想实现对前车的追踪,就必须周期性地获取前车状态信息,以保证移动授权得以更新。

在传统的 CBTC 系统中,特定区域内的列车都会周期性地与区域控制器进行通信,列车只需要将自身的位置与速度信息发送给区域控制器,由区域控制器判别移动授权后,将前车状态信息发送给后车,列车不需要知道周围列车具体是哪一辆,只需要按照移动授权规划出自身行车"规则"即可。

但是,一旦因故列车失去与区域控制器的信息交互,此时的车车通信系统丧失了区域控制器集中式的信号处理指令,而转换为列车间直接通信。这个时候就必须获取到前车的信息。

协同原理步骤:① 通过信标、电子地图等途径已经完成了定位,即时与管控中心的列车自动监控系统进行通信,从而获取本次的运行任务;② 列车与列车管理单元建立通信,获取最新的线路信息,并且完成列车的登记注册;③ 与目标控制器进行通信,获取当前区段的占用情况以及道岔信息;④ 为了正常运行,列车还需要获取前车的 ID(identity number)和 IP(internet protocol address)信息,因为凭借自身的条件无法完成对于前方列车的识别,这就需要其他设备系统的辅助;⑤ 分析哪些设备可以作为辅助设备。

2.5.3　车车通信系统与列车自动监督系统的功能区分

列车自动监督系统主要负责整条线路的列车监控,对线路中所有列车进行位置排序,并且可以对列车下达临时限速的命令,与列车管理单元进行周期性通信,从而更新整个线路中的列车信息。而列车自动监督系统仅在列车刚上线的时候发送列车进行本次运行的计划,不是周期性地通信。所以从车车通信系统的机制来看,列车自动监督系统不具备辅助列车对前车识别的条件。

在列车上线的时候,列车管理单元会为列车进行登记,提供给列车一个关于线路内信息的数据库版本,可直接下达列车自动监督下发的限速命令,与列车进行周期性通信,实时地获取全线内所有列车的信息,因而可以辅助列车完成前方列车的识别。

在车车通信系统里,目标控制器只负责轨道旁设备状态信息的采集,以及根据列车自动监督信息向列车指示与控制道岔等轨道旁设备,因而不具备辅助列车进行前车识别的条件。如果只考虑列车的本身,不采用其他地面设备进行辅助的话,则采用另一种解决方式,即列车周期性地与线路内所有的列车进行通信,但是这样做会有很多弊端:① 线路内列车较多时,与每辆列车都建立通信会导致信道"拥挤",实时性不能得到保障。② 会产生很多无用的信息,导致信息利用率低,使得列车自主判断的逻辑性变得复杂,显然没有必要。因为列车运行主要是受前方列车的影响,收集到所有列车信息的目的也仅仅是为了得到前方列车的信息而已。也就是说,在不增加新的设备进行全线列车排序的前提下,可以选择列车管理单元辅助列车来完成对地面设备的识别,可以建立列车管理单元与列车间的周期性通信。其间,列车管理单元存储了所有列车的信息,它将线路划分为虚拟的列车识别区域,列车可以获取该区域内所有列车的信息,所以列车只需要在各个虚拟的识别区域内进行识别即可。完成前车识别之后,相邻列车可以开始进行周期性的通信,建立起追踪关系,因此后车就可以根据前车的实时状态更新自身的驾驶工况,并实现相对于列车的自主控制。

2.6　路况智能识别与决策

列车对前方路况的自主智能识别与决策是对 CBTC 与车车通信的增能辅助技术,也是轨道交通技术逐步智能化的一条创新思路。鉴于轨道旁设备不可能做到"全覆盖",同时接收到的信息可能出现缺失与缺损,以及相关监控系统可能出现突发性事故,列车自身具备自主智能识别与决策功能是当前轨道交通安全运行的重要辅助技术(手段)。尤其是当前已经出现的城市虚拟轨道交通,更必须具备该项技术。

2.6.1　列车自主智能视感系统

智能视感是实现列车自主智能识别与决策的一项重要技术。所谓"视感",即将智能机器对外部景物进行认识和理解的整个动态过程分解为图像传感(采集)和视图感知两大部分,故称之为"视感"(intellectual visual perception, IVP)。以往"计算机视觉"也好,"机器视觉"也好,都是沿用了人类对人体生命科学尚不发达时期所生成的生理器官术语"视觉"而形成的,显然缺乏深层次的物理和生理科学的内涵。尽管"视感"与"视觉"仅有一字之差,但是前者却已充分显现出人脑器官对信息拾取所起到的重要且不可替代的作用。

图像传感(采集)就相当于人的眼睛及其视网膜上的杆状和锥状细胞,直接与外界通过光线进行联系,从而对周围环境做出最直接、最迅速的反应;视图感知相当于人脑中枢,由视网膜细胞产生信号传送至大脑的视感知区,来读取、分析光的信号,从而知道物体的远近、大小、颜色、形状等具体信息,还可以将成像进行联想、翻转等。不难想见,仅凭视图感知器,而没有图像传感器就无法获取图像信息,这好比一个人的大脑中视觉中枢完好,但是没有眼睛及其视网膜,或者眼睛与视网膜已经损坏,则无法感知周围的景物图像及其信息。同样,仅凭图像传感器也无法完成机器对外界景物形象的感知,这好比一个人即使眼睛及其视网膜完好,但是大脑的视觉中枢不健全或者视感神经缺损,仍然致盲。换句话说,要真正实现"基于机器视觉"的非接触式检测,必须通过图像传感器和视图感知器的完美结合才能得以完成,这就是"视感"二字的由来[23]。

1. 系统硬件配置

要做到列车对前方路况的自主智能识别与决策,关键的技术在于为列车配置智能视感(又称计算机视觉),使得列车具有自主识别前方路况的功能。图 2-9 中的列车前方需要配置 3 个针孔摄像头。其中,1、2 分别为设置于动车前照灯近下方的右、左摄像头;3 为设置于动车前挡风玻璃框上沿正中位置的上摄像头。

1—右摄像头;2—左摄像头;3—上摄像头。

图 2-9　列车视感配置图

所设置的摄像头为由固体图像传感器为核心部件组成的图像传感器。当前固体图像传感器主要有三大类:CCD 图像传感器(charge coupled device),又称电荷耦合图像传感器;CMOS 图像传感器(complementary metal-oxidesemiconductor,互补金属氧化物半导体),又称自扫描光电二极管阵列(self scanned photodiode array,SSPA);CID 电荷注入器件(charge injection device)。三者均是对光敏感的半导体器件,即利用感光二极半导体进行光与电的转换。

随着光电耦合电子集成技术的高度发展,由 CMOS 彩色图像传感器构成的长焦摄像头(包含光学放大结构)逐渐占据该技术领域的主导地位。CMOS 彩色图像传感器的光敏单元和存储单元是光电二极管,电荷读出结构是数字移位寄存器,通过控制一组多路开关,顺序地把每个光敏单元上的电荷取出并送到公共视频输出线(或称视频输出总线)上。它最大的优点如下:① 具有接近理想的光电传感特性,量子效率高,光谱响应宽,暗电流小;② 由于光敏面覆盖了一层透明的 SiO_2,所以光反射损失小,也不存在光吸收损失;③ 形状尺寸设计灵活,可以做成环形面阵列,方便检测;④ 抗辐射能力比 CCD 大很多倍;⑤ 体积可以做得非常小,便于隐蔽安装,不占空间。

除了摄像头之外,视感系统还需要配置信号处理器和控制器。由摄像头(图像传感器)、信号处理器、控制器、语音播放器和数字显示器等构成的视感系统原理如图 2-10 所示。这些图像传感器实时地采集

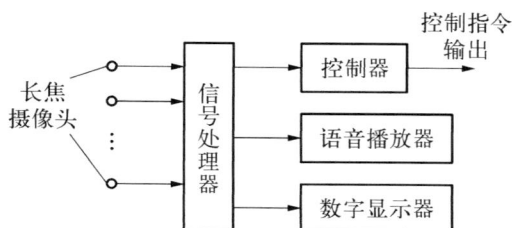

图 2-10　车载视感系统原理框图

车辆前方的景物图像,并将所采集到的图像通过图像信号传输线输入至信号处理器。信号处理器是智能算法软件的载体,事先已经固化智能算法程序,是车载智能视感技术的核心硬件。

如图 2-11 所示为适用于多图像采集通道的处理器模块。图中,当图像传感器的输出为模拟图像信号时,视感系统中的信号处理器一般由图像输入通道 A1~A8、模数转换模块 B1~B8、图像处理程序模块 C、控制指令输出模块 D、语音指令输出模块 E、数字显示指令输出模块 F 和数字信号输入模块 G 组成。智能算法程序被固化于图像处理程序模块 C 的 CDROM 中。

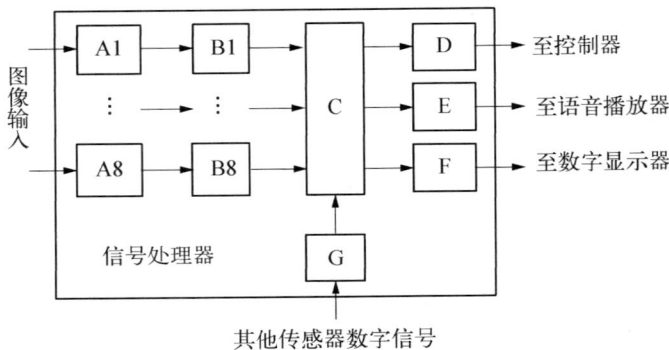

A1~A8—图像输入接口;B1~B8—模数转换模块;C—图像处理
程序模块;D—控制指令输出模块;E—语音指令输出模块;F—数字显
示指令输出模块;G—数字信号输入接口。

图 2-11 信号处理器结构框图

接收到的每幅图像首先经图像输入通道输入至模数转换模块被信号处理器转换为数字图像信号。数字图像信号经智能算法程序的处理、识别后,实时对被采集图像的物体特征做出准确判断,并生成系列指令交由控制指令输出模块 D、语音指令输出模块 E 和数字显示指令输出模块 F 输出。

控制器一般包括通道开关(电子开关)和数模转换器。信号处理器输出的控制指令可以包含通道选通指令和伺服驱动数字信号。在通道选通指令的作用下,特定的通道开关被选通,伺服驱动数字信号即沿着被选通的通道进入数模转换器转换为模拟驱动电压信号,用于驱动伺服机构。在控制器的驱动下,视感系统能够准确操纵列车的正常行驶,并能够实时禁止人为的错误操作。语音播放器与数字显示器分别在语音指令和数字显示指令的作用下,实时播放和显示信号处理器的判定结果,因此使列车驾驶员在自主决策时能够及时、充分地掌握车辆行驶信息。

数字信号输入模块 G 用以接收其他车载传感器传送给信号处理器的数字信号,如车速数字信号等。

2. 系统基本工作过程

列车视感系统的智能算法程序较有代表性的运算流程如图 2-12 所示。其中,图像处理包括图像增强与滤波、图像边缘检测、图像二值化处理和图像分割等。图像增强的目的在于改善图像的视觉效果,便于人工或机器对图像的观察、分析和处理。图像边缘检测、图像二值化处理和图像分割等需要根据具体的对象及其技术目的来确定是否需要进行相关计算(全部或部分计算)。

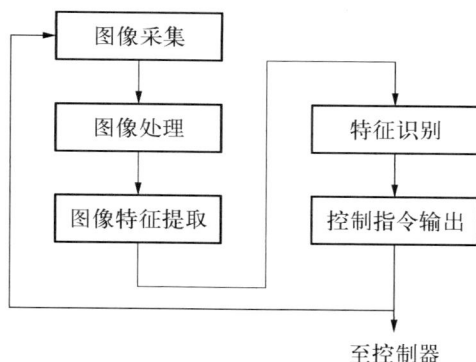

图 2-12　智能算法程序流程

视感识别中最关键的算法是如何实现物体图像信息特征的提取,也就是要从一幅蕴涵着目标物体信息的图像中寻找出其中的性能特征,并根据其性能特征的类别属性进行识别,进而实现对目标的识别。图 2-12 中的图像特征提取涉及的面很广,它和被识别物体的各种物理的、形态的性能有很大的关系,因而有着各种各样的不同方法(算法)。图像特征可以从全局着眼,也可以从局部提取。着眼于图像局部特征的目的在于大幅度地减少识别过程的运算量,这种识别基本思想特别适用于行驶中的列车对目标物体进行识别的快速运算。

特征提取是一种基于特征量的统计模式识别方法,主要包括两大步骤:一是提取可表示模式的特征量,二是在特定的分类准则下,确定待识别目标物体所属的类。特征识别,实际上就是实现目标类别的判定问题。图像特征识别与匹配的基本主程序流程如图 2-13 所示。其中,分类方法 1 是基于机器学习理论

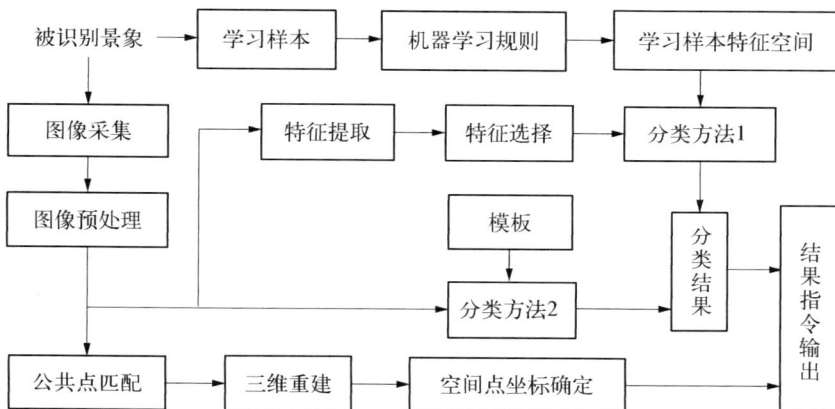

图 2-13　图像特征识别主程序流程

的模式识别分类方法;分类方法 2 是基于模板匹配相似度的分类方法。公共点匹配、三维重建和空间点坐标确定是对被识别景象目标的立体尺度检测步骤。只有对目标物体进行识别的同时,又完成对目标物体的立体尺度测量,才能说明对目标物体实现了完整的识别过程。

以下结合列车智能视感的具体功能进一步阐述其技术实现方法,以便加深对图 2-13 所示识别过程的理解。

3. 对前方路况智能识别的实施条件

车载视感系统中的信号处理器集中处理来自摄像头 1、2 所采集的图像(见图 2-9)。在最初设置摄像头的同时,已经在车辆上建立坐标系(见图 2-14),并对两摄像头的内外参数实施标定[24]。图 2-14 中的虚线表示每个摄像头各自的视场范围。只要车辆进路,车载视感系统即刻处于工作状态:摄像头实时采集前方道路景物图像,左右视图并行通过图像通道送至信号处理器。信号处理器中的算法软件对左右视图进行处理、识别与理解,根据运算结果做出准确判定。

图 2-14　识别路况的坐标设定法

所谓摄像机内、外参数的标定是视感检测技术的一项基础工作,因为空间物体的几何信息是由摄像机成像的几何模型参数和摄像机所处的位置参数来决定的。在大多数条件下这些参数必须通过实验和计算得到,我们称这个确定摄像机参数的过程为标定。尽管,利用摄像机坐标变换关系,通过对图像的畸变矫正过程能够同时获得摄像机参数的标定,但是,不同的计算机视感系统有着不同的精度要求,所要标定的参数也不尽相同,因此采用的标定方式也会有所不同。若需要较高的测量精度,则需要采用较复杂的成像模型,并且在标定过程中需要高精度的辅助标定参照物。鉴于在虚拟环境中,几何模型只用于表示物体的基本结构,而不表示物体表面的细节,因此在一般情况下,要求摄像机的标定过程应当简单快捷。对于摄像机参数的标定,根据系统需求的不同,有多种不同的标定算法。根据标定过程中是否采用标定参照物,一般将标定算法分成传统标定算法和自标定算法两大类。

4. 物体特征提取与外极约束原理

智能识别路况的关键点在于计算空间特征点的三维坐标。其中,基于双目视感系统(即由两个摄像头构成的视感系统)的空间点三维坐标的计算主要依靠外极线几何约束理论(简称外极约束)来实现[25]。

所谓外极线几何约束,就是指左视(或右视)图像上的任一点,在右视(或左视)图像上的对应点只可能位于一条特定的直线上,称为右外极线(或左外极线)。这个约束原则极大地降低了待验证的可能匹配点对的数量,把一个点在另外一幅图像上可能匹配点的分布从二维降低到了一维,因此可以降低计算量、提高识别运算的速度。根据上述原则,从两幅或者多幅的二维图像来重建三维图像时,通常采用外极线约束原则对两幅图像上的景物投影点是否匹配进行判断。可以说,极线约束是寻找左右视图中两个对应点的基本理论依据。

如图 2 - 15 所示,左、右摄像机交叉摆放,P 是从左摄像机和右摄像机同时观测到的同一个三维景物的点,O_1、O_r 分别为左、右摄像机的光心;Π_1、Π_r 分别为左、右摄像机的归一化虚成像平面,P 点在 Π_1、Π_r 上的成像点分别为 p_1 和 p_r,$p_1 = [x_1 \quad y_1 \quad 1]^T$,$p_r = [x_r \quad y_r \quad 1]^T$。右、左摄像机光心分别在左、右归一化成像平面上的像点 e_1、e_r 称为左、右虚成像平面上的外极点。空间点 P 的归一化虚成像点 p_1、p_r 必须分别处在空间点 P 和左右透视中心 O_1、O_r 构成的平面上,称为外极平面。外极平面与左、右摄像机两个虚成像平面相交的两根直

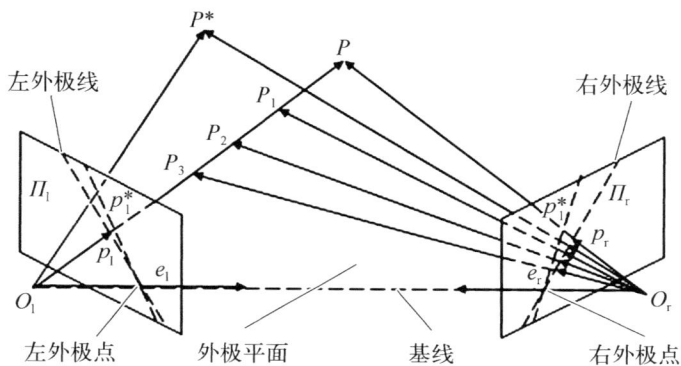

图 2 - 15　外极几何学原理图

线被分别称为左外极线和右外极线。共同观测点 P 的左、右两条外极线分别通过点 p_l、e_l 和点 p_r、e_r。

当双目视感系统的左、右摄像机对 $O_l P$ 连线上的点继续进行观测,如 P_1、P_2、P_3,虽然 P_1、P_2、P_3 三点在 Π_l 上的成像点均为一个点 p_l,但是在 Π_r 上的成像点将分别为 p_{1r}、p_{2r}、p_{3r},并处于右外极线 $e_r p_r$ 的连线上;反之亦然,这就是外极线约束原理。

同理,当 P 在空间的位置发生变化时,或者说,双目视感系统的观测点发生改变时,新的被观测点 P^* 在 Π_l、Π_r 上的成像点 p_l^* 和 p_r^* 必然分别处于对应的两根外极线上。此时,$O_l P^*$ 上的所有点在 Π_l 上的成像点重合为 p_l^*,在 Π_r 上的成像点 $p_{ri}^*(i=1,2,\cdots,\infty)$ 必然分别处于 $e_r p_r^*$ 的外极线上;反之,$O_r P^*$ 上的所有点在 Π_r 上的成像点重合为 p_r^*,在 Π_r 上的成像点 $p_{li}^*(i=1,2,\cdots,\infty)$ 必然分别处于 $e_l p_l^*$ 的外极线上。

5. 基本算法步骤

实现路况自动识别的核心算法通过图像处理程序模块中的智能算法程序予以实现,具体步骤如下。

1) 景物图像的采集

两个摄像头,即双目视感系统的图像传感器,实时采集车辆前方路面景物图像,并将各自所采集到的图像沿着对应的图像传输通道输送至信号处理器。

2) 消除图像畸变

对左、右视图分别进行去除畸变处理。也就是说,由各自的计算机图像坐标系的像素点坐标计算出点对 p_l、p_r 在对应归一化虚成像平面图像坐标系的畸变点坐标 (x_{ld},y_{ld})、(x_{rd},y_{rd}),并将 (x_{ld},y_{ld})、(x_{rd},y_{rd}) 分别代入图像畸变矫正数学模型,即

$$\begin{cases} x_{ld}=(1+k_{l1}r_l^2)x_{lu} \\ y_{ld}=(1+k_{l1}r_l^2)y_{lu} \end{cases} \tag{2-3}$$

$$\begin{cases} x_{rd}=(1+k_{r1}r_r^2)x_{ru} \\ y_{rd}=(1+k_{r1}r_r^2)y_{ru} \end{cases} \tag{2-4}$$

通过求逆运算,获得矫正畸变后的归一化虚成像平面图像坐标系的理想点坐标 (x_{lu},y_{lu}) 和 (x_{ru},y_{ru})。式(2-3)中,$r_l^2=x_{lu}^2+y_{lu}^2$;式(2-4)中,$r_r^2=x_{ru}^2+y_{ru}^2$;k_{l1}、k_{r1} 分别为左、右虚成像平面中的低阶径向畸变系数。

再用理想点坐标 (x_{lu},y_{lu})、(x_{ru},y_{ru}) 分别替代 (x_{ld},y_{ld}) 与 (x_{rd},y_{rd}) 的值代入方程

$$\begin{cases} i_1 = x_{ld}/d_{Lr} + c_{Lx} \\ j_1 = y_{ld}/d_{ly} + c_{ly} \\ s_{Lr} = d_{ly}/d_{Lr} \end{cases} \qquad (2-5)$$

$$\begin{cases} i_r = x_{rd}/d_{rx} + c_{rx} \\ j_r = y_{rd}/d_{ry} + c_{ry} \\ s_{rx} = d_{ry}/d_{rx} \end{cases} \qquad (2-6)$$

求出点对 p_1、p_r 的新坐标值,即新的像素点位置。

式(2-5)和式(2-6)中,d_x、d_y 分别为虚成像平面上 x、y 方向上单位像素间的距离;s_x 为 y、x 方向像素直径比,即纵横比;c_x、c_y 为摄像机光心在计算机成像平面上的像素坐标;式(2-3)~式(2-6)中的脚标 l、r 分别代表左、右摄像机(下同)。

左、右摄像机的计算机图像坐标系中所有像素点坐标 (i_1, j_1)、(i_r, j_r) 逐一经过上述计算后,就能够获得像素点在画面上的理想排列,即真实景物图像的恢复,或者说,获得一幅反映真实景物的左、右视图理想图像。

所谓归一化虚成像平面,即抛开了光学成像的物理概念,将成像平面建立在位于镜头前方单位焦距处的一个虚拟位置上。与摄像机物理成像平面相比,其优点如下:① 采用了实际的距离单位而不是像素,排除了在多目视感系统中可能因为采用不同图像传感器、镜头焦距和图像分辨率等参数而造成标定和计算上的困难。② 由于光轴通过坐标系的原点,因此没有物理成像平面的光轴和原点偏离的问题。③ 由于归一化,因此便利了矩阵系统的运算,承担了变换的中介角色。④ 归一化虚成像平面上的成像点在摄像机坐标系中的坐标 $(x, y, 1)$ 即为二维坐标 $p(x, y)$ 的齐次坐标,将物点投影到归一化虚成像平面上可以看作对二维齐次坐标的规范化。⑤ 如果将成像平面建立在并不存在的镜头前的虚成像平面上,解决了数学模型不直观的问题,因而简化了问题的讨论方式,又保证了讨论问题的准确性。

图 2-16 所示为车载 1、2 摄像头所采集到的并经过去除畸变后的车辆前方路况的左、右两幅视图。

3) 对公共特征点的寻找与匹配

要确认车辆前方路面上是否存在车辆,必须对左、右两个视图中的公共焦点进行寻找和匹配[26]。为此,先截取视图窗口(见图 2-16),窗口的大小以摄像头的光轴为基准向上、下、左、右扩张,取一定像素个数构成。其中,横向(列像素)以正好监视列车轨道宽度的列数 N 为宜;纵向(行像素)以识别运算周期所能允

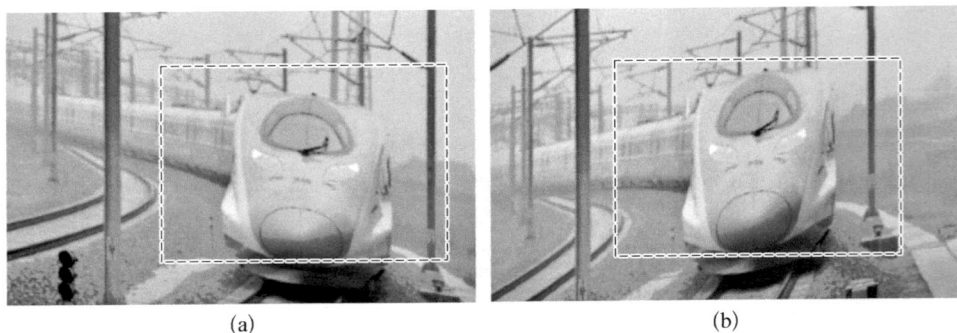

图 2-16 车辆实时采集到的道路前方图像

(a) 去除畸变后的车辆前方道路左视图；(b) 去除畸变后的车辆前方道路右视图

许的最大行数 M 为上限，因此构成 $M \times N$ 的左、右视图同等大小且像素坐标一一对应的窗口。

在被截取的窗口中，采用基于图像灰度的特征点检测算法，主要通过计算曲率及梯度的方法，来寻找若干个特征点，作为代表最具特征的边缘点。再针对已经寻找出来的特征点在外极线约束原理的指导下，于左、右视图中寻找相互匹配的角点。

以图 2-17 所示车辆为例，图中前方车辆特征点 b 分别处于左、右视图中的外极线 L_l 与 L_r 上。b 点就是通过上述外极线约束条件自动寻找到的左、右两个视图的公共特征点之一。

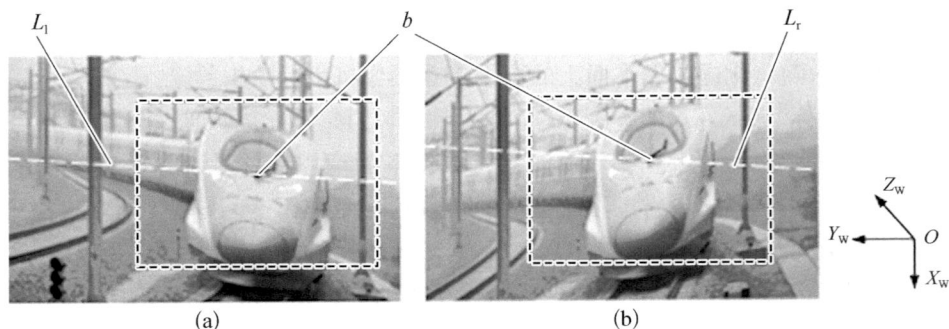

图 2-17 双目视图的外极线约束实例

(a) 左视图；(b) 右视图

4）物点三维坐标值的确定

确定物点三维坐标所涉及的坐标系及其相互间的关系，即针孔摄像机几何模型，如图 2-18 所示。

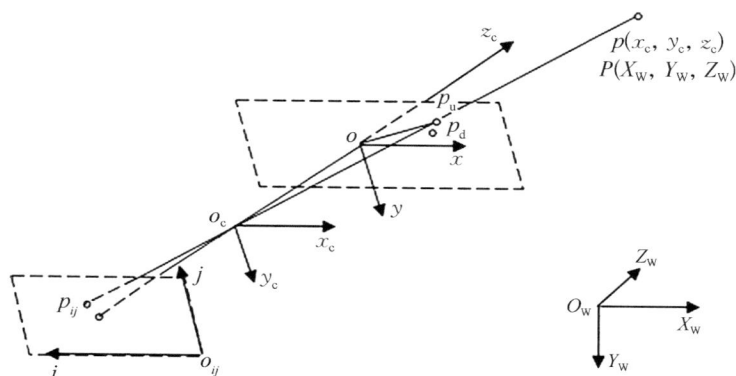

图 2－18　摄像机几何模型

图 2－18 中,世界坐标系 $O_wX_wY_wZ_w$ 需要根据具体环境来确定坐标轴的方向和原点的位置,(X_w, Y_w, Z_w) 表示物点 P 在世界坐标系下的三维坐标;摄像机坐标系 $o_cx_cy_cz_c$,原点 o_c 定义在摄像机镜头的光心上,x_c、y_c 轴位于镜头平面上且互相垂直,z_c 轴与光轴重合,(x_c, y_c, z_c) 表示物点 P 在摄像机坐标系下的三维坐标;计算机图像坐标系 $o_{ij}ij$,原点 o_{ij} 位于 CCD 图像平面的右下角,实际的成像平面在摄像机坐标系的 $z_c=-f$ 处,f 为摄像机的有效焦距,i 和 j 分别表示像素的列数和行数,单位为像素(pixel);i、j 轴分别与 x、y 轴平行,且方向相反,这和针孔成像的"倒立"现象是一致的,代表摄像机在输出 CCD 信号的时候,对于信号做了横向和纵向翻转,p_{ij} 为空间点在计算机图像坐标系 $o_{ij}ij$ 上的投影成像点;归一化虚成像平面坐标系 oxy,原点 o 定义在摄像机光轴与单位焦距平面 $z_c=1$ 的交点处,$p_u(x_u, y_u)$ 表示 P 点在归一化虚成像平面上的理想成像点坐标,$p_d(x_d, y_d)$ 是因透镜径向畸变引起的偏离 p_u 的实际成像点坐标。

左、右视图中相互匹配的角点在计算机图像坐标系 $o_{ij}ij$ 中的表达为 $\hat{p}_l=[i_l \quad j_l]^T$、$\hat{p}_r=[i_r \quad j_r]^T$,通过对世界坐标系的映射关系

$$\begin{bmatrix} i \\ j \\ 1 \end{bmatrix} = \frac{1}{z_c}\begin{bmatrix} f_x & 0 & c_x \\ 0 & f_y & c_y \\ 0 & 0 & 1 \end{bmatrix}\begin{bmatrix} r_1 & r_2 & r_3 & t_x \\ r_4 & r_5 & r_6 & t_y \\ r_7 & r_8 & r_9 & t_z \end{bmatrix}\begin{bmatrix} X_w \\ Y_w \\ Z_w \\ 1 \end{bmatrix} \tag{2-7}$$

或

$$\begin{bmatrix} \hat{p} \\ 1 \end{bmatrix} = \frac{1}{z_c}\boldsymbol{K}\begin{bmatrix} \boldsymbol{R} & t \end{bmatrix}\begin{bmatrix} \boldsymbol{P} \\ 1 \end{bmatrix} = \frac{1}{z_c}\boldsymbol{M}\begin{bmatrix} \boldsymbol{P} \\ 1 \end{bmatrix} \tag{2-8}$$

求取空间物点的三维坐标 $P = [X_w \quad Y_w \quad Z_w]^T$ 的过程如下：

（1）将 $\hat{p}_1 = [i_1 \quad j_1]^T$ 代入式（2-5）或式（2-6）左边时，能够求得左视图对应空间点的坐标 $P_{wl} = [X_{wl} \quad Y_{wl} \quad Z_{wl}]^T$；

（2）将 $\hat{p}_r = [i_r \quad j_r]^T$ 代入式（2-5）或式（2-6）右边时，能够求得右视图对应空间点的坐标 $P_{wr} = [X_{wr} \quad Y_{wr} \quad Z_{wr}]^T$；

（3）最后求得空间点坐标 $P_w = [X_w \quad Y_w \quad Z_w]^T$，且 $P_w = \dfrac{1}{2}(P_{wl} + P_{wr})$。

在式（2-7）和式（2-8）中，z_c 为"非零比例因子"，保证两边齐次坐标的规范化，有时也用字母 s 表示；3×3 矩阵 $R = \begin{bmatrix} r_1 & r_2 & r_3 \\ r_4 & r_5 & r_6 \\ r_7 & r_8 & r_9 \end{bmatrix}$ 描述了两个坐标系之间的旋转关系，其行向量和列向量都是单位正交向量。R 是一个正交矩阵，因此只有 3 个自由度。列向量 $t = [t_x \quad t_y \quad t_z]^T$，描述了坐标系之间的平移关系，被称为平移向量，有 3 个自由度。

3 个旋转参数和 3 个平移参数组成的 6 个参数称为外参数。外参数描述了摄像机和世界坐标系的位置关系，也描述了两个坐标系之间的转换关系。

$[R \quad t]$ 这个 3×4 的矩阵称为外参数矩阵。$K = \begin{bmatrix} f_x & 0 & c_x \\ 0 & f_y & c_y \\ 0 & 0 & 1 \end{bmatrix}$，其中 c_x、c_y 为光心 o 在计算机成像平面上的像素坐标，即光心坐标 (c_x, c_y)；f_x、f_y 为逻辑焦距，其数值与实际焦距 f 有关。虽然摄像机的光学成像系统只有一个物理焦距，但是表现在图像上可能有两个不同的逻辑焦距，f_x、f_y 又称为计算机图像坐标系上 i 轴和 j 轴上的尺度因子。3×3 矩阵 K 为内参数矩阵，其中所含元素 f_x、f_y、c_x、c_y 为摄像机的内参数。

在式（2-8）中，3×4 矩阵 $M = K[R \quad t]$ 完成了从三维坐标 $P_w = [X_w \quad Y_w \quad Z_w]^T$ 到二维坐标 $p = [i \quad j]^T$ 的投影过程，即 $\Re^3 \Rightarrow \Re^2$ 的几何投影，所以 M 称为投影矩阵。

从式（2-7）进一步可以看出，因为投影矩阵是由内参数矩阵（4 个自由度）和外参数矩阵（6 个自由度）相乘而得，因此共有 10 个自由度[27]。

5）间距计算原理

利用外极线约束原理快速确定被匹配目标上任意一个公共特征点。根据寻找到的公共特征点在虚成像平面上的对应点，应用视差原理直接计算该公共特征点与自身车辆的距离[19]。

（1）视差原理。

双目视感是模拟动物双眼视觉的一种机器结构。双视几何学是双目视感检测的理论基础。为讨论问题方便，假定两个摄像机在一水平面上平行排放，即两个摄像机的光轴相互平行。如图 2－19 所示，两个摄像机的虚成像平面相互重叠而成为一个公共虚成像平面 Π。令 O_1、O_r 分别为左、右两个摄像机的光学

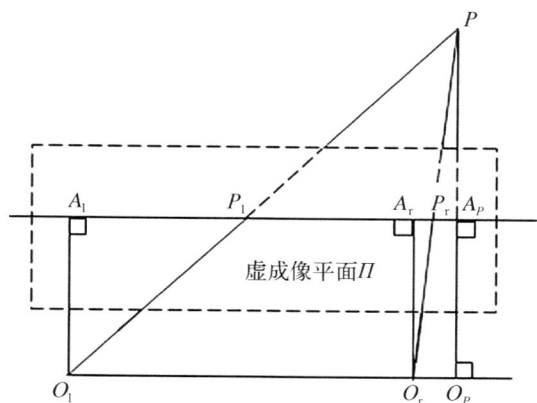

图 2－19　视差测距原理图

中心位置（即透镜中心，简称光心），两个摄像机逻辑焦距均为 f。

假定物体上的点 P 在左、右两个摄像机的图像平面（虚成像平面 Π）上的投影点分别为 P_1、P_r；从 P 到 O_1O_r 连线作垂线，A_P、O_P 分别为该垂线与虚成像平面 Π 及 O_1O_r 连线的交点；过 O_1、O_r 向虚成像平面 Π 作两根垂线，分别与虚成像平面 Π 相交于点 A_1 和 A_r。

从图中相似三角形可得

$$\frac{|PA_P|}{|PO_P|} = \frac{|P_rA_P|}{|O_rO_P|} \tag{2-9}$$

$$\frac{|PA_P|}{|PO_P|} = \frac{|P_1A_P|}{|O_1O_P|} \tag{2-10}$$

此处，$|\cdot|$ 表示两点间的线段长度。

令，$|PO_P|=a$，$|A_PO_P|=\tilde{f}$，$|O_1O_r|=b$，$|A_1P_1|=l$，$|A_rP_r|=r$，$|P_rA_P|=c$，则式（2－9）与式（2－10）分别又表达为

$$\frac{a-\tilde{f}}{a} = \frac{c}{r+c} \tag{2-11}$$

$$\frac{a-\tilde{f}}{a} = \frac{b-l+r+c}{b+r+c} \tag{2-12}$$

联立式（2－11）与式（2－12）得

$$c = \frac{br}{l-r} - r \tag{2-13}$$

代入式（2－11）得

$$a = \frac{b}{l-r}\widetilde{f} \qquad (2-14)$$

式中，$(l-r)$ 为双目视差。

由此可见，景物的深度信息，即待测距离 a 与两个摄像机光心间距 b、成像焦距 $\widetilde{f}$ 及两个摄像机的视差 $(l-r)$ 有关。由于两个摄像机光心间距 b 和成像焦距 $\widetilde{f}$ 通过摄像机参数标定，事先可以确定，属于已知量，因此，两个摄像机的视差 $(l-r)$ 就成为能够确定景物深度的唯一因素。成像焦距 $\widetilde{f}$ 与两个摄像机的视差 $(l-r)$ 计算单位为像素，两个摄像机光心间距 b 计算单位为实际距离。

顺便指出，在实际采用双目视感检测时，被测点的测量误差与两摄像机光轴的夹角存在一种复杂的函数关系，当两摄像机光轴夹角一定时，被测点所在世界坐标系中的位置与摄像机之间距离越大，检测点距离的检测误差就越大。

当前设置车载双目视感系统中的两个摄像头时已经考虑充分利用视差原理进行距离测量的问题，所以安装两个摄像头时，采用两个摄像头的光轴互相平行且与两光心连线相垂直的安装方式。正因为车载双目视感系统的两个摄像头具有这种几何特性，所以在检测车距的过程中能够直接采用双目视差原理。

（2）距离测算。

利用外极线约束原理快速确定被匹配目标上任意一个公共特征点，根据公共特征点在虚成像平面上的对应点 P_l 和 P_r，应用视差原理直接计算该公共特征点与自身车辆的距离。

已知车载双目视感系统中两个针孔摄像头的光心间距 b 和成像逻辑焦距 $\widetilde{f}$（通过摄像头参数标定确定）的值，通过虚成像平面坐标系到计算机图像坐标系的转换公式

$$i = f\frac{x}{d_x} + c_x, \quad j = f\frac{y}{d_y} + c_y, \quad s_x = d_y/d_x \qquad (2-15)$$

将图像坐标转换为虚成像平面坐标系，即可以通过转换公式计算获知点 A_l、P_l、A_r 和 P_r 的虚成像平面坐标，即

$$\begin{cases} A_l = (x_{Al}, y_{Al}) \\ P_l = (x_{Pl}, y_{Pl}) \\ A_r = (x_{Ar}, y_{Ar}) \\ P_r = (x_{Pr}, y_{Pr}) \end{cases} \qquad (2-16)$$

考虑 $y_{Al} = y_{Pl} = y_{Ar} = y_{Pr}$，因此能够求出双目视差 $(l-r)$，即

$$l - r = | A_1 P_1 | - | A_r P_r | = | x_{A1} - x_{P1} | - | x_{Ar} - x_{Pr} | \quad (2-17)$$

式(2-15)中,f 为摄像机光学有效焦距,(d_x, d_y) 分别为图像平面上 x、y 方向上单位像素间的距离,s_x 为图像纵横比。c_x、c_y 为光心 o 在计算机成像平面上的像素坐标,即光心坐标 (c_x, c_y)。

将式(2-17)和已知的两个摄像机光心间距 b 与成像焦距 $\tilde{f}$ 代入式(2-14),即可直接求得景物的深度信息,即车距 a 的值。必须指出,在计算过程中,两个摄像机光心间距 b 的计算单位为 m,式(2-14)中其余两个量,即视差 $(l-r)$ 和成像焦距 $\tilde{f}$ 的单位均为像素数[28]。

2.6.2　对前方列车的快速识别方法

模板匹配(template matching)算法是对前方物体进行快速识别的有效方法之一[29]。

1. 特征点状态识别理论

1) 算法原理

通过车载摄像头 1、2(见图 2-9、图 2-13)实时采集轨道前方景物图像,并始终将当前图像与前一时刻采集的图像进行对比。所谓"对比",就是指将图像传感器从同一景物背景录取下来的包含移动目标的两幅图像在空间上进行对准,以便确定这两幅图中目标的相对平移过程。

首先,将采集到的每一帧二维平面图像进行网格化,如图 2-20 所示,即把它分成 $M_1 \times M_2$ 个方形的像元,简称单元。假定每个单元包含 $N_1 \times N_2$ 像素,每个单元的灰度等级 F_{uv} 为

$$F_{uv} = \frac{1}{N_1 \times N_2} \sum_{i=u}^{u+N_1} \sum_{j=v}^{v+N_2} f(i, j) \quad (2-18)$$

式中,$f(i, j)$ 为像素点 (i, j) 的灰度值,$0 \leqslant f(i, j) \leqslant 254$,$0 \leqslant F_{uv} \leqslant 254$,$0 \leqslant u \leqslant M_1 - N_1$,$0 \leqslant v \leqslant M_2 - N_2$。

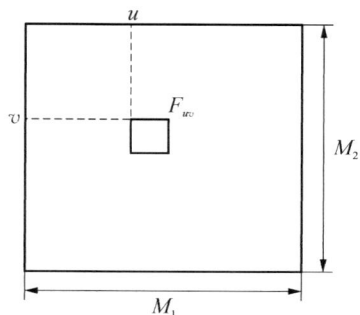

图 2-20　图像网格化示意图

由于在同一背景下,连续两帧图像之间除了移动目标及其周围区域外,其他区域的灰度值相对变化不大,因此,在完成图像的数字化之后,选取 $N_1 \times N_2$ 的模板,比如 3×3 或 5×5 像素等,将前后两帧图像的对应部分以模板的大小为单位进行比对,根据两者之间的差异就可以确定出图像中移动目标所处的区域。

假设有连续采集的、大小为 $M_1 \times M_2$ 的两帧图像,模板大小取为 3×3,则按

顺序扫描,由当前帧的单元 $F_{pq}^{(t)}$ 与上一帧图像的单元 $F_{pq}^{(t-1)}$ 比对,可得

$$D_{rs} = \mid F_{pq}^{(t)} - F_{pq}^{(t-1)} \mid ; \quad r, s = -1, 0, 1 \tag{2-19}$$

式中, $0 \leqslant p \leqslant M_1 - N_1 - 1$, $0 \leqslant q \leqslant M_2 - N_2 - 1$。式(2-19)计算获取的 D_{rs} 就可作为判断前方景物图像中是否存在移动物体的依据。

2)阈值求取

要实现准确判定,尚需选择判定阈值[30]。鉴于实时采集的序列图像即使是同一景物,也会由于雾、风、阳光等自然环境的影响在色彩上呈现出不同的对比度,亦即前后两帧可能在景物的同一部分取到不同的灰度值,因此对于每帧图像都要计算该帧的灰度阈值以确定灰度差异在何种程度下是可以接受的。此处阈值求取可以采用 OTSU 算法。

OTSU 算法以最佳门限将图像灰度直方图分成目标和背景两部分,使两部分类间方差取最大值,即分离性最大。设图像灰度级为 $1 \sim L$(如 $L = 255$,灰度级即为 $1 \sim 255$),第 l 级灰度像素数有 n_l 个($l \in [1, L]$),总像素数为

$$N = \sum_{l=1}^{L} n_l \tag{2-20}$$

则第 l 级灰度像素出现的概率为

$$P_l = n_l / N \tag{2-21}$$

设灰度门限值为 k,则图像灰度级按门限可以被分为两类: C_0 与 C_1

$$\begin{cases} C_0 = \{1, 2, \cdots, k\} \\ C_1 = \{k+1, k+2, \cdots, G\} \end{cases} \tag{2-22}$$

图像总平均灰度级为

$$\mu = \sum_{l=1}^{L} l P_l \tag{2-23}$$

C_0 类的平均灰度级、像素数分别为

$$\mu_0 = \mu(k) = \sum_{l=1}^{k} l P_l \tag{2-24}$$

$$N_0 = \sum_{l=1}^{k} n_l \tag{2-25}$$

C_1 类的平均灰度级、像素数分别为

$$\mu_1 = \mu - \mu_0 \tag{2-26}$$

$$N_1 = N - N_0 \tag{2-27}$$

两部分图像所占比例分别为

$$w_0 = w(k) = \sum_{l=1}^{k} P_l \tag{2-28}$$

$$w_1 = 1 - w_0 \tag{2-29}$$

对 C_0、C_1 做规范化处理得

$$\bar{\mu}_0 = \mu_0 / w_0, \quad \bar{\mu}_1 = \mu_1 / w_1 \tag{2-30}$$

则,图像总均值可化为

$$\mu = w_0 \bar{\mu}_0 + w_1 \bar{\mu}_1 \tag{2-31}$$

类间方差为

$$\sigma^2(k) = w_0(\mu - \bar{\mu}_0)^2 + w_1(\mu - \bar{\mu}_1)^2 = w_0 w_1(\bar{\mu}_0 - \bar{\mu}_1)^2 \tag{2-32}$$

可简化为

$$\sigma^2(k) = \frac{[\mu w(k) - \mu(k)]^2}{w(k)[1 - w(k)]} \tag{2-33}$$

式中,k 的取值范围为 $1 \sim L$,使 $\sigma^2(k)$ 最大的 k 为所求最佳阈值;$\sigma^2(k)$ 为目标选择函数。

3) 相似度度量

由于图像采集过程会引入种种误差因素,因此,在两幅图中几乎寻找不出一个区域能完全一致。为此,两幅图在对照比较时,需要通过建立相似度来进行衡量[31]。

考虑到任何两幅图像中的对应子图,即每个包含 $N_1 \times N_2$ 像素的单元都可表示成 $N_1 \times N_2 \times 1$ 维向量,分别记为向量 $\boldsymbol{X}_{pq}$ 和 $\boldsymbol{Y}_{pq}$,显然,$\boldsymbol{X}_{pq}$ 与 $\boldsymbol{Y}_{pq}$ 的夹角 θ 或它们之间的向量距离决定了它们之间的相似程度。可以用夹角 θ 或它们之间的向量距离来描述这两幅子图的相似程度。

当采用图像向量 $\boldsymbol{X}_{pq}$ 和 $\boldsymbol{Y}_{pq}$ 之间的距离来表示相似度时,称之为最小距离度量。这个距离可用 $\boldsymbol{X}_{pq}$ 和 $\boldsymbol{Y}_{pq}$ 矢量差 $\boldsymbol{\varepsilon}$ 的范数来表示

$$\boldsymbol{\varepsilon} = \boldsymbol{X}_{pq} - \boldsymbol{Y}_{pq} \tag{2-34}$$

有了式(2-34)的矢量差定义后,即可运用图像向量 $\boldsymbol{X}_{pq}$ 和 $\boldsymbol{Y}_{pq}$ 之间的距离相似度算法对识别对象进行判断。

(1) 第一类相似度——误差。

第一类算法的出发点很简单,主要就是计算模板图像和现场图像之间的误差值,其定义模仿了各类误差的定义。

绝对误差

定义绝对误差 $\eta_{\text{SAD}}(x, y)$,且

$$\eta_{\text{SAD}}(x, y) = \sum_{m=0}^{w-1} \sum_{n=0}^{h-1} | s(x+m, y+n) - t(m, n) | \qquad (2-35)$$

将 $\eta_{\text{SAD}}(x, y)$ 除以模板面积 $w \times h$,就可以得到概念上等价的算法——平均绝对误差(mean of absolute difference/error,MAD/MAE)。

方差

定义方差 $S_{\text{SSD}}^2(x, y)$

$$S_{\text{SSD}}^2(x, y) = \sum_{m=0}^{w-1} \sum_{n=0}^{h-1} [s(x+m, y+n) - t(m, n)]^2 \qquad (2-36)$$

将 $S_{\text{SSD}}^2(x, y)$ 除以模板面积 $w \times h$,就可以得到概念上等价的算法——均方误差(mean of square difference/error,MSD/MSE)。

从 $S_{\text{SSD}}^2(x, y)$ 出发,定义归一化方差(normalized sum of square difference,NSSD)

$$S_{\text{NSSD}}^2(x, y) = \frac{\sum_{m=0}^{w-1} \sum_{n=0}^{h-1} [s(x+m, y+n) - t(m, n)]^2}{\sqrt{\sum_{m=0}^{w-1} \sum_{n=0}^{h-1} s(x+m, y+n)^2 \cdot \sum_{m=0}^{w-1} \sum_{n=0}^{h-1} t(m, n)^2}} \qquad (2-37)$$

可以发现,对第一类相似度而言,模板和现场图像在 (x, y) 处的 $w \times h$ 区域内容越接近,误差 $R(x, y)$ 就越小。求得 $(W-w+1) \times (H-h+1)$ 的结果图像后,只要找到整个图像上最小的点位置,就可以作为模板匹配的位置。由于是求取最小值,所以在累加的过程中,可以进行序贯加速。

第一类算法类似于点点对比的方法,其优点是计算简单速度快,特别适合于模板和现场光照和噪声条件没有很大变化的情况。比如视频中前一帧和后一帧的模板运动匹配,或者视频监视系统的跟踪匹配。这类算法通常从之前的匹配位置出发,以前一帧的现场图像的一部分作为模板,用于匹配和跟踪系统。目前,一系列成熟的基于均方差(mean of square difference/error,MSD)以及序列和差分算法(sequence sum of difference algorithm,SSDA)的算法被广泛应用于视频加速的运动矢量分析中。

（2）第二类相似度——互相关。

第一类算法缺点在于对光照亮度的变化和噪声非常敏感,特别对于事先采集模板,事后匹配现场图像的情况,由于光照和噪声条件通常发生了很大变化,或者是模板和现场图像上的物体发生了平移以外的仿射变换,如缩放和旋转,则匹配效果不太理想。为了使模板能够适应亮度的加性和乘性变化,便产生了第二类算法。

互相关

互相关用于匹配是受到了 S_{SSD}^2 算法的启发。

将 $S_{\mathrm{SSD}}^2(x, y)$ 展开

$$S_{\mathrm{SSD}}^2(x, y) = \sum_{m=0}^{w-1} \sum_{n=0}^{h-1} [s(x+m, y+n)]^2 + \sum_{m=0}^{w-1} \sum_{n=0}^{h-1} [t(m, n)]^2 - 2\sum_{m=0}^{w-1} \sum_{n=0}^{h-1} [s(x+m, y+n) \cdot t(m, n)] \tag{2-38}$$

可以看到,展开后的第一项仅仅和现场图像有关,第二项仅仅和模板图像有关,而且和位置 (x, y) 无关,最能体现模板和现场图像关系的则是第三项。第三项其实是一个与空间域滤波相似的表达式,是一个信号互相关。第三项越大,误差越小,相似度越大;第三项越小,误差越大,相似度越小。

互相关相似度的表达式为

$$\varphi_{\mathrm{CCOR}}(x, y) = \sum_{m=0}^{w-1} \sum_{n=0}^{h-1} [s(x+m, y+n) \cdot t(m, n)] \tag{2-39}$$

归一化互相关和余弦系数的关系

类似地,从 S_{NSSD}^2 出发可以得到归一化互相关(normalized cross correlation):

$$\varphi_{\mathrm{NCCOR}}(x, y) = \frac{\displaystyle\sum_{m=0}^{w-1} \sum_{n=0}^{h-1} [s(x+m, y+n) \cdot t(m, n)]}{\sqrt{\displaystyle\sum_{m=0}^{w-1} \sum_{n=0}^{h-1} s(x+m, y+n)^2 \cdot \sum_{m=0}^{w-1} \sum_{n=0}^{h-1} t(m, n)^2}}$$

$$\tag{2-40}$$

将图像 $s(x, y)$ 和 $t(x, y)$ 看作是 $w \times h$ 维欧氏线性空间的矢量,定义内积为

$$\boldsymbol{s} \cdot \boldsymbol{t} = \sum_{m=0}^{w-1} \sum_{n=0}^{h-1} [s(m, n) \cdot t(m, n)] \tag{2-41}$$

则图像的欧氏范数为

$$\|\boldsymbol{s}\| = \sum_{m=0}^{w-1} \sum_{n=0}^{h-1} s(m, n)^2 \tag{2-42}$$

模板的欧氏范数为

$$\| t \| = \sum_{m=0}^{w-1} \sum_{n=0}^{h-1} t(m, n)^2 \qquad (2-43)$$

归一化互相关为

$$\varphi_{\text{NCCOR}} = \frac{s \cdot t}{\| s \| \cdot \| t \|} = \cos\theta \qquad (2-44)$$

其中，θ 为 $s(x, y)$ 和 $t(x, y)$ 在定义了上述内积的欧氏线性空间中的夹角。

当 $s(x, y)$ 和 $t(x, y)$ 线性相关时，$\theta = 0°$，两者最为相关，此时 $\varphi_{\text{NCCOR}} = 1$；当 $s(x, y)$ 和 $t(x, y)$ 线性正交时，$\theta = 90°$，两者互不相关，此时 $\varphi_{\text{NCCOR}} = 0$。

从式(2-17)可以看出，现场与模板匹配结果函数 $R(s, t)$ 满足 $0 \leqslant R(s, t) \leqslant 1$。从式(2-17)还可以看到，如果图像上的某一部分和模板比起来发生了亮度的乘性变换，即 $s(x, y) = kt(x, y)$，此时 $\varphi_{\text{CCOR}} = 1$，说明归一化互相关能够抵抗亮度的乘性变换。归一化互相关也称为余弦系数(cosine coefficient)。

相关系数

互相关能够抵抗亮度的乘性变换，但是无法抵抗亮度的加性变换，即

$$s(x, y) = kt(x, y) + b$$

考虑图像亮度加性变化的互相关称为相关系数，令

$$s'(x+m, y+n) = s(x+m, y+n) - \frac{1}{wh} \sum_{a=0}^{w-1} \sum_{b=0}^{h-1} s(x+a, y+b) \qquad (2-45)$$

$$t'(m, n) = t(m, n) - \frac{1}{wh} \sum_{a=0}^{w-1} \sum_{b=0}^{h-1} t(a, b) \qquad (2-46)$$

式(2-45)和式(2-46)分别为减去了区域内均值的现场图像和模板。

相关系数的表达式为

$$\varphi_{\text{CCOE}}(x, y) = \sum_{m=0}^{w-1} \sum_{n=0}^{h-1} \left[s'(x+m, y+n) \cdot t'(m, n) \right] \qquad (2-47)$$

归一化相关系数(normalized correlation coefficient)为

$$\varphi_{\text{NCCOE}}(x, y) = \frac{\sum_{m=0}^{w-1} \sum_{n=0}^{h-1} \left[s'(x+m, y+n) \cdot t'(m, n) \right]}{\sqrt{\sum_{m=0}^{w-1} \sum_{n=0}^{h-1} s'(x+m, y+n)^2 \cdot \sum_{m=0}^{w-1} \sum_{n=0}^{h-1} t'(m, n)^2}}$$

$$(2-48)$$

由此可见，如果图像上的某一部分和模板相比发生了亮度的乘性和加性变换，即 $s(x, y) = kt(x, y) + b$，此时 $\varphi_{\text{NCCOE}} = 1$，说明归一化相关系数除了能够抵抗亮度的乘性变换以外，还能抵抗亮度的加性变换。

如果将图像看作是随机变量，则归一化相关系数的分母部分就是现场图像和模板图像的协方差，分子部分则是他们的方差，相关系数相似度正是因为借用了统计上的相关系数的概念而得名的。

第二类相似度的特点是模板和点 (x, y) 处现场图像 $w \times h$ 区域越接近，$R(x, y)$ 就越大。求得了 $(W - w + 1) \times (H - h + 1)$ 的结果图像后，只要找到图像上最大的点位置，就可以作为模板匹配的位置。由于是求最大值，因此在累加的时候不存在类似第一类相似度的序贯加速算法。

相比第一类相似度而言，第二类相似度指标对于诸如一致性的照明变化、图像内容小部分变化、小部分遮挡、系统误差等因素的影响具有一定的鲁棒性，因此被大量应用在目标跟踪、图像配准等技术领域。

互相关相似度（CCOR）方法在概念上最为清晰，表示相似程度的数学说服力最强，但是和第一类相似度比起来计算稍显复杂，对于亮度的乘性变化有一定抵抗能力，而对于加性的变化则不甚适应。相关系数（CCOEFF）方法对于无论是亮度的乘性变化还是加性变化都能适应，但是计算最为复杂，由于减去平均值后图像数字出现正负，受噪声影响较大，更容易错判。

相似度的并行加速

车载视感系统的识别运算速度必须满足实时性要求，换句话说，所有的识别运算都必须在规定的时间内完成，否则就没有实用价值。所谓并行加速，即可以在同一个循环中同时进行几种相似度的计算，以便简化计算，使所有需要计算的相似度得以在足够短的时间内完成。实现相似度并行加速的算法公式为

$$
\begin{cases}
\text{sum}S(x, y) = \sum_m \sum_n s(x + m, y + n) \\
\text{sum}SS(x, y) = \sum_m \sum_n [s(x + m, y + n)]^2 \\
\text{sum}T = \sum_m \sum_n t(m, n) \\
\text{sum}TT = \sum_m \sum_n [t(m, n)]^2 \\
\text{sum}ST(x, y) = \sum_m \sum_n [s(x + m, y + n) \cdot t(m, n)]
\end{cases}
\tag{2-49}
$$

由此得

$$S_{\text{SSD}}^2(x, y) = \text{sumSS}(x, y) + \text{sumTT} - 2\text{sumST}(x, y) \quad (2-50)$$

$$S_{\text{NSSD}}^2(x, y) = \frac{\text{sumSS}(x, y) + \text{sumTT} - 2\text{sumST}(x, y)}{\sqrt{\text{sumSS}(x, y)\text{sumTT}}} \quad (2-51)$$

$$\varphi_{\text{CCOR}}(x, y) = \text{sumST}(x, y) \quad (2-52)$$

$$\varphi_{\text{NCCOR}}(x, y) = \frac{\text{sumST}(x, y)}{\sqrt{\text{sumSS}(x, y)}\sqrt{\text{sumTT}}} \quad (2-53)$$

$$\varphi_{\text{CCOE}}(x, y) = \text{sumST}(x, y) - \frac{1}{wh}\text{sumS}(x, y)\text{sum}T \quad (2-54)$$

$$\varphi_{\text{CCOE}}(x, y) = \frac{\text{sumST}(x, y) - \dfrac{1}{wh}\text{sumS}(x, y)\text{sum}T}{\sqrt{\text{sumSS}(x, y) - \dfrac{1}{wh}[\text{sumS}(x, y)]^2}\sqrt{\text{sumTT} - \dfrac{1}{wh}(\text{sum}T)^2}}$$

$$(2-55)$$

可见仅靠 5 个累加和,就能够计算多种第一类和第二类的相似度。如采用绝对差度量(AD 度量),根据 $\boldsymbol{\varepsilon}$ 的抽象范数可以定义 AD 度量为

$$D(p, q) = \parallel \boldsymbol{\varepsilon} \parallel = \parallel \boldsymbol{X}_{pq} - \boldsymbol{Y}_{pq} \parallel \quad (2-56)$$

式中,$D(p, q)$ 表示位置 (p, q) 上的度量值。矢量的抽象范数等于其元素绝对值的总和,所以 $D(p, q)$ 可以进一步表示为

$$D(p, q) = \sum_{i}^{N_1} \sum_{j=1}^{N_2} \mid \boldsymbol{X}_{p+i, q+j} - \boldsymbol{Y}_{p+i, q+j} \mid \quad (2-57)$$

将求得的任意一种 $D(p, q)$ 值与阈值 k 进行比较,如果 $D(p, q) > \dfrac{1}{2}k$,认为该模板前后差异较大,就能够判定当前区域是运动区域的一部分,并标注该点,如图 2-21(a)所示。在标注的过程中,可以同时进行比较,求出移动区域的上、下、左、右的边界点,从而得出矩状的移动块,如图 2-21(b)所示,即为移动后的标注点位置,图 2-21(c)为标注点移动生成的矩形移动块[32]。

4)算法实时性的改进

在对车前移动物体进行识别过程中,由于对每一帧图像都要进行 OTSU[①] 阈值及前后两帧图像相似度计算等复杂的数值运算,势必要求车载

---

① OTSU 为由日本学者 Otsu(大津)于 1979 年提出的一种对图像进行二值化的高效算法——最大类间方差,又称大津法。

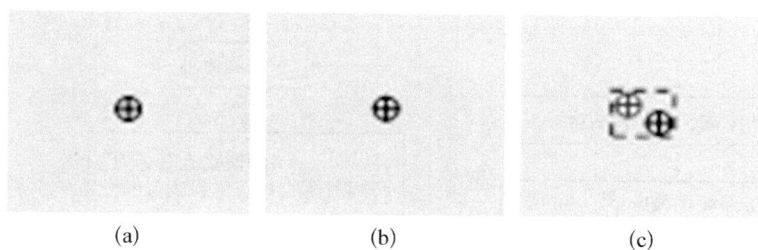

图 2 - 21　标注点形成的矩形移动块

(a) 标注点在前时刻的运动位置;(b) 标注点在后时刻的运动位置;(c) 矩状移动块

视感系统的识别运算周期要短。如果不能在规定的时间(如 100 ms)内完成这些计算,算法将变得没有实用价值。提高识别运算时间有多种方法,如设记录一个扫描行的像素值需 n 个字节,位图阵列的大小为 $n \times bm\,\text{Height}$(位图高度函数)个字节,这时,位图阵列的 $0 \sim n-1$ 个字节记录了图像的第一个扫描行的像素值,$n \sim 2n-1$ 个字节记录了图像的第二个扫描行的像素值。以此类推,位图阵列的 $(j-1) \times n \sim j \times (n-1)$ 个字节记录了图像第 j 行的像素值。设第 j 行的 n 个字节分别记为 b_0,b_1,$\cdots$,b_{n-1},作为 24 位图像,则当 $bm\,\text{BitsPixel}$(位图码率像素函数)= 24 时,b_0(蓝)、b_1(绿)、b_2(红)记录了位图的第 j 扫描行的第一个像素值,b_3、b_4、b_5 记录了第 j 行的第二个像素值,余类推。有了关于 bmp 图像格式的信息之后,便可在保存于内存中的图像数组的对应位置迅速读取到每一个像素点的灰度值。该计算程序流程如图 2 - 22 所示。

经过改进算法后,处理一帧图像所用的时间能够不超过 30 ms,完全可以满足实时处理的要求。

以上算法适用于列车前方任何移动物体的识别。顺便指出,对于有多个移动物体进入视场范围时,系统能够利用图像分割、匹配与跟踪算法,同时获知当前有多个行人欲穿过前方道路的现场信息。因此能够根据这些信息来确定车辆驾驶过程应该采取的控制对策。一旦确认前方被测特征点(区块)为移动物体,即刻对被测目标实施形态识别。

2. 算法实践

模板匹配的目的就是在待匹配的"现场图像"与预设的"模板图像"之间寻找最佳匹配的关系。

1)模板匹配的空间域描述

假设现场图像为 $s(x,y)$,图像尺寸为 $W \times H$;模板图像为 $t(x,y)$,图像

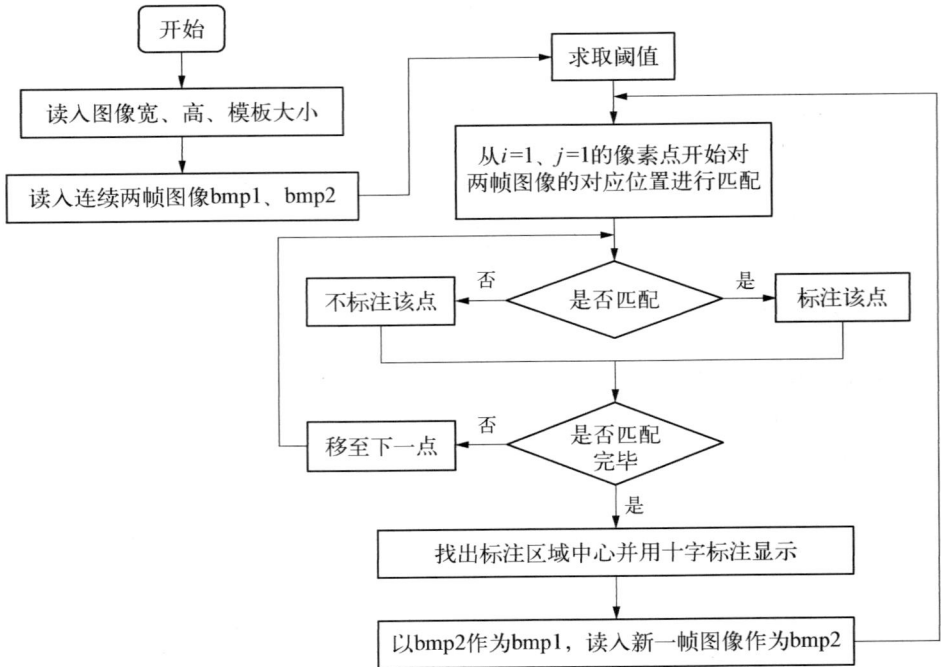

图 2-22 实时性改进算法流程

尺寸为 $w \times h$。正常情况下,现场图像的像素尺寸往往要远大于模板图像,即 $W \geqslant w$,$H \geqslant h$。

空间域模板匹配的基本思想与图像增强所用的空间域滤波的方法是类似的,只不过图像增强的滤波算子数值是固定的,一般尺寸较小;而模板匹配中使用的算子就是模板图像本身,一般尺寸较大。空间域滤波方法基本上是采用卷积或者相关的方法,而模板匹配可以在现场图像和模板图像的基础上进行复杂的运算,算子形式更加灵活多变。

在空间域中匹配模板,通常的做法是用模板作为滤波算子滑过整个图像,寻求符合匹配基准的图像区域,这个过程有时也称为 back project,获得的结果可以表达为

$$R(s, t, x, y) = \sum_{m=0}^{w-1} \sum_{n=0}^{h-1} f\{s(x+m, y+n), t(m, n)\} \quad (2-58)$$

其中,$x \in [0, W-w]$,$y \in [0, H-h]$,结果图像的尺寸为 $(W-w+1) \times (H-h+1)$。可以看到,$R(s, t, x, y)$ 与模板 $t(x, y)$、现场图像 $s(x, y)$ 和当前位置 (x, y) 有关。

在匹配过程中,如果现场和模板图像是固定的,则可以将结果简记为 $R(x,y)$。最后通过分析 $R(x,y)$ 的数值得出匹配位置 (x,y)。根据 $f\{\cdot\}$ 算子形式的不同,$R(x,y)$ 也存在不同的形式,因此可以延伸出不同的模板匹配算法。

2) 对前方列车的识别步骤

(1) 建立车辆背景模板数据库。

收集、整理模板是模板匹配的基本工作。利用模板匹配的快速性,以及旋转-缩放-平移不变矩特性,事先在车载系统建立轨道模板数据库(见图 2-23)。图中所示轨道模板是采用一种"排除"匹配算法来判定轨道上不存在"非轨道属性的停留物",因此可以大幅度缩减模板数据库的规模和计算量,进而提高识别与判定(决策)的运算速率。与此同时,还要建立车辆背景模板数据库。这是为了最后确认被识别物是否是非轨道属性停留物,进而增强识别的可靠性。

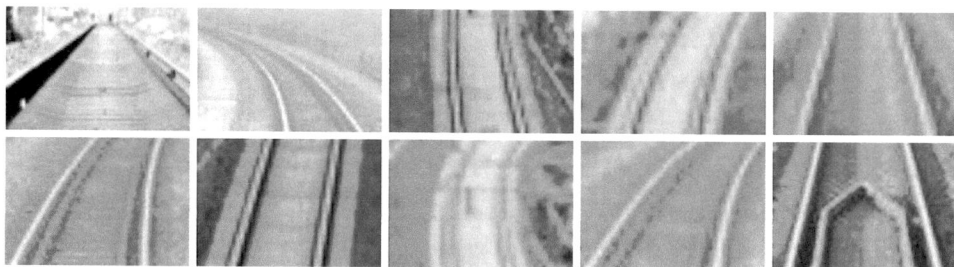

图 2-23　轨道模板数据库

(2) 车辆前方景物图像的实时采集。

车载双目视感事先可以根据列车设计时速配置相应的光学放大器,使得双目视感满足列车所必须具备的有效视距的技术要求。一般对于地铁列车(含城市轻轨等)而言,其运行速度属于相对高速交通工具,采用视感技术对前方车辆及路况的识别必须具备"超视距"能力,因此离不开光学放大机构,使得在视距扩展的同时能够保持应有的清晰度(图像分辨率)。以车载双目视感实时采集的车辆前方景物图像称为主视场图像。将主视场图像按照最有利于分析和运算的大小规格截取观测窗口。图 2-24 中所示的虚线框即为双目视感的主视场观测窗口。

(3) 对前方车辆的快速识别算法。

令模板的大小为 $w \times h$,w、h 分别为模板的列、行数;主视场观测窗口的大小为 $W \times H$,W、H 为窗口的列、行数。每一次选取模板数据库中的一个模板对观测窗口进行匹配运算,通过模板匹配运算,即可迅速确定前方是否存在车

图 2‑24　主视场观测窗口

辆。由于主视场观测窗口已经比整个视图大为缩小,对目标的搜索不必从视图的左上角像素点(0,0)逐一开始计算,因此速度被提升一个数量级。

　　每次匹配过程,均采用粗匹配和细匹配相结合的方法进行搜索:粗匹配阶段使用较大的步长跳跃计算若干个相似度,此后在粗匹配的最佳匹配位置附近进行常规的细匹配,因此能够提高匹配的速度。

　　同时,还引入随机走位方法:在离开搜索起点的距离进行变步长跳跃的同时,搜索的位置也可能是上下左右轮番进行,走位从起点开始交错展开,纵横捭阖。如最有名的典型复杂走位就是大量用于 MPEG 运动矢量分析的"钻石搜索算法"(diamond search)或者"菱形搜索算法"。

　　在目标与模板匹配的过程中,先采用"轨道模板"进行匹配。在确认轨道前方无"非轨道属性"异物存在的情况下,不影响列车正常行驶。一旦"非轨道属性"异物出现在视场内时,立即启动减速或刹车控制,并实施"正向识别"——读取车辆背景模板数据库,以确认前方"滞留物"是否属于滞留或"迟速"列车。再者,如果不是滞留或"迟速"列车,则就要判定为其他障碍物,进一步通过人工或天基平台探测系统予以确认。这里所述的匹配相似度可以采用上述相似度中的任何一种。经过实测证明,利用快速模板匹配算法对前方(1 000 m 处)车辆的识别时间小于 30 ms。图 2‑25 所示的白色虚线框所示区域内的物体,即为列车智能视感系统捕捉到的前方目标。

　　3) 车距测量基本原理

　　一旦识别出前方存在车辆后,即可根据前述的视差原理及其距离测算而获得前方车辆与自身车辆的距离。当前车辆自身与前方车辆的距离便是一个十分

图 2‑25　远距列车识别过程

重要的参数。

4）车距控制

根据被识别列车所处位置来确定车距控制策略。当车载视感系统具备车速智能联动控制装置时,安全车距 S 可以按照下式计算

$$S = \frac{V^2}{2|a|} \tag{2-59}$$

式中, V 为自身车辆当前车速, a 为负加速度。如

$V = 250 \text{ km} \cdot \text{h}^{-1}$, $a = -4 \text{ m} \cdot \text{s}^{-2}$ 时;取 $S = \left\lceil \frac{V^2}{2|a|} \right\rceil = 62 \text{ km}$ 为安全车距;

$V = 150 \text{ km} \cdot \text{h}^{-1}$, $a = -0.9 \text{ m} \cdot \text{s}^{-2}$ 时;取 $S = \left\lceil \frac{V^2}{2|a|} \right\rceil \approx 965 \text{ km}$ 为安全车距。

此处,考虑高速列车的强大惯性,负加速度必须"选择"恰当,否则会出现后挂车厢因惯性产生"挤压";$\lceil \cdot \rceil$ 表示向上取整数。

鉴于机械联动的滞后,安全车距 S 的控制应为

$$S = \frac{V^2}{2|a|} + V\tau \tag{2-60}$$

式中, τ 为人为反映滞后时间,一般取 $\tau = 3 \text{ s}$;如

$V = 250 \text{ km} \cdot \text{h}^{-1}$, $a = -0.5 \text{ m} \cdot \text{s}^{-2}$ 时;取 $S = \left\lceil \frac{V^2}{2|a|} \right\rceil + V\tau \approx 5\,031 \text{ km}$ 为

安全车距;

$V = 150 \text{ km} \cdot \text{h}^{-1}$, $a = -0.9 \text{ m} \cdot \text{s}^{-2}$ 时;取 $S = \left\lceil \frac{V^2}{2|a|} \right\rceil + V\tau \approx 1\,090 \text{ km}$ 为

安全车距等[33]。

5) 模板匹配的频域描述

模板匹配除了空间域描述形式之外,还有频域描述形式。上述第一类相似度和第二类相似度从本质上都是一种空间域模板匹配方法,被大量应用于目标跟踪、图像配准等技术领域。但是,由于互相关相似度的极值高峰大多比较平缓,与周围高低差别不大,如果不考虑次高点而只考虑极高点,容易让噪声影响最佳匹配点的判断,对低信噪比的图像识别效果不佳。

虽然已经有了快速算法将图像的互相关运算从空间域移植到频域中去,以便利用快速傅里叶变换(FFT)的数值算法优势,从而更加迅速地完成匹配,但是经典的模板匹配算法没有突破互相关的空间域本质。

所谓相位频谱方法,即摒弃了空间域模板匹配的思路,将模板和现场图像转换到频率域中,从研究仿射变换的频谱分析出发,结合随机信号处理中的匹配滤波器和相位滤波器的思想,直接在频域中寻找模板和现场图像的仿射关系。

(1) 归一化互相关的频域解释。

参见式(2-40),将 φ_{NCCOR} 达到最大值的位置 (x_0, y_0) 作为最佳匹配结果。如果从随机信号处理中的匹配滤波器的角度来看待,式(2-40)其实是一种匹配滤波器的输出。将现场图像 $s(x, y)$ 和模板图像 $t(x, y)$ 看作是二维联合各态遍历的广义平稳过程,$s(x, y)$ 为输入信号,且满足

$$s(x, y) = t(x', y') + n(x, y) \qquad (2-61)$$

式中,$n(x, y)$ 为噪声信号,且和 $t(x, y)$ 统计独立,坐标 (x', y') 和 (x, y) 满足仿射关系,即将图像 $f(x, y)$ 仿射变换为图像 $g(x, y) = f(x', y')$,满足条件

$$\begin{bmatrix} x' \\ y' \end{bmatrix} = \begin{bmatrix} a_{11} & a_{12} \\ a_{21} & a_{22} \end{bmatrix} \begin{bmatrix} x \\ y \end{bmatrix} + \begin{bmatrix} b_1 \\ b_2 \end{bmatrix} = \boldsymbol{A} \begin{bmatrix} x \\ y \end{bmatrix} + \boldsymbol{b}, \ |\boldsymbol{A}| \neq 0 \qquad (2-62)$$

其中,$\boldsymbol{A} = \begin{bmatrix} a_{11} & a_{12} \\ a_{21} & a_{22} \end{bmatrix}$, $\boldsymbol{b} = [b_1 \quad b_2]^T$。

在图像空间域的二维条件下,定义图像 $f(x, y)$ 的二维傅里叶变换

$$F(u, v) = F\{f(x, y)\} = \int_{-\infty}^{+\infty} \int_{-\infty}^{+\infty} f(x, y) e^{-j(ux+vy)} dx dy \qquad (2-63)$$

和逆变换

$$f(x, y) = F^{-1}\{F(u, v)\} = \frac{1}{4\pi^2} \int_{-\infty}^{+\infty} \int_{-\infty}^{+\infty} F(u, v) e^{j(ux+vy)} du dv \qquad (2-64)$$

变换后的图像频谱 $G(u, v) = F\{g(x, y)\} = F\{f(x', y')\}$，Bracewell 等人计算仿射变换前后的频谱 $F(u, v)$ 和 $G(u, v)$ 之间的关系为

$$G(u, v) = \frac{1}{|\boldsymbol{A}|} e^{j\frac{1}{|\boldsymbol{A}|}[(a_{22}u - a_{21}v)b_1 + (-a_{12}u + a_{11}v)b_2]} F\left(\frac{a_{22}u - a_{21}v}{|\boldsymbol{A}|}, \frac{-a_{12}u + a_{11}v}{|\boldsymbol{A}|}\right)$$

$$(2-65)$$

其中，$j^2 = -1$。

令二维图像 $\boldsymbol{p} = [x \quad y]^T$ 和 $\boldsymbol{q} = [u \quad v]^T$ 对于高维的欧几里得空间 $\Re^n$，定义其广义时域中的图像矢量 $\boldsymbol{p}_t = [t_1 \quad t_2 \quad \cdots \quad t_n]$ 有原函数 $f(\boldsymbol{p}_t)$，对应的傅里叶变换为

$$F(\boldsymbol{q}_\omega) = \int_{\Re} f(\boldsymbol{p}_t) e^{-j\boldsymbol{p}_t \cdot \boldsymbol{q}_\omega} d\boldsymbol{p}_t \qquad (2-66)$$

和逆变换为

$$f(\boldsymbol{p}_t) = \frac{1}{(2\pi)^n} \int_{\Re} F(\boldsymbol{q}) e^{j\boldsymbol{p}_t \cdot \boldsymbol{q}_\omega} d\boldsymbol{q}_\omega \qquad (2-67)$$

式中，$\boldsymbol{q}_\omega = [\omega_1 \quad \omega_2 \quad \cdots \quad \omega_n]$，称为广义频谱向量。$\boldsymbol{p}_t \cdot \boldsymbol{q}_\omega = t_1\omega_1 + t_2\omega_2 + \cdots + t_n\omega_n$ 为 $\boldsymbol{p}_t$ 和 $\boldsymbol{q}_\omega$ 的内积。对矢量 $\boldsymbol{p}$ 进行仿射变换为

$$\boldsymbol{p}' = \boldsymbol{A}\boldsymbol{p} + \boldsymbol{b}, \quad |\boldsymbol{A}| \neq 0 \qquad (2-68)$$

令 $g(\boldsymbol{p}) = f(\boldsymbol{p}') = f(\boldsymbol{A}\boldsymbol{p} + \boldsymbol{b})$ 完成一个仿射变换，由此得到仿射变换的矢量频谱分析结果为

$$G(\boldsymbol{q}) = F\{f(\boldsymbol{A}\boldsymbol{p} + \boldsymbol{b})\} = \frac{1}{|\boldsymbol{A}|} e^{j(\boldsymbol{A}^{-1}\boldsymbol{b}) \cdot \boldsymbol{q}} F[(\boldsymbol{A}^{-1})^T \boldsymbol{q}] \qquad (2-69)$$

上式并不仅限于二维图像 $\boldsymbol{p} = [x \quad y]^T$ 和 $\boldsymbol{q} = [u \quad v]^T$ 的情况，也适合高维的情况。

类似地，对于数字图像处理常用的多维离散傅里叶变换和逆变换

$$F(\boldsymbol{q}_k) = \sum_{\boldsymbol{p}_m = 0}^{N-1} e^{-2\pi j\boldsymbol{q}_k \cdot \frac{\boldsymbol{p}_m}{N}} f(\boldsymbol{p}_m) \qquad (2-70)$$

$$f(\boldsymbol{p}_m) = \frac{1}{\prod\limits_{l=1}^{N_n} N_l} \sum_{\boldsymbol{q}_k = 0}^{N-1} e^{2\pi j\boldsymbol{p}_m \cdot \frac{\boldsymbol{q}_k}{N}} F(\boldsymbol{q}_k) \qquad (2-71)$$

式中，离散时域矢量 $\boldsymbol{p}_m = [m_1 \quad m_2 \quad \cdots \quad m_n]$；离散频域矢量 $\boldsymbol{q}_k =$

$[k_1 \quad k_2 \quad \cdots \quad k_n]$；离散尺度矢量 $\boldsymbol{N} = [N_1 \quad N_2 \quad \cdots \quad N_n]$。

$$\sum_{\boldsymbol{p}=0}^{\boldsymbol{N}-1} \triangleq \sum_{m_1=0}^{N_1-1} \sum_{m_2=0}^{N_2-1} \cdots \sum_{m_n=0}^{N_n-1}$$

$$\frac{\boldsymbol{p}_m}{\boldsymbol{N}} \triangleq \left[\frac{m_1}{N_1} \quad \frac{m_2}{N_1} \quad \cdots \quad \frac{m_n}{N_n}\right]^{\mathrm{T}}$$

$$\frac{\boldsymbol{q}_k}{\boldsymbol{N}} \triangleq \left[\frac{k_1}{N_1} \quad \frac{k_2}{N_1} \quad \cdots \quad \frac{k_n}{N_n}\right]^{\mathrm{T}}$$

由此可以得到和式(2-69)类似的结论

$$G(\boldsymbol{q}) = \boldsymbol{F}\{f(\boldsymbol{Ap} + \boldsymbol{b})\} = \frac{1}{|\boldsymbol{A}|} e^{j2\pi(\boldsymbol{A}^{-1}\boldsymbol{b}) \cdot \frac{\boldsymbol{q}}{\boldsymbol{N}}} F\left[(\boldsymbol{A}^{-1})^{\mathrm{T}} \boldsymbol{q}\right] \qquad (2-72)$$

从式(2-72)可以推广出许多仿射变换的傅里叶性质,其中最引人注意的就是平移变换的影响。二维空间域的平移变换引起的频谱变化仅限于相位,对于频谱的幅值没有影响。这意味着图像平移前后的幅值频谱是一样的,也就是说幅值频谱是平移不变量,即

$$F\{f(x+b_1, y+b_2)\} = e^{j(ub_1+vb_2)} F(u, v) \qquad (2-73)$$

定义 $S(u, v)$、$T(u, v)$ 和 $N(u, v)$ 分别为 $s(x, y)$、$t(x, y)$ 和 $n(x, y)$ 的频谱。假设 $n(x, y)$ 是一种零期望的高斯白噪声,即 $N(u, v) = n_{\mathrm{w}}$。如果要从 $s(x, y)$ 恢复出 $t(x, y)$ 的话,则可以使用追求最大信噪比的匹配滤波器

$$H(u, v) = T^*(u, v) \qquad (2-74)$$

式中,$T^*(u, v)$ 代表 $T(u, v)$ 的共轭函数。

$S(u, v)$ 通过滤波器后,它的频谱为

$$R(u, v) = S(u, v) T^*(u, v) \qquad (2-75)$$

从式(2-75)可以看到,匹配滤波器输出其实就是现场图像和模板图像的互功率谱。

根据维纳-辛钦(Wiener-Khinchine)定理,功率信号的时间平均自相关函数与功率谱密度正好是一对傅里叶变换对,两个信号的互功率谱密度为互相关函数 $r(x, y)$ 的傅里叶变换

$$R(u, v) = F[r(x, y)] \qquad (2-76)$$

式中,$r(x, y) = \sum_m \sum_n \boldsymbol{s}(x+m, y+n) \cdot \boldsymbol{t}(m, n)$,$F[\cdot]$ 为傅里叶变换。

因此匹配滤波器的输出在空间域中就表现为互相关函数是互功率谱密度的傅里叶逆变换

$$r(x, y) = F^{-1}\{S(u, v)T^*(u, v)\} = \sum_m \sum_n s(x+m, y+n) \cdot t(m, n)$$

$$(2-77)$$

式中，$F^{-1}\{\cdot\}$ 为傅里叶逆变换；式（2-77）表达了互相关的匹配滤波器本质。和维纳滤波器比起来，用匹配滤波器来鉴别信号的缺点在于追求的是最大信噪比，这使得匹配滤波器的输出大小和输入输出信号的能量是相关的，因此很少直接用互相关来匹配模板。为了能够匹配模板，必须对互相关使用输入信号的能量进行归一化。从本质上来讲就是现场图像和模板图像的能量乘积，以模板为例有能量

$$E_t = \sum_m \sum_n |t(m, n)|^2 = \frac{1}{MN} \sum_u \sum_v |T(u, v)|^2 \qquad (2-78)$$

式中，$M = w - 1$，$N = h - 1$。

（2）互功率相位谱相似度。

受到归一化互相关（NCCOR）匹配滤波器思想启发，如果图像和模板之间发生了平移变换，即 $s(x + x_0, y + y_0) = t(x, y)$，根据

$$F\{f(x + b_1, y + b_2)\} = e^{j(ub_1 + vb_2)} F(u, v) \qquad (2-79)$$

有

$$T(u, v) = e^{j(ux_0 + vy_0)} S(u, v) \qquad (2-80)$$

将式（2-80）代入式（2-75）有

$$R(u, v) = e^{-j(ux_0 + vy_0)} |S(u, v)|^2 \qquad (2-81)$$

从式（2-81）可以发现，平移变换前后的互功率谱，其幅值谱仅与现场图像的幅值相关，相位谱仅仅和平移矢量 $\boldsymbol{b} = [m_0 \quad n_0]^T$ 相关，m_0、n_0 分别为时域平移量 b_1 和 b_2 所对应的相位平移量。受此启发，人们在互功率谱匹配滤波器的基础上增加一个非线性的相位滤波器来提取相位谱，定义"互功率相位谱"如下：

$$P(u, v) = \frac{R(u, v)}{|R(u, v)|} = \frac{S(u, v)}{|S(u, v)|} \frac{T^*(u, v)}{|T(u, v)|}$$

$$= e^{j\varphi_r(u, v)} = e^{j[\varphi_s(u, v) - \varphi_t(u, v)]} \qquad (2-82)$$

式中，$\varphi_s(u, v)$、$\varphi_t(u, v)$ 和 $\varphi_r(u, v)$ 分别为 $s(x, y)$、$t(x, y)$ 和 $r(x, y)$ 的相位谱。

为了能够突出相位差的大小,将互功率相位谱反变换到空间域中,定义"互功率相位谱相似度"$PSP(x, y)$为互功率相位谱$P(u, v)$的傅里叶逆变换,即

$$PSP(x, y) = F^{-1}\{P(u, v)\} \tag{2-83}$$

显而易见,当$s(x + x_0, y + y_0) = t(x, y)$时,$P(u, v) = e^{-j(ux_0 + vy_0)}$,这是一个幅值为1的复函数,其互功率相位谱相似度为

$$PSP(x, y) = F^{-1} e^{-j(ux_0 + vy_0)} = \delta(x - x_0, y - y_0)$$

$$= \begin{cases} 1 & x = x_0 \text{ 且 } y = y_0 \\ 0 & x \neq x_0 \text{ 或 } y \neq y_0 \end{cases} \tag{2-84}$$

其中,δ为狄拉克单位脉冲函数。互功率相位谱相似度在$[x_0 \quad y_0]^T$处达到最大值。

比较式(2-83)互相关相似度和式(2-84)互功率相位谱相似度,在理想情况下,它们都会在(x_0, y_0)处达到最大值1,不同之处在于互相关相似度在极值的周围是平缓下降的,而互功率谱密度相似度在极值的周围是急速下降(即一个狄拉克单位脉冲函数)。

(3) 傅里叶-梅林相似度。

上述相似度算子主要通过在现场图像上平移模板来进行相似计算。从几何变换的角度来看,如果将模板和现场看作是几何变换前后的图像,相似度算子仅仅能够提取出平移变换的部分,只能应付$s(x + x_0, y + y_0) = kt(x, y)$的情况。当现场图像相对于模板发生了缩放和旋转变换的话,即

$$s(ax\cos\theta - ay\sin\theta + x_0, ax\sin\theta + ay\cos\theta + y_0) = kt(x, y)$$

$$\tag{2-85}$$

所有的相似度算子就会失效,此时往往要求助于类似HU[①]矩的抗旋转、缩放和平移的算子。从互功率相位谱相似度出发,还能够进一步在频域中探究适应更加一般的仿射变换匹配滤波器。

运用互功率相位谱相似度能够克服大尺度的缩放与旋转对模板匹配的影响,提高射影变换的匹配滤波器效果和模板匹配的精度及成功率。其中,对数极坐标变换主要就是用来解决这个问题的方法之一。对数极坐标变换也是一种几何变换,但是非线性的,它对坐标的转换公式为

---

① HU矩是由Hu氏学者在1962年提出的用于视觉模式识别的几何不变矩,具有平移、旋转和尺度不变性。

$$\begin{cases} \rho(x,\ y)=\ln r=\dfrac{1}{2}\ln(x^2+y^2) \\[2mm] \varphi(x,\ y)=\arctan\dfrac{y}{x} \end{cases} \qquad (2-86)$$

其中，$-\pi<\theta(x,\ y)\leqslant\pi$。

假设对坐标 $\boldsymbol{p}=\begin{bmatrix} x & y \end{bmatrix}^{\mathrm{T}}$ 进行旋转

$$\boldsymbol{p}'=\begin{bmatrix} x' \\ y' \end{bmatrix}=a\cdot\boldsymbol{Rp}=a\begin{bmatrix} \cos\theta & -\sin\theta \\ \sin\theta & \cos\theta \end{bmatrix}\begin{bmatrix} x \\ y \end{bmatrix}$$

坐标变换前后的关系为

$$\begin{cases} \rho(x',\ y')=\dfrac{1}{2}\ln(x'^2+y'^2)=\dfrac{1}{2}\ln[a^2(x^2+y^2)]=\ln a+\rho(x,\ y) \\[3mm] \varphi(x',\ y')=\arctan\dfrac{y'}{x'}=\arctan\left[\tan\left(\theta+\arctan\dfrac{y}{x}\right)\right]=\theta+\varphi(x,\ y) \end{cases}$$
$$(2-87)$$

即

$$\begin{bmatrix} \rho(\boldsymbol{p}') \\ \varphi(\boldsymbol{p}') \end{bmatrix}=\begin{bmatrix} \ln a \\ \theta \end{bmatrix}+\begin{bmatrix} \rho(\boldsymbol{p}) \\ \varphi(\boldsymbol{p}) \end{bmatrix} \qquad (2-88)$$

由此得到了一个结论：空间域中的旋转和缩放在极对数坐标被变换为一个平移，这样就又能够使用包括互功率谱密度相似度在内的各种相似度来精确地探测最佳平移量 $\begin{bmatrix} \rho_0 & \varphi_0 \end{bmatrix}^{\mathrm{T}}$，最佳匹配的缩放量和旋转量为 $\begin{cases} a=\mathrm{e}^{\rho_0} \\ \theta=\varphi_0 \end{cases}$。

结合之前求出的最佳匹配平移量，在极对数空间中就能估计出模板和现场图像之间的最佳匹配缩放量、旋转量，具体步骤如下：第一，求现场图像和模板图像的功率谱密度相似度；第二，使用相位谱来估计最佳匹配平移矢量 $\begin{bmatrix} m_0 & n_0 \end{bmatrix}^{\mathrm{T}}$（参见互功率相位谱相似度）；第三，对幅度谱进行对数极坐标变换得到 $s(\rho,\ \varphi)$ 和 $t(\rho,\ \varphi)$；第四，求 $s(\rho,\ \varphi)$ 和 $t(\rho,\ \varphi)$ 的归一化功率谱密度；第五，估计最佳匹配平移矢量 $\begin{bmatrix} \rho_0 & \varphi_0 \end{bmatrix}^{\mathrm{T}}$；第六，求出最佳的匹配的缩放量 a 和旋转量 θ，从而完成匹配。

对对数极坐标变换后的图像 $f(\rho,\ \varphi)$ 进行互功率谱密度相似度计算的话，就是对 $f(\rho,\ \varphi)$ 进行二维傅里叶变换 $F(\mu,\ \nu)$，即

$$F(\mu,\ \nu)=F\{f(\rho,\ \varphi)\}=\int_{-\infty}^{+\infty}\int_{-\pi}^{+\pi}f(\rho,\ \varphi)\mathrm{e}^{-j(\mu\rho+\nu\varphi)}\mathrm{d}\varphi\mathrm{d}\rho \qquad (2-89)$$

考虑到 $\rho = \ln r$，代入式（2-89）得

$$
\begin{aligned}
F(\mu, \nu) &= \int_{-\infty}^{+\infty} \int_{-\pi}^{+\pi} f(\ln r, \varphi) e^{-j(\mu \ln r + \nu \varphi)} \, d\varphi \, d(\ln r) \\
&= \int_0^{+\infty} e^{-j\mu \ln r} \int_{-\pi}^{+\pi} f(\ln r, \varphi) e^{-j\nu\varphi} \, d\varphi \, \frac{dr}{r} \\
&= \int_0^{+\infty} r^{-j\mu} \int_{-\pi}^{+\pi} f(\ln r, \varphi) e^{-j\nu\varphi} \, d\varphi \, \frac{dr}{r}
\end{aligned}
\tag{2-90}
$$

式中，$\hat{f}(\nu) = \int_{-\pi}^{+\pi} f(\ln r, \varphi) e^{-j\nu\varphi} \, d\varphi$ 是函数在角度上的一维傅里叶变换，称为环形傅里叶变换。

$F(\mu, \nu) = \int_0^{+\infty} r^{-j\mu} \hat{f}(\nu) \frac{dr}{r}$ 是当 $s = -j\mu$ 时的梅林变换 $F(s) = \int_0^{+\infty} r^s f(t) \frac{dr}{r}$，称为径向梅林变换，因此这个变换可以合称为环形傅里叶-径向梅林变换。

在通常意义上，定义傅里叶-梅林变换如下：

$$
F(s, \nu) = \int_0^{+\infty} r^s \int_{-\pi}^{+\pi} f(r, \varphi) e^{-j\nu\varphi} \, d\varphi \, \frac{dr}{r}
\tag{2-91}
$$

该变换实际上用于统一各种旋转-缩放-平移不变的矩的表达：当 s 是一个大于 1 的整数且 $\nu = 0$ 时，$F(s, \nu)$ 就是某个"旋转-缩放-平移不变矩"；或者说当 s 取任意复数且 ν 取任意实数时，$F(s, \nu)$ 就是广义的"旋转-缩放-平移不变矩"。

由此可见，对数极坐标变换与傅里叶变换的结合其实是一种 s 为纯虚数的傅里叶-梅林变换，如果忽视了表达式 $f(\ln r, \varphi)$ 中 $\ln r$ 的存在，势必导致两个概念的混淆。按照频域算法同样可以完成模板的准确匹配[34]。

6) 列车的多眼识别

列车所配置的摄像机 3，甚至可能配置更多不同视角的图像传感器，均是为了捕捉更广泛视角的图像信息，以便列车在行驶过程中增加自主决策的判据。比如摄像机 3，既能直接探测列车正前方的景象，还能够与摄像机 1 或 2 构成纵轴坐标上的视差结构，以便直接测算被测物体的高度值。

第 3 章 列车动力系统的智能传感与识别

列车动力系统的各个部件及其运行状态不是都可以设置传统接触式传感器（装置）以达到信息的采集与传输。尤其是运动部件根本无法采用接触式传感技术，即使可以在运动部件上"安放"微型传感器，也必须采用无线发射的方法来传输传感信号。可想而知，就当前的科技水平要做到如此"微细"的程度，最大的困难在于微型无线传感器的电源技术。因此，列车动力装置（连同现有的机械传动装置）状态的实时检测就需要引入光、声、磁等非接触式传感技术。可是，如何实现这一技术却并非易事。以下仅就高铁列车动力系统做一阐述（适用于动车、轻轨与地铁列车等）。

3.1 电力机车动力装置智能传感结构与控制

电力机车是指从供电网（接触网）或供电轨中获取电能，再通过电动机驱动车辆行驶的火车。电力机车运行所需的电能由电气化铁路的供电系统提供。

电力机车拥有很多优点，综合性能比蒸汽机车和内燃机车要强得多，不仅广泛用于干线铁路的运营，而且服务于几乎所有的城市轨道交通中。现如今，世界上大多数国家展开了电气化铁路的建设，普及了电力机车的运用，并大力发展更先进的电力机车。

高铁动力属于一类电力拖动装置，其所需电能由电气化铁路供电系统的接触网或第三轨供给，因此这是一种非自带动力能源的机车。

电力动车组靠的是外部输送的电能，电能来自普通电网，然后通过变电所变压送到接触网上，机车的受电弓与接触网接触，从而把电力引到机车内，然后再通过变压、整流后供给电机牵引动车组行驶。

3.1.1 高铁动力装置智能传感构成基础

高铁动力装置由牵引电机、牵引变压器、牵引变流器、转向架、制动系统、受电弓、牵引控制系统及列车网络控制系统等构成(见图 3-1)[35]。对于高铁动力装置,除了牵引电机、变压器与变流器的电气参数可以直接通过输入电缆的检测点获取外,所有机械参数(含牵引电机的转矩)和热力学参数等均是不易(甚至根本不可能)通过接触式传感技术来获取的,因此就需要引入非接触式传感器技术。

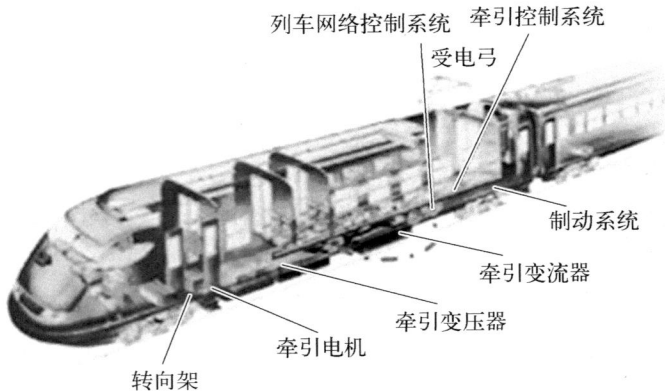

图 3-1　高铁动力装置构成

3.1.2　列车牵引智能控制

一般来说,列车牵引控制系统主要由车辆动态参数采集系统(传感系统)、信号处理器、执行机构三大部分组成。如图 3-2 所示,其中的信号处理器主要包括传感信号输入接口、调理电路、数学模型与控制程序、参考模型及其参数数据库、运算器、安全电路和输出接口等。

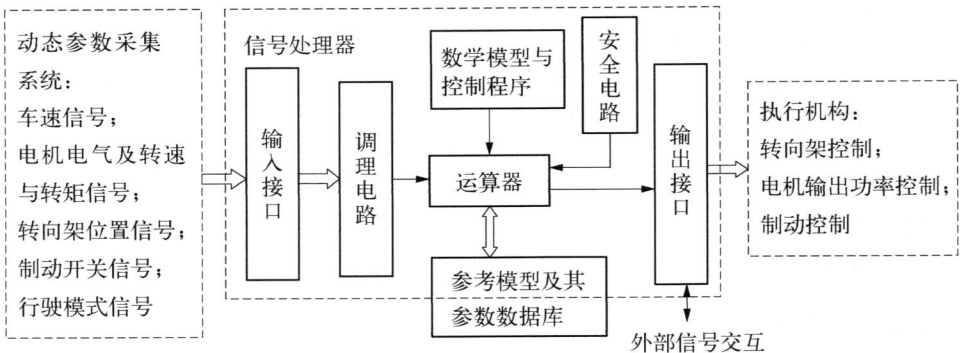

图 3-2　列车控制系统原理框图

列车动力与转向控制是一个实时的多任务控制系统,控制系统的发展趋势是简化硬件结构、丰富软件功能,从而提高系统可靠性和智能性,并有利于系统功能的扩展。图 3-3 所示为一个有代表性的系统主控流程。

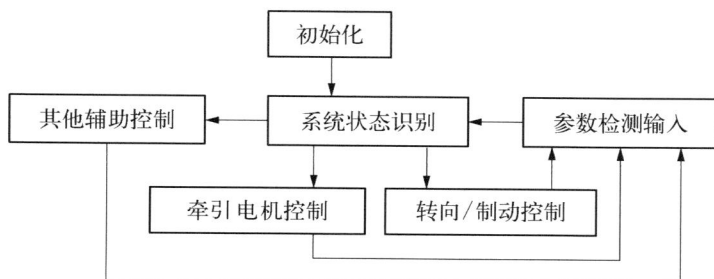

图 3-3　系统主控框图

3.2　动力系统异常状况的智能识别

声纹识别是一项全新的非接触式传感技术。所谓声纹(voiceprint),是用电声学方法解析音频信号的声波频谱。鉴于音频信号的声学特征既有相对稳定性,又有变异性,通过对声音信号频谱的分析即可获取该音频信号的空域/频域特性,进而可以判定发出该音频信号的发源体所存在(或出现)的相关物理现象及其特征,继而通过人工智能算法判定声音发源体的即时特性(或异常状况)。

3.2.1　识别系统构成

动力与传动系统异常状况的智能识别系统包括拾音传感器、信号调理器、信号处理器和语音播放器。拾音传感器又称为声音传感器或语音传感器,简称拾音器。该装置系统的原理结构如图 3-4 所示。

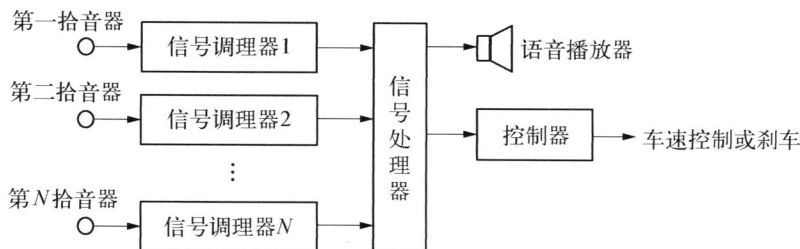

图 3-4　动力与传动系统声响识别装置原理图

如图 3-5 所示,识别装置系统中的第一个拾音器接近牵引电机设置,用于传感牵引电机的运行声响信号;第二个拾音器在接近传动机构的位置进行设置,第 N 个拾音器接近传动机构的其他位置设置,用于传感传动机构多处的声响信号。图 3-5 所示为拾音器在车上的设置位置[36]。

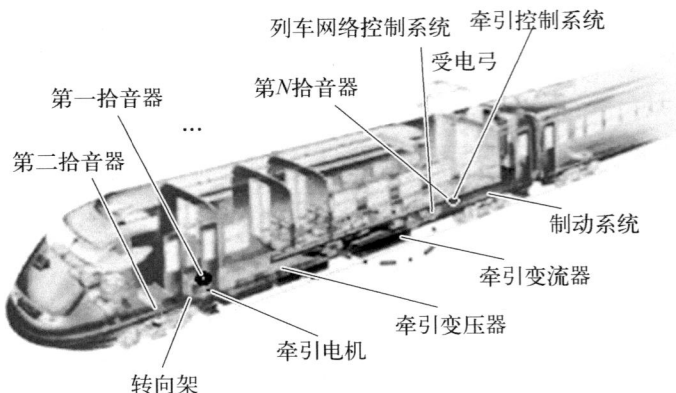

图 3-5　拾音器设置示意图

识别装置中的信号处理器包括输入接口、A/D 转换器、运算模块、内存模块、输出接口,结构原理如图 3-6 所示。其中,运算模块负责对接收到的声音频率信号进行处理、分析与判定;内存模块寄存样本特征数据库。

装置中的控制器包括 D/A 转换器和电压放大器。由运算器输出的决策指令被输送至控制器后,由 D/A 转换器将其转换为模拟信号,模拟电压信号经电压放大器放大后用于推动相应的伺服机构达到控制的目的。

动力装置系统异常状况智能识别装置的基本工作过程如下:由第一、第二拾音器实时检测牵引电机和传动机构的音响信号;两个拾音器检测到的音响信号分别通过调理器放大后并行送入信号处理器;信号处理器对接收到的音响信号进行处理与分析,一旦发现这些信号中含有异常音响信息,立即向控制器和语音播放器发送控制指令,用以控制车辆的行驶和对列车司机的警示。其中,音响信号的处理与分析是本装置的核心算法软件[37]。

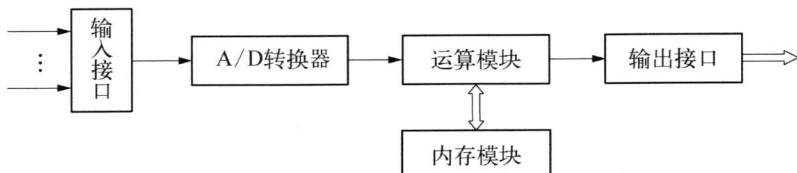

图 3-6　信号处理器结构原理图

如何实现对列车动力机构异常现象的识别与判断,传统的方法有如下两种:

(1)系统动力学模型与实验相结合。该方法以建立精确描述发动机与传动机构实际运行工况数学模型,加以大量试验研究为基础,给出基于电流信号功率谱特征的动力系统运行状态标准模式,采用基于灰色关联度计算的模式识别方法,来识别对动力系统正常或故障状况。

(2)特征信息融合识别。基于特征的故障信息融合识别方法从监测信号(参数)着眼,通过信号特征提取与信息融合对表征现象的信号进行识别与判断。

必须指出,前者需要依靠动力系统运行状态的精确数学模型,描述并建立基于电流信号功率谱特征的动力系统运行状态标准模式。但是,要建立动力系统实际运行工况的精确数学模型本身就是一件极为困难的事情,因此其适用范围受到一定程度的限制。后者则过分依赖参数检测的传感技术,信息融合的冗余度显然被大幅缩小。

以下阐述适用于动力系统异常状况的音讯智能识别算法基本理论与技术方法。

3.2.2 音讯识别智能算法理论

所谓"音讯识别",即对采集到的对象声音信号,通过对异常音讯(异音)的分析与甄别,从而判定被监测对象是否存在运行故障,并确认故障类型。对于声音信号特征分析已经形成多种基础理论。就轨道交通而言,其核心的内容是对车辆行驶声音信号的特征参数进行提取与分类。如何对声音信号进行分析与分类又有时域特征参数与频域特征参数之分。

1. 时域特征提取方法

1)过零率

过零率指的是单位时间内信号通过零电平的次数。短时过零率表示在一帧声音信号中,时域波形通过零电平的次数。过零率是声音信号时域特征提取方法中最基础的一种[38]。

过零率的计算为

$$Z_n = \sum_{m=-\infty}^{\infty} | \text{sign}[x(m)] - \text{sign}[x(m-1)] | w(n-m)$$
$$= | \text{sign}[x(n)] - \text{sign}[x(n-1)] | w(n) \qquad (3-1)$$

其中,

$$\text{sign}[x(n)] = \begin{cases} 1, & x(n) \geqslant 0 \\ -1, & x(n) < 0 \end{cases} \qquad (3-2)$$

$$w(n) = \begin{cases} \dfrac{1}{2N}, & 0 < n \leqslant N \\ 0, & \text{其他} \end{cases} \tag{3-3}$$

式中,$x(n)$ 是信号的抽样值;$w(n)$ 为矩形窗;N 为窗长度,一般取 256。

在声音信号识别中,过零率用于判断目标声音信号起止点位置,主要应用在环境噪声对声音信号影响较小的情况。

2) 短时帧能量

声音信号的能量随时间而改变,声音信号的短时帧能量是反映能量幅度变化的特征参数。定义以 t 为标志的单帧声音信号的短时平均能量为 $E(t)$ [39]。

其计算式为

$$E(t) = \frac{1}{L} \sum_{t=0}^{L-1} |s_t(\tau)|^2 \tag{3-4}$$

式中,t 又称为帧序号;$s_t(\tau)$ 为声音信号的采样值;L 为帧长,取 $L = 256$。

3) 短时平均幅度

短时帧能量的理论原理是通过计算所有采样值的平方,直接增加了原本存在幅值差异的两相邻采样值之间的幅度差值。可是,随着幅度差值的增大,合理选择时间窗宽度就成为一个需要有效解决的问题。因为只有选取的时间窗相对较宽才能有效平滑采样区间的平方幅度变化情况,可是这又会使 $E(t)$ 不能充分体现声音信号能量实时变化的特点。于是,需要引入另一个能够表示声音信号短时能量时变特性的参数,这就是短时平均幅度。其计算式为

$$M_n = \sum_{m=-\infty}^{\infty} |x(m)| w(n-m) = |x(n)| w(n) \tag{3-5}$$

选择一帧声音信号,对该帧信号的取样值取绝对值求和计算,便得到该帧声音信号的短时平均幅度。如果对完整声音信号中的每一帧信号分别计算平均幅度,从而能够求得完整声音信号的短时平均幅度特征。与短时帧能量相比,短时平均幅度与其有相似的特性,但因为没有平方运算的步骤,所以得到的结果与声音信号能量的实际变化规律更加接近。

4) 能零比

能零比检测法:在语音信号中,存在语音的时段能量是向上凸起的,而过零率有所不同,在存在语音的时段幅值是相对向下凹陷的,这是因为高斯随机噪声中包含大量的高频成分,高频意味着较高的短时过零率,而语音频率主要集中在 3 kHz 以下。因此在背景噪声较大时,存在语音的时段能量幅值大,而同时段过

零率幅值小；在只有噪声的时段能量的幅值小，而过零率幅值大。因此将能量值与过零率值相比，更能突出存在语音的时段，降低了噪声时段的幅值，进一步拉开了存在语音的时段和噪声时段的幅值差距，更好地识别了语音存在时段的端点。

当声音信号的时间序列为 $x(n)$ 时，经过加窗、分帧处理后，得到的第 i 帧声音信号为 $x_i(m)$，帧长为 N，则每一帧的能量为

$$\text{AMP}_i = \sum_{m=1}^{N} x_i^2(m) \tag{3-6}$$

在这里引入改进的能量计算关系

$$\text{LE}_i = \lg(1 + \text{AMP}_i/a) \tag{3-7}$$

式中，a 为常数。

当 a 取较大的数值且 AMP_i 幅值有较大变动时，将使得 LE_i 有效降低，所以适当选择 a，能够有效区分环境噪声和目标声音信号。

为了保证过零率计算的稳定，降低声音信号中可能会存在的一些较小的零漂移，当输入加窗、分帧后的声音信号 $x_i(m)$ 时，需要进行中心截幅处理，可得

$$\widetilde{x}_i(m) = \begin{cases} x_i(m), & |x_i(m)| > \delta \\ 0, & |x_i(m)| < \delta \end{cases} \tag{3-8}$$

式中，δ 是一个很小的值。中心截幅后再计算每一帧的过零率 Z_i，得

$$Z_i = \sum_{m=1}^{N} |\text{sign}[\widetilde{x}_i(m)] - \text{sign}[\widetilde{x}_i(m-1)]| \tag{3-9}$$

式中，

$$\text{sign}[\widetilde{x}_i(m)] = \begin{cases} +1, & \widetilde{x}_i(m) \geqslant 0 \\ -1, & \widetilde{x}_i(m) < 0 \end{cases} \tag{3-10}$$

按改进的能量计算值和过零率就能给出能零比

$$E_i = \text{LE}_i/(Z_i + b) \tag{3-11}$$

式中，取 $b=1$，可防止 $Z_i=0$ 时的能零比 E_i 溢出。

2. 频域特征提取方法

1）小波子带能量

小波变换是在短时傅里叶变换的基础上引入的一种窗口大小固定不变，但其形状可改变的时频分析细化方法。因为可改变窗口形状，所以小波变换能进

行时间(空间)频率的局部化分析,通过展缩平移运算可对信号进行多尺度细化分析,从而实现了高频处时间细分、低频处频率细分的目的,小波变换能够依据时频信号分析的具体要求,对信号的不同位置进行细节分析,解决了傅里叶变换无法有效分析非平稳信号的问题。

(1)连续小波基函数。

设 $\psi(t)$ 为平方可积函数,即 $\psi(t) \in L^2(R)$,若其傅里叶变换 $\psi(\omega)$ 满足条件

$$C_\psi = \int_R \frac{|\psi(\omega)|^2}{|\omega|} \mathrm{d}\omega < \infty \qquad (3-12)$$

则称 $\psi(t)$ 为母小波函数,式(3-12)为小波函数的容许条件。

将 $\psi(t)$ 进行展缩和平移变换,就可以得到小波基函数 $\psi_{a,\tau}(t)$,则有

$$\psi_{a,\tau}(t) = \frac{1}{\sqrt{a}} \psi\left(\frac{t-\tau}{a}\right) \quad (a, \tau \in R; a > 0) \qquad (3-13)$$

式中,a 为展缩参数,τ 为平移参数。由于 a 和 τ 都取连续变化的值,所以此处称 $\psi_{a,\tau}(t)$ 为连续小波基函数。

(2)连续小波变换。

令 $f(t) \in L^2(R)$,对其做连续小波变换,结果 $\mathrm{WT}_f(a, \tau)$ 如下式所示

$$\mathrm{WT}_f(a, \tau) = \langle f(t), \psi_{a,\tau}(t) \rangle = \frac{1}{\sqrt{a}} \int_R f(t) \psi^* \left(\frac{t-\tau}{a}\right) \mathrm{d}t \qquad (3-14)$$

在 $\psi(\omega)$ 满足容许条件的情况下,其逆变换公式为

$$f(t) = \frac{1}{C_\psi} \int_0^{+\infty} \frac{\mathrm{d}a}{a^2} \int_{-\infty}^{+\infty} \mathrm{WT}_f(a, \tau) \psi_{a,\tau}(t) \mathrm{d}t \qquad (3-15)$$

(3)离散小波变换。

为了减少小波变换系数的冗余度,对 $\psi_{a,\tau}(t) = \frac{1}{\sqrt{a}} \psi\left(\frac{t-\tau}{a}\right)$ 中的 a 和 τ 进行离散化取值。对展缩参数 a 进行幂级数离散化,即令 $a = a_0^m$,$a_0 > 0$,$m = Z$,得到的离散小波函数 $\psi_{a_0^j, k\tau_0}(t)$ 为

$$\psi_{a_0^j, k\tau_0}(t) = a_0^{\frac{-j}{2}} \psi[a_0^{-j}(t-\tau)] \quad (j = 0, 1, 2, \cdots) \qquad (3-16)$$

为了防止信息丢失,对 τ 进行均匀离散取值,即 $\tau = k a_0^j \tau_0$,于是小波函数修改为

$$\psi_{a_0^j, k\tau_0}(t) = a_0^{\frac{-j}{2}} \psi \big[a_0^{-j}(t - k a_0^j \tau_0) \big] = a_0^{\frac{-j}{2}} \psi \big[a_0^{-j} t - k\tau_0 \big] \quad (j = 0, 1, 2, \cdots)$$

$$(3-17)$$

则离散小波变换又可表达为

$$\mathrm{WT}_f(a_0^j, k\tau_0) = \int f(t) \psi_{a_0^j, k\tau_0}^*(t) \mathrm{d}t \quad (j = 0, 1, 2, \cdots, k \in Z)$$

$$(3-18)$$

在分析声音信号时，一般都会对声音信号做离散化处理，因此离散小波变换可用于处理声音信号。

（4）二进小波变换。

目前，在离散小波变换中常令 $a_0 = 2$，$\tau = 1$，由此得到的离散小波称为二进小波，即

$$\psi_{j, k}(t) = 2^{\frac{-j}{2}} \psi(2^j t - k) \quad (j, k \in Z) \tag{3-19}$$

若 $\psi_{j, k}(t) \in L^2(R)$，存在两个常数 $0 < A < B < \infty$，且

$$A \leqslant \sum_{j \in Z} | \psi(2^{-j} \omega) |^2 \leqslant B \tag{3-20}$$

则称 $\psi_{j, k}(t)$ 为一个二进小波。若 $A = B$，则具有最稳定条件。二进小波变换的公式为

$$W_{2^j} f(t) = \langle f(t), \psi_{2^j}(k) \rangle = \frac{1}{2^j} \int_R f(t) \psi^*(2^{-j} t - k) \mathrm{d}t \tag{3-21}$$

与离散小波变换有所不同，二进小波变换只是对展缩参数做了离散取值，却并未改变平移参数的连续性，所以二进小波变换不会破坏声音信号在时域上的平移不变特性。

（5）小波子带能量。

采用小波子带能量作为特征参数，于是小波系数可以得到时间和声音波形的频率定位信息，这是傅里叶变换所不能得到的[40]。

此时需要采用一组滤波器

$$\psi_{T, a}(t) = a^{-\frac{1}{2}} \psi \Big(t - \frac{T}{a} \Big) \quad (\psi \in L^2) \tag{3-22}$$

式中，L^2 为一个有限的能量空间。

信号 s 的离散小波变换系数可表示为

$$D(j,k) = 2^{-\frac{j}{2}} \sum_i s(i) \psi^* (2^{-j}i - k) \tag{3-23}$$

式中，$s(i)$ 为信号的抽样值；$\psi^*(i)$ 为小波滤波器组；$D(j,k)$ 为离散小波变换系数。

经过小波变换处理后，声音信号被分为不同的子带，每个子带内的小波系数表示对应子带的能量分布。小波变换可以当作用包含低通滤波器和高通滤波器的滤波器组做滤波处理[41]。

2）传统能熵比检测法

能熵比检测法即在等概率分布时，声音信号的谱熵值达到极大值，表明等概率分布时信源的平均不确定性为最大（最大离散熵定理）[42]。

对于正常行车噪声和正常行车声音来说，它的归一化谱概率密度函数分布相对平均，所以它的谱熵值就大。对于列车异常行驶时的声音信号，它的归一化谱概率密度函数分布不均匀，所以谱熵值低于噪声和正常行车声音的谱熵，而异常行驶时异常事件的声音信号能量要大于正常行驶的声音信号能量，通过能量与谱熵的比值来增大正常行车与异常行车的差异，从而判断是否存在异常。

将声音信号表示为 $x(n)$，加窗分帧处理后得到的第 i 帧声音信号为 $x_i(m)$，则傅里叶变换后表示为 $X_i(k)$，下标 i 表示第 i 帧声音信号，k 表示第 k 条谱线。此时短时能量为

$$E_i = \sum_{k=0}^{N/2} X_i(k) X_i^*(k) \tag{3-24}$$

式中，k 为 FFT（快速傅里叶变换）长度，此处只取正频率部分。

某一谱线 k 的能量谱为

$$Y_i(k) = X_i(k) X_i^*(k) \tag{3-25}$$

则对应信号各频率分量的归一化谱概率密度定义为

$$p_i(k) = \frac{Y_i(k)}{\sum\limits_{l=0}^{N/2} Y_i(l)} = \frac{Y_i(k)}{E_i} \tag{3-26}$$

该音频帧的短时谱熵定义为

$$H_i = -\sum_{k=0}^{N/2} p_i(k) \lg p_i(k) \tag{3-27}$$

若熵函数有如下关系：

$$H(p_1, p_2, \cdots p_q) = H(1/q, 1/q, \cdots, 1/q) = \lg q \qquad (3-28)$$

对应的能熵比为

$$\text{EEF}_i = \sqrt{1 + | E_i / H_i |} \qquad (3-29)$$

3）子带能熵比检测法

子带能熵比检测法的原理与能熵比检测法一致,不同点是将每一帧声音信号重新拆分为几个子带,分别求每个子带的谱熵值,从而能够减小噪声对每条谱线幅值的干扰[43]。

设每个子带包含 4 条谱线,总共有 N 个子带,这样第 i 帧中的第 m 个子带的子带能量为

$$E(m, i) = \sum_{k=4(m-1)}^{4(m-1)+3} Y_i(k) \quad (1 \leqslant m \leqslant N) \qquad (3-30)$$

相应地,子带能量的概率 $p(m, i)$ 和子带谱熵 $H(i)$ 分别为

$$p(m, i) = \frac{E(m, i)}{\sum\limits_{m=1}^{N} E(m, i)} \quad (1 \leqslant m \leqslant N) \qquad (3-31)$$

$$H(i) = -\sum_{m=1}^{N} p(m, i) \lg p(m, i) \qquad (3-32)$$

以上传统的声音信号,时域和频域特征提取方法,可以用于采集并建立列车正常行驶下的音讯信息特征而构成相应数据库。尽管在一般情况下,这些传统的声音信号时域和频域特征提取方法并不适用于提取轨道列车异常行驶所发出的声音特征[44]。但是,通过列车声音信号时域和频域特征提取方法所建立起来的列车正常运行工况音讯特征数据库,却可以作为动态音讯的学习样本和故障比对模块。经过多年研究,在列车动力装置异常工况方面已经形成了诸多智能识别技术。其实,较为突出并行之有效的算法及其技术要数支持向量机(support vector machines, SVM)方法。

3. 支持向量机

支持向量机是一种学习机,它是在以解决有限样本机器学习为目标的统计学习理论的基础上发展起来的。换句话说,SVM 建立在统计学习的 VC (Vapnik-Cervonenkis)维理论和结构风险最小化原理的基础上,根据有限的样本信息在模型的复杂性(即对特定训练样本的学习精度)和学习能力(即无错误地识别任意样本的能力)之间寻找最佳折中,以期获得最好的推广能力。SVM

能够有效地避免经典学习方法中出现的过学习、欠学习、"维数灾难"以及陷入局部极小点等诸多问题。SVM 又是从线性可分情况下的最优分类面发展而来的，采用的是保持经验风险值固定而使置信范围最小化的策略。

对于动力与传动系统异常现象的智能识别可以通过对系统所发生音响信号的处理与分析来实现对系统运行工况信息的识别与判定。其中，支持向量机就是实现这个过程的有效方法之一。

1）支持向量机的体系结构

（1）在建立从输入向量到高维特征空间的非线性映射过程中，特征空间对输入输出都是隐藏的；

（2）构造一个最优超平面，用于分离在第一步中发现的特征。

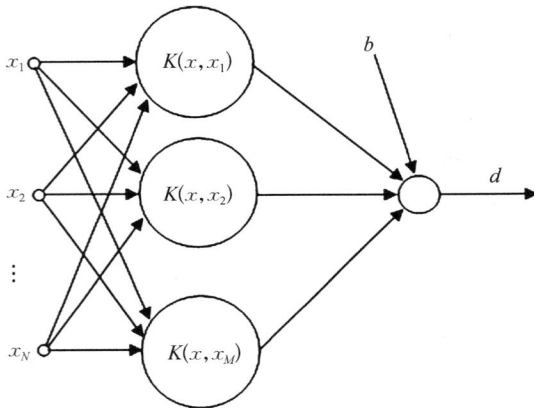

图 3-7　支持向量机体系结构图

支持向量机的体系结构如图 3-7 所示。在图 3-7 中，左侧的 x_1，x_2，…，x_N 表示 N 维输入向量 $\boldsymbol{x}$ 的不同分量。$K(x$，$x_i)$ 表示将输入数据映射到 M 维特征空间的神经元传递函数。右侧的输出神经元选用硬极限传递函数，接受固定的偏置 b 和映射到特征空间的输入数据，实现特征空间中的最优超平面分类。d 表示支持向量机的输出值。

2）最优分类超平面

所谓最优分类就是要求分类不但能将两类样本正确分开（训练错误率为0），而且能使分类间隔最大。考虑训练样本 $\{(x_i, d_i)\}_{i=1}^N$，其中 x_i 是输入模式的第 i 个例子。d_i 是对应的期望响应输出（目标输出）。假定由子集 $d_i = +1$ 和 $d_i = -1$ 代表的模式线性可分。用于分离超平面形式的决策曲面方程是

$$\boldsymbol{w} \cdot \boldsymbol{x} + b = 0 \qquad (3-33)$$

式中，$\boldsymbol{w}$ 为可调权值向量；$\boldsymbol{x}$ 为输入向量；b 为偏置，且

$$\boldsymbol{w} = [w_1, w_2, \cdots, w_N] = [w_i] \quad (i = 1, 2, \cdots, N) \qquad (3-34)$$

$$\boldsymbol{x} = [x_1, x_2, \cdots, x_N]^{\mathrm{T}} = [x_i]^{\mathrm{T}} \quad (i = 1, 2, \cdots, N) \qquad (3-35)$$

对分类方程,即决策曲面方程(3-33)进行归一化后,使得对线性可分的样本 $(x_i, d_i)(i=1, 2, \cdots, N; x \in R^N; d_i \in \{\pm 1\})$ 满足

$$d_i(\boldsymbol{w} \cdot \boldsymbol{x} + b) \geqslant 1 \quad (i=1, 2, \cdots, N) \tag{3-36}$$

对于一个给定的权值向量 $\boldsymbol{w}$ 和偏置 b,由方程(3-33)定义的超平面和最近的数据点之间的间隔称为分离边缘,在超平面正、负两面的距离称为分类间隔,用 ρ 表示。支持向量机的目的是找到一个特殊的超平面,使得这个超平面分类间隔 ρ 最大。在这个条件下,决策曲面称为最优超平面(optimal hyperplane)。在决策曲面的两侧有方程

$$\begin{cases} \boldsymbol{w} \cdot \boldsymbol{x} + b \geqslant 0 & (d_i=+1) \\ \boldsymbol{w} \cdot \boldsymbol{x} + b < 0 & (d_i=-1) \end{cases} \tag{3-37}$$

令 $\boldsymbol{w}_0$ 和 b_0 分别表示权值向量和偏置的最优值,则决策面的最优超平面为

$$\boldsymbol{w}_0 \cdot \boldsymbol{x} + b_0 = 0 \tag{3-38}$$

定义判别函数

$$g(\boldsymbol{x}) = \boldsymbol{w} \cdot \boldsymbol{x} + b \tag{3-39}$$

给出从 $\boldsymbol{w}$ 到最优超平面距离的一种代数度量,将 $\boldsymbol{x}$ 表达为

$$\boldsymbol{x} = \boldsymbol{x}_p + r \frac{\boldsymbol{w}}{\| \boldsymbol{w} \|} \tag{3-40}$$

式中,$\boldsymbol{x}_p$ 是 $\boldsymbol{x}$ 在最优超平面上的常规投影;r 是期望的代数距离;如果 $\boldsymbol{x}$ 在最优超平面的正面,则 r 是正值;反之,如果 $\boldsymbol{x}$ 在最优超平面的负面,则 r 是负值。

式(3-38)～式(3-40)的几何意义如图 3-8 所示。在图 3-8 中,$\boldsymbol{w}$ 为最优超平面的法向量;在图 3-8(a)中,$\boldsymbol{x}$ 处于最优超平面的正面,因此 r 为正值;在图 3-8(b)中,$\boldsymbol{x}$ 处于最优超平面的负面,因此 r 为负值。

由定义可知 $g(\boldsymbol{x}_p)=0$,由此可以推出

$$g(\boldsymbol{x}) = \boldsymbol{w}_0 \cdot \boldsymbol{x} + b_0 = r \| \boldsymbol{w}_0 \| \tag{3-41}$$

或

$$r = \frac{g(\boldsymbol{x})}{\| \boldsymbol{w}_0 \|} \tag{3-42}$$

因此,将目标测试问题转化为对于给定的测试样本数据集 $\varGamma = \{(x_i, d_i)\}$,需要找到最优超平面参数 $\boldsymbol{w}_0$ 和 b_0。可以看到一对 $(\boldsymbol{w}_0, b_0)$ 必定满足条件

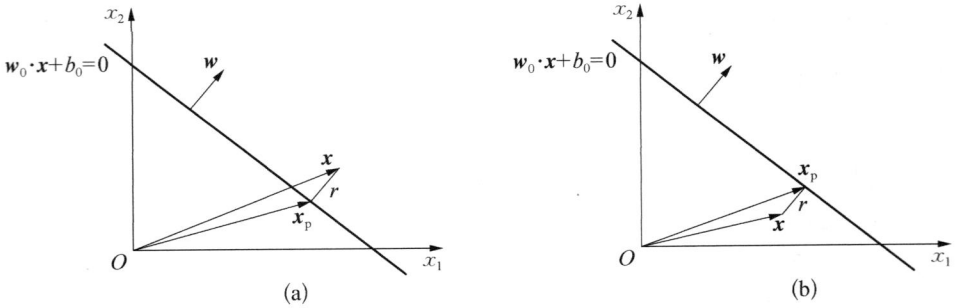

图 3 - 8 最优分类超平面几何意义示意图

(a) x 处于最优超平面的正面；(b) x 处于最优超平面的负面

$$\begin{cases} \boldsymbol{w}_0 \cdot \boldsymbol{x} + b_0 \geqslant 1 & (d_i = +1) \\ \boldsymbol{w}_0 \cdot \boldsymbol{x} + b_0 < 1 & (d_i = -1) \end{cases} \quad (3-43)$$

当式(3-36)成立时,说明模式是线性可分的,则可以通过调整 $\boldsymbol{w}_0$ 和 b_0 的值使式(3-43)成立。如果有某个数据点 (x_i, d_i) 使得式(3-43)的等号成立,则这个点称为支持向量点,支持向量机由此得名。支持向量是那些最靠近决策面的数据点集合,这些数据点是最难分类的,因此它们和决策面的最优位置直接相关。

考虑一个支持向量 $\hat{\boldsymbol{x}}$ 对应于 $d_i = +1$,根据定义有

$$g(\hat{\boldsymbol{x}}) = \boldsymbol{w}_0 \cdot \boldsymbol{x} \mp b_0 = \mp 1; \quad d_i = \mp 1 \quad (3-44)$$

从支持向量 $\hat{\boldsymbol{x}}$ 到最优超平面的代数距离是

$$r = \frac{g(\hat{\boldsymbol{x}})}{\| \boldsymbol{w}_0 \|} = \begin{cases} \dfrac{+1}{\| \boldsymbol{w}_0 \|} & (d_i = +1) \\ \dfrac{-1}{\| \boldsymbol{w}_0 \|} & (d_i = -1) \end{cases} \quad (3-45)$$

式中,正号表示 $\hat{\boldsymbol{x}}$ 在最优超平面的正面,而负号表示 $\hat{\boldsymbol{x}}$ 在最优超平面的负面。

令 ρ 为两个类之间分离边缘距离的最优值,两个类构成训练集合为 Γ,因此得到

$$\rho = 2r = \frac{2}{\| \boldsymbol{w}_0 \|} \quad (3-46)$$

式(3-46)说明,两个类之间的分类间隔最大化等价于权值向量 $\boldsymbol{w}$ 最小化时的欧几里得范数。

由式(3-38)定义的最优超平面是唯一的,即意味着最优权值向量 $\boldsymbol{w}_0$ 提供了正反例之间的最大可能分离。这个优化条件是通过权值向量 $\boldsymbol{w}$ 最小化时的欧几里得范数获得的。

如图 3-9 所示,以二维为例来说明最优分类思想的示意图。图中的实心点和空心点代表两类样本,H 为分类线,H_1、H_2 分别为通过各类、离分类线 H 最近的样本且平行

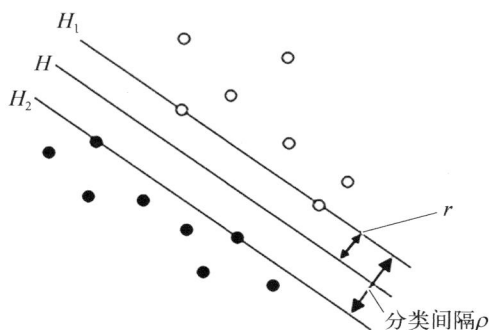

图 3-9　线性可分情况下的最优分类示意图

于分类线 H 的直线,H_1 与 H_2 之间的距离称为分类间隔 ρ,H_1(或 H_2)至分类线 H 的距离为 r。

3) 最优分类超平面的求取方法

(1) 线性可分模式的分类计算。

要找到最优分类超平面,需要求解下面的二次规划问题(最小化泛函)

$$\varphi(\boldsymbol{w})=\frac{1}{2}\parallel \boldsymbol{w}\parallel^2=\frac{1}{2}\boldsymbol{w}^{\mathrm{T}}\boldsymbol{w} \tag{3-47}$$

其约束条件为

$$d_i(\boldsymbol{w}\cdot\boldsymbol{x}+b)\geqslant 1\quad(i=1,2,\cdots,N) \tag{3-48}$$

这个优化问题的解是由下面的拉格朗日(Lagrange)函数的鞍点给出的

$$L(\boldsymbol{w},b,\alpha)=\frac{1}{2}\boldsymbol{w}^{\mathrm{T}}\boldsymbol{w}-\sum_{i=1}^{N}\alpha_i[d_i(\boldsymbol{w}\cdot\boldsymbol{x}_i+b)-1] \tag{3-49}$$

其中,α_i 为拉格朗日系数(又称拉格朗日乘子),$\alpha_i\geqslant 0$。在鞍点上,L 取最小值,此时 $\boldsymbol{w}=\boldsymbol{w}_0$,$b=b_0$,满足

$$\begin{cases}\left.\dfrac{\partial L(\boldsymbol{w},b,\alpha)}{\partial b}\right|_{\boldsymbol{w}=\boldsymbol{w}_0,b=b_0,\alpha=\alpha_0}=0\Rightarrow\displaystyle\sum_{i=1}^{N}\alpha_i d_i=0\\[4mm]\left.\dfrac{\partial L(\boldsymbol{w},b,\alpha)}{\partial \boldsymbol{w}}\right|_{\boldsymbol{w}=\boldsymbol{w}_0,b=b_0,\alpha=\alpha_0}=0\Rightarrow\displaystyle\sum_{i=1}^{N}\alpha_i d_i\boldsymbol{x}_i=\boldsymbol{w}_0\end{cases} \tag{3-50}$$

即约束最优问题的解由拉格朗日函数的鞍点决定,拉格朗日函数对 $\boldsymbol{w}$ 和 b 必定最小化,对 α 必定最大化。

鞍点对应每一个拉格朗日乘子 α_i,乘子与其相应约束的乘积为 0,即

$$\alpha_i[d_i(\boldsymbol{w} \cdot \boldsymbol{x}_i + b) - 1] = 0 \quad (i = 1, 2, \cdots, N) \tag{3-51}$$

只有精确满足上式的乘子才能假定非零值。

确定用 $\alpha_{0,i}$ 表示最优拉格朗日乘子以后,可以计算最优权值向量 $\boldsymbol{w}_0$:

$$\boldsymbol{w}_0 = \sum_{i=1}^{N} \alpha_{0,i} d_i \boldsymbol{x}_i \tag{3-52}$$

使用获得的 $\boldsymbol{w}_0$ 可以计算最优偏置 b_0。 对于一个正的支持向量有

$$b_0 = 1 - \boldsymbol{w}_0 \hat{\boldsymbol{x}} \quad (d_i = +1) \tag{3-53}$$

(2) 线性不可分离数据点的分类计算。

最优分类超平面是在线性可分前提下讨论的,多数模式识别分类问题在原始的样本空间内,样本点都是线性不可分的。所谓线性不可分,就是某些训练样本不能满足式(3-48)的条件。上述线性可分模式的分类算法应用到线性不可分的数据将会找不到可行解,这点可通过目标函数的任意增大来验证。

在线性不可分的情况下,SVM 用一非线性映射函数 $R^N \rightarrow F$,把原始空间的样本映射到高维特征空间 F(也可能是无穷维的),然后在此高维特征空间内构造最优分类面。

对于某一组训练数据,不可能建立一个不具有分类误差的分离超平面,这时仍然需要找到一个最优超平面,使它对整个训练集合的分类平均误差的概率达到最小。

定义:如果数据点 (x_i, d_i) 不满足条件

$$d_i(\boldsymbol{w} \cdot \boldsymbol{x}_i + b) \geqslant +1 \quad (i = 1, 2, \cdots, N) \tag{3-54}$$

则有两种情况发生:

① 数据点 (x_i, d_i) 落在分类间隔区域之内,但在决策面正确的一侧;② 数据点 (x_i, d_i) 落在分类间隔区域之内,但在决策面错误的一侧。称此时类之间的分离边缘是软的。对于情况①分类仍然是正确的,对于情况②分类是不正确的。

为了能够建立不可分离数据点的处理(计算)方法,引入一组非负标量变量 $\{\xi_i\}_{i=1}^{N}$ 到决策面的定义中

$$d_i(\boldsymbol{w} \cdot \boldsymbol{x}_i + b) \geqslant 1 - \xi_i \quad (i = 1, 2, \cdots, N) \tag{3-55}$$

式中,ξ_i 为松弛变量,用于度量一个数据点对模式可分的理想条件的偏离程度。

当错误产生时,相应的 ξ_i 必须达到一致,所以 $\sum_{i=1}^{N} \xi_i$ 是训练错误数的一个上

界。对于 $0 \leqslant \xi_i \leqslant 1$，表明数据点落入分类间隔区域的内部，但是在决策面的正确一侧。对于 $\xi_i > 1$，表明数据点落到分类超平面的错误一侧。支持向量是精确满足 $d_i(\boldsymbol{w} \cdot \boldsymbol{x}_i + b) \geqslant 1 - \xi_i$ 的特殊数据点集合。

为了在训练集上找到分类平均误差最小的分离超平面（决策面），需要对权值向量 $\boldsymbol{w}$ 最小化泛函

$$\Phi(\xi) = \sum_{i=1}^{N} I(\xi_i - 1) \tag{3-56}$$

上述泛函满足约束条件 $d_i(\boldsymbol{w} \cdot \boldsymbol{x}_i + b) \geqslant 1 - \xi_i$ 和对 $\| \boldsymbol{w} \|^2$ 的限制。$I(\xi)$ 为指标函数，定义如下：

$$I(\xi) = \begin{cases} 0 & (\xi \leqslant 0) \\ 1 & (\xi > 0) \end{cases} \tag{3-57}$$

由于 $\Phi(\xi)$ 对 $\boldsymbol{w}$ 的最小化是非凸的最优化问题，因此可以用 $\Phi(\xi) = \sum\limits_{i=1}^{N} \xi_i$ 来逼近泛函 $\Phi(\xi)$。

这时广义最优超平面可以进一步演化为在条件式（3-55）的约束下求函数

$$\Phi(\boldsymbol{w}, \xi) = \frac{1}{2} \boldsymbol{w}^{\mathrm{T}} \boldsymbol{w} + C \left(\sum_{i=1}^{N} \xi_i \right)^k \tag{3-58}$$

的极小值。

为计算方便，取 $k = 1$；其中，参数 C 是由使用者指定的正常数，控制着学习机的复杂性和不可分离点数之间的平衡，或者说，它实际上起着控制错分样本惩罚程度的作用，实现在错分样本的比例和算法复杂度之间的折中。指定一个较大的 C 可以降低错分样本的个数。此时，目标函数对应的拉格朗日函数为

$$L(\boldsymbol{w}, b, \alpha, \xi) = \frac{1}{2} \boldsymbol{w}^{\mathrm{T}} \boldsymbol{w} - \sum_{i=1}^{N} \alpha_i [d_i(\boldsymbol{w} \cdot \boldsymbol{x}_i + b) - 1 + \xi_i] - \sum_{i=1}^{N} \mu_i \xi_i$$

$$\tag{3-59}$$

其中，引入 μ_i 是为了增强 ξ_i 的肯定度。考虑到 KKT 条件（Karush - Kuhn - Tucker 条件）

$$\begin{cases} \alpha_i [d_i(\boldsymbol{w} \cdot \boldsymbol{x}_i + b) - 1 + \xi_i] = 0 \\ (C - \alpha_i) \xi_i = 0 \end{cases} \quad (i = 1, 2, \cdots, N) \tag{3-60}$$

可得

$$\frac{\partial L}{\partial \boldsymbol{w}} = 0 \Rightarrow w_0 = \sum_{i=1}^{N} \alpha_i d_i \boldsymbol{x}_i \tag{3-61}$$

$$\frac{\partial L}{\partial b} = 0 \Rightarrow 0 = \sum_{i=1}^{N} \alpha_i d_i \tag{3-62}$$

$$\frac{\partial L}{\partial \xi_i} = 0 \Rightarrow C - \alpha_i - \mu_i = 0 \tag{3-63}$$

$$\xi_i \geqslant 0, \; \alpha_i \geqslant 0, \; \mu_i \geqslant 0 \tag{3-64}$$

$$\alpha_i [d_i(\boldsymbol{w} \cdot \boldsymbol{x}_i + b) - 1] = 0 \quad (i = 1, 2, \cdots, N) \tag{3-65}$$

$$\mu_i \xi_i = 0 \tag{3-66}$$

如前所述,我们能用 KKT 补充条件,通过式(3-59)和式(3-61)确定阈值 b_0。结合式(3-63)和式(3-66)可以看出,如果 $\alpha_i < C$,可得 $\xi_i = 0$。

同时,广义最优分类面的对偶问题与线性可分情况下几乎完全相同,只是在线性可分下的条件 $\alpha_i \geqslant 0$ 变为

$$0 \leqslant \alpha_i \leqslant C \tag{3-67}$$

换句话说,取训练样本中所有满足 $0 \leqslant \alpha_i \leqslant C$ 的数据点参与计算后,求取 b_0 的平均值作为最终的最优偏置则更好。

4) ε-不敏感损失函数

在多层感知器和径向基函数网络中,曾利用平方损失函数(最小二乘法)作为这些网络的优化标准,利用这个标准的主要原因是从数学角度考虑的,即为了计算方便。但是,最小二乘估计器对异常"出现"表现非常敏感(例如,对于一个正常模型会得到大得几乎不可能的观察),并且当加性噪声的固有分布有很长的尾分布时,它会表现得很差。为了克服这些局限,需要一种较强鲁棒性的估计器,它对模型发生微小改变时表现不敏感。

以鲁棒性作为设计目标,对于鲁棒性任何数值上的测量,必须考虑到由于正态噪声模型的一个偏差而可能产生最大限度的性能退化。根据这种观点,一种最优鲁棒估计就是极小化过程中最大的性能恶化,是一种极小极大过程。当加性噪声的概率密度函数关于原点对称时,求解非线性回归问题的极小极大过程需利用绝对误差作为极小化的量,也就是说,损失函数具有

$$L(d, y) = |d - y| \tag{3-68}$$

的形式。式中,d 为期望反应;y 为估计器输出。

　　为了构造支持向量机逼近期望反应 d，Vapnik 最早提出可以利用式（3-68）损失函数的扩展来描述

$$L_\varepsilon(d, y) = \begin{cases} |d-y| - \varepsilon & (|d-y| \geqslant \varepsilon) \\ 0 & （其他） \end{cases} \quad (3-69)$$

式中，ε 是被指定的参数；损失函数 $L_\varepsilon(d, y)$ 称为 ε-不敏感损失函数（ε-insensitive loss function），如果估计输出 y 和期望输出 d 的偏差绝对值小于 ε，则它等于零；否则它等于偏差绝对值减去 ε。式（3-68）是 ε-不敏感损失函数在 $\varepsilon=0$ 时的特殊情形，图 3-10 说明了 $L_\varepsilon(d, y)$ 和误差（$d-y$）的依赖关系。

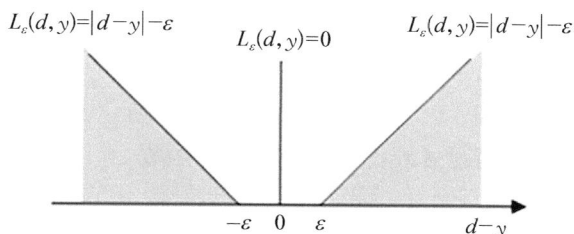

图 3-10　ε-不敏感损失函数几何意义

5）用于非线性回归的支持向量机

考虑非线性回归模型，标量 d 对向量 $\boldsymbol{x}$ 的依赖可描述为

$$d = f(\boldsymbol{x}) + v \quad (3-70)$$

式中，$f(\boldsymbol{x})$ 为非线性的标量值函数，它的一次实现记为 d。加性噪声项 v 统计独立于输入向量 $\boldsymbol{x}$，函数 $f(\boldsymbol{x})$ 和噪声 v 的统计特性是未知的。所有可用的信息就是一组训练数据 $\{(x_i, d_i)\}_{i=1}^N$，其中，x_i 是输入向量 $\boldsymbol{x}$ 的一次抽样值，d_i 是模型输出 d 的相应值。要求的问题是提供 d 对 $\boldsymbol{x}$ 依赖的估计。

　　进一步假设 d 的估计为 $\boldsymbol{y}$，它是由一组非线性基函数 $\{\varphi_j(\boldsymbol{x})\}_{j=0}^m$ 的扩张得到的

$$y = \sum_{j=0}^{m} w_j \varphi_j(\boldsymbol{x}) = \boldsymbol{w}^{\mathrm{T}} \boldsymbol{\varphi}(\boldsymbol{x}) \quad (3-71)$$

其中，$\boldsymbol{\varphi}(\boldsymbol{x}) = [\varphi_0(\boldsymbol{x}) \quad \varphi_1(\boldsymbol{x}) \quad \cdots \quad \varphi_m(\boldsymbol{x})]^{\mathrm{T}}$，$\boldsymbol{w} = [w_0 \quad w_1 \quad \cdots \quad w_m]^{\mathrm{T}}$。

　　假定 $\varphi_0(\boldsymbol{x}) = 1$，则权值 w_0 表示偏置 b，需求解的问题是极小化经验风险

$$R_{\mathrm{emp}} = \frac{1}{N} \sum_{i=1}^{N} L_\varepsilon(d_i, y_i) \quad (3-72)$$

满足不等式

$$\| \boldsymbol{w} \|^2 \leqslant c_0 \tag{3-73}$$

式中，c_0 是常数；$L_\varepsilon(d, y)$ 为 ε -不敏感损失函数。

引入两组非负的松弛变量 $\{\xi_i\}_{i=1}^N$ 和 $\{\xi_i'\}_{i=1}^N$，重新求解这个约束优化问题。定义

$$d_i - \boldsymbol{w}^T \boldsymbol{\varphi}(x_i) \leqslant \varepsilon + \xi_i \quad (i = 1, 2, \cdots, N) \tag{3-74}$$

$$\boldsymbol{w}^T \boldsymbol{\varphi}(x_i) + d_i \leqslant \varepsilon + \xi_i' \quad (i = 1, 2, \cdots, N) \tag{3-75}$$

$$\xi_i \geqslant 0 \quad (i = 1, 2, \cdots, N) \tag{3-76}$$

$$\xi_i' \geqslant 0 \quad (i = 1, 2, \cdots, N) \tag{3-77}$$

松弛变量 $\{\xi_i\}_{i=1}^N$ 和 $\{\xi_i'\}_{i=1}^N$ 描述了式(3-69)所定义的 ε -不敏感损失函数，因此这个约束优化问题可等价于最小化代价函数

$$\Phi(\boldsymbol{w}, \xi_i, \xi_i') = C \sum_{i=1}^N (\xi_i + \xi_i') + \frac{1}{2} \boldsymbol{w}^T \boldsymbol{w} \tag{3-78}$$

满足式(3-74)~式(3-77)的约束。

利用式(3-78)的函数结合项 $\frac{1}{2} \boldsymbol{w}^T \boldsymbol{w}$ 时，就不需要式(3-75)的不等式约束；式(3-78)中的常数 C 是由用户给定的参数。此时，我们可以定义拉格朗日函数

$$
L(\boldsymbol{w}, \xi_i, \xi_i', \boldsymbol{\alpha}, \boldsymbol{\alpha}', \boldsymbol{\gamma}, \boldsymbol{\gamma}')
$$
$$
= \sum_{i=1}^N (\xi_i + \xi_i') + \frac{1}{2} \boldsymbol{w}^T \boldsymbol{w} - \sum_{i=1}^N \alpha_i [\boldsymbol{w}^T \boldsymbol{\varphi}(x_i) - d_i + \varepsilon + \xi_i]
$$
$$
- \sum_{i=1}^N \alpha_i' [d_i - \boldsymbol{w}^T \boldsymbol{\varphi}(x_i) + \varepsilon + \xi_i'] - \sum_{i=1}^N (\gamma_i \xi_i + \gamma_i' \xi_i') \tag{3-79}
$$

其中，α_i 和 α_i' 是拉格朗日乘子；式(3-79)右边包括涉及 γ_i 和 γ_i' 的最后一项是为了确保拉格朗日乘子 α_i 和 α_i' 的最优条件成为可变形式。从式(3-79)可见，$L(\boldsymbol{w}, \xi_i, \xi_i', \boldsymbol{\alpha}, \boldsymbol{\alpha}', \boldsymbol{\gamma}, \boldsymbol{\gamma}')$ 要求关于 $\boldsymbol{w}$ 和松弛变量 ξ_i、ξ_i' 极小化，同时要求关于 α_i、α_i' 和 γ_i、γ_i' 最大化。

求解这个优化，分别有

$$\boldsymbol{w} = \sum_{i=1}^N (\alpha_i - \alpha_i') \boldsymbol{\varphi}(x_i) \tag{3-80}$$

和

$$\gamma_i = C - \alpha_i \tag{3-81}$$

$$\gamma_i' = C - \alpha_i' \tag{3-82}$$

为了构造相应的对偶问题,将式(3-80)～式(3-82)代入式(3-79),经化简后得到凸函数

$$Q(\alpha_i, \alpha_i') = \sum_{i=1}^{N} d_i(\alpha_i - \alpha_i') - \sum_{i=1}^{N} \varepsilon(\alpha_i + \alpha_i')$$
$$- \frac{1}{2} \sum_{i=1}^{N} \sum_{j=1}^{N} (\alpha_i - \alpha_i')(\alpha_j - \alpha_j') K(x_i, x_j) \tag{3-83}$$

式中,$K(x_i, x_j)$ 是根据 Mercer 定理定义的内积 $K(x_i, x_j) = \boldsymbol{\varphi}^{\mathrm{T}}(x_i)\boldsymbol{\varphi}(x_j)$。

所得优化问题的解是关于拉格朗日乘子 α_i 和 α_i' 且满足有关常数 C 的一组新约束下最大化的 $Q(\alpha_i, \alpha_i')$,其中 C 包含在式(3-78)中函数 $\Phi(\boldsymbol{w}, \boldsymbol{\xi}_i, \boldsymbol{\xi}_i')$ 的定义内。

利用支持向量机的非线性回归对偶问题描述如下。给定训练样本 $\{(x_i, d_i)\}_{i=1}^{N}$ 寻找拉格朗日乘子 $\{\alpha_i\}_{i=1}^{N}$ 和 $\{\alpha_i'\}_{i=1}^{N}$ 使得极大化目标函数

$$Q(\alpha_i, \alpha_i') = \sum_{i=1}^{N} d_i(\alpha_i - \alpha_i') - \sum_{i=1}^{N} \varepsilon(\alpha_i + \alpha_i')$$
$$- \frac{1}{2} \sum_{i=1}^{N} \sum_{j=1}^{N} (\alpha_i - \alpha_i')(x_j - x_j') K(x_i, x_j) \tag{3-84}$$

满足下列约束

$$\sum_{i=1}^{N} (\alpha_i - \alpha_i') = 0$$

$$0 \leqslant \alpha_i \leqslant C \quad (i = 1, 2, \cdots, N)$$

$$0 \leqslant \alpha_i' \leqslant C \quad (i = 1, 2, \cdots, N)$$

其中,C 为用户给定常数。

在拉格朗日最优化问题中,$\varphi_0(x) = 1$ 时,偏置 $b = w_0$,产生了约束条件 $\sum_{i=1}^{N} (\alpha_i - \alpha_i') = 0$,因此,获得最优的 α_i 和 α_i' 的值后,对给定的映射 $\boldsymbol{\varphi}(x)$ 可以利用式(3-80)确定权值向量 $\boldsymbol{w}$ 的最优值。与模式识别问题的解一样,在式(3-80)的扩展中仅有一些系数非零,特别地,$\alpha_i \neq \alpha_i'$ 所对应的数据点定义为机器的支持向量。

自由参数 ε 和 C 控制下列逼近函数的 VC 维数

$$F(\boldsymbol{x}, \boldsymbol{w}) = \boldsymbol{w}^{\mathrm{T}} \boldsymbol{x} = \sum_{i=1}^{N} (\alpha_i - \alpha_i') K(x, x_i) \tag{3-85}$$

ε 和 C 两个都必须由用户选择。从概念上讲，ε 和 C 的选择提供了和模式识别中参数 C 的选择一样的复杂性控制问题，但是在实际回归中的复杂性控制是一个更困难的问题，这是由于下列原因造成的：① 参数 ε 和 C 必须同时调整；② 从本质上讲，回归比模式分类更困难。

最后，与用于模式识别的支持向量机一样，用于非线性回归的支持向量机可以用多项式学习机、径向基函数网络或两层感知器来实现。

3.2.3　支持向量机的基本算法

SVM 的特点如下：① 支持向量是与超平面最近的样本；② 支持向量尽管数量少，但却包含了分类所需的信息；③ 大部分训练样本不是支持向量，因此移去或减少这些样本对分类器没有影响。正是由于 SVM 的这些特性，针对 SVM 方法的理论基础及其应用已经产生了许多相关计算方法。

1. 处理大数据集的 SVM 训练算法

与分类支持向量机相关的优化问题可以写为

$$\max W(\boldsymbol{\alpha}) = \sum_{i=1}^{l} \alpha_i - \frac{1}{2} \sum_{i=1}^{l} \sum_{j=1}^{l} \alpha_i \alpha_j y_i y_j K(x_i, x_j) \tag{3-86}$$

$$\text{s.t.} \quad \begin{cases} \sum_{i=1}^{l} \alpha_i y_i = 0 \\ 0 \leqslant \alpha_i \leqslant C \quad (i = 1, 2, \cdots, l) \end{cases} \tag{3-87}$$

对于回归问题，线性 ε -不敏感损失的问题是

$$\max W(\boldsymbol{\alpha}) = \sum_{i=1}^{l} \alpha_i y_i - \varepsilon \sum_{i=1}^{l} |\alpha_i| - \frac{1}{2} \sum_{i=1}^{l} \sum_{j=1}^{l} \alpha_i \alpha_j K(x_i, x_j) \tag{3-88}$$

$$\text{s.t.} \quad \begin{cases} \sum_{i=1}^{l} \alpha_i = 0 \\ -C \leqslant \alpha_i \leqslant C \quad (i = 1, 2, \cdots, l) \end{cases} \tag{3-89}$$

SVM 问题可以归结为一个二次型方程的求解。对于这种二次规划问题，经典的解法有积极方集法、对偶方法和内积算法等。当训练样本增多时，这些算法便会面临维数灾难，或者由于计算机内存的限制导致无法进行样本训练。因为，

计算过程中需要计算和存储核函数矩阵,当样本点数目较大时,需要很大的内存。例如,当样本点数目超过 4 000 时,存储核函数矩阵需要多达 128 MB 的内存;其次,支持向量机在二次型寻优过程中要进行大量的矩阵运算,多数情况下,寻优算法是占用算法时间的主要部分。

针对传统求解二次规划问题速度慢等问题,目前支持向量机的训练算法一般采用循环迭代解决对偶寻优问题,即将原问题分解成为若干子问题,按照某种迭代策略,通过反复求解子问题,最终使结果收敛到原问题的最优解。根据子问题的划分和迭代策略的不同,SVM 训练算法大致可分为块算法和分解法两类。

1) 块算法(chunking algorithm)

在支持向量机分类算法中,由支持向量机方法得到的决策函数只与支持向量有关,与其他样本数据无关,也就是说,如果只取支持向量作为训练样本,得到的决策函数与所有样本作为训练样本得到的决策函数是一致的。因此如果事先知道哪些是支持向量,就可以仅保留与它们相对应的样本点,而从训练集中删除其他样本点。用剩下的训练集求解对偶问题就可以得到同样的决策函数。这一事实对求解大规模问题非常重要,因为支持向量数量一般很少。块模型(chunking method)就是基于这种思想而提出的用于求解海量样本数据的优化模型,即将海量样本数据集分成若干个小规模的样本集。按顺序逐个对各样本子集进行训练学习。在对每个样本子集学习时,只需要根据上个样本子集得到的支持向量以及当前的样本子集进行新的最优化计算。但我们事先并不知道究竟哪些是支持向量,通常的方法是采用启发式算法进行寻找。

换句话说,考虑到去掉拉格朗日乘子等于零的训练样本不会影响原问题的解,采用选择一部分样本构成工作样本集进行训练,剔除其中的非支持向量,并用训练结果对剩余样本进行检验,将不符合 KKT 条件的样本与本次结果的支持向量合并成一个新的工作样本集,然后重新训练。如此重复下去直到获得最优结果。必须指出,分块法求解规模随着支持向量数量的增加而增加,因此在支持向量数目非常大时,优化计算仍难以实现。

所谓 KKT(Karush - Kuhn - Tucker)条件,即对于非线性规划的数学模型

$$\min f(\boldsymbol{x})$$

$$\text{s.t.} \quad g_i(\boldsymbol{x}) \geqslant 0 \quad (i = 1, 2, \cdots, m)$$

$$h_j(\boldsymbol{x}) = 0 \quad (j = 1, 2, \cdots, l)$$

式中,$\boldsymbol{x} = (x_1, x_2, \cdots, x_n)^{\mathrm{T}} \in \boldsymbol{R}^n$ 是 n 维向量,f、g_i、h_j 都是 $\boldsymbol{R}^n \to \boldsymbol{R}^l$ 的映射(即自变量是 n 维向量,因变量是实数的函数关系),且其中至少存在一个非线性

映射。

与线性规划类似，把满足约束条件的解称为可行解。若记

$$\chi = \{ \boldsymbol{x} \mid g_i(\boldsymbol{x}) \geqslant 0,\ i = 1, 2, \cdots, m,\ h_j(\boldsymbol{x}) = 0,\ j = 1, 2, \cdots, l \}$$

则称 χ 为可行域。因此上述非线性规划模型可简记为

$$\min f(\boldsymbol{x})$$
$$\text{s.t.} \quad \boldsymbol{x} \in \chi$$

KKT 最优化条件，就是指上式的最小点 $\boldsymbol{x}^*$ 必须满足条件

$$\begin{cases} g_i(\boldsymbol{x}^*) \geqslant 0 & (i = 1, 2, \cdots, m) \\ h_j(\boldsymbol{x}^*) = 0 & (j = 1, 2, \cdots, l) \\ \boldsymbol{x}^* \in \chi \subset R^n \end{cases}$$

2）分解法（decomposition method）

分解法也是将大规模的二次规划问题转化成一系列小规模的二次规划求解。分解法是选择 q 个拉格朗日乘子 α_i 作为优化变量（$q < N$，q 固定），而其他 α_i 的值固定不变，因此分解法的子问题求解不像分块法那样，求解规模会随着支持向量数量的增加而增加，而是固定不变的。分解的基本思想是将样本数据的序号集 $\{1, 2, \cdots, N\}$ 分为工作集 B 和非工作集 $\overline{B}$，工作集 B 的大小为 q，这样将大规模的二次规划问题转化成只有 q 个优化变量、$2q$ 个线性不等式约束、N 个等式约束的小规模二次规划问题。

分解法的关键在于每次迭代过程中如何选择工作集 B 以及算法的收敛性问题。正因为分解法将大规模的二次规划问题转化成工作集 B 的大小固定为 q 的一系列小规模的二次规划求解，因此也称为固定工作样本集算法。必须指出，工作样本集的大小，固定在算法速度可以容忍的限度内，迭代过程选择一种合适的换入换出策略，将剩余样本中的一部分与工作样本集中的样本进行等量交换，即使支持向量的个数超过工作样本集的大小，也不改变工作样本集的规模，而只对支持向量中的一部分进行优化。

2. 序贯最小优化算法

序贯最小优化算法（sequential minimal optimization，SMO）实际上是分解算法的一种特例，该算法能够避免多样本情况下的数值解不稳定和耗时长问题，同时也不需要大的矩阵存储空间，特别适用于稀疏样本，运算速度非常快。

序贯最小优化算法将分解算法推向极致，每次迭代仅优化两个点的最小子

集(工作集 B 中只有两个样本)。该算法的优点在于两个数据点的优化问题可以获得解析解,从而无须将二次规划优化算法作为算法的一部分。它的工作集选择不是传统的最陡下降法,而是采用启发式,通过两个嵌套的循环来寻找优化的样本变量。在外循环寻找违背 KKT 条件的样本,然后在内循环再选择另一个样本,进行一次优化,然后再循环进行下一次优化,直到全部样本都满足优化条件为止。

具体地说,对条件 $\sum_{i=1}^{l} \alpha_i y_i = 0$ 需要在迭代中实现,意味着每步能优化的乘子最小个数为 2,无论何时,一个乘子被更新,至少需要调整另一个乘子来保持条件成立。

每步 SMO 选择两个元素 α_i 和 α_j 共同优化,在其他参数固定的情况下,找到这两个元素 α_i 和 α_j 的最优值,并更新相应的 $\boldsymbol{\alpha}$ 向量。这两个点的选择是启发式的,对这两个点的乘子的优化可以获得解析解。在求解过程,尽管需要更多的迭代才收敛,但是每次迭代仅需要很少的操作,因此算法速度得到了数量级的提高,包括收敛时间在内;同时,算法中的其他特征没有矩阵操作,无须在内存中存储矩阵,而且容易实现。

1) 两点解析解

假设选择的两个变量为 α_1 和 α_2,因为 α_3,α_4,$\cdots$,α_l 是固定不变的,因此,式(3 - 86)的优化问题等价于下面的优化问题

$$\max W(\boldsymbol{\alpha}) = \alpha_1 + \alpha_2 - \frac{1}{2} \left[K(x_1, x_1)\alpha_1^2 + K(x_2, x_2)\alpha_2^2 \right] - y_1 y_2 K(x_1, x_2)\alpha_1 \alpha_2$$

$$- y_1 \alpha_1 \sum_{i=1}^{l} y_i \alpha_i K(x_i, x_1) - y_2 \alpha_2 \sum_{i=1}^{l} y_i \alpha_i K(x_i, x_2) \qquad (3 - 90)$$

$$\text{s.t.} \quad \begin{cases} \alpha_1 y_1 + \alpha_2 y_2 = -\sum_{i=1}^{l} y_i \alpha_i = 常数 \\ 0 \leqslant \alpha_i \leqslant C \quad (i = 1, 2, \cdots, l) \end{cases} \qquad (3 - 91)$$

假设该优化问题的初始值为 α_1^{old} 和 α_2^{old},记最优解为 α_1^{new} 和 α_2^{new}。可以看出,为了不违背线性约束 $\sum_{i=1}^{l} \alpha_i y_i = 0$,乘子的新值必须在一条直线上,即

$$\alpha_1^{\text{new}} y_1 + \alpha_2^{\text{new}} y_2 = \alpha_1^{\text{old}} y_1 + \alpha_2^{\text{old}} y_2 = 常数 \qquad (3 - 92)$$

这条线在 (α_1, α_2) 的空间,并处在 $0 \leqslant \alpha_1 \leqslant C$、$0 \leqslant \alpha_2 \leqslant C$ 的约束中。约束目标函数到一条直线上所得到的一维问题有解析解。

用该算法首先计算 α_2^{new}，然后利用它计算 α_1^{new}。根据不等式约束 $0 \leqslant \alpha_1 \leqslant C$、$0 \leqslant \alpha_2 \leqslant C$ 和线性约束 $\sum_{i=1}^{l} \alpha_i y_i = 0$，在 α_2^{new} 的可行值上提供了一个更为严格的约束

$$U \leqslant \alpha_2^{\text{new}} \leqslant V \tag{3-93}$$

如果 $y_1 \neq y_2$，则

$$\begin{cases} U = \max(0, \alpha_2^{\text{old}} - \alpha_1^{\text{old}}) \\ V = \min(C, C - \alpha_1^{\text{old}} + \alpha_2^{\text{old}}) \end{cases} \tag{3-94}$$

如果 $y_1 = y_2$，则

$$\begin{cases} U = \max(0, \alpha_1^{\text{old}} + \alpha_2^{\text{old}} - C) \\ V = \min(C, \alpha_1^{\text{old}} + \alpha_2^{\text{old}}) \end{cases} \tag{3-95}$$

使用 $f(x)$ 表示在学习的特定阶段值 α 和 b 所决定的当前假设，即

$$f(x_i) = \sum_{j=1}^{l} \alpha_j y_j K(x_j, x_i) + b$$

并令

$$E_i = f(x_i) - y_i = \sum_{j=1}^{l} \alpha_j y_j K(x_j, x_i) + b - y_i \quad (i = 1, 2) \tag{3-96}$$

这是对训练点 x_1 或 x_2 上的函数的目标分类的差别值，即使训练点能够被正确分类，这个值 E_i 仍有可能很大。另一个量是目标函数在对角线上的二次导数，可表示为 k，则有

$$k = K(x_1, x_1) + K(x_2, x_2) - 2K(x_1, x_2) = \| \Phi(x_1) - \Phi(x_2) \|^2 \tag{3-97}$$

式中，$\Phi(\cdot)$ 表示原始空间到特征空间的映射。

定理：当 α_1 和 α_2 允许改变时，式(3-90)目标函数的最大值可以通过计算下面的量得到

$$\alpha_2^{\text{new, one}} = \alpha_1^{\text{old}} + \frac{y_2(E_1 - E_2)}{k} \tag{3-98}$$

剪辑它来实现约束 $U \leqslant \alpha_2^{\text{new}} \leqslant V$

$$\alpha_2^{\text{new}} = \begin{cases} V & (\alpha_2^{\text{new, one}} > V) \\ \alpha_2^{\text{new, one}} & (U \leqslant \alpha_2^{\text{new, one}} \leqslant V) \\ U & (\alpha_2^{\text{new, one}} < U) \end{cases} \qquad (3-99)$$

式中，E_1、E_2 由式(3-98)给出，k 由式(3-97)给出，U、V 由式(3-94)或式(3-95)给出。进一步，可以从 α_2^{new} 得到 α_1^{new}，则有

$$\alpha_1^{\text{new}} = \alpha_1^{\text{old}} + y_1 y_2 (\alpha_2^{\text{old}} - \alpha_2^{\text{new}}) \qquad (3-100)$$

因此，$(\alpha_1^{\text{new}}, \alpha_2^{\text{new}})$ 是式(3-90)的最优解。

2）启发式选择算法

为了提高收敛速度，可以根据点在求解过程中的贡献来选择其中两个点作为子集优化目标函数。如果实现选择策略所需要的计算量小于节省下来的迭代所需的计算量，就表明在收敛过程中获得收益。选择的停止条件能指示出哪些点更易于对收敛做出更大贡献。

SMO 使用两个条件来选择两个活动点，确保目标函数在优化过程中有更大的增长。用两个单独的启发式算法来选择第一个点和第二个点。

（1）第一个选择的启发式算法。

第一个点 x_1 从最违反 KKT 条件的那些点中选取。算法的外循环浏览数据集寻找违反 KKT 条件的点，并使用任意一个点来更新。当这样的点找到时，用第二个选择的启发式方式选择第二个点，更新各自乘子的值。然后，外循环重新寻找违反 KKT 条件的点。为了提高寻找违反 KKT 条件的点的机会，外循环浏览那些对应参数满足 $0 < \alpha_i < C$ 的点，这意味着它的值不在可行区域的边界上，只有当这些点在特定的容忍等级满足 KKT 条件，在整个数据集上的完整循环运算才算结束，然后进入下一个数据集。

（2）第二个选择的启发式算法。

第二个点 x_2 的选择要按这样的方式：在 α_1、α_2 上的更新引起更大的变化，使得对偶目标产生大的增长。为了不必进行过多的计算就能找到一个好的点，一种快速的启发式方法是选择最大化量 $|E_1 - E_2|$ 的点为 x_2。如果 E_1 是正的，则 SMO 选择一个具有最小误差 E_2 的样例 x_2；如果 E_1 是负的，则 SMO 选择一个具有最大误差 E_2 的样例 x_2。内存保留数据集中每个不在边界上的点的误差，可以减少计算量。如果这个选择没有在对偶目标上产生大的增长，SMO 则会轮流尝试每个非边界点。从各自列表的随机位置开始遍历每个非边界点和整个数据集的循环，这样就不会在两者中任何一个开始的时候就引入偏置。

对于回归，SMO 算法可以从式(3-90)给出的优化问题再次更新 α_1 和 α_2。

四个独立问题的编程与两个参数的符号有关。α_2 的区间由下式给出：

$$\begin{cases} U = \max(C_U^2, \ \alpha_1^{\text{old}} + \alpha_2^{\text{old}} - C_V^1) \\ V = \min(C_V^2, \ \alpha_1^{\text{old}} + \alpha_2^{\text{old}} - C_U^1) \end{cases} \quad (3-101)$$

这里四个问题的参数 C_U^i、C_V^i 有不同的设置，如表 3-1 所示。

表 3-1 C_U^i、C_V^i 参数设置

参　数	$\alpha_i \geqslant 0$	$\alpha_i < 0$
C_U^i	0	$-C$
C_V^i	C	0

使用 $f(x)$ 表示在学习的特定阶段，α 和 b 所决定的当前假设，并令

$$E_i = f(x_i) - y_i = \sum_{j=1}^{l} \alpha_j K(x_j, x_i) + b - y_i \quad (i=1, 2) \quad (3-102)$$

E_i 是训练点 x_1 或 x_2 上的函数输出值与目标值的差别。

定理： 当 α_1 和 α_2 在包含两个值的特定象限中允许改变时，优化式（3-86）目标函数的最大值，可以通过计算下面的量得到

$$\alpha_2^{\text{new, one}} = \alpha_2^{\text{old}} + \frac{(E_1 - E_2) - \varepsilon[\text{sgn}(\alpha_2) - \text{sgn}(\alpha_1)]}{k} \quad (3-103)$$

剪辑它来实现约束 $U \leqslant \alpha_2^{\text{new}} \leqslant V$，则有

$$\alpha_2^{\text{new}} = \begin{cases} V & (\alpha_2^{\text{new, one}} > V) \\ \alpha_2^{\text{new, one}} & (U \leqslant \alpha_2^{\text{new, one}} \leqslant V) \\ U & (\alpha_2^{\text{new, one}} < U) \end{cases} \quad (3-104)$$

这里符号函数 $\text{sgn}(\cdot)$ 的值由选择的象限决定。E_1、E_2 由式（3-102）给出，k 由式（3-97）给出，U、V 由式（3-101）给出。进一步，可以从 α_2^{new} 得到 α_1^{new}，则有

$$\alpha_1^{\text{new}} = \alpha_1^{\text{old}} + \alpha_2^{\text{old}} - \alpha_2^{\text{new}} \quad (3-105)$$

3.2.4　VC 维理论

早期统计学习理论所提出的 VC（Vapnik-Cervonenkis）维理论为衡量预测模型的复杂度提供了有效的理论框架。但是，早期的 VC 维理论仅仅是建立在经验风险最小化原则基础之上，即以训练的平均误差为最小的模型作为期

望的最终模型。所以,早期的统计学习理论一直停留在抽象理论和概念的探索之中。直到 20 世纪 90 年代中期,才有学者提出了基于 VC 维理论的支持向量机(support vector machines,SVM)算法,进一步丰富和发展了统计学习理论,使它不仅是一种理论分析工具,还是一种能够构造具有多维预测功能的预测学习算法工具,使抽象的学习理论能够转化为通用的实际预测算法。

在统计学习理论基础之上发展起来的 SVM 算法是一种专门研究有限样本预测的学习方法。与传统统计学相比,SVM 算法并没有以传统的经验风险最小化原则作为基础,而是建立在结构风险最小化(structural rask minimization,SRM)原理基础之上,发展成为一种新型的结构化学习方法。它能很好地解决有限数量样本高维模型的构造问题,而且所构造的模型具有很好的预测性能。作为 SVM 算法基础的 VC 维理论和结构最小化原则也为进一步完善传统的统计预测方法和经验非线性预测方法提供了理论基础和统一的理论框架。

1. 边界理论与 VC 维原理

边界理论主要包含两部分内容:一是非构造性边界理论,它可以通过基于增长函数的概念获得;二是构造性边界,它的主要问题是运用构造性概念来估计这些函数。后者的研究内容包括 VC 维刻画给定函数可以打散的类别数目,以及一致收敛的泛化边界。

根据样本的分布是否独立,可以分别获得具有不同性质的学习函数,可以控制学习机器之推广能力的构造性边界。

VC 维描述了组成学习模型的函数集合容量,也就是说,刻画了此函数集合的学习能力。VC 维越大,函数集合越大,其相应的学习能力就越强。

例如,对于二分类问题而言,令 n 为运用学习机器函数集合将点集以 2^n 种方法划分为两类的最大点数目,即对于每个可能的划分,在此函数集合中均存在一个函数 f_a,使得此函数对其中一个类取 1,而对另外一个类取 -1。如图 3-11 所示,取二维实平面 R^2 上的 3 个点,三点的名称分别为 e、f、g。

设函数集合 $\{f(x, a)\}$ 为一组"有向线集合",显然,3 个点 e、f、g 最多可以存在 2^3 种划分:(eg, f)、(ef, g)、(gf, e)、(egf, ϕ)、(f, eg)、(g, ef)、(e, gf)、(ϕ, efg)(见图 3-11 中从左至右、从上到下排列)。其中,二元组的第一项指示的是 $+1$ 类,二元组的第二项指示的是 -1 类,ϕ 表示点空集。对于任意一个划分,我们均可以在函数集合中发现一个有向线与之对应,有向线方向所指示的是 $+1$ 类,反向所指示的是 -1 类。此时,函数集合的 VC 维等于 3。

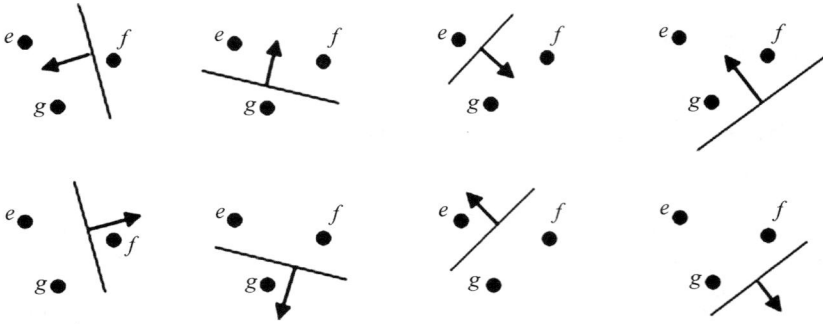

图 3 - 11　二维平面中被有向线打散的三个点

2. 推广能力边界

通过控制学习机器的推广能力能够构造适应小样本学习的归纳学习过程。由统计学习理论可知,对于任意 $w \in A$（A 是抽象参数集合），估计真实风险 $R(w)$ 以至少 $1-\eta$ 的概率满足不等式

$$R(w) \leqslant R_{\text{emp}}(w) + \varphi\left(\frac{h}{N}\right) \tag{3-106}$$

式中，$R_{\text{emp}}(w)$ 为经验风险；$\varphi\left(\dfrac{h}{N}\right)$ 为置信风险，且

$$\varphi\left(\frac{h}{N}\right) = \sqrt{\frac{h\left(\ln\frac{2N}{h} + 1\right) + \ln\frac{\eta}{4}}{N}} \tag{3-107}$$

式中，N 是样本个数；参数 h 为一个函数集合的 VC 维,对于线性分类器,满足

$$h \leqslant \|\boldsymbol{W}\|^2 R^2 + 1 \tag{3-108}$$

式中，$\boldsymbol{W}$ 为训练样本向量；R 为包络训练数据的最小球半径。

结构风险最小化准则的基本思想：机器学习过程不仅要使经验风险最小，还要使 VC 维尽量小，这样对未来样本才会有较好的推广能力。

3. 结构风险最小化归纳原理

结构风险最小化(SRM)归纳原理：不等式(3-106)中的 $R(w)$ 与 $R_{\text{emp}}(w)$ 两项相互权衡，共同趋于极小，方能确保风险最小；同时，在获得学习模型经验风险最小的情况下，在 VC 维 h 值尽可能小(即置信风险尽可能小)时，学习模型的推广能力才可能大。

根据风险估计式(3-106)，当训练样本数目 N 固定时，用以控制风险 $R(w)$ 的参量有两个：经验风险 $R_{\mathrm{emp}}(w)$ 与 VC 维数 h。其中，经验风险 $R_{\mathrm{emp}}(w)$ 依赖于学习机器所选定的函数 $f(x, w)$，可以通过控制 w 来控制经验风险；VC 维数 h 依赖于学习机器所工作的函数集合 $\{f(x, w)\}$，为了获得对 h 的控制，可以将函数集合结构化，建立 h 与各函数子结构之间的关系，通过对函数结构的选择来达到控制 VC 维 h 的目的。

令 $S_k = \{f(x, w) \mid w \in A_k; k = 1, 2, \cdots, \infty\}$，且

$$\begin{cases} S_1 \subset S_2 \subset \cdots \subset S_k \subset \cdots \\ \widehat{S} = \bigcup_k S_k \end{cases} \tag{3-109}$$

这就是由函数嵌套子集所决定的函数集合，如图 3-12 所示。

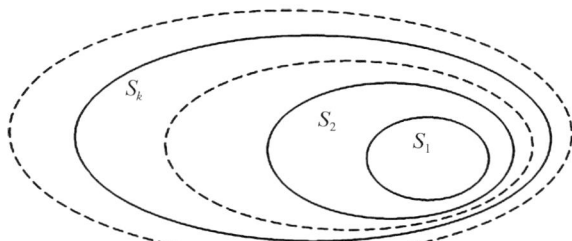

图 3-12　由函数嵌套子集所决定的函数集合示意图

对 $\{f(x, w)\}$ 结构化后，结构 $\widehat{S}$ 中的任何元素 S_k 拥有一个有限的 VC 维 h_k，且

$$h_1 \leqslant h_2 \leqslant \cdots \leqslant h_k \leqslant \cdots \tag{3-110}$$

所谓结构风险最小化归纳原理，就是针对给定的一组样本 (x_1, w_1)，(x_2, w_2)，$\cdots$，(x_N, w_N)，在函数子集 S_k 中选择一个函数 $f[x, w^{(k)}]$ 来最小化经验风险 $R_{\mathrm{emp}}(w)$，同时 S_k 还要确保置信风险(即 VC 维数 h)最小。

结构风险最小化归纳原理所显示出的风险与 VC 维数之间的统计规律如图 3-13所示。从图 3-13 可以看出，经验风险 $R_{\mathrm{emp}}(w)$ 随着 VC 维数 h 的增加而递减；置信风险 $\varphi\left(\dfrac{h}{N}\right)$ 随着 VC 维数 h 的增加而递增；而且由 VC 维数 h 的上、下某两个参数值能够确定学习机器的欠学习和过学习区域，即 $h < h^-$ 所确定的 $R(\cdot)$ 区域为欠学习区域，$h > h^+$ 所确定的 $R(\cdot)$ 区域为过学习区域。在图 3-13中，真实风险边界线即为 $R(w)$ 的真实曲线。

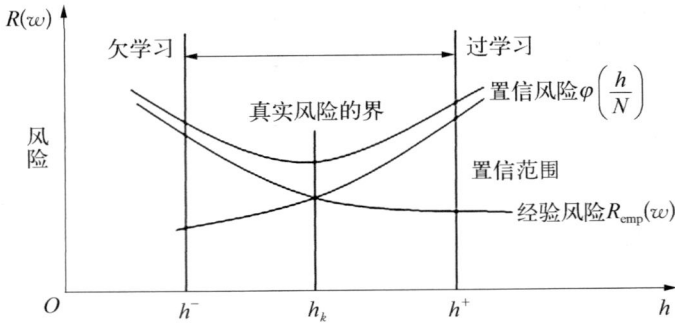

图 3 - 13　结构风险最小化归纳原理示意图

3.2.5　系统学习

所谓学习,就是利用智能识别动力与传动系统异常现象的装置对列车动力及传动系统在正常工作状态下的音响信号进行采样学习,企图建立列车动力及传动系统正常音响情况下的特征空间。对列车动力及传动系统音响信号进行采样、特征转换、建立特征空间的过程就称为对列车动力及传动系统音响信息的学习过程。学习过程在机车试验台上进行,具体步骤如下。

1. 音响信号采集

由第一、第二拾音器分别采集列车动力及传动机构所发生的声音信号。这些声音信号包括启动、提速、不同转速、不同车速、减速和刹车等工况下的声音信号。拾音器通过事先设定的不同工况下的采样周期对代表不同工况的声音信号进行采集,并送入信号处理器。

2. 模数转换

在信号处理器中,将声音的模拟信号转换为数字信号,交由运算模块进行处理。

3. 时变信号的傅里叶变换

对声音数字信号 $x(t)$ 首先进行傅里叶变换

$$X(j\omega) = \int_{-\infty}^{\infty} x(t)\mathrm{e}^{-j\omega t}\,\mathrm{d}t \tag{3-111}$$

式中, $\omega = 2\pi f$, 单位为 rad/s, 将 $X(j\omega)$ 表示成 $|X(j\omega)|\mathrm{e}^{j\varphi(\omega)}$ 的形式,即可得到 $|X(j\omega)|$ 和 $\varphi(\omega)$ 随 ω 变化的曲线,分别称为 $x(t)$ 的幅频特性和相频特性。式(3-111)能够获知声音信号中的频率分布信息。

4. 构建列车动力机构两类训练样本

(1) 对列车动力机构在多种不同工况下所发出的音响信号建立训练样本

向量

$$\boldsymbol{x}^1 = \begin{bmatrix} x_1^1 & x_2^1 & \cdots & x_{N-1}^1 & x_N^1 \end{bmatrix}^{\mathrm{T}} \tag{3-112}$$

$$\boldsymbol{x}^2 = \begin{bmatrix} x_1^2 & x_2^2 & \cdots & x_{N-1}^2 & x_N^2 \end{bmatrix}^{\mathrm{T}} \tag{3-113}$$

式中，$\boldsymbol{x}^1$、$\boldsymbol{x}^2$ 分别为列车动力机构在正常工况下的幅频特性向量（1 类）和列车动力机构非正常工况下的幅频特性向量（2 类）训练样本向量；两类训练样本向量中的每个训练样本对应工况的采样点信息。根据这些样本可以构造出训练样本矩阵及其对应的类别样本矩阵。类别样本矩阵中的值为样本的分类类别，仅有两类，即正常工况下的音响信息和非正常工况下的音响信息，结果类别样本矩阵中的值为 1 或 -1。

由 1 类和 2 类训练样本构成的训练样本矩阵 $\boldsymbol{X} = \begin{bmatrix} \boldsymbol{x}^1 & \boldsymbol{x}^2 \end{bmatrix}$，与其对应的类别样本矩阵为 $\boldsymbol{d} = \begin{bmatrix} 1 & 1 & \cdots & 1 \\ -1 & -1 & \cdots & -1 \end{bmatrix}^{\mathrm{T}}$。

（2）求解拉格朗日乘子 α_i。利用公式 $L(\boldsymbol{w}, b, \alpha) = \dfrac{1}{2} \boldsymbol{w}^{\mathrm{T}} \boldsymbol{w} - \sum\limits_{i=1}^{N} \alpha_i [d_i (\boldsymbol{w} \cdot \boldsymbol{x}_i + b) - 1]$，根据 SVM 算法和核函数中的径向基函数

$$K(x, x_i) = \exp\left(-\frac{\| \boldsymbol{x} - \boldsymbol{x}_i \|^2}{\sigma^2} \right) \tag{3-114}$$

进行计算。式中，σ 为均方差；这里每个基函数中心对应一个支持向量，支持向量及输出值都是由算法自动确定的。

因此能够求解拉格朗日乘子 α_i，$i = 1, 2, \cdots, N$ 与每个训练样本相对应，而且其中大部分为零，只有少数不为零的 α_i 才对应支持向量。

（3）求取偏置 b_0。利用拉格朗日乘子 α_i、训练样本矩阵和对应的类别样本矩阵，通过式

$$\alpha_i [d_i (\boldsymbol{w} \cdot \boldsymbol{x}_i + b) - 1] = 0 \quad (i = 1, 2, \cdots, N)$$

求取偏置 b_0。在线性可分情况下，接着可以根据公式 $\boldsymbol{w}_0 = \sum\limits_{i=1}^{N} \alpha_{0, i} d_i \boldsymbol{x}_i$ 求得 $\boldsymbol{w}_0$。这样便可以得到最终分类决策函数的具体表达式。

5. 构建列车传动两类训练样本

（1）对列车传动机构在多种不同工况下所发出的音响信号建立训练样本向量

$$\boldsymbol{y}^1 = \begin{bmatrix} y_1^1 & y_2^1 & \cdots & y_{N-1}^1 & y_N^1 \end{bmatrix}^{\mathrm{T}} \tag{3-115}$$

$$\boldsymbol{y}^2 = \begin{bmatrix} y_1^2 & y_2^2 & \cdots & y_{N-1}^2 & y_N^2 \end{bmatrix}^{\mathrm{T}} \tag{3-116}$$

式中，$\boldsymbol{y}^1$、$\boldsymbol{y}^2$ 分别为机车传动在正常工况下的幅频特性向量（1类）和机车传动在非正常工况下的幅频特性向量（2类）训练样本向量；两类训练样本向量中的每个训练样本对应工况的采样点信息。根据这些样本可以构造出训练样本矩阵及其对应的类别样本矩阵。类别样本矩阵中的值为样本的分类类别，因为仅有两类：正常工况下的音响信息和非正常工况下的音响信息，结果类别样本矩阵中的值为 1 或 -1。

由 1 类和 2 类训练样本构成的训练样本矩阵为 $\boldsymbol{Y} = \begin{bmatrix} \boldsymbol{y}^1 & \boldsymbol{y}^2 \end{bmatrix}$，与其对应的类别样本矩阵为 $\boldsymbol{d} = \begin{bmatrix} 1 & 1 & \cdots & 1 \\ -1 & -1 & \cdots & -1 \end{bmatrix}^{\mathrm{T}}$。

（2）求解拉格朗日乘子 α_i。利用公式 $L(\boldsymbol{w}, b, \alpha) = \dfrac{1}{2} \boldsymbol{w}^{\mathrm{T}} \boldsymbol{w} - \displaystyle\sum_{i=1}^{N} \alpha_i [d_i (\boldsymbol{w} \cdot \boldsymbol{y}_i + b) - 1]$，根据 SVM 算法和核函数径向基函数

$$K(y, y_i) = \exp\left(-\frac{\|\boldsymbol{y} - \boldsymbol{y}_i\|^2}{\sigma^2}\right) \tag{3-117}$$

式中，σ 为均方差；这里每个基函数中心对应一个支持向量，支持向量及输出权值都是由算法自动确定的。

因此能够求解拉格朗日乘子 α_i，$i = 1, 2, \cdots, N$ 与每个训练样本相对应，而且其中大部分为零，只有少数不为零的 α_i 才对应支持向量。

（3）求取偏置 b_0。利用拉格朗日乘子 α_i、训练样本矩阵和对应的类别样本矩阵通过式

$$\alpha_i [d_i (\boldsymbol{w} \cdot \boldsymbol{y}_i + b) - 1] = 0 \quad (i = 1, 2, \cdots, N)$$

求取偏置 b_0。在线性可分情况下，接着可以根据公式 $\boldsymbol{w}_0 = \displaystyle\sum_{i=1}^{N} \alpha_{0,i} d_i \boldsymbol{y}_i$ 求得 w_0。这样便可以得到最终分类决策函数的具体表达式。

3.2.6　在线识别过程

1. 在线实时采集动力与传动系统音响信号

由第一、第二、……、第 N 拾音器在线实时采集发动机与传动机构所发出的声音信号并送入信号处理器。

2. 模数转换

在信号处理器中，将声音的模拟信号转换为数字信号，交由运算模块。

3. 傅里叶变换

对实时音响数字信号 $x(t)$，通过 $X(j\omega) = \int_{-\infty}^{\infty} x(t)\mathrm{e}^{-j\omega t}\,\mathrm{d}t$ 进行傅里叶变换，由此能够获取不同工况下的幅频特性和相频特性。

4. 对测试样本进行类别判定

利用分类决策函数 $K(x,\ x_i) = \exp\left(-\dfrac{\|\boldsymbol{x}-\boldsymbol{x}_i\|^2}{\sigma^2}\right)$ 和 $K(y,\ y_i) = \exp\left(-\dfrac{\|\boldsymbol{y}-\boldsymbol{y}_i\|^2}{\sigma^2}\right)$ 实时得出类别结果：

（1）如果 $w_0 \cdot \boldsymbol{x} + b_0 \geqslant 1$，就表示当前样本属于第一类，即发动机处于正常运行状态；反之，这个样本属于第二类，即发现发动机有异常声响。

（2）如果 $w_0 \cdot \boldsymbol{y} + b_0 \geqslant 1$，就表示当前样本属于第一类，即传动机构处于正常运行状态；反之，这个样本属于第二类，即发现传动机构出现异常声响。

同理可获取第 N 拾音器的信息处理结果。

5. 决策输出

根据对测试样本进行类别判定的结果，由信号处理器输出控制指令。

当识别结果认定动力机构有异常声响时，装置系统会自动通过语音播放器向驾驶员提示："动力机构有异常声响，需要停车检查！"同时，系统会通过控制器控制车辆的行驶，如减速或刹车，并且将列车状况通过地面无线通信网络上传至数据中心。

同理，当识别结果认定列车传动机构有异常声响时，装置系统会自动通过语音播放器向驾驶员提示："传动机构有异常声响，需要停车检查！"同时，系统会通过控制器控制车辆的行驶，如减速或刹车，并且将列车状况通过地面无线通信网络上传至数据中心[24]。

3.3　地铁机车牵引电路故障诊断

电力机车内部的电力电子装置是地铁（或高铁）机车的核心部件。机车运行故障绝大部分集中于电力电子装置上。同时，相关运营机构需要实时掌握机车的无故障运行周期，还必须定期对其中的电力电子装置进行预测分析，因此，对地铁机车牵引电路中的电力电子电路及其器件的实时检测与故障诊断，自然成为确保地铁（或高铁）机车安全运行所必需的关键技术。

由于电力电子装置在牵引系统中通常作为电源或执行机构出现，对整个系统的可靠性具有重要乃至决定性的作用。地铁（或高铁）机车中的电力电子装置又极具特殊性,因为它所传动的对象为大功率直流电动机或者交流电动机。如此大功率的传动对象在拖动庞大的机械系统时所产生的动态效应是非常复杂的,因此电力电子装置可能出现的故障类型与性质也是多样性的。

通常所说的电力电子装置故障一般系指其主电路的故障,它可分为参数性故障和结构性故障。参数性故障指由于电路参数(如电感值、电容值等)偏离正常值一定范围而导致的故障,它通常采用参数辨识进行诊断。结构性故障指由于电力电子器件出现短路、断路或触发信号丢失而导致电路拓扑发生变化的故障。一般情况下,运行人员很难在从发生故障到停电的短时间里判断出故障元件和/或位置,即使是经验丰富的人员也可能会受到外界因素影响而误诊。

就当前的研究状况来看,针对电力电子装置的故障诊断均局限于个别具体电路,因此难以满足实时诊断的需要,而且通用性不强,更难以推广应用。

3.3.1　系统构成

地铁机车牵引电路故障诊断系统是一种基于波形识别的地铁机车牵引电路系统,测试地铁机车牵引电路的输出加载与标准负载,嵌入式工控机从标准负载的两端拾取电压输入,标准负载的端电压输入至嵌入式工控机中最前沿的数据采集器数据输入端口。数据采集器的输出端与 A/D 转换器输入端连接,A/D转换器的输出端与数据缓存器的写入口连接,数据缓存器的读出口与中央处理器的读入口连接,被测电路故障数据库模块、记录标志缓存、基于波形识别算法软件包模块均通过数据总线与中央处理器实现数据与指令的双向交互,中央处理器的输出通过 VGA 与显示输出器连接。

该系统在由被测地铁机车牵引电路插槽、半实物模拟仿真标准负载(离线检测时使用)、数据采集器、A/D 转换器、数据缓存器、中央处理器(CPU)、被测电路故障数据库、记录标志缓存器、基于波形识别算法软件包、显示输出器所构成的硬件平台上,通过软件平台实现对地铁机车牵引电路故障的诊断与定位。软件平台通过建立被测地铁机车牵引电路故障数据库,对被测地铁机车牵引电路进行全工况测试,运行基于波形识别算法软件包,逐一读取数据缓存中的波形数据与故障波形集合中的元素进行识别匹配,在确定的相似度范围内能够准确识别被测地铁机车牵引电路的故障类型与性质,并对故障进行准确定位。

基于波形识别的地铁机车牵引电路故障诊断系统包括被测地铁机车牵引电路、标准负载、嵌入式工控机,被测地铁(或高铁)机车牵引电路的输出加载(或标准负载),嵌入式工控机从标准负载的两端拾取电压输入(见图 3-14)。

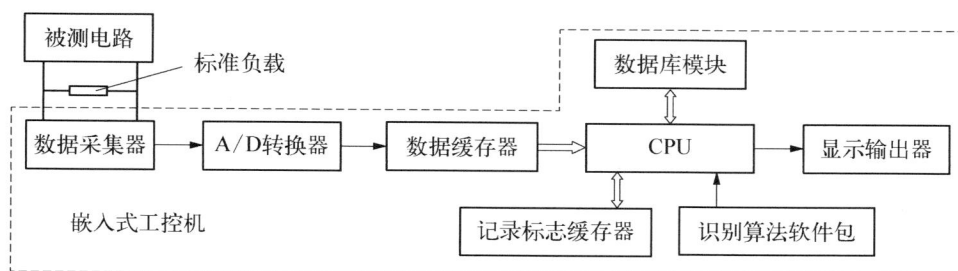

图 3-14　机车牵引电路故障诊断系统结构

嵌入式工控机包含数据采集器、A/D 转换器、数据缓存器、中央处理器、被测电路故障数据库模块、记录标志缓存器、基于波形识别算法软件包模块、显示输出器。标准负载的端电压输入至嵌入式工控机中最前沿的数据采集器输入端口，数据采集器的输出端与 A/D 转换器输入端连接，A/D 转换器的输出端与数据缓存器的写入口连接，数据缓存器的读出口与中央处理器的读入口连接，被测电路故障数据库模块、记录标志缓存器、基于波形识别算法软件包模块均通过数据总线与中央处理器实现数据与指令的双向交互，中央处理器的输出通过 VGA 与显示输出器连接。

在离线检测时，标准负载作为被测地铁机车牵引电路的检测负载，按照标准的工作环境对被测地铁机车牵引电路上电，嵌入式工控机从标准负载的两端检测，获得被测地铁机车牵引电路的输出电压波形。标准负载为半实物模拟仿真负载，依据机械惯性与电机传动特性的相似原理制作而成，利用半实物模拟仿真标准负载，能够全模拟被测地铁机车牵引电路在列车运行工况下的工作状态。在线监测时，则无须再加接标准负载，而直接检测主电路输出端口的电压。

在线检测过程中，被机车牵引电路"加载负载"是机车电力传动装置。输出电压波形首先由数据采集器予以采集，经 A/D 转换器后转入数据缓存器，在数据采集器采集输出波形全部结束后，中央处理器调用基于波形识别算法软件包，并从数据缓存器中读取输出波形数据进行集中处理。

基于波形识别算法软件包模块将输出电压波形与被测电路故障数据库模块中的故障波形进行匹配，在确定的相似度允许范围内，计算获得相似度最大者，即认定被测地铁机车牵引电路时出现的故障属于数据库中该记录所显示的故障类型和性质，并准确指出故障点的位置（包括器件与线路）。

数据采集器承担对信号的调理与滤波，以获得高信噪比的被测电压波形信号。在对运行现场进行在线检测时，数据采集器并行输入接口，直接接受来自机车被测电路的输出信号。

数据缓存器是为了将数据采集与波形识别运算分开进行,即将含信号调理与滤波的数据采集与 A/D 转换作为信号前处理,波形识别作为后处理程序运行,因此能够大大提高数据采集的速度,保证了列车运行工况下信息拾取的完整性,进而提高波形识别与故障诊断的准确率。

被测电路故障数据库模块的数据结构包含字段变量:输出波形、故障类型与性质、故障定位。事先根据被测地铁机车牵引电路的研发机构和生产厂家所积累的该电路特性及其故障检测参数、曲线与波形进行整理和数字化与特征值提取,按照上述数据结构存放被测地铁机车牵引电路的所有已知故障特征参数。同时,被测电路故障数据库模块具有记录空间自动扩容功能,能够使得在使用该软件包的过程中,通过自学习功能,在专家系统的辅助下增添与充实被测电路故障数据库的记录。

记录标志缓存器是为识别过程临时存放记录标志而使用的缓冲存储器。一般来说,地铁机车牵引电路的故障具有多样性与复杂性。使用等步长采样逐一将被测输出波形与数据库中的所有记录进行识别匹配将会耗费大量的运算时间,这是不现实的,也是不适用的,因此需要采用变步长的方式进行运算,即"先粗后细"。每当进行一次大步长粗筛选后,将符合该次筛选所对应的记录"打上标志",即将这些记录序列号存入记录标志缓存器中,以便在下一次调小步长时,对"打上标志"的记录进一步筛选,以避免不必要的重复计算。

波形识别算法软件包模块包括故障识别模块、标记模块、弥补模块、显示模块,这些模块之间的连接与信号处理关系如下:故障识别模块专施对被测电压波形的识别,一旦被测电压波形被认为可能属于某记录故障,则通知标记模块,标记模块即将该记录"打上标志",接着转入下一轮识别运算(细选鉴别,对故障予以准确判定与定位),否则(在现有数据库中没有相似故障时),故障识别模块输出运算转移指令,将运算任务移交弥补模块,由弥补模块对未知信号特征实施判定。故障识别模块、标记模块、弥补模块与显示模块采用并行链接,显示模块可以实时跟踪前三者的运算过程与结果,将结果按显示输出协议输出至显示输出器[45]。

3.3.2　识别原理

首次识别时,以被测输出电压波形为模板,以大步长采样对数据库中的所有故障记录进行快速粗选,将相似度最高者记录"打上标志"。其次,变小步长对"打上标志"记录进行再次采样筛选,再将新的相似度最高者记录"打上标志",并更新记录标志缓存中存储。余类推,直至找到唯一的相似度最高者,因此确认当前被测电路的故障类型与性质,以及故障所发生的位置与器件。倘若,在现有故障数据库中尚未找到任何一条记录,则进入功能弥补程序。所谓弥补程序是对被测输出电压波形自身对称性识别,包括相邻周期波形比较与旋转对称比较,进而判断被测波形是否无故障或出现新型故障,再将该新型故障采用弥补程序中的专家系统对原有故障数据库添加记录。

基于波形识别算法软件包模块的工作过程进一步说明如下:

(1)以被测输出电压波形为模板,首次识别时,以大步长采样对数据库中的所有故障记录进行快速粗选,将相似度最高者记录"打上标志"。

(2)变小步长对"打上标志"记录进行再次采样筛选,再将新的相似度最高者记录"打上标志",并更新记录标志缓存。

(3)余类推,直至找到唯一的相似度最高者,因此确认当前被测电路的故障类型与性质,以及故障所发生的位置与器件。

(4)一旦被测电路存在故障,经以上循环结果,能够确认故障性质及故障定位的概率大于 98%;只有小于 2% 的概率在现有故障数据库中无法找到任何一条记录,此时,则进入功能弥补程序。

(5)启动弥补程序对被测输出电压波形自身对称性进行识别,包括相邻周期波形比较与旋转对称比较,做出无故障或新型故障的判断,一旦判定出现未知类型(性质)故障,即将新型故障对原有故障数据库进行记录添加。

(6)输出结论的显示。

3.3.3　算法步骤

基于波形识别的地铁机车牵引电路故障诊断方法,具体步骤如下。

1. 建立故障数据集

建立被测地铁(或高铁)机车牵引电路故障数据集

$$\Omega = \{X_i, a_i, s_i\} \quad (i = 1, 2, 3, \cdots, n) \tag{3-118}$$

其中,X_i、a_i、s_i 分别为故障波形(事件)、故障类型与性质(事件类型与性质)、故障位置(事件发生地点)。

确立任一事件落入集合 Ω 的隶属度为

$$\mu_{x \in \Omega}(x) \geqslant 98\% \tag{3-119}$$

式中,x 属于故障波形集合 X_i 的任意未知事件(被测输出波形)。

2. 全工况数据采集

利用测试平台对被测地铁(或高铁)机车牵引电路进行全工况测试,将测试获得的全部波形存入数据缓存器。测试平台系对被测地铁机车牵引电路建立一种半实物模拟仿真系统,平台所具备的测试环境,使得被测地铁机车牵引电路在测试过程如同工作于机车牵引系统的实际工况中。测试平台建立被测地铁机车牵引电路故障数据集,构建被测地铁机车牵引电路故障数据库,数据库包含故障波形、故障类型与性质、故障位置信息记录。测试平台对被测地铁机车牵引电路进行全工况测试,先将测试获得的全部波形存入数据缓存,因此确保了数据采集的快速性与信息拾取的完整性。

3. 粗识别过程

运行基于波形识别算法软件包,采用基于波形的识别算法,逐一读取数据缓存器中的波形数据作为匹配模板,与故障波形集合 X_i 的元素进行识别匹配。识别匹配采用变步长方式进行,即"先粗后细":每当进行一次大步长采样粗筛选后,将符合该次筛选所对应的记录"打上标志",即将这些记录序列号存入记录标志缓存器中,接着对"打上标志"的记录调小步长进一步筛选。

4. 相似度计算

每次识别过程的相似度计算过程如下。

当 $\Delta x = x_j - x_{ij} \leqslant \varepsilon$ 时(ε 为实现确定的误差允许范围,可以通过系统初始化设定与变动),认为未知事件的第 j 个采样点的输出值与故障集中第 i 个故障的第 j 个采样点的输出值相等,此时,将计数器加1(即 $m = m + 1$,识别运算开始前,给计数器赋零,即 $m = 0$);否则,认为两者不相等,计数语句不执行。

波形周期内的采样结束后,求得识别匹配相似度

$$p = \frac{m}{M} \tag{3-120}$$

式中,M 为波形周期总采样数。

当 $p = \underset{x \in \Omega}{\mu}(x) \geqslant 98\%$ 时,则认为被测事件有可能属于故障事件。在粗筛选阶段,对于可能发生的故障类型与性质而言,其隶属度一般大于1;随着采样步长的缩小,最终将确定唯一的故障类型与性质,并准确定位故障(含器件和/或线路)。

当 $p = \underset{x \in \Omega}{\mu}(x) < 98\%$ 时,必须进入弥补程序:对被测输出电压波形自身对称性进行识别,包括相邻周期波形比较与旋转对称比较,做出无故障或新型故障的判断,并结合专家系统对新型故障定义新的类型与性质,将新型故障添加至原有

故障数据库进行记录。最后显示输出结论[46]。对列车最核心的动力装置的故障识别及其安全保障,最终需要通过系统智能技术予以支撑。整个完整的保障系统如图 3-15 所示。

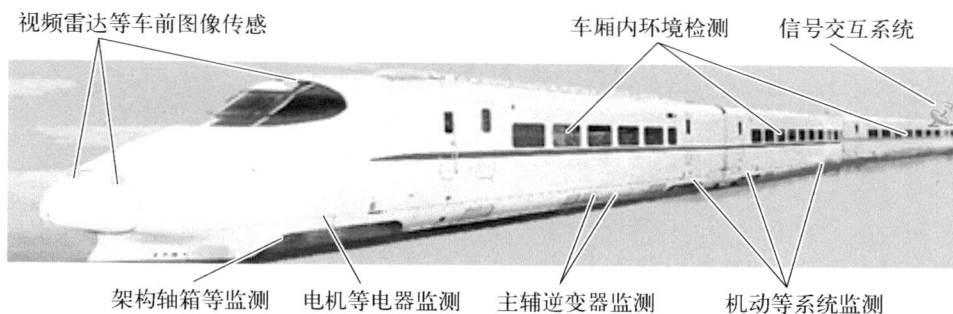

图 3-15　机车安全保障系统

第 4 章 轨道交通系统运管中的 AI 技术

21 世纪,作为计算机科学发展的分支,人工智能(artificial intelligence,AI)技术开始兴起并发展,已经在人类的生产生活中发挥了巨大作用。人们通过研究人类智能的实质,开发模拟人类智能的理论、技术,最终生产出仿真人类智能,且能够以相同智能方式回应的智能机器或者系统。目前,研究者对人工智能在定理证明、医疗诊断、智能汽车、语音助手等领域的应用进行了积极的探索。当前,AI 也已广泛应用于轨道交通的运管系统之中。

4.1 AI 的发展概况

AI 的发展概况可以从其起因与技术层面来加以了解。

1. 发展简史

1936 年,英国数学家艾伦·麦席森·图灵(Alan Mathison Turing,1912—1954)就曾在他的论文"理想计算机"中提出图灵模型以及 1950 年在他的论文"计算机可以思考吗"提出机器可以思考的论述(图灵实验)。从那以后,人工智能的思想开始萌芽,为人工智能的诞生奠定了基础。

"人工智能"一词,最早出现于 1956 年达特茅斯会议(Dartmouth Conference)上,约翰·麦卡锡(John McCarthy)、马文·闵斯基(Marvin Minsky)、克劳德·香农(Claude Shannon)、艾伦·纽厄尔(Allen Newell)、赫伯特·西蒙(Herbert Simon)等科学家聚在一起,讨论用机器来模仿人类学习以及其他方面的智能学术问题。会议足足持续了两个月的时间,虽然大家在学术观点上没有达成共识,但是却为会议所讨论的内容起了一个名字:人工智能。从此,人工智能的概念就开始在世界上流行开来,1956 年也就成了人工智能元年。当时人工智能的主要研究方向和内容大体有博弈、翻译、定理的证明等。在 1980 年至 1987 年间,随着理论研究和计算机软、硬件的迅速发展,美国、英国对人工智能开始投入了大量研究资金。随后许多研究人工智能的技术人员开发了各种 AI 实用系统,并尝试商业化投入市场,于是人工智能又开始激起了一股浪潮。

2. 人工智能的技术层面

人工智能的体系非常庞大,它所涉及的学科也非常多,包括数学、认知学、行为学、心理学、生理学、语言学等。人工智能技术层面的基础主要分为计算机视觉(视感)、自然语言处理、语音识别三个部分。要让机器理解人类的行为,首先要让它能看得懂和听得懂外界的信息。这样才能让人工智能准确地执行人们的指令。

1) 计算机视觉(视感)

计算机视觉(视感)的作用在于从图像或视频中提取符号与数值信息,在分析计算该信息的同时进行目标的识别、检测和跟踪等。其处理的图像一般分为静态图像和动态图像。识别静态图像时较为容易,只需将采集到的图像上传到计算机,并与数据库进行模糊对比即可。而识别动态图像时则比较麻烦,需要对拍摄场景中的所有信息进行整理和分类,然后再通过智能设备进行处理与分析。

近年来,计算机视觉(视感)借助人工智能的理念与思路也发展了许多产业项目,如手机的人脸识别解锁和支付功能、识别动植物的 App、电子监控系统、车间生产零件的自动化控制处理等。计算机视觉(视感)作为一项模拟与扩展人类视觉能力的技术,是人工智能发展的重中之重,未来研究计算机视觉技术会遇到更多的困难和挑战,任重而道远。

2) 自然语言处理

自然语言处理是研究人与计算机通过自然语言进行有效通信的一项技术(又称为人机对话)。随着人工智能的发展,计算机要处理的问题越来越复杂,传统的编程语言明显已经不太实用,所以为了有效解决这个问题,需要让计算机自己学会人类的自然语言,如汉语、英语、日语、韩语等。当人们与计算机进行对话时,计算机就可以快速处理人们提出的请求,例如实时翻译、文献查找等。

自然语言处理是人与计算机直接沟通的桥梁,但也是非常复杂的一步。因为自然语言不像机器编程语言一样严谨,而且在现实生活中,不同的人有不同的说话方式和习惯,甚至还有地方口音。计算机在接收时就可能无法明白甚至曲解其含义,执行成错误的结果,给人们带来不必要的麻烦。所以,为了使人类与人工智能在未来可以无障碍地交流,自然语言处理这项技术还需要不断更新与完善。

3）语音识别

语音识别实际上就是把语音信号转化为文字或执行命令的一个过程。语音识别的主要方法为模式匹配法,首先将用户的词汇存入计算机的数据库中,然后再与数据库里的每个模板进行相似度匹配,相似度最高的被筛选为识别结果输出。最早的语音识别技术源于贝尔实验室(Bell Labs)。目前,人们可以看到语音识别技术已经应用在各类生活服务终端及通信。研究语音识别技术也是现在的主流趋势,我们要大力推动智能语音识别等人工智能的应用,取代大量、重复、烦躁的人工服务和工作内容,提高我们的工作水平与效率,朝着更先进的时代发展。

3. 人工智能的应用领域

人工智能的应用领域非常广泛,几乎可以投入各行各业。其中,最为引人注目的要数无人驾驶技术等。无人驾驶技术这个话题从 2016 年开始就经常被人们讨论。无人驾驶技术又称为轮式移动机器人,其工作原理为通过智能操纵系统和车载传感器感知当前路况、天气和周围车辆情况等来自动调整车辆(包括汽车、列车与各类交通工具)的速度和方向,实现无人驾驶。无人驾驶技术的出现可以代替手动驾驶、减少交通事故的发生、降低大气污染等。以下围绕计算机视觉(视感)技术在轨道交通系统的应用做一较为详细的阐述。

4.2 人脸识别技术在交通运管中的应用

AI 在轨道交通中最为典型的应用实例要数人脸识别技术。随着高清视频技术的不断进步,为了提升社会公共环境的安全水平,人脸识别技术已经相当普遍地应用于社会服务与生活的多个方面(见图 4 - 1)。

当前国内外在轨道交通领域中已经相当普遍地采用人脸智能识别的方法来实现乘客身份的自动识别,因此能够为地铁运营维护、安保及应急突发事件提供便利的条件。人脸识别是一种生物特征识别技术,通过非接触式远距离采集生物特征,这是当前 AI 技术的重要组成之一。人脸识别技术的实现基本上通过三个技术流程:人脸检测、特征提取及人脸比对[47]。

4.2.1 人脸识别理论基础

所谓人脸检测,即对环境中特定的人脸部位进行图像采集,并随之进行必要的图像预处理。

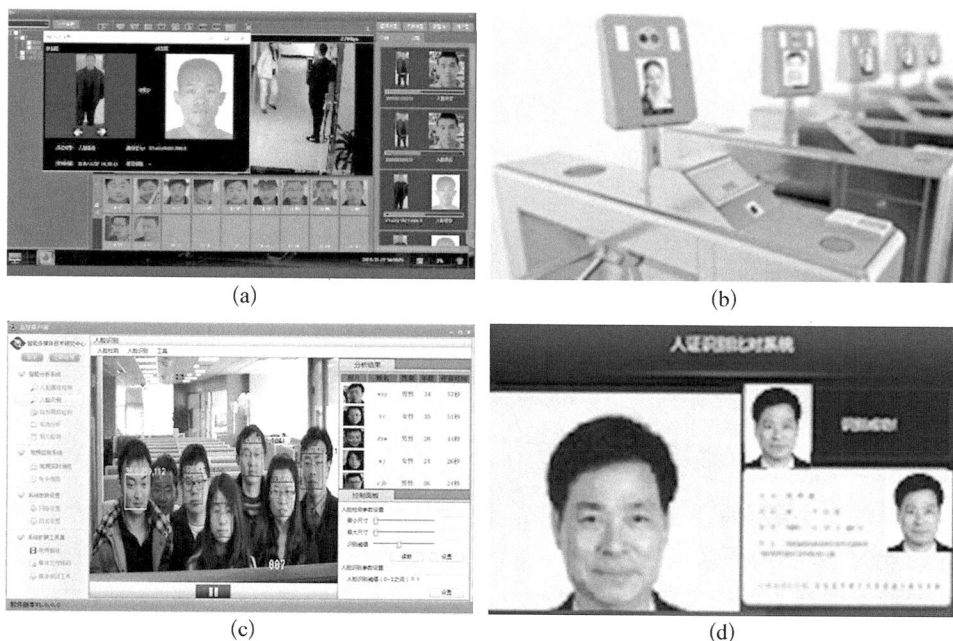

图 4 - 1　人脸识别技术应用实例

（a）单位员工出勤管理；（b）地铁入口闸机人脸识别系统；
（c）多目标人脸识别与属性分析；（d）人证识别比对系统

1. 人脸检测及其预处理

在采集人脸图像中需定位出人脸的具体位置。人脸检测通常采用人脸的最小外接矩形表示人脸大小与位置（见图 4 - 2）[25]。图像的基本处理方法包括图像增强与滤波。图像增强的目的在于改善图像的视觉效果，便于人工或机器对图像的观察、分析和处理。从增强作用域出发，可以将图像增强分为空间域增强和频率域增强两种方法。前者直接对图像各像素进行处理；后者是对图像经傅里叶变换后的频谱成分进行处理，然后再通过傅里叶逆变换获取所需的图像。至于何时采用何种增强方式必须根据景物对象的环境条件和对图像处理、分析的技术目标来确定。滤波则有低通与高通两种之分，低通能够使图像得到平滑，高通能够使图像得到锐化。

图 4 - 2　人脸检测

1）空间域增强

空间域增强算法包括灰度变换、直方图修正、局部统计、图像平滑和图像锐化等算法。

（1）灰度变换。

灰度变换用于调整图像的灰度动态范围或图像对比度，具体通过修改像素值达到增强图像的目的。修改是通过各像素单独进行的，因此又称为点处理运算。

令像素坐标(i,j)的原像素灰度值为$r(i,j)$，$r \in [a \quad b]$，a、b为原像素的灰度等级。通过变换函数$T(\cdot)$能够实现像素变换结果$S(i,j) = T[r(i,j)]$，$S(i,j) \in [a' \quad b']$，a'、b'为经变换后像素的灰度等级。如$T(\cdot)$采用线性变换，此时

$$S(i,j) = a' + \frac{b'-a'}{b-a}[r(i,j)-a] \tag{4-1}$$

在曝光不足或曝光过度的情况下，图像灰度可能会局限在一个很小的范围内。此时，看到的图像可能是一幅模糊不清、似乎没有灰度层次的图像。采用线性变换对图像中的像素灰度进行线性拉伸，能够有效地改善图像的视觉效果。

以上所述为全幅图像的线性变换，此外，还有分段线性变换和非线性变换、伽马校正变换和非线性曲线变换等方法，其实质就是对变换函数$T(\cdot)$采用不同的表达方式。

（2）直方图修正。

直方图修正法是以概率论为基础的通过修改直方图来增强图像的一种方法。灰度直方图反映了数字图像中每一灰度级与其出现频率间的关系，它能描述该图像的概貌。直方图修正法包括直方图均衡化及直方图规定化两类。

第一类，直方图均衡化。这是将原图像通过某种变换，得到一幅灰度直方图为均匀分布的新图像的方法。

设$f(i,j)$和$g(i,j)$分别表示像素坐标(i,j)归一化了的原图像灰度和经直方图修正后的图像灰度，$f(i,j) \in [0,255]$，$g(i,j) \in [0,255]$，即代表像素坐标灰度级从0到255。对于任一个$f(i,j)$值，都可产生出一个$g(i,j)$值，且

$$g(i,j) = G[f(i,j)] \tag{4-2}$$

式中的变换函数$G(\cdot)$满足下列条件：$G(\cdot)$在$0 \leqslant f(i,j) \leqslant 255$内为单调递增函数，并保证灰度级从黑到白的次序不变，且有$0 \leqslant g(i,j) \leqslant 255$，即确保映射变换后的像素灰度在允许的范围内。

根据概率理论，当$f(i,j)$和$g(i,j)$的概率密度分别为$P_f(f)$和$P_g(g)$

时，随机变量 $g(i, j)$ 的分布函数 $F_g(g)$ 有如下关系：

$$F_g(g) = \int_{-\infty}^{g} P_g(g)\mathrm{d}g = \int_{-\infty}^{f} P_f(f)\mathrm{d}f \tag{4-3}$$

利用密度函数是分布函数的导数的关系，等式两边对 g 求导，得

$$P_g(g) = \frac{\mathrm{d}}{\mathrm{d}g}\left[\int_{-\infty}^{f} P_f(f)\mathrm{d}f\right] = P_f(f)\frac{\mathrm{d}f}{\mathrm{d}g} = P_f(f)\frac{\mathrm{d}}{\mathrm{d}g}[G^{-1}(g)] \tag{4-4}$$

式中，$G^{-1}(g)$ 表示对式(4－2)的逆运算。

由此可见，输出图像的概率密度函数可以通过变换函数 $G(\cdot)$ 控制原图像灰度级的概率密度函数得到，因而改善原图像的灰度层次，这就是直方图修正技术的数学基础。

令，$f(i, j)$ 和 $g(i, j)$ 的离散函数分别为 r_k 和 S_k，则式(4－2)的离散化表达式为

$$S_k = T(r_k) = \left\lfloor 255\sum_{l=1}^{k}\frac{n_l}{n}\right\rfloor \tag{4-5}$$

式中，$T(\cdot)$ 为变换函数；r_k 代表原图像的灰度级；S_k 代表 r_k 经直方图均衡化后的灰度级，$k=1, 2, \cdots, L$；L 为当前统计灰度级，$L \in [0, 255]$；n 为图像中像素总数；n_l 为第 l 个灰度级出现的次数；$\lfloor \cdot \rfloor$ 为向下取整，即取小于运算结果的最大整数。

在实际运算中，可以根据式(4－5)计算图像中欲均衡区域各个灰度级像素点所对应的均衡化后的映射值，并将映射值替代该灰度级像素点均衡化前的像素值，从而获得一幅全新的灰度均衡化图像，进而使图像获得明显的增强。

例：以一幅 3×3 像素的简单图片为例，来说明灰度直方图均衡化的算法。

图 4－3 中的 9 个像素的灰度级为均衡化前的数值。从图中可以看出，像素灰度级 50、100、200 出现的次数分别为 3、4、2，由式(4－5)获得其灰度映射值为

$$\begin{cases} S_{50} = T(r_{50}) = 85 \\ S_{100} = T(r_{100}) = 198 \\ S_{200} = T(r_{200}) = 255 \end{cases} \tag{4-6}$$

100	200	100
200	50	100
50	100	50

图 4－3　均衡化前灰度级

用灰度映射值来修改对应的原始灰度值，即获得图 4－4 所示的结果。采用这种映射变换后的像素灰度级数值将能够生成新的灰度直方图均衡化后的

198	255	198
255	85	198
85	198	85

图 4-4　均衡化后灰度级

图像。

当然，在黑白图像增强处理过程中，有时还包括灰度级插值，最简单的插值方法是最近邻插值，即选择离它所映射到的位置最近的输入像素的灰度值为插值结果。

第二类，直方图规定化。在某些情况下，并不一定需要具有均匀直方图的图像，有时需要具有特定直方图的图像，以便能够增强图像中某些灰度级。

直方图规定化方法就是针对上述思想提出来的。直方图规定化是使原图像灰度直方图变成规定形状的直方图而对原图像进行修正的增强方法。可见，它是对直方图均衡化处理的一种有效扩展。可以说，直方图均衡化处理是直方图规定化的一个特例。

图像直方图规定化算法的基本思想在于原图和经直方图规定化修正后的图像灰度分布概率密度相等，因此可以将原图的直方图均衡化所求得的灰度分布概率密度作为直方图规定化修正后图像灰度分布概率密度，对直方图规定化修正图，再通过直方图均衡化变换函数的逆运算，来求取直方图规定化图像。

假设 $P_f(f)$ 和 $P_{\hat{z}}(\hat{z})$ 分别表示已归一化的原始图像灰度分布概率密度函数和希望得到的图像灰度分布概率密度函数，且希望得到的图像可能进行的直方图均衡化变换函数为

$$\hat{z} = Z[P_z(z)] = \int_{-\infty}^{z} P_z(z)\mathrm{d}z \tag{4-7}$$

式中，$P_z(z)$ 为要达到的直方图规定化修正图 $z(i, j)$ 的灰度分布概率密度。

首先，对原始图像按式(4-2)做直方图均衡化处理得到的图像灰度分布概率密度 $P_g(g)$；其次，令 $P_{\hat{z}}(\hat{z}) = P_g(g)$，求取直方图均衡化变换函数 $Z[P_z(z)]$；最后，以 g 替代 $\hat{z}$，代入式(4-7)的逆变换公式

$$z = Z^{-1}(g) \tag{4-8}$$

因此，求得直方图规定化修正图灰度图像 $z(i, j)$。

必须指出，利用直方图规定化方法进行图像增强的主要困难在于要构成有意义的直方图，因为图像经直方图规定化后，其增强效果要有利于人的视觉判读或便于机器识别。

(3) 局部统计算法。

实现局部统计算法的最简单方法是采用均值和方差运算。假定，将原始图

像灰度均值为 m、标准偏差为 σ 的直方图变换为均值为 $\hat{m}$、标准偏差为 $\hat{\sigma}$ 的直方图,则灰度变换公式如下:

$$f_{\text{out}} = \frac{\hat{\sigma}}{\sigma}(f_{\text{in}} - m) + \hat{m} \qquad (4-9)$$

式中,f_{in}、f_{out} 分别为原图像和变换后图像的像素灰度值。

(4)图像平滑。

任何一幅原始图像,在获取和传输的任何过程中,均会受到各种噪声的干扰,使图像恶化、质量下降、图像模糊、特征湮没,势必不利于图像的分析。为了抑制噪声、改善图像质量所进行的处理称为图像平滑或去噪。它同样可以分别在空间域和频率域中进行。

局部平滑法。局部平滑法是一种直接在空间域上进行平滑处理的技术。假设图像是由许多灰度恒定的小块组成,相邻像素间存在很高的空间相关性,而噪声则是统计独立的。因此,可用邻域内各像素的灰度平均值来代替该像素原来的灰度值,实现图像的平滑。

设 $f(i,j)$ 为一幅 $M \times N$ 邻域图像,平滑后的图像为 $g(i,j)$,则有

$$g(i,j) = \frac{1}{M \times N} \sum_{m=1}^{M} \sum_{n=1}^{N} f(i+m, j+n) \qquad (4-10)$$

其中,M、N 分别为以 $f(i,j)$ 为中心的平滑邻域大小。

必须指出,该算法的优点是运算简单,但它的主要缺点是在降低噪声的同时会使图像模糊,特别在边缘和细节处,而且邻域越大,在去噪能力增强的同时,模糊程度越加严重。

为克服简单局部平滑法的弊病,可以采用许多保存边缘和细节的局部平滑算法。它们的出发点都集中在如何选择邻域的大小、形状和方向,参加平滑的点数以及邻域各点的权重系数等,如超限像素平滑法、中值滤波、灰度相近邻点平滑法等均是对上述算法的改进。

超限像素平滑法。该方法将 $f(i,j)$ 和邻域平均 $g(i,j)$ 差的绝对值与选定的阈值 τ 进行比较,根据比较结果决定点 (i,j) 的最后灰度 $\hat{g}(i,j)$,即

$$\hat{g}(i,j) = \begin{cases} g(i,j) & (\mid f(i,j) - g(i,j) \mid > \tau) \\ f(i,j) & (\mid f(i,j) - g(i,j) \mid \leqslant \tau) \end{cases} \qquad (4-11)$$

与局部平滑法相比,该算法对抑制椒盐噪声比较有效,对保护仅有微小灰度差的细节及纹理也有效。但是,随着邻域增大,去噪能力增强,模糊程度也会有

所增大。为了既能抑制椒盐噪声，又能降低模糊程度、保存细节，可以采用中值滤波法对图像进行增强。

可以说，中值滤波法实际上是超限像素平滑法的一种变异，其算法步骤如下：第一步，将模板中心与像素位置重合；第二步，读取模板下各对应像素的灰度值；第三步，将这些灰度值从小到大排成一列；第四步，找出这些值里排在中间的一个；第五步，将这个中间值赋给模板中心位置像素。中值滤波器的消除噪声效果与模板的尺寸和参与运算的像素数有关，图像中尺寸小于模板尺寸一半的过亮或过暗区域将会在滤波后被消除。

灰度相近邻点平滑法。该算法的出发点是在 $M \times N$ 的窗口内，属于同一集合体的像素，它们的灰度值将高度相关。因此，可用窗口内与中心像素的灰度最接近的 K 个相邻像素的平均灰度来代替窗口中心像素的灰度值。这就是灰度相近邻点平均法。较小的 K 值使噪声方差下降较小，但保持细节效果较好；而较大的 K 值使平滑效果较好，但会使图像边缘模糊。实验证明，对于 3×3 的窗口，取 $K = 6$ 为宜。

（5）图像锐化。

对图像的识别过程，经常需要突出边缘和轮廓信息，尤其是因镜头运动而产生模糊的图像。图像锐化就在于增强图像的边缘或轮廓。

图像平滑是通过积分过程使得图像边缘模糊，图像锐化则是通过微分过程而使图像边缘突出和清晰。常用的图像锐化方法有梯度锐化法和 Laplacian 增强算子算法两种。

梯度锐化法。梯度锐化法是图像锐化中最常用的一种方法。图像 $f(i, j)$ 在 (i, j) 点的灰度梯度定义为

$$\text{grad}(i, j) = \begin{bmatrix} f'_i \\ f'_j \end{bmatrix} = \begin{bmatrix} \dfrac{\partial f(i, j)}{\partial i} \\ \dfrac{\partial f(i, j)}{\partial j} \end{bmatrix} \tag{4-12}$$

对于离散的图像而言，常用梯度大小的概念，因此往往直接将梯度的大小习惯称为"梯度"，并且一阶偏导数采用一阶差分近似表示，即

$$f'_i = f(i+1, j) - f(i, j) \tag{4-13}$$

$$f'_j = f(i, j+1) - f(i, j) \tag{4-14}$$

为简化运算，经常采用梯度算子算法，即

$$\mathrm{grad}(i,j)=\max(|f_i'|,|f_j'|) \tag{4-15}$$

或

$$\mathrm{grad}(i,j)=|f_i'|+|f_j'| \tag{4-16}$$

拉普拉斯(Laplacian)增强算子算法。Laplacian 算子是线性二阶微分算子,即

$$\boldsymbol{V}^2 f(i,j)=\frac{\partial^2 f(i,j)}{\partial i^2}+\frac{\partial^2 f(i,j)}{\partial j^2} \tag{4-17}$$

对离散的数字图像而言,二阶偏导数可用二阶差分近似,此时,Laplacian 算子表达式为

$$\begin{aligned}\boldsymbol{V}^2 f(i,j)=&f(i+1,j)+f(i-1,j)+f(i,j+1)\\&+f(i,j-1)-4f(i,j)\end{aligned} \tag{4-18}$$

Laplacian 增强算子为

$$\begin{aligned}g(i,j)=f(i,j)-\boldsymbol{V}^2 f(i,j)=&5f(i,j)-f(i+1,j)\\&-f(i-1,j)-f(i,j+1)-f(i,j-1)\end{aligned} \tag{4-19}$$

式中,$g(i,j)$ 为经 Laplacian 增强算子锐化后的图像灰度。

2) 频率域增强算法

图像的平滑除了在空间域中进行外,还可以在频率域中进行。频率域增强算法包括低通滤波、高通滤波和同态滤波增强等算法。

假定原图像为 $f(i,j)$,经傅里叶变换为 $F(u,v)$,频率域增强就是选择合适的滤波器 $H(u,v)$ 对 $F(u,v)$ 的频谱成分进行处理,获得处理后的傅里叶函数 $G(u,v)$,即

$$G(u,v)=F(u,v)\cdot H(u,v) \tag{4-20}$$

然后再将 $G(u,v)$ 经傅里叶逆变换得到增强后的图像 $g(i,j)$。

(1) 低通滤波增强算法——频率域平滑法。

由于噪声主要集中在高频部分,为去除噪声改善图像质量,通常采用低通滤波器 $H(u,v)$ 来抑制高频成分、通过低频成分,然后再进行傅里叶逆变换获得滤波图像,就可达到平滑图像的目的。常用频率域的低通滤波器 $H(u,v)$ 有理想低通滤波器、Butterworth 低通滤波器、指数低通滤波器和梯形低通滤波器四种。

理想低通滤波器。设傅里叶平面上理想低通滤波器离开原点的截止频率为

D_0，则理想低通滤波器的传递函数为

$$H(u, v) = \begin{cases} 1 & (D(u, v) \leqslant D_0) \\ 0 & (D(u, v) > D_0) \end{cases} \qquad (4-21)$$

式中，D_0 为非负整数；$D(u, v)$ 为从点 (u, v) 到频域坐标原点的距离，即

$$D(u, v) = \sqrt{u^2 + v^2} \qquad (4-22)$$

由于高频成分包含大量的边缘信息，因此采用该滤波器在去除噪声的同时将会导致边缘信息损失而使图像边缘模糊，因此有时尚需寻求其他更为适宜的滤波方法。

Butterworth 低通滤波器。 n 阶 Butterworth 滤波器的传递函数为

$$H(u, v) = \frac{1}{1 + (\sqrt{2} - 1)\left[\dfrac{D(u, v)}{D_0}\right]^{2n}} \qquad (4-23)$$

指数低通滤波器。 指数低通滤波器是图像处理中常用的另一种平滑滤波器，其传递函数为

$$H(u, v) = \exp\left\{\left[\ln\left(\frac{1}{\sqrt{2}}\right)\right]\left[\frac{D(u, v)}{D_0}\right]^n\right\} \qquad (4-24)$$

采用指数低通滤波器滤波在抑制噪声的同时，图像边缘的模糊程度较 Butterworth 滤波器产生的模糊程度要大些，但是，指数低通滤波器与 Butterworth 滤波器均无明显的振铃效应。

常见的高斯滤波器属于指数低通滤波。高斯滤波器的基本思想是将高斯核函数与原始信号进行卷积后得到滤波输出的信号。

设一维高斯函数为

$$g(\tau, \sigma) = \frac{1}{\sqrt{2\pi}\sigma}\exp\left(-\frac{\tau^2}{2\sigma^2}\right) \qquad (4-25)$$

其一阶导数为

$$g^{(1)}(\tau, \sigma) = \frac{-\tau}{\sqrt{2\pi}\sigma^3}\exp\left(-\frac{\tau^2}{2\sigma^2}\right) \qquad (4-26)$$

其中，$g^{(1)}(\tau, \sigma)$ 称为高斯滤波器。函数 $f(\tau)$ 被 $g^{(1)}(\tau, \sigma)$ 滤波的结果 $S(\tau, \sigma)$ 为

$$S(\tau, \sigma) = f(\tau) * g^{(1)}(\tau, \sigma) \tag{4-27}$$

式中，$*$ 为卷积运算符；σ 为高斯函数的标准方差。高斯滤波器的平滑作用可以通过 σ 来控制，即可以通过改变高斯标准方差 σ 的值来调整信号的平滑程度，σ 值越大，平滑的效果越好。

高斯卷积是一种线性的图像平滑滤波过程，其卷积模板是一种线性模板，可以直接从二维零均值离散高斯函数计算模板权值，其二维零均值离散高斯函数表达式为

$$H(u, v) = \frac{1}{2\pi\sigma^2} \exp\left(-\frac{u^2 + v^2}{2\sigma^2}\right) \tag{4-28}$$

梯形低通滤波器。 梯形低通滤波器是理想低通滤波器和完全平滑滤波器的折中，其传递函数为

$$H(u, v) = \begin{cases} 1 & (D(u, v) < D_0) \\ \dfrac{D(u, v) - D_1}{D_0 - D_1} & (D_0 \leqslant D(u, v) \leqslant D_1) \\ 0 & (D(u, v) > D_1) \end{cases} \tag{4-29}$$

它的性能介于理想低通滤波器和指数滤波器之间，滤波的图像有一定的模糊和振铃效应。必须指出，在频率域中选用何种低通滤波器来增强图像，尚需根据生成图像的环境条件来确定。

（2）高通滤波增强算法——频率域锐化法。

图像的边缘、细节主要位于高频部分，而图像的模糊是由于高频成分比较弱产生的。频率域锐化就是为了消除模糊，突出边缘。采用高通滤波器能够让高频成分通过、低频成分削弱，经过高通滤波后的图像数据再经傅里叶逆变换便得到边缘锐化的图像。常用的高通滤波器有理想高通滤波器、Butterworth 高通滤波器、指数高通滤波器和梯形高通滤波器四种。

理想高通滤波器。 二维理想高通滤波器的传递函数为

$$H(u, v) = \begin{cases} 0 & (D(u, v) \leqslant D_0) \\ 1 & (D(u, v) > D_0) \end{cases} \tag{4-30}$$

Butterworth 高通滤波器。 n 阶 Butterworth 高通滤波器的传递函数定义如下：

$$H(u, v) = \frac{1}{1 + (\sqrt{2} - 1)\left[\dfrac{D_0}{D(u, v)}\right]^{2n}} \tag{4-31}$$

135

指数高通滤波器。 指数高通滤波器的传递函数为

$$H(u,v) = \exp\left\{\left[\ln\left(\frac{1}{\sqrt{2}}\right)\right]\left[\frac{D_0}{D(u,v)}\right]^n\right\} \qquad (4-32)$$

梯形高通滤波器。 梯形高通滤波器的传递函数为

$$H(u,v) = \begin{cases} 0 & (D(u,v) < D_1) \\ \dfrac{D(u,v) - D_1}{D_0 - D_1} & (D_1 \leqslant D(u,v) \leqslant D_0) \\ 1 & (D(u,v) > D_0) \end{cases} \qquad (4-33)$$

四种高通滤波函数的选用原则类似于低通滤波器的选用原则。比较四种高通滤波，理想高通有明显振铃效应；Butterworth 高通滤波效果较好，但计算复杂，其优点在于允许少量低频通过，$H(u,v)$ 是渐变的，振铃效应不明显；指数高通效果比 Butterworth 差些，振铃效应不明显；梯形高通会产生微振铃效应，但计算简单，较常用。一般来说，不管在图像空间域还是频率域，采用高频滤波不但会使有用的信息增强，同时也使噪声增强，因此不能随意使用。

3) 图像边缘检测

所谓图像边缘是指图像中表达物体的周围像素灰度发生阶跃变化的那些像素集合，它存在于目标与背景、目标与目标、区域与区域、基元与基元之间。物体的边缘在图像中以局部不连续性作为一种表现特征。从本质上讲，物体边缘意味着一个区域的终结和另一个区域的开始。图像边缘在图像分析与视感检测中都是一项十分重要的特征信息。

图像边缘具有方向和幅度两个特性，通常延边缘走向的像素变化平缓；沿垂直于边缘走向的像素变化剧烈，因此可以利用图像边缘的这两个特性来判断边缘像素点的分布与走向。对边缘特征的描述一般包含：① 边缘点，即紧邻该点的两边像素灰度值与其有显著的不同；② 边缘法线方向，即灰度变化最剧烈的方向；③ 边缘方向，即与边缘法线垂直的方向，亦即目标边界的切线方向；④ 边缘位置，即边缘所在的坐标位置；⑤ 边缘强度，即沿边缘法线方向局部灰度的变化强度。

当前学术界将物体边缘分成两类：其一，阶跃边缘，其两边像素的灰度值有显著不同；其二，屋顶边缘，被测像素点位于灰度值从增加到减少的变化转折处。不同类的边缘特征分别对应景物的不同物理状态。

图像边缘检测是所有基于边界的图像分割算法中最基本的处理方法，是对图像处理、图像分析、模式识别、机器视感检测的基本步骤之一。通常情况下，人

们可以将信号中的奇异点和突变点认为是图像中的边缘点,其附近灰度的变化情况可从它相邻像素灰度分布的梯度反映出来。因此,根据这一特点,人们提出了许多边缘检测算法,主要是以微分法为基础,结合模板手段提取图像边缘。常用的边缘检测算法包括 Roberts 算子、Sobel 算子、Prewitt 算子以及 Laplacian 算子等算法。这些方法大多是以待处理像素为中心的邻域作为灰度分析的基础,以便实现对图像边缘的提取。迄今为止,图像边缘检测的算法多达成千上万种,就其较为经典的算法而言,主要有基于灰度直方图的门限化边缘检测、基于梯度的边缘检测、Laplacian 算子和 Canny 边缘算子检测等。

(1) 门限化边缘检测。

所谓门限化,就是将灰度根据主观愿望分成两个或多个等间隔或不等间隔灰度区间,用门限确定其区域而获得区域的边界。

基于灰度直方图的门限化边缘检测方法是设置灰度的二值状态,借助直方图使用门限 T 根据指定的 H_1 和 H_2 灰度级将直方图分割成分别属于两个灰度级的两部分 A 和 B,确定物体图像(A)和背景(B)的灰度突变位置。门限化方法可通过两次扫描与一次合成来完成,具体步骤如下。

第一步,扫描图像 $f(i, j)$ 的每一行($i = 0, 1, 2, \cdots, n-1$),将所扫描的行中的每个像素点 $f(i, j)$ 与相邻列像素点 $f(i, j-1)$ 进行比较,按下式产生中间图像行像素直方图 $g_1(i, j)$。

$$g_1(i, j) = \begin{cases} H_1 & (f(i, j) - f(i, j-1) \geq T) \\ H_2 & (f(i, j) - f(i, j-1) < T) \end{cases} \tag{4-34}$$

第二步,扫描图像 $f(i, j)$ 的每一列($j = 0, 1, 2, \cdots, m-1$),将所扫描列中的每个像素点 $f(i, j)$ 与相邻行像素点 $f(i-1, j)$ 进行比较,按下式产生中间图像列像素直方图 $g_2(i, j)$。

$$g_2(i, j) = \begin{cases} H_1 & (f(i, j) - f(i-1, j) \geq T) \\ H_2 & (f(i, j) - f(i-1, j) < T) \end{cases} \tag{4-35}$$

第三步,将 $g_1(i, j)$ 与 $g_2(i, j)$ 合成后,即得到物体的边界图像 $\hat{f}(i, j)$。

$$\hat{f}(i, j) = g_1(i, j) \cap g_2(i, j) = \begin{cases} A & (g_1(i, j) = H_1 \wedge g_2(i, j) = H_1) \\ B & (g_1(i, j) = H_2 \vee g_2(i, j) = H_2) \end{cases} \tag{4-36}$$

式中,$A \in [0, 255]$,$B \in [0, 255]$;当处于 A 区域的图像取灰度最高等级为 255,处于 B 区域的图像取灰度最低等级为 0 时,则

$$\hat{f}(i, j)=\begin{cases} 255 & (g_1(i, j)=H_1 \wedge g_2(i, j)=H_1) \\ 0 & (g_1(i, j)=H_2 \vee g_2(i, j)=H_2) \end{cases} \quad (4-37)$$

当处于 A 区域的图像取灰度最高等级为 0,处于 B 区域的图像取灰度最低等级 255 时,则

$$\hat{f}(i, j)=\begin{cases} 0 & (g_1(i, j)=H_1 \wedge g_2(i, j)=H_1) \\ 255 & (g_1(i, j)=H_2 \vee g_2(i, j)=H_2) \end{cases} \quad (4-38)$$

(2) 基于梯度的边缘检测。

所谓基于梯度的边缘检测就是基于图像边缘灰度突变的特性,利用像素点梯度值来区分边缘点和非边缘点。其中,梯度阈值的选取十分重要,它是确保能否提取出真实边缘点的关键所在。基于梯度的边缘检测较适用于边缘灰度值过渡比较尖锐而且图像中噪声比较小的图像。基于梯度的边缘检测算法中最为常用的经典算子包括 Roberts 算子、Sobel 算子、Prewitt 算子、Krisch 算子等。

Roberts 算子。 Roberts 是一种利用局部差分算子寻找边缘的算子,采用的是对角方向上相邻的两个像素坐标之差。

数字图像 $f(i, j)$ 的 Roberts 梯度有两种公式:

$$G_R(i, j)=\mid f(i, j)-f(i+1, j+1) \mid + \mid f(i+1, j)-f(i, j+1) \mid \quad (4-39)$$

$$G_R(i, j)=\{[f(i, j)-f(i+1, j+1)]^2 + [f(i+1, j)-f(i, j+1)]^2\}^{\frac{1}{2}} \quad (4-40)$$

式中, $f(i, j)$ 是具有整数像素坐标的输入图像; $G_R(i, j)$ 为 $f(i, j)$ 像素点经过处理后的灰度值,其中的平方根运算使得该处理方法类似于人类视觉系统所发生的过程。计算过程中采用的模板如图 4-5 所示,这是 2×2 的模板,采用矩阵表示,即

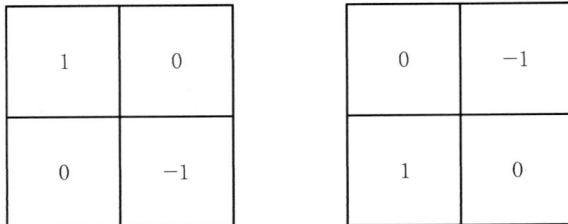

1	0
0	-1

0	-1
1	0

图 4-5 Roberts 算子模板

$$\boldsymbol{H}_i = \begin{bmatrix} 1 & 0 \\ 0 & -1 \end{bmatrix} ; \ \boldsymbol{H}_j = \begin{bmatrix} 0 & -1 \\ 1 & 0 \end{bmatrix} \qquad (4\text{-}41)$$

图像 $f(i,j)$ 像素点在两个正交方向上的梯度分别为图像与模板的卷积

$$G_i(i,j) = f(i,j) * \boldsymbol{H}_i \qquad (4\text{-}42)$$

$$G_j(i,j) = f(i,j) * \boldsymbol{H}_j \qquad (4\text{-}43)$$

必须指出，Roberts 边缘算子定位精度高，在水平和垂直方向效果较好，但对噪声较敏感。

Sobel 算子。 Sobel 边缘检测算子在数字图像的 3×3 子域内计算梯度

$$G_S(i,j) = \max[G_i(i,j), G_j(i,j)] \qquad (4\text{-}44)$$

其中，

$$
\begin{aligned}
G_i(i,j) = & \ | \ f(i-1,j+1) + 2f(i,j+1) + f(i+1,j+1) \\
& - f(i-1,j-1) - 2f(i,j-1) - f(i+1,j-1) \ |
\end{aligned}
$$
$$(4\text{-}45)$$

$$
\begin{aligned}
G_j(i,j) = & \ | \ f(i+1,j-1) + 2f(i+1,j) + f(i+1,j+1) \\
& - f(i-1,j-1) - 2f(i-1,j) - f(i-1,j+1) \ |
\end{aligned}
$$
$$(4\text{-}46)$$

式(4-45)和式(4-46)分别表示像素坐标在 i 轴和 j 轴方向上的微分（差分）。

Sobel 边缘检测算子由图 4-6 所示的两个卷积核构成，图像中的每一个点都用这两个核做卷积，一个核对通常的垂直边缘响应最大，而另一个对水平边缘响应最大，两个卷积的最大值作为该点的输出值。

−1	−2	−1		−1	0	1
0	0	0		−2	0	2
1	2	1		−1	0	1

图 4-6　Sobel 算子模板

通过式(4-44)求出梯度后，可设定一个常数 T，当 $G_S(i,j) > T$ 时，标记该点为边界点，其像素值设定为 0（或 255），其他的像素值设定为 255（或 0），运

算结果是一幅边缘图像,适当调整常数 T 的大小能够达到最佳效果。Sobel 算子通常对灰度渐变和噪声较多的图像能够处理得较好。

Prewitt 算子。 Prewitt 算子是一种边缘样板算子,利用像素点上下、左右邻点灰度差在边缘处达到极值来检测边缘,对噪声具有平滑作用。由于边缘点像素的灰度值与其邻域点像素的灰度值有显著不同,在实际应用中通常采用微分算子和模板匹配方法检测图像的边缘。

Prewitt 算子的定义式如下:

$$G_\mathrm{P}(i, j) = \max[G_i(i, j), G_j(i, j)] \tag{4-47}$$

其中,

$$\begin{aligned} G_i(i, j) = |\, & f(i-1, j-1) + f(i-1, j) + f(i-1, j+1) \\ & - f(i+1, j-1) - f(i+1, j) - f(i+1, j+1)\,| \end{aligned} \tag{4-48}$$

$$\begin{aligned} G_i(i, j) = |\, & f(i-1, j+1) + f(i, j+1) + f(i+1, j+1) \\ & - f(i-1, j-1) - f(i-1, j) - f(i+1, j-1)\,| \end{aligned} \tag{4-49}$$

与 Sobel 边缘检测算子一样,式(4-48)和式(4-49)也分别表示像素坐标在 i 轴和 j 轴方向上的微分(差分)。

Prewitt 算子采用的模板如图 4-7 所示,与 Sobel 算子的方法一样,图像中的每个像素点都采用两个核进行卷积,取最大值作为输出。

1	1	1
0	0	0
−1	−1	−1

−1	0	1
−1	0	1
−1	0	1

图 4-7 Prewitt 算子模板

求出梯度后,一样可设定一个常数 T,当 $G_\mathrm{P}(i, j) > T$ 时,标记该点为边界点,其像素值设定为 0(或 255),其他的像素值设定为 255(或 0),Prewitt 边缘检测算子得到的同样是一幅边缘图像,适当调整常数 T 的大小能够达到最佳效果。Prewitt 算子不仅能检测边缘点,而且能抑制噪声的影响,因此对噪声较多的图像能够处理得较好。

Krisch 算子。Krisch 是方向算子,利用一组模板分别计算在不同方向上的差分值,取其中最大的值作为边缘强度,而将与之对应的方向作为边缘方向。八方向 Krisch 算子的模板如图 4-8 所示,各方向的夹角是 45°。

−5	−5	−5
3	0	3
3	3	3

3	−5	−5
3	0	−5
3	3	3

3	3	−5
3	0	−5
3	3	−5

3	3	3
3	0	−5
3	−5	−5

3	3	3
3	0	3
−5	−5	−5

3	3	3
−5	0	3
−5	−5	3

−5	3	3
−5	0	3
−5	3	3

−5	−5	3
−5	0	3
3	3	3

图 4-8　Krisch 算子模板

Krisch 边缘检测算子由图 4-8 中的 8 个卷积核组成。图像中的每个点都用 8 个卷积核进行卷积,每个卷积核对某个特定边缘方向做出最大响应,所有 8 个方向中的最大值作为边缘幅度值输出,最大响应掩模的序号构成了边缘方向检测及细化研究的编码。

(3)边缘检测 Laplacian 算子。

鉴于一阶导数的边缘检测算法,当所求的一阶导数高于某一阈值,可以确定该点为边缘点,但是,仅此有可能会导致检测的边缘点太多。要克服这类算法上的缺陷,可以采用一种更好的方法,就是求取梯度局部最大值对应的点,并认定它们是边缘点。一阶导数的局部最大值对应的点就是二阶导数的零交叉点。这样,通过找图像强度二阶导数的零交叉点就能找到精确边缘点。

Laplacian 是各向同性二阶微分算子,它具有旋转不变性,一个二元图像函数 $f(i, j)$ 的拉普拉斯变换定义为

$$\nabla^2 f(i, j) = \frac{\partial^2 f(i, j)}{\partial i^2} + \frac{\partial^2 f(i, j)}{\partial j^2} \tag{4-50}$$

其中,数字二阶偏微分可以近似表达为

$$\begin{cases} \dfrac{\partial^2 f(i, j)}{\partial i^2} = f(i+1, j) + f(i-1, j) - 2f(i, j) \\ \dfrac{\partial^2 f(i, j)}{\partial j^2} = f(i, j+1) + f(i, j-1) - 2f(i, j) \end{cases} \tag{4-51}$$

式(4-50)的拉普拉斯变换可以用式(4-51)所表达的两个分量相加得到

$$\boldsymbol{V}^2 f(i,j) = f(i+1,j) + f(i-1,j) + f(i,j+1)$$
$$+ f(i,j-1) - 4f(i,j) \tag{4-52}$$

常用的 Laplacian 算子模板如图 4-9 所示。必须指出,在实际应用中,一般不用 Laplacian 算子的原始形式进行边缘检测,主要原因是:作为一个二阶导数,Laplacian 算子对噪声具有无法接受的敏感性;Laplacian 算子的幅值产生双边峰,这是复杂分割不希望有的结果。

0	1	0	1	1	1
1	−4	1	1	−8	1
0	1	0	1	1	1

图 4-9　Laplacian 算子模板

同时,Laplacian 算子不能检测边缘的方向。为了解决这个困难问题,可以将高斯滤波和 Laplacian 算子边缘检测结合在一起,形成了 LoG(Laplacian of Gaussian)算子,即高斯-拉普拉斯算子,也常称为马尔算子(Marr - Hildreth)。该算子先用高斯算子对图像进行平滑,然后采用 Laplacian 算子根据二阶微分过零点来检测图像边缘。

高斯-拉普拉斯算子通常具有

$$\boldsymbol{V}^2 G(r) = \frac{-1}{\pi\sigma^4}\left(1 - \frac{r^2}{2\sigma^2}\right)\exp\left(-\frac{r^2}{2\sigma^2}\right) \tag{4-53}$$

式中,σ 是方差;r 是离原点的径向距离,即 $r^2 = i^2 + j^2$。

高斯-拉普拉斯算子是两种算子的结合,既具备高斯算子的平滑特点,又具备拉普拉斯算子锐化特点。平滑和锐化、积分和微分是一对矛盾的两个面,统一在一起后就变成了最佳因子。因为图像中包含噪声,平滑和积分可以滤掉这些噪声,消除噪声后再进行边缘检测的锐化和微分,因此能够得到较好的效果。

随着新理论与新算法的不断出现,一些新的图像边缘检测方法也相应出现。这些新的算法对噪声有很好的抑制作用,而且能够更好地检测边缘细节信息,如 Canny 边缘算子、数学形态学法、小波分析法、神经网络法、模糊算子法及多尺度边缘检测法等。

（4）Canny 边缘算子。

Canny 算子是一类最优边缘检测算子，它在许多图像处理领域得到了广泛应用。Canny 边缘算子的检测指标是：低误判率，尽可能多地标识出图像中的实际边缘；高定位精度，标识出的边缘要尽可能与实际图像中的实际边缘接近；抑制虚假边缘，即最小响应，图像中的边缘只能标识一次，并且可能存在的图像噪声不应标识为边缘。

为了满足这些要求，Canny 使用了变分法，最优检测使用四个指数函数项的和表示，这是一种寻找满足特定功能函数的方法。Canny 边缘算子的基本思路如下。

第一，降噪。任何边缘检测算法都不可能在未经处理的原始数据上很好地工作，所以第一步是对原始数据与高斯卷积核做卷积，得到的图像与原始图像相比有些轻微模糊。这样，单独的一个像素噪声在经过高斯平滑的图像上变得几乎没有影响。

第二，寻找图像中的亮度梯度。图像中的边缘可能会指向不同的方向，所以 Canny 算法使用 4 个卷积核检测水平、垂直以及对角线方向的边缘。原始图像与每个卷积核所做的卷积都存储起来。对于每个点我们都标识在这个点上的最大值以及生成的边缘方向。这样我们就从原始图像生成了图像中每个点亮度梯度图以及亮度梯度的方向。

第三，在图像中跟踪边缘。通过大量的实验发现，所有图像梯度直方图具有相似的统计分布规律，如图 4 - 10 所示。图中，x 轴代表梯度值，y 轴代表梯度数，a 为梯度均值，b 为能够将图像边缘与非边缘分开的一个统计量。

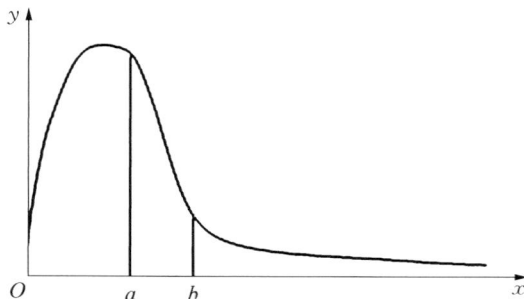

图 4 - 10　图像梯度直方图分布曲线

梯度值较低的主体高峰部分对应图像中的非边缘区域，而梯度值较高的平缓尾部对应边缘区域。在概率论中，梯度均值是一个描述主体梯度值集中位置的统计特征，标准差则是一个将主体高峰与平缓尾部分开的统计特征。因此利用梯度直方图的统计特性，选择 b 值作为梯度阈值能在满足全局最优的原则下自适应地检测出边缘。

但是没有一个确切的值来限定多大的亮度梯度是边缘，所以 Canny 使用了滞后阈值。滞后阈值需要两个阈值——高阈值与低阈值。假设图像中的重要边缘都是连续的曲线,这样就可以跟踪给定曲线中模糊的部分,并且避免将没有组成曲线的噪声像素当成边缘。所以从一个较大的阈值开始,将标识出人们比较确信的真实边缘,使用前面导出的方向信息,就可以从这些真正的边缘开始在图像中跟踪整个边缘。在跟踪的时候,只要使用一个较小的阈值,就可以跟踪曲线的模糊部分,直至回到起点。

一旦这个过程完成,就得到了一个二值图像,可以确认每点是否是一个边缘点。同时,通过获得亚像素精度边缘的改进能够实现在梯度方向检测二阶方向导数的过零点。在图像中寻找边缘的具体计算步骤如下。

第一步,计算图像 $f(i,j)$ 像素点的梯度幅值和梯度方向。行方向的偏导数:

$$f_i(i,j)=\frac{\partial f(i,j)}{\partial i}=I(i+1,j)-I(i-1,j) \tag{4-54}$$

$$f_j(i,j)=\frac{\partial f(i,j)}{\partial j}=I(i,j+1)-I(i,j-1) \tag{4-55}$$

其中,$I(i,j)$ 为像素点 (i,j) 的灰度值,余类推。

像素点 (i,j) 的梯度幅值 $M(i,j)$ 可用下式计算

$$M(i,j)=\sqrt{f_i^2(i,j)+f_j^2(i,j)} \tag{4-56}$$

像素点 (i,j) 的梯度方向为

$$\theta(i,j)=\arctan\frac{f_j(i,j)}{f_i(i,j)} \tag{4-57}$$

第二步,抑制非局部极大值。对每一个梯度强度值非零的像素点 (i,j),查找沿自身边缘方向,即梯度方向 $\theta(i,j)$ 的两相邻像素点。如果该像素点的梯度幅值 $M(i,j)$ 小于其梯度方向上相邻像素点对应值,则标记此点为非边缘点,并置其梯度值为零,否则作为候选边缘点。

第三步,选取自适应双阈值。对图像进行非局部极大值抑制后统计其梯度,计算出梯度均值 D 和梯度方差 σ,将两者的和作为边缘检测的高阈值 T_h,即,$T_h=D+\sigma$;以 $0.4T_h$ 作为低阈值 T_l,即 $T_l=0.4\times T_h$。当场景光照不均匀时,可将图像分为若干幅子图,在各幅子图中利用其各自的梯度直方图按照 T_h 和 T_l 进行自适应的阈值选择。同时,为避免检测到的边缘不连续,还允许各幅子图有部分重叠。

第四步,边缘连接。首先,对经过非局部极大值抑制后的图像进行扫描,如

果像素点的梯度强度值大于高阈值,则该像素点标记为边缘点;如果像素点的梯度强度值大于低阈值而小于高阈值,则该像素点标记为候选边缘点,否则为非边缘点。其次,对第一步处理所得图像进行最后扫描,如果候选边缘点与四邻域边缘点相连,则将该候选边缘点标记为边缘点,最终获得边缘检测图像。Canny 边缘算子在运算过程中使用各类边缘算子,但是,其中的方法与其他边缘检测方法的不同之处在于它使用两种不同的阈值分别检测强边缘和弱边缘,并且仅当弱边缘与强边缘相连时才将弱边缘包含在输出图像中,因此这种方法较其他方法而言不容易被噪声"填充",更容易检查出真正的弱边缘[25]。

(5) 数学形态学。

数学形态学的数学基础和所用语言是集合论,数学形态学能够简化图像数据,保持它们基本的形状特性,并除去不相干的结构。数学形态学是由一组形态学的代数运算子组成的,它的基本运算有 4 个:膨胀、腐蚀、开启和闭合。数学形态学分为二值形态学和灰度形态学两大类,它们在二值图像和灰度图像中各有特点。运用于二值图像的形态学称为二值形态学,运用于灰度图像的形态学称为灰度形态学。基于这些基本运算还可推导和组合成各种数学形态学实用算法,用它们可以进行图像形状和结构的分析及处理,包括图像分割、特征抽取、边界检测、图像滤波、图像增强和恢复等。数学形态学的算法具有天然的并行实现结构,实现了形态学分析和处理算法的并行,大大提高了图像分析和处理的速度。

所谓结构元素是在数学形态学方法中用于收集图像信息的"探针"。当探针在图像中不断移动时,考察图像各个部分之间的相互关系,了解图像的结构特征。作为探针的结构元素,可直接携带知识,如形态、大小,甚至加入灰度和色度信息,来探测、研究图像的结构特点。

所谓膨胀运算是指将与某物体接触的所有背景点合并到该物体中的过程,过程的结果是使物体的面积增大了相应数量的点。如果物体是圆的,它的直径在每次膨胀后将增大两个像素;如果两个物体在某一点的任意方向相隔少于三个像素,它们将在该点连通起来。二值形态学中的膨胀运算对象是集合,用二值结构元素对二值图像进行膨胀的结果就是把结构元素平移后使两者交集非空的点构成一个新的集合。灰度形态学是二值数学形态学对灰度图像的自然扩展。灰度形态学的运算对象不是集合,而是图像函数。在灰度形态学中,二值形态学中用到的交、并运算将分别用最大、最小极值运算代替。灰度图像的膨胀过程可直接从图像和结构元素的灰度级函数计算出来,膨胀运算的计算是一个点一个点地进行,计算时涉及它周围点的灰度值及结构元素值,实际上是局部范围内点与结构元素中对应点灰度值之和,选取其中最大值,所以膨胀运算之后,边缘得到了延伸。

所谓腐蚀运算是消除物体所有边界点的过程,其结果是使剩下的物体沿其周边比原物体小一个像素的面积。如果物体是圆的,它的直径在每次腐蚀后将减少两个像素,如果物体在某一点处任意方向上连通的像素小于三个,那么该物体经过一次腐蚀后将在该点分裂为两个物体。用二值结构元素对二值图像进行腐蚀,结果就是把结构元素平移,使二值结构元素中包含所有二值图像的点构成一个新的集合。灰度图像的腐蚀过程同样可直接从图像和结构元素的灰度级函数计算出来,腐蚀运算也是一个点一个点地进行,某点的运算结果是它在一个局部范围内的点与结构元素中对应点的灰度值之差,选取其中最小值。可见经腐蚀运算后,边缘部位相对大点的灰度值会降低,从而边缘会向灰度值高的区域收缩。

所谓开启运算是指先腐蚀后膨胀的过程,它具有消除细小物体、在纤细处分离物体和平滑较大物体边界的作用。

所谓闭合运算是指先膨胀后腐蚀的过程,它具有填充物体内细小空洞、连接邻近物体和平滑边界的作用。

上述基于多结构元素数学形态学方法对图像进行边缘检测的具体过程如下。

第一步,选取多结构元素。令图像中心点为坐标原点 (x_0,y_0),则方形结构元素矩阵为

$$\boldsymbol{B}_i=\{f(x+x_0,y+y_0),\theta_i=i\times\alpha\,|-N\leqslant x_0,y_0\leqslant N\}\quad(4-58)$$

式中,$\boldsymbol{B}_i=\boldsymbol{B}_i(s,t)$,$i=0,1,2,\cdots,4N-1$,$N$ 为自然数;(s,t) 为矩阵二维像素坐标;$\alpha=180°/4N$;θ_i 是结构元素在矩阵中形成的方向角,简称方向角。

第二步,对图像进行数据变换。用 $B=B(s,t)$ 结构元素对转换后的灰度图像在 (x,y) 点的灰度值 $f=f(x,y)$ 输入图像进行灰度膨胀运算 $f\oplus B$,膨胀运算的公式为

$$(f\oplus B)(x,y)=\max\{f(s-x,t-y)+B(s,t)\,|$$
$$(s-x,t-y)\in D_f,(s,t)\in D_B\}\quad(4-59)$$

再用 B 的结构元素对 f 的输入图像进行灰度腐蚀运算 $f\Theta B$,腐蚀运算的公式为

$$(f\Theta B)(x,y)=\min\{f(x+s,y+t)-B(s,t)\,|$$
$$(s+x,t+y)\in D_f,(s,t)\in D_B\}\quad(4-60)$$

式(4-59)和式(4-60)中，D_f、D_B 分别是 f 与 B 的定义域。

再对上述膨胀和腐蚀运算进行结合得到形态学梯度 $g_i(f)$，运算公式为

$$g_i(f) = (f \oplus B) - (f \ominus B) \tag{4-61}$$

式中，i 与 B_i 中 i 的取值相对应。

第三步，对形态学梯度 $g_i(f)$ 进行加权合成，获得合成后的形态学梯度 $\hat{g}(f)$，则有

$$\hat{g}(f) = \sum_{i=1}^{M} \omega_i g_i(f) \tag{4-62}$$

式中，$i=1, 2, \cdots, M$，M 是方形结构元的个数；ω_i 是边缘检测中不同方向角的权重。

第四步，对合成后的形态学梯度 $\hat{g}(f)$ 进行基于统计学原理的二值化处理。

首先，计算灰度图像帧平均灰度值 $\bar{A}_{gray}$，再以 3×3 像素小区域为单位计算该区域中 9 个像素灰度 a_i 的平均值 main，则有

$$\text{main} = \frac{1}{9} \sum_{i=1}^{9} a_i \tag{4-63}$$

然后，逐一计算该像素小区域灰度的平均方差 e_A

$$e_A = \sqrt{\sum_{i=1}^{9} (\text{main} - a_i)^2} \tag{4-64}$$

最后，逐一将像素小区域灰度平均方差 e_A 与灰度图像帧平均灰度值 $\bar{A}_{gray}$ 进行比较，按下式确定该像素小区域取 1 或 0：

$$F(x, y) = \begin{cases} 1 & (\bar{A}_{gray} \leqslant n \cdot e_A) \\ 0 & (\bar{A}_{gray} > n \cdot e_A) \end{cases} \tag{4-65}$$

式中，$F(x, y)$ 为灰度图像 $f(x, y)$ 所对应的二值化图像；n 为倍数，由实验确定。

（6）其他算法简介。

小波分析法。 从信号处理的角度，图像边缘表现出信号的奇异性，而在数学上已经证明 Lipschitz 指数可由小波变换的跨尺度极大值计算出来，所以只要检测小波变换的模极大值即可检测出边缘。适用小波的多尺度性可以实现在大尺度下抑制噪声，可靠地识别边缘，在小尺度下精确定位。

模糊算子法。 应用广义模糊算子进行边缘检测，先在原始输入图像基础上

产生广义性质集 P，再利用广义模糊算子产生 P'，对 P' 进行逆变换产生 x'，最后对 x' 做简单的闭值即可得到边缘图像输出。用广义模糊算子检测出来的边缘具有宽度小、信噪比大的优点。

神经网络法。先将输入图像映射为某种神经网络，然后输入一定先验知识——原始边缘图，再进行训练，直到学习过程收敛或用户满意为止。由于神经网络提取边缘利用了原图的已有知识，是从宏观上认识对象，微观上提取细节，所以具有很强的抗噪能力。

多尺度边缘检测法。所谓多尺度边缘检测就是有效地组合利用不同尺度的边缘检测算子，正确地检测出产生于一幅图像内的边缘。其思路是在大尺度下抑制噪声，可靠地识别边缘；在小尺度下精确定位。先分别用几个不同尺度的边缘检测算子检测边缘，再组合它们的输出结果，以获得理想的边缘。

2. 图像二值化处理与图像分割

图像二值化处理是图像分割的基本方法。概括地说，所谓二值化是通过对阈值的比较，将图像的灰度按照"1"或"0"两值来表达，从而使图像显示出景物与背景的黑、白两色。

图像分割就是要将图像分为一些有意义的区域，然后对这些区域进行描述，以便提取某些目标区域图像的特征，判断图像中是否有感兴趣的目标景物。换句话说，图像分割是把图像阵列分解成若干个互不交叠的区域，每一个区域内部的某种特性或特征相同或接近，而不同区域间的图像特征则有明显差别，即同一区域内部特性变化平缓，相对一致，而区域边界处则特性变化比较剧烈。

令一致属性准则为 P_0，图像 $f(i, j)$ 满足条件：

$$\begin{cases} f(i, j) = \bigcup\limits_{k=1}^{n} f_k(i, j); f_k(i, j) \neq \phi \\ f_k(i, j) \bigcap f_l(i, j) = \phi \\ P[f_k(i, j)] = 1; P[f_k(i, j)] \subseteq P_0 \\ P[f_k(i, j)] = 0; P[f_k(i, j)] \not\subset P_0 \end{cases} \tag{4-66}$$

式中，ϕ 为空集，$P[\cdot]$ 为属性函数。将图像 $f(i, j)$ 划分成为互不交叠的区域集 $\{f_1(i, j), f_2(i, j), \cdots, f_n(i, j)\}$ 的过程称为分割。

用作图像分割的度量准则不是唯一的，它与应用场景图像及应用目的有关。如用于图像分割的场景图像特征信息有亮度、色彩、纹理、结构、温度、频谱、运动、形状、位置、梯度和模型等。实现图像分割方法很多，以下介绍一些常用的图像分割算法。

1) 基于直方图谷点门限的图像二值化

所谓基于直方图谷点门限的图像二值化方法即根据图像直方图分布特性对图像进行分割。比如,当图像的灰度直方图为双峰分布时,分割比较容易,只需取其谷点作为门限值,就能将物体与背景分割开来,即

$$f(i,j) = \begin{cases} 1 & (f(i,j) < \breve{z}) \\ 0 & (f(i,j) \geqslant \breve{z}) \end{cases} \qquad (4-67)$$

式中, $\breve{z}$ 为直方图谷点门限值,即直方图谷点的像素灰度级,图 4-11 就是一种典型的具有双峰分布特性的图像灰度直方图,其中, z 为像素灰度, $h(z)$ 为像素灰度分布函数。

实现图像分割的方法很多,以下介绍一些常用的图像分割算法。

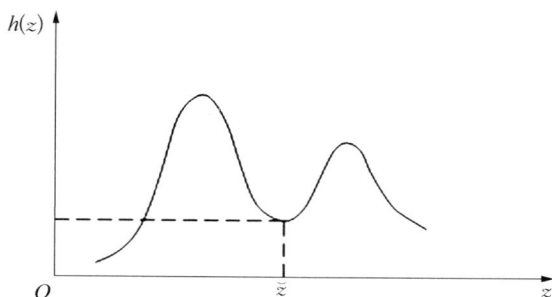

图 4-11　图像灰度直方图

在此类灰度直方图中,当 $z \in [0,255]$ 时, $\breve{z}$ 应满足

$$[h(\breve{z}) < h(\breve{z}-1)] \wedge [h(\breve{z}) < h(\breve{z}+1)] \qquad (4-68)$$

但是,如果直方图不平滑,则谷点将无法找到,此时需要对直方图事先进行平滑处理。例如,对于论域 $z \in [0,255]$,采用"5 点平滑法",通过式(4-69)的计算,即可求得平滑后的图像灰度直方图。

$$\begin{cases} h'(0) = \dfrac{1}{70}\big[69h(0) + 4h(1) - 6h(2) + 4h(3) - h(4)\big] \\[2mm] h'(1) = \dfrac{1}{35}\big[2h(0) + 27h(1) + 12h(2) - 8h(3) + 2h(4)\big] \\[2mm] h'(k) = \dfrac{1}{35}\big[-3h(k-2) + 12h(k-1) + 17h(k) + 12h(k+1) - 3h(k+2)\big] \\[2mm] h'(254) = \dfrac{1}{35}\big[2h(251) - 8h(252) + 12h(253) + 27h(254) + 2h(255)\big] \\[2mm] h'(255) = \dfrac{1}{70}\big[-h(251) + 4h(252) - 6h(253) + 4h(254) + 69h(255)\big] \end{cases}$$

$$(4-69)$$

式中, $k \in [3,253]$

2) OTSU 算法

OTSU 算法又称为最大类间方差法，是图像分割中基于点的全局阈值选取方法中的一种。该方法以其计算简单、稳定有效一直被广为使用，至今仍在 Matlab 的图像处理工具箱里作为灰度图像单阈值自动选取的标准算法。

OTSU 算法以最佳门限将图像灰度直方图分割成两部分，使两部分类间方差取最大值，即分离性最大。设图像灰度级为 $0\sim255$，即 $z \in [0, 255]$，第 z 级灰度像素有 n_z 个，总像素数为 $N = \sum\limits_{z=0}^{255} n_z$，则第 z 级灰度出现的概率为 $P_z = n_z/N$。设灰度门限值为 k，则图像像素按灰度级被分为两类：

$$\begin{cases} C_0 = \{0, 1, \cdots, k\} \\ C_1 = \{k+1, k+2, \cdots, 255\} \end{cases} \qquad (4-70)$$

则图像总平均灰度级为

$$\mu = \sum_{z=0}^{255} z \cdot P_z \qquad (4-71)$$

C_0 类的平均灰度级为

$$\mu_0 = \sum_{z=0}^{k} z \cdot P_z = \mu(k) \qquad (4-72)$$

C_0 类的像素数为

$$N_0 = \sum_{z=0}^{k} n_z = N(k) \qquad (4-73)$$

C_1 类的平均灰度级为

$$\mu_1 = \sum_{z=k+1}^{255} z \cdot P_z = \mu - \mu(k) \qquad (4-74)$$

C_1 类的像素数为

$$N_1 = \sum_{z=k+1}^{255} n_z = N - N(k) \qquad (4-75)$$

两类区域所占图像比例分别为

$$w_0 = \sum_{z=0}^{k} P_z = w(k) \qquad (4-76)$$

$$w_1 = \sum_{z=k+1}^{255} P_z = 1 - w(k) \qquad (4-77)$$

因此，图像总平均灰度又可表达为

$$\mu = w_0 \mu_0 + w_1 \mu_1 \qquad (4-78)$$

类间方差可以表达为

$$\sigma^2(k) = w_0 w_1 (\mu_0 - \mu_1)^2 \qquad (4-79)$$

联立式(4-72)~式(4-79)得

$$\sigma^2(k) = \frac{w(k)\left[\mu(k) - \mu\right]^2}{1 - w(k)} \qquad (4-80)$$

当 $k \subseteq z$ 从 0~255 的灰度级之间改变时，找到能使得 $\sigma^2(k)$ 取最大值的灰度级 $\overleftrightarrow{k}$ 即称为最佳门限值。同时，$\sigma^2(k)$ 称为目标选择函数。

3) 最小误差图像分割

设目标像素点数占图像总像素点数的百分比为 θ，则背景像素点数占图像总像素点数的百分比为 $1-\theta$。

令目标和背景灰度分布分别为 $P_1(z)$ 与 $P_2(z)$，则图像灰度的混合概率密度为

$$P(z) = \theta P_1(z) + (1-\theta) P_2(z) \qquad (4-81)$$

当选定门限为 T 时，目标点和背景被错划的概率分别为

$$E_1(T) = \int_T^{\infty} P_1(z)\mathrm{d}z \qquad (4-82)$$

$$E_2(T) = \int_{-\infty}^{T} P_2(z)\mathrm{d}z \qquad (4-83)$$

因此，总错误概率为

$$E(T) = \theta E_1(T) + (1-\theta) E_2(T) \qquad (4-84)$$

令 $\dfrac{\partial E(T)}{\partial T} = 0$，则

$$-\theta P_1(T) + (1-\theta) P_2(T) = 0 \qquad (4-85)$$

且

$$\frac{(T-z_1)^2}{2\sigma_1^2} - \frac{(T-z_2)^2}{2\sigma_2^2} = \ln\frac{\theta\sigma_2}{(1-\theta)\sigma_1} \qquad (4-86)$$

如图 4 - 12 所示,假定目标与背景的灰度直方图均遵循正态分布,即

$$\begin{cases} P_1(z) \sim N(z_1, \sigma_1) \\ P_2(z) \sim N(z_2, \sigma_2) \end{cases} \qquad (4-87)$$

$\sigma_1 = \sigma_2 = \sigma$ 时,有关系

$$T = \frac{z_1+z_2}{2} + \frac{\sigma^2}{z_2-z_1}\ln\frac{\theta}{1-\theta} \qquad (4-88)$$

当 $\theta = \dfrac{1}{2}$ 时,是一种特例,此时

$$T = \frac{z_1+z_2}{2} \qquad (4-89)$$

这表示目标与背景的灰度处于正态分布时,最佳门限值 T(即最小误差门限值)可按式(4 - 88)或式(4 - 89)求取;否则,最佳门限值 T 可用式(4 - 85)来确定。

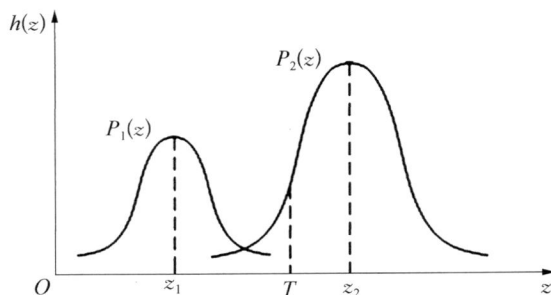

图 4 - 12　目标与背景灰度分布图

3. 彩色图像增强

彩色图像增强算法是在黑白图像增强算法的基础发展起来的,但是它又在描述方法上区别于黑白图像。所谓彩色空间,是表示彩色的一种数学描述方法,用来指定和产生景物及其图像的色彩,或称颜色,使景物及其图像颜色形象化。由描述彩色的数学模型所构成的数学空间称为彩色空间。不同的彩色数学模型构成不同的彩色空间,又称彩色空间模型。彩色空间模型通常采用三维模型表示,彩色空间中的每一种颜色由描述该颜色在彩色空间中位置的一组坐标参数(三个坐标参数)来指定。

各种各样的彩色空间可以适应于不同的应用场合。例如表示数字摄像机等光电设备的 RGB 空间、表示打印设备的 CMYK 空间、表示电视信号的 YCbCr 空间和表示人类颜色感知特性的 HSV 空间等。"彩色空间模型"与"彩色空间"具有同等概念,对于描述彩色图像过程,两者相互替换使用时没有任何区别。

根据彩色合成原理

$$C = R + G + B = Rr + Gg + Bb \tag{4-90}$$

彩色图像 C 是红 R（波长 700 nm）、绿 G（波长 546.1 nm）和蓝 B（波长 435.8 nm）三基色的矢量和;r、g、b 分别为红 R、绿 G 和蓝 B 三基色的单位矢量;R、G 和 B 分别为三基色分量系数,亦即三基色分量亮度,又称光通量。

彩色图像在 RGB 彩色空间的向量 $[R \quad G \quad B]^T$ 不仅代表红、绿和蓝三基色的色彩,同时也表示三基色的亮度,RGB 三色之间存在着很大的相关性。换句话说,通过 $[R \quad G \quad B]^T$ 三元素的不同取值,能够形成不同的颜色效果。

色调又称为色相,是视觉系统对光波波长的感觉,用于区别颜色的名称和种类,是最容易把颜色区分开的一种属性。色调取决于可见光谱中的光波频率(主波长),没有主波长的颜色,称为无色彩的颜色,如黑、灰、白等。

饱和度是指颜色的纯洁性,它可用来区别颜色鲜艳的程度。当一种颜色渗入其他光成分愈多时,就说该颜色愈不饱和。完全饱和的颜色是指没有被渗入白光所呈现的颜色(即单波长的纯色光)。例如,仅由单一波长组成的光谱色就是完全饱和的颜色。

亮度是一种物理属性。颜色的强度可以用不同的术语和方法来描述,如明度、亮度和光亮度。明度是一种感知属性,度量困难;亮度是一种物理属性,容易测量;光亮度是视觉对亮度的感应值,介于明度和亮度之间,可以计算,但与真正的感知特性还有一定差别。明度是视觉系统对可见物体发光(或光反射)多少的感知属性,它和人的感知有关。由于明度很难度量,因此国际照明委员会定义了一个比较容易度量的物理量,称为亮度。根据国际照明委员会的定义,亮度是用反映视觉特性的光谱敏感函数加权之后得到的辐射功率,并在 555 nm 处达到峰值,它的幅度与物理功率成正比。从这个意义上说,可以认为亮度就是光的强度。亮度的值用单位面积上反射或者发射的光的强度表示,单位为烛光/米^2（cd/m^2）。1 烛光等于发出频率为 540×10^{12} Hz 辐射的光源,在给定方向的发光强度,此光源在该方向的辐射强度为 $\frac{1}{683}$ 瓦/球面度。亮度也可以用光通量单位流明(lumen,缩写为 lm)来表示。1 流明等于一烛光的均匀点光源在单位立体角内发出的光通量。对于光源,以流明和烛光 1 米² 为单位表示光亮度时,在数值上是相等的。实际上常用指定的亮度即白光做参考,并把它标称化为 1 或者 256 个单位。

HSV 彩色空间模型具有两个重要特征:第一,V 分量与图像的颜色信息无关;第二,H 和 S 分量与人眼获得颜色的方式密切相关。这些特征使得 HSV 模型非常适合借助人的视觉系统来感知颜色特性的图像处理算法。在 HSV 彩色空间模型中,对一种纯色加入白色可以改变其色浓,加入黑色可以改变其色深。同时加入不同比例的白色与黑色最终可以得到不同色调的颜色。

图像增强是指采用脉冲耦合神经网络法模拟与特征有关的神经元同步行为来展示脉冲发放现象的连接模型,对车厢内针孔摄像头实时采集到的图像进行增强。脉冲耦合神经网络法(pulse-coupled neural networks,PCNN)是一种模拟与特征有关的神经元同步行为来展示脉冲发放现象的连接模型。因此,它与视感神经系统的感知能力有天然的联系。应用于图像处理的 PCNN 结构模型中,待处理图像的每个像素 $f(i,j)$ 对应每个神经元 N_{ij},其中像素坐标,$i=1$,2,3,…,$j=1$,2,3,…。以 I_{ij} 表示像素点 $f(i,j)$ 的像素强度值,每个神经元 N_{ij} 除接收来自外部的刺激 I_{ij} 外,还接收来自内部网络中其他神经元的馈送输入 $F_{ij}(t)$ 和连接输入 $L_{ij}(t)$,接着通过神经元连接强度 β 以乘积耦合形式 $F_{ij}(t)[1+\beta L_{ij}(t)]$ 构成神经元 N_{ij} 的内部行为 $U_{ij}(t)$,再通过动态阈值 $\theta_{ij}(t)$ 与 $U_{ij}(t)$ 的比较而激励或抑制神经元的脉冲信号输出 $Y_{ij}(t)$(又称为点火),t 代表时间。

由于常规图像中边缘两边的像素亮度强度差总比区域内空间邻近的像素亮度强度差要大,因此,若采用 PCNN 进行二维图像处理,每个神经元与图像像素一一对应,其亮度强度值作为神经元的外部刺激,则在 PCNN 内部,空间邻近、强度相似的像素集群能够同步点火,否则异步点火。这在图像增强中,表现为同步点火对应的图像像素呈现相同的亮度强度值,从而平滑了图像区域;异步点火对应的图像像素呈现不同的亮度强度值,从而加大了图像区域间亮度强度的梯度,进而更加突出了图像的边缘,使得增强后的图像亮度强度分布更具有层次性。在标准的 PCNN 模型中,由于硬限幅函数的作用,其输出是一个二值图像帧。为了使所建立的 PCNN 输出映射函数能更有效地增强图像整体对比度,则基于上述的人眼视觉感知特性,采用类对数映射函数,将图像的亮度强度映射到一个合适的视觉范围。该方法的最大优点在于它与视觉神经系统的感知能力有着天然的联系,使得该模型不仅能较好地平滑图像区域、突出图像边缘,而且能明显地改善彩色图像的视觉效果、增强图像色彩的真实效果。彩色图像的增强还离不开直方图均衡化过程。此内容将在下一小节中讲述。

彩色空间转换是指将增强后的图像进行彩色空间转换,即将增强后的数字图像从 RGB 彩色空间转换至 HSV 彩色空间,转换后的色调 H、饱和度 S 和亮度 V 分别表示为

$$V = \max(R, G, B) \tag{4-91}$$

$$S = \begin{cases} \dfrac{V - \min(R, G, B)}{V} & (V \neq 0) \\ 0 & (\text{其他}) \end{cases} \tag{4-92}$$

$$H = \begin{cases} \dfrac{60°(G - B)}{S} & (V = R) \\ \dfrac{180° + 60°(B - R)}{S} & (V = G) \\ \dfrac{240° + 60°(R - G)}{S} & (V = B) \end{cases} \tag{4-93}$$

在计算 H 的过程中,如果出现 $H < 0$,则取 $\ddot{H} \leqslant H + 360°$,$\ddot{H}$ 为 H 的实际取值。

RGB 和 HSV 分别为图像彩色空间的描述方式。前者的空间向量 $\begin{bmatrix} H & S & V \end{bmatrix}^{\mathrm{T}}$ 不仅代表 R、G、B 三基色的色彩,同时也表示三基色的亮度,RGB 三色之间存在很大的相关性。换句话说,通过 $\begin{bmatrix} H & S & V \end{bmatrix}^{\mathrm{T}}$ 三元素的不同取值,能够形成不同的颜色效果。后者是根据颜色的直观特性创建的一种包含色调 H、饱和度 S 和亮度 V 的三维彩色空间模型,也称六角锥体模型。在这个彩色空间模型中,色调 H 用角度度量,取值范围为 $0° \sim 360°$。 从红色开始按逆时针方向计算,红色为 $0°$,绿色为 $120°$,蓝色为 $240°$。它们的补色:黄色为 $60°$,青色为 $180°$,品红为 $300°$。饱和度 S 取值范围为 $0.0 \sim 1.0$;亮度 V 取值范围为 0.0(黑色)~ 1.0(白色)。如纯红色是 $\begin{bmatrix} H & S & V \end{bmatrix}^{\mathrm{T}} = \begin{bmatrix} 0 & 1 & 1 \end{bmatrix}^{\mathrm{T}}$,而 $S = 0$ 表示非彩色,在这种情况下,色调未定义。

4. 彩色图像色阶直方图均衡化

彩色图像的增强同样离不开直方图均衡化过程。

彩色图像均衡化与黑白图像均衡化的区别在于:前者是在色调不变前提下的亮度直方图均衡化,故亦称色阶直方图均衡化。

色阶直方图均衡化实际上就是对图像某个或多个颜色通道进行灰度直方图均衡化运算。常见的方法有以下几种:

（1）统计所有 RGB 颜色通道的直方图数据并做均衡化运算,然后根据均衡化所得的映射值分别替换 R、G、B 通道颜色值。

（2）分别统计 R、G、B 颜色通道的直方图数据并做均衡化运算,然后根据 R、G、B 的映射值分别替换 R、G、B 通道颜色值。

（3）用亮度公式或求 RGB 平均值的方式计算亮度通道,统计亮度通道的直方图数据并做均衡化运算,然后根据映射值分别替换 R、G、B 通道颜色值。

上述（1）和（2）两种均衡化方法没有本质上的差别,而且其计算方法与黑白图像灰度直方图均衡化算法相同。方法（3）也不过是在进行均衡化算法之前,先将彩色亮度通过彩色空间转换方式进行转换,以转换后的亮度进行亮度色阶（即灰度级）的统计运算,在生成亮度色阶映射值后分别替换 R、G、B 通道颜色值,最后形成一幅新的彩色均衡化图像,因此能够使得原始彩色图像得到明显增强。

例：利用 YCbCr 彩色空间中亮度分量 Y 与 RGB 彩色空间三基色分量亮度之间的转换关系

$$Y(x,y) = 0.299 \times R(x,y) + 0.587 \times G(x,y) + 0.114 \times B(x,y)$$

$$(4-94)$$

求取真彩色图像在点 (x,y) 的亮度 $Y(x,y)$。式中,$R(x,y)$、$G(x,y)$、$B(x,y)$ 分别为真彩色图像在 RGB 彩色空间点 (x,y) 处的三基色分量亮度。

将彩色图像亮度函数 $Y(x,y)$ 经灰度级变换函数转换成像素坐标函数 $g(i,j)$,再通过亮度公式的亮度色阶统计运算,用亮度色阶映射值分别替换 R、G、B 通道颜色值,最后即可获得彩色图像的增强效果。

5. 彩色图像的边缘检测

通过研究已经发现,彩色图像如果采用基于灰度的边缘检测就会有 10% 的边缘被漏检。这是因为灰度图像边缘被定义在亮度函数的不连续处,不连续的精确定义会随着具体的边缘检测算子不同而不同。对于彩色边缘,也可根据彩色空间中的某种不连续性来定义边缘,而且有三个可选方法来定义这种不连续性：① 在彩色空间上建立一种可度量的距离,利用这个距离的不连续性来检测彩色边缘的存在性；② 在彩色图像的红、绿、蓝三个基色分量上独立地计算其边缘,然后将这三个基色分量的边缘用某种方法组合在一起；③ 允许在各分量上计算边缘时有较大的独立性,但对各分量加上某些一致性限制以便同时利用三个分量上的边缘信息。

1）基于梯度极值的彩色图像边缘检测

一般来说,对于黑白灰度图像,采用梯度算子无法给出真正理想的边缘,其主要原因如下：① 梯度算子是一种多值响应算子；② 梯度算子没有严格的定位功能；③ 梯度算子需要将局部特征值，即通过各像素点的微分强度值，来进行总体分类判决。因此，必须寻求一种修正算法，即在尽可能小的局部区域内直接进行边界像素归属的判决，其结果将不受图像各区域光线照度不均匀的影响。

对于彩色图像的边缘检测，为了叙述方便，以 HSV 彩色空间模型为例。在 HSV 彩色空间中，设计一个梯度极值算子窗口，在窗口内直接提取边缘特征像素。在一个小的直线邻域内，该像素点的彩色梯度将具有极大值。反之，如果在图像平面的某一个直线方向上，一像素在该方向上的梯度绝对值是其邻域内像素中的极大值，则该像素可能是边界像素。因此，如果能将在某一方向上具有直线邻域内像素梯度极大值的所有像素提取出来，则其集合必将包括全部边界点像素。具体步骤如下：

第一步，将 RGB 图像转化为 HSV 图像，原始图像用 $f(i, j)$ 表示，则相应的 HSV 空间的色调、饱和度、亮度分量分别为 $H(i, j)$、$S(i, j)$、$V(i, j)$。

第二步，设计一个 5×5 的边界检测算子窗口，如图 4-13 所示。令窗口中心点 $A=(i, j)$ 为待检测像素，$B=(x, y)$ 为窗口中心点的八临近像素。定义窗口中心点 $A=(i, j)$ 在 θ 方向上的色调、饱和度和亮度的梯度分别为

图 4-13　边界检测窗口

$$H_\theta(i, j) = H(x, y) - H(i, j) \qquad (4-95)$$

$$S_\theta(i, j) = S(x, y) - S(i, j) \qquad (4-96)$$

$$V_\theta(i, j) = V(x, y) - V(i, j) \qquad (4-97)$$

即由窗口中心点 (i, j) 八邻近像素的彩色信息分量减去中心点像素彩色信息分量，其中下标 θ 表示窗口边缘像素检测方向，即两像素连线方向。

该像素点最终的彩色梯度定义为

$$G_\theta(i, j) = H_\theta(i, j) + S_\theta(i, j) + V_\theta(i, j) \qquad (4-98)$$

第三步，为了求取边界法线方向彩色梯度的极值点，至少需要 3 个彩色梯度进行比较，也就是说至少需要 4 个像素点进行比较。如在穿过窗口中心点的一条直线上选择包括中心点在内的 4 个连续像素，求出中心点及其相邻 3 个像素的梯度，其中，中间值为窗口中心像素的彩色梯度。

如图 4 - 14 所示,其中的(a)(b)(c)(d)(e)(f)(g)(h)即环绕窗口中心、角度分别为 $0°$、$45°$、$90°$、$135°$、$180°$、$225°$、$270°$、$315°$ 的 8 个边缘检测方向直线:$B - A - B - B$。

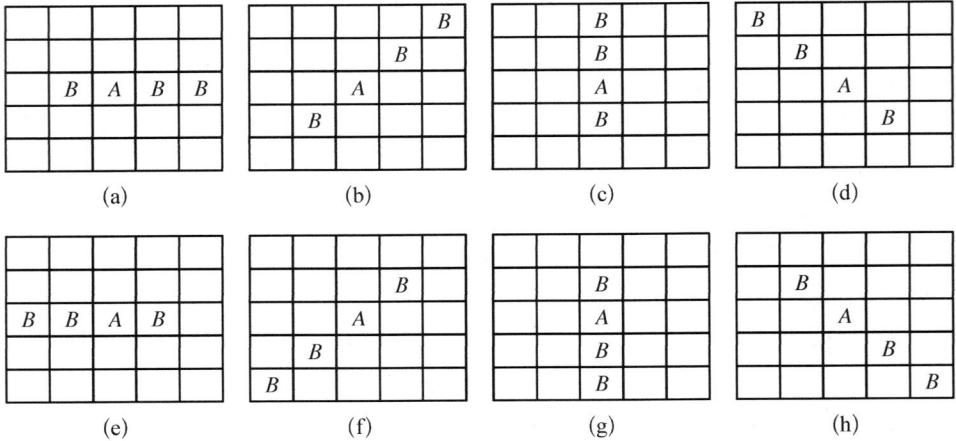

图 4 - 14 8 个方向彩色梯度计算窗口

假定沿上述各个方向上的分布像素点依次设置脚标,顺序排列为 (x_0, y_0)、(i, j)、(x_1, y_1)、(x_2, y_2),则在任一方向上,中心点 (i, j) 及其 3 个临近像素点 (x_0, y_0)、(x_1, y_1)、(x_2, y_2) 的彩色梯度分别定义如下:

$$H_\theta(x_0, y_0) = H(i, j) - H(x_0, y_0) \tag{4-99}$$

$$H_\theta(i, j) = H(x_1, y_1) - H(i, j) \tag{4-100}$$

$$H_\theta(x_1, y_1) = H(x_2, y_2) - H(x_1, y_1) \tag{4-101}$$

$$S_\theta(x_0, y_0) = S(i, j) - S(x_0, y_0) \tag{4-102}$$

$$S_\theta(i, j) = S(x_1, y_1) - S(i, j) \tag{4-103}$$

$$S_\theta(x_1, y_1) = S(x_2, y_2) - S(x_1, y_1) \tag{4-104}$$

$$V_\theta(x_0, y_0) = V(i, j) - V(x_0, y_0) \tag{4-105}$$

$$V_\theta(i, j) = V(x_1, y_1) - V(i, j) \tag{4-106}$$

$$V_\theta(x_1, y_1) = V(x_2, y_2) - V(x_1, y_1) \tag{4-107}$$

上述 3 个像素点 (i, j)、(x_0, y_0)、(x_1, y_1) 最终的颜色梯度为

$$G_\theta(x_0, y_0) = H_\theta(x_0, y_0) + S_\theta(x_0, y_0) + V_\theta(x_0, y_0) \tag{4-108}$$

$$G_\theta(i,j) = H_\theta(i,j) + S_\theta(i,j) + V_\theta(i,j) \tag{4-109}$$

$$G_\theta(x_1,y_1) = H_\theta(x_1,y_1) + S_\theta(x_1,y_1) + V_\theta(x_1,y_1) \tag{4-110}$$

如果窗口中心像素点 (i,j) 是边界像素点,当 $G_\theta(i,j) > 0$ 时,则在某一个方向上下列两式同时成立

$$\begin{cases} G_\theta(i,j) > |G_\theta(x_0,y_0)| \\ G_\theta(i,j) > |G_\theta(x_1,y_1)| \end{cases} \tag{4-111}$$

将上述两式合并,梯度极值边缘检测算子可以表示为

$$\widehat{G}_\theta(i,j) = [G_\theta(i,j) - |G_\theta(x_0,y_0)|] \bigcap [G_\theta(i,j) - |G_\theta(x_1,y_1)|] \tag{4-112}$$

如果 $\widehat{G}_\theta(i,j) > 0$,则 $f(i,j)$ 为 θ 方向上可能的边界像素,这里 θ 方向为边缘的法线方向,用上述边缘检测窗口扫描图像所有像素,符合 $\widehat{G}_\theta(i,j) > 0$ 的所有像素点为边界像素,在满足 $\widehat{G}_\theta(i,j) > 0$ 的像素集合中,边界像素将包含边界点及其边缘点像素。这里应该指出的是,在进行像素彩色梯度比较时,要求各像素彩色梯度必须是同一方向的梯度,其目的在于保证边界响应的唯一性。

必须指出,图像中任何一点的彩色梯度系由两个像素点的色调、饱和度和亮度的梯度之和来决定,如果这个梯度值满足式(4-112),则该像素点为边缘点,其对图像分割结果,即边缘的定位具有直接影响,也就是说两个相邻的边缘点分割后可能大于一个单位的直线距离。为了避免上述情况的发生,须对边缘像素点给出一个确定原则:在算子窗口内设计 8 个检测方向,其目的在于保证如果窗口内存在边缘像素点,当 $\widehat{G}_\theta(i,j) > 0$ 时,两相邻像素点中,取灰度值较小的像素点为边缘点,在式(4-112)中要求 $\widehat{G}_\theta(i,j) > 0$,则刚好可以使边缘像素确定在窗口中心。

2) 彩色图像边缘检测实用方法

首先按照式(4-91)~式(4-93)将原图从 RGB 空间转换为 HSV 空间模型,然后按照检测步骤通过对彩色图像的色调、饱和度和亮度的梯度计算来进行边缘检测。换句话说,边缘细化的目的是将有一定宽度的边缘变窄,并保持其形状的拓扑结构不变,可以大大减少边缘的数据量。边缘细化可以采用 Hilditch 细化算法和 Sobel 细化算法。

(1) Hilditch 细化算法。

该算法适用于输入图像为 0 和 1 的二值图像。像素为 1 的区域是需要细化的部分,像素值为 0 的区域是背景。Hilditch 细化算法的具体描述如下。

n_4	n_3	n_2
n_5	p	n_1
n_6	n_7	n_8

图 4-15　像素邻域

令 p 为被检测的像素，$f(p)$ 为像素 p 的灰度值，$n_i(i=1, 2, \cdots, 8)$ 为 p 的 8 个邻域像素，n_i 的位置如图 4-15 所示。假定集合 $I = \{1\}$ 表示需要细化的像素子集，集合 $N = \{b \mid b - m \leqslant 0\}$ 表示背景像素子集，集合 $R = \{-m\}$ 表示在第 m 次减薄时，I 中被减掉的像素。

图像细化的减薄条件如下：

a. $f(p) \in I$

b. $U(p) \geqslant 1$，$U(p) = \sum\limits_{j=1}^{4} a_{2j-1}$ 且

$$a_{2j-1} = \begin{cases} 1 & (f(n_i) \in N) \\ 0 & (f(n_i) \notin N) \end{cases}; \ i = 1, 2, \cdots, 8; \ j = 1, 2, 3, 4$$

c. $V(p) \geqslant 2$，$V(p) = \sum\limits_{j=1}^{8} (1 - a_j)$ 且

$$a_j = \begin{cases} 1 & (j = 1, 3, 5, 7 \wedge f(n_i) \in N) \\ 0 & (j = 2, 4, 6, 8 \wedge f(n_i) \notin N) \end{cases}; \ i = 1, 2, \cdots, 8$$

d. $W(p) \geqslant 1$，$W(p) = \sum\limits_{i=1}^{8} a_i$ 且 $a_i = \begin{cases} 1 & (f(n_i) \in I) \\ 0 & (f(n_i) \notin I) \end{cases}$

e. $X(p) = 1$，$X(p) = \sum\limits_{i=1}^{4} a_i$ 且

$$a_i = \begin{cases} 1 & (f(n_{2i-1}) \in N \wedge [[f(n_{2i}) \in I \cup R] \vee [f(n_{2i+1}) \in I \cup R]]) \\ 0 & (\text{其他}) \end{cases};$$
$$i = 1, 2, 3, 4$$

f. $f(n_i) \notin R$ 或 $X[f(n_i)] = \sum\limits_{i=2}^{3} a_{2i-1} = 1$ 且

$$a_{2i-1} = \begin{cases} 1 & (f(n_{2i-1}) \in N \wedge [[f(n_{2i}) \in I \cup R] \vee [f(n_{2i+1}) \in I \cup R]]) \\ 0 & (\text{其他}) \end{cases};$$
$$i = 2, 3$$

（2）Sobel 细化算法。

Sobel 细化算法适用于边缘检测后的边缘图像。具体算法如下：

第一步，对已经检测出的边缘图像采用 Sobel 算法再做一次边缘检测，可得

到边缘两侧的边界。

第二步,将原先的边缘图像与再次经过 Sobel 处理后的图像相减,将会得到一幅边缘更加尖锐的增强效果边缘图像。

第三步,当采用其他方法得到的边缘非常模糊和微弱时,可重复采用 Sobel 算法进行 2~3 次的重复运算,直至边缘达到清晰而且尖锐为止。

必须指出,由于细化处理会使信号度减弱,凡是已达到细化要求的部分在后面的细化过程中应该使其保留原来结果,不需要再做处理。

4.2.2　人脸图像特征提取

特征提取涉及的面很广,它和识别物体的各种物理、形态性能有很大关系,因而有各种各样的特征提取方法。图像特征可以从全局着眼,也可以从局部提取。着眼于图像局部特征的目的在于大幅度地减少识别过程的运算量,这种识别基本思想特别适用于飞行器对目标物体进行识别的快速运算。特征提取是一种基于特征量的统计模式识别方法,主要包括两大步骤:一是提取可表示模式的特征量;二是在特定的分类准则下,确定待识别目标物体所属的类。

1. 决策理论方法

无论是从全局还是从局部提取特征,其统计模式识别方法最终都要归结到分类问题上来实施决策与判断。假如已经从图像中抽取出 N 个特征,而图像可以分为 C 类。那么就可以对图像的 N 个特征进行归类,从而决定待测目标属于 C 类中的哪一类。

一般把等待识别的对象称为模式,又称为测试样本,由模式(测试样本)构成 N 维空间中的向量 x ,即

$$x = \begin{bmatrix} x_1 & x_2 & \cdots & x_N \end{bmatrix}^{\mathrm{T}} \qquad (4-113)$$

令由 C 个模式类别 ω^1 , ω^2 , $\cdots$, ω^c 构成类别集合 $\Omega = \{\omega^j\}$, $j = 1, 2, \cdots, c$; N_j 表示第 j 个类别的匹配特征数。

物体图像识别就是要判断 x 是否属于 $\Omega = \{\omega^j\}$,以及属于 $\Omega = \{\omega^j\}$ 中的哪一类。在这个过程中要解决两个问题:一是如何抽取特征,要求特征数 N_j 尽可能小而且对分类判断有效;二是假设已有了代表模式的向量,如何确定它属于哪一类,这就需要依靠判别函数来实现。对于模式类别集合 $\Omega = \{\omega^j\}$,应有 $D_1(x)$, $D_2(x)$, $\cdots$, $D_c(x)$ 共 c 个判别函数与之相对应。图像特征识别与匹配的主程序流程如图 4-16 所示。

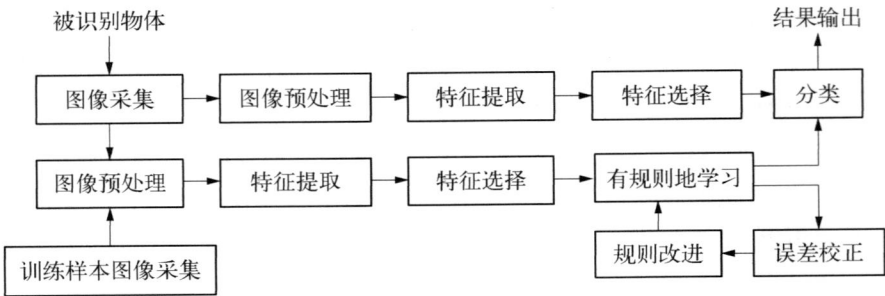

图 4‑16　图像特征识别主程序流程

1) 线性判别函数

线性判别函数是指判别函数系由图像所有特征向量线性组合而成,即

$$D_j(\boldsymbol{x}) = \sum_{i=1}^{N_j} \beta_{ji} x_i + \beta_{j0} \quad (j = 1, 2, \cdots, c) \quad (4-114)$$

式中,$D_j(\boldsymbol{x})$ 代表第 j 个类别的判别函数,β_{ji} 表示第 j 个类别第 i 个特征的系数或权重,β_{j0} 为第 j 个类别的常数(或称为阈值)。

在两类之间的判别界处有关系

$$D_k(\boldsymbol{x}) - D_l(\boldsymbol{x}) = 0 \quad (k, l \in [1, 2, \cdots, c]; k \neq l) \quad (4-115)$$

线性判别函数又称为线性分类器。任何 C 类别问题都可以分解为 $c-1$ 个二类别识别问题。方法是先把模式空间分为一类和其他类,如此进行下去即可。当 C 类中的每两类别单独设计其线性判别函数时,将总共通过 $\frac{1}{2}c(c-1)$ 个线性判别函数实现全部的分类。多类别问题分解成 $c-1$ 个二类别识别问题时的过程如图 4‑17 所示。

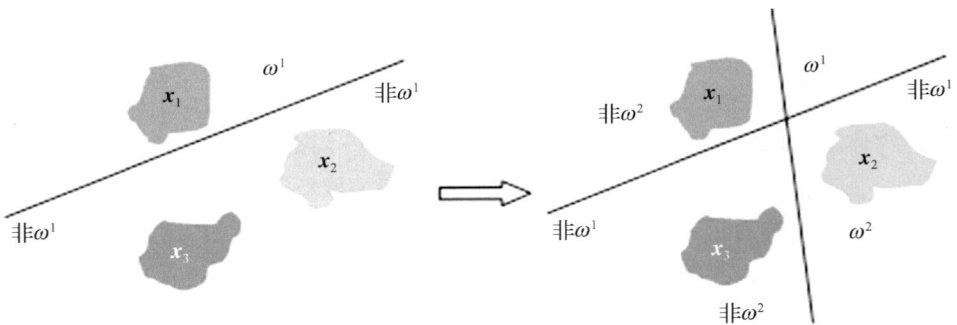

图 4‑17　多类问题分解成 $c-1$ 个二类别问题过程示意图

该方程在二维空间 R^2 中是直线,在三维空间 R^3 中是平面,在 n 维空间 R^n 中则是超平面。

一般情况下,$D_k(\boldsymbol{x}) - D_l(\boldsymbol{x})$ 写成如下形式:

$$D_k(\boldsymbol{x}) - D_l(\boldsymbol{x}) = \sum_i^N (\beta_{ki} - \beta_{li}) x_i + (\beta_{k0} - \beta_{l0}) \qquad (4-116)$$

如果 $D_k(\boldsymbol{x}) - D_l(\boldsymbol{x}) > 0$,则 $\boldsymbol{x} \in \omega^k$;如果 $D_k(\boldsymbol{x}) - D_l(\boldsymbol{x}) < 0$,则 $\boldsymbol{x} \in \omega^l$。

由上述可见,二类线性分类器是最简单和最基本的分解方法。分离二类的判决界由 $D_1(\boldsymbol{x}) - D_2(\boldsymbol{x}) = 0$ 表示。对于任何特定的输入图像模式必须判定 $D_1(\boldsymbol{x})$ 与 $D_2(\boldsymbol{x})$ 的大小。若考虑某个函数 $D(\boldsymbol{x}) = D_1(\boldsymbol{x}) - D_2(\boldsymbol{x})$,则对于一类模式 $D(\boldsymbol{x})$ 为正,对于二类模式 $D(\boldsymbol{x})$ 则为负,于是,只要处理与 $D(\boldsymbol{x})$ 相应的一组权输入模式并判断输出符号即可进行分类。执行这种运算的分类器原理如图 4-18 所示。

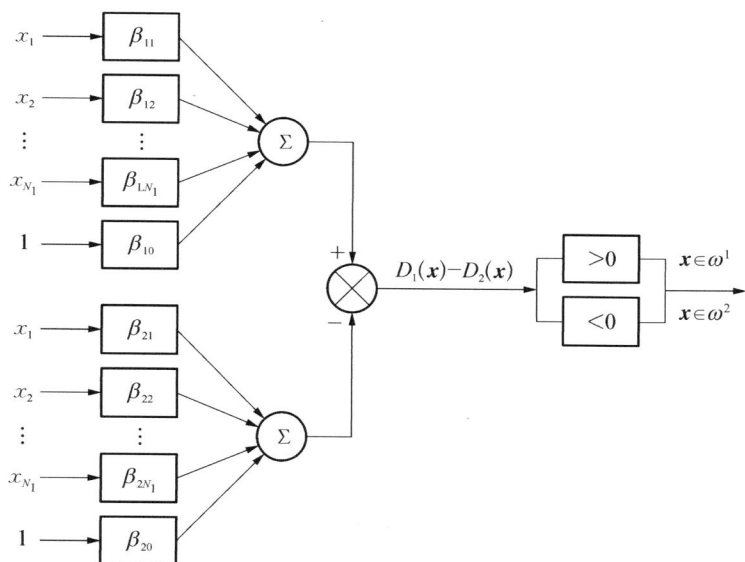

图 4-18　分类器运算原理框图

为了在线性分类器中找到合适的系数,以便使分类尽可能不出差错,基本的办法是试验法。在试验中,可以先设所有的系数为 1,送进每一个模式,如果分类出错就调整系数,这个过程称为线性分类器的训练或学习。如把 N 维特征 $\boldsymbol{x}$ 和1放在一起构成 $\boldsymbol{y}$,即

$$\boldsymbol{y} = \begin{bmatrix} x_1 & x_2 & \cdots & x_N & 1 \end{bmatrix}^{\mathrm{T}} \qquad (4-117)$$

令组合系数为

$$\boldsymbol{\beta} = \begin{bmatrix} \beta_1 & \beta_2 & \cdots & \beta_N & \beta_{N+1} \end{bmatrix}^T \qquad (4-118)$$

则线性判别函数可以改写为

$$D(\boldsymbol{x}) = \boldsymbol{y}^T \boldsymbol{\beta} \qquad (4-119)$$

考虑特征向量分别属于两个不同模式类时,存在两个训练集 T_1 和 T_2。两个训练集合线性可分时,意味着测试向量 $\boldsymbol{y}$ 与加权向量 $\boldsymbol{\beta}$ 的内积有两种状态

$$\boldsymbol{y}^T \boldsymbol{\beta} > 0 \quad (\boldsymbol{y} \in T_1) \qquad (4-120)$$

$$\boldsymbol{y}^T \boldsymbol{\beta} < 0 \quad (\boldsymbol{y} \in T_2) \qquad (4-121)$$

在训练过程,当分类器的输出不能满足式(4-8)与式(4-9)的条件时,可以通过"误差校正"的训练对系数进行调整。假定第一类模式 $\boldsymbol{y}^T \boldsymbol{\beta}$ 不大于零,则说明系数不够大,可用加大系数的方法进行误差修正,即

对于 $\boldsymbol{y} \in T_1$,若 $\boldsymbol{y}^T \boldsymbol{\beta} \leqslant 0$,则

$$\boldsymbol{\beta}^* = \boldsymbol{\beta} + \alpha \boldsymbol{y} \qquad (4-122)$$

同理,对于 $\boldsymbol{y} \in T_2$,若 $\boldsymbol{y}^T \boldsymbol{\beta} > 0$,则

$$\boldsymbol{\beta}^* = \boldsymbol{\beta} - \alpha \boldsymbol{y} \qquad (4-123)$$

通常使用的误差修正方法有固定增量、绝对修正和部分修正规则。

(1) 固定增量规则:选择 α 为一个固定的非负数。

(2) 绝对修正规则:取 α 为一最小整数,它可使 $\boldsymbol{y}^T \boldsymbol{\beta}$ 的值刚好大于零,即

$$\alpha \geqslant \left\lfloor \frac{|\boldsymbol{y}^T \boldsymbol{\beta}|}{\boldsymbol{y}^T \boldsymbol{y}} \right\rfloor \qquad (4-124)$$

(3) 部分修正规则:$\alpha = \gamma \dfrac{|\boldsymbol{y}^T \boldsymbol{\beta}|}{\boldsymbol{y}^T \boldsymbol{y}} \quad (0 < \gamma \leqslant 2) \qquad (4-125)$

2) 最小距离分类函数

在线性分类器中,有一种重要的类是把各类别样本(输入模式与特征空间)的均值向量作为各类的代表点($prototype$),根据待识别样本到各类别代表点的最小距离来判别其类别。所谓最小距离分类函数,即最小距离分类器,对于 c 类模板将未知类别图像与其中某一类的距离最近作为判别准则。决策面是两类别均值连线的垂直平分面。

假定图像有 c 类,分别为 $\omega^1, \omega^2, \cdots, \omega^c$,即 $\Omega = \{\omega^j\}$,$j = 1, 2, \cdots, c$;并有 c 个参考向量(即训练样本向量) $\boldsymbol{R}_1, \boldsymbol{R}_2, \cdots, \boldsymbol{R}_c$,$\boldsymbol{R}_j$($j = 1, 2, \cdots, c$)与模

式类 ω^j 相联系。对于 R_j 最小距离分类就是把输入的新模式 x 分为 ω^j 类, 其分类准则就是比较 x 与参考模型 R_1, R_2, $\cdots$, R_c 之间的距离, x 与哪一个 R_j 最近就属于哪一类。x 与 R_j 间的距离可表示为

$$|\boldsymbol{x} - \boldsymbol{R}_j| = \sqrt{[\boldsymbol{x} - \boldsymbol{R}_j]^{\mathrm{T}}[\boldsymbol{x} - \boldsymbol{R}_j]} \tag{4-126}$$

由此得

$$|\boldsymbol{x} - \boldsymbol{R}_j|^2 = \boldsymbol{x}^{\mathrm{T}}\boldsymbol{x} - (\boldsymbol{x}^{\mathrm{T}}\boldsymbol{R}_j + \boldsymbol{R}_j^{\mathrm{T}}\boldsymbol{x} - \boldsymbol{R}_j^{\mathrm{T}}\boldsymbol{R}_j) \tag{4-127}$$

由此可见, $\boldsymbol{x}^{\mathrm{T}}\boldsymbol{x}$ 与 $\boldsymbol{R}_j$ 无关, 因此, 此时的判别函数又可以表达为

$$D_j(\boldsymbol{x}) = (\boldsymbol{x}^{\mathrm{T}}\boldsymbol{R}_j + \boldsymbol{R}_j^{\mathrm{T}}\boldsymbol{x} - \boldsymbol{R}_j^{\mathrm{T}}\boldsymbol{R}_j) \tag{4-128}$$

可见, 最小化距离 $|\boldsymbol{x} - \boldsymbol{R}_j|$ 等价于最大化 $D_j(\boldsymbol{x})$。换句话说, 只要 $x \in \omega^j$, $D_j(\boldsymbol{x})$ 即取得最大。显然 $D_j(\boldsymbol{x})$ 也是一个线性函数, 因此最小距离分类器也是一个线性分类器。必须指出, 在最小距离分类中, 遇到在决策边界上的点与相邻两类都是等距离时, 这种情况分类就难以解决。此时, 必须寻找新的特征, 重新分类。最小距离分类函数还可以用决策区域来表示。假定有二类问题 ω^1 和 ω^2, 其参考向量分别对应 $\boldsymbol{R}_1$ 和 $\boldsymbol{R}_2$。

当 $$|\boldsymbol{x} - \boldsymbol{R}_1| < |\boldsymbol{x} - \boldsymbol{R}_2| \tag{4-129}$$

或 $$\sqrt{\sum_{i=1}^{N_1}(x_i - r_{1i})^2} < \sqrt{\sum_{i=1}^{N_2}(x_i - r_{2i})^2} \tag{4-130}$$

式中, $r_{1i} \in \boldsymbol{R}_1$, 即 $\boldsymbol{R}_1 = [r_{11}\ \ r_{12}\ \ \cdots\ \ r_{1N_1}]^{\mathrm{T}}$; $r_{2i} \in \boldsymbol{R}_2$, 即 $\boldsymbol{R}_2 = [r_{21}\ \ r_{22}\ \ \cdots\ \ r_{2N_2}]^{\mathrm{T}}$。此时 $x \in \omega^1$; 否则, $x \in \omega^2$。

对参考向量 $\boldsymbol{R}_1$ 与 $\boldsymbol{R}_2$ 的样本均值连线作平分线, 平分线的左、右两边分别为 $\boldsymbol{R}_1$ 决策区域和 $\boldsymbol{R}_2$ 决策区域, 称中间为决策线(面)。对于两类情况, 决策区域界为线, 决策区域为两平面。对于三类情况, 决策界面为超平面, 决策区为半空间。对二类问题 ω^1 和 ω^2 分类过程的几何意义如图 4-19 所示。图中的 μ_1、μ_2 分别为参考向量 $\boldsymbol{R}_1$ 与 $\boldsymbol{R}_2$ 的样本均值。

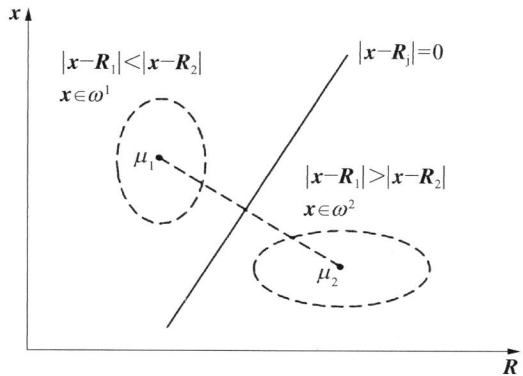

图 4-19　二类问题分类过程几何意义示意图

3) 最近邻域分类函数

最近邻域分类函数法(简称最近邻域分类法)是图像识别中应用较多的一种方法,也是最重要的分类方法之一。在最小距离分类法中,是取一个标准的向量为代表。将这类问题稍微扩张一下,一类不能只取一个代表,把最小距离的概念从一个点和一个点之间的距离扩充到一个点和一组点之间的距离。这就是最近邻域分类法的基本思路。

令,c 个参考向量 $\boldsymbol{R}_1$,$\boldsymbol{R}_2$,$\cdots$,$\boldsymbol{R}_c(\boldsymbol{R}_j; j=1, 2, \cdots, c)$ 分别是与类 ω^1,ω^2,$\cdots$,$\omega^c(\omega^j; j=1, 2, \cdots, c)$ 相对应的参考向量集合,即参考向量集合 $\boldsymbol{R}$ 为

$$\boldsymbol{R} = \{\boldsymbol{R}_j\} \tag{4-131}$$

每一个类组成的参考向量子集 $\boldsymbol{R}_j$ 为

$$\boldsymbol{R}_j = \{\boldsymbol{R}_j^k\} \quad (k=1, 2, \cdots, N_k) \tag{4-132}$$

则,输入特征向量 $\boldsymbol{x}$ 与参考特征向量 $\boldsymbol{R}_j$ 之间的距离可以表示为

$$d(\boldsymbol{x}, \boldsymbol{R}_j) = \min_k | \boldsymbol{x} - \boldsymbol{R}_j^k | \tag{4-133}$$

这就是说,$\boldsymbol{x}$ 与 $\boldsymbol{R}_j$ 之间的距离是 $\boldsymbol{x}$ 与参考向量子集合 $\mathbb{R}_j$ 中每一个向量的距离最小者。空间点之间距离的求取方法与最小距离分类方法中的距离求取法相同。

采用这种判别函数的图像识别,决策边界将是分段线性的。其几何意义如图 4-20 所示。图 4-20 中(a)和(b)是两种不同的分段分类顺序,(a)的决策边界要比(b)短而简捷,前者总运算时间要比后者少得多。从图 4-20 中可以看出,分段线性的概念较为简单,而且分段线性边界可以代表很复杂的曲线,即使

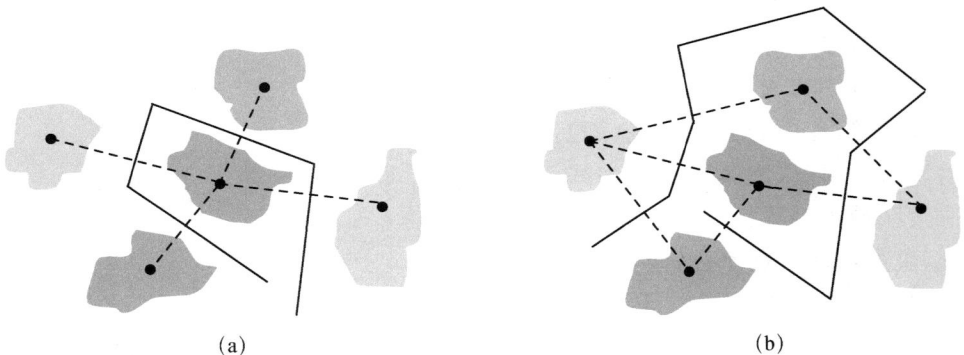

(a)   (b)

图 4-20 分段线性分类几何意义示意图

(a) 分段分类顺序 1;(b) 分段分类顺序 2

本来可能是非线性边界,采用这种方法可用分段线性来近似代替。当然,如何分段及其分段顺序的选择会直接关系到分类的效果与运算时间,但是,在缺乏先验知识的前提下,测试样本的特征及其分布规律往往是未知的,因此分类过程一般是在探索中进行。

在两类判别中,R_1^1,$R_1^2 \in \omega^1$,R_2^1,$R_2^2 \in \omega^2$,当有一模式 x 输入识别系统时,就要分别计算其与每个类的每个点之间的距离。如图 4 - 21 所示,由于 $\min\limits_k |x - R_1^k|$、$\min\limits_k |x - R_2^k|$ 分别在 $k = 1$ 和 $k = 2$ 的情况下获得最小值,而且 $\min\limits_k |x - R_1^k| < \min\limits_k |x - R_2^k|$,因此可以判定 $x \in R_1^1$。

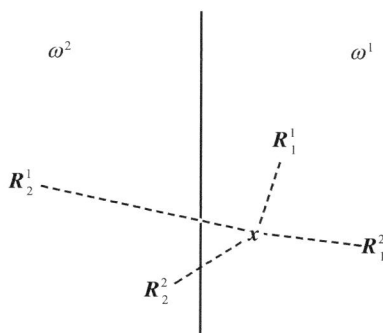

图 4 - 21　两类判别中未知模式判别图

4) 非线性判别函数

采用线性判别函数是模式识别的基本方法,这种方法的突出优点是计算简单。但是,当两类样本分布具有多峰性质并互相交错时,简单的线性判别函数往往会带来较大的分类错误。这时需要另寻其他的解决办法。

解决上述问题存在诸多办法,其中之一就是采用分段线性判别函数法,它确定的超平面是由若干个超平面段组成的。由于它的基本组成仍然是由超平面组成的,因此,与一般超曲线(如贝叶斯决策面)相比,仍然是简单的。又由于它是由多段超平面组成的,所以它能逼近各种形状的超曲面,具有很强的适应能力。

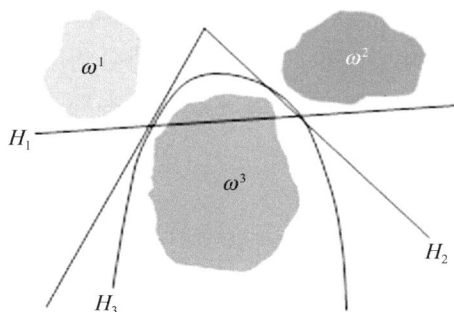

图 4 - 22　三种判别效果示意图

如图 4 - 22 所示,针对三个样本分布 ω^1、ω^2、ω^3,分别给出了采用线性判别函数、分段线性判别函数和二次非线性判别函数所得到的分界面。其中,H_1、H_2、H_3 分别为线性、分段线性和二次非线性判别生成的决策面。从图中不难看出,分段线性判别函数比一般的线性判别函数错误率要小,又比一般的非线性判别函数错误率大。

根据问题的复杂性,可将判别函数从线性推广到非线性。非线性判别函数(以二次判别函数为例)可写成下列形式:

$$D(\boldsymbol{x}) = \beta_0 + \sum_{k=1}^{N} \beta_k x_k + \sum_{k=1}^{N} \beta_{kk} x_k^2 + 2 \sum_{k=1}^{N} \sum_{l=k+1}^{N} \beta_{kl} x_k x_l \qquad (4-134)$$

这是一个二次判别函数,通常二次判别函数的决策边界是一个超二次曲面。

为确定判别函数 $D(\boldsymbol{x})$,需要确定 M 个系数,则有

$$M = \frac{1}{2} N(N+3) + 1 \qquad (4-135)$$

这是一个非常复杂的计算过程。二次判别函数的决策面包括超球面、超椭球面、超双曲面等。

对于一类(设 ω^1 类)样本分布比较紧致成团,而另一类样本均匀地散布在其周围的两类问题,我们可用下述方法构造一个二次判别函数:

计算 ω^1 类样本均值阵 $\boldsymbol{\mu}_1$ 和样本协方差阵 $\boldsymbol{\Sigma}_1$

$$\boldsymbol{\mu}_1 = \frac{1}{N_1} \sum_{j=1}^{N_1} \boldsymbol{x}_j \qquad (4-136)$$

$$\boldsymbol{\Sigma}_1 = \frac{1}{N_1 - 1} \sum_{j=1}^{N_1} (\boldsymbol{x}_j - \boldsymbol{\mu}_1)(\boldsymbol{x}_j - \boldsymbol{\mu}_1)^{\mathrm{T}} \qquad (4-137)$$

式中, N_1 为参考 ω^1 类样本记录总数。

定义二次判别函数

$$D(\boldsymbol{x}) = K^2 - (\boldsymbol{x} - \boldsymbol{\mu}_1)^{\mathrm{T}} \boldsymbol{\Sigma}_1^{-1} (\boldsymbol{x} - \boldsymbol{\mu}_1) \qquad (4-138)$$

决策规则: $D(\boldsymbol{x}) > 0$, $\boldsymbol{x} \in \omega^1$; $D(\boldsymbol{x}) < 0$, $\boldsymbol{x} \in \omega^2$。

$D(\boldsymbol{x}) = 0$ 在 $\boldsymbol{x}$ 空间确定了一个超椭球面,它的大小由式(4-138)中的 K 来控制, K 越大,则落入超椭球外面的第一类样本点越少,因此第一类错分为第二类的概率越小,但第二类错分为第一类的概率将增大。当然还有其他多种非线性判别函数,此处不再赘述。

2. 统计分类法

基于决策理论的分类方法是在没有噪声干扰的情况下进行的,此时测得的特征的确能代表模式。如果在抽取特征时存在噪声,那么被抽取的特征就有可能代表不了模式(图像),这时就要用统计法进行分类。

用统计方法对图像进行特征提取、学习和分类是研究图像识别的主要方法之一。统计方法的最基本内容之一是贝叶斯分析,其中包括贝叶斯决策方法、贝叶斯分类函数、贝叶斯估计理论、贝叶斯学习方法、贝叶斯距离等。以下重点阐述贝叶斯法则、最小错误率的贝叶斯分类法和最小风险的贝叶斯分类法。

1) 贝叶斯法则

在经典概率中,贝叶斯定理已为大家所熟悉:

$$P(B_i \mid A) = \frac{P(B_i)P(A \mid B_i)}{\sum\limits_{j=1}^{n} P(B_j)P(A \mid B_j)} \tag{4-139}$$

式中,B_1,B_2,$\cdots$,B_n 是 n 个互不相容的事件;$P(B_i)$ 是事件 B_i 的先验概率;$P(A \mid B_i)$ 是 A 在 B_i 已发生条件下的条件概率。贝叶斯定理说明在给定了随机事件 B_1,B_2,$\cdots$,B_n 的各先验概率 $P(B_i)$ 以及条件概率 $P(A \mid B_i)$ 时,可计算出当事件 A 出现时,确定事件 B_i 出现的后验概率为 $P(B_i \mid A)$。

贝叶斯公式常被运用于分类问题中。假如设 x 表示事件的状态或特征的随机变量,它可以表示图像的灰度或形状等,设 ω_i 表示事件类别的离散随机变量。根据特征 x 对图像进行分类,就可以用如下的公式:

$$P(\omega_i \mid x) = \frac{P(\omega_i)P(x \mid \omega_i)}{\sum\limits_{j=1}^{n} P(\omega_j)P(x \mid \omega_j)} \tag{4-140}$$

式中,$P(\omega_i)$ 是事件 ω_i 的先验概率,它表示事件属于 ω_i 的预先粗略了解;$P(x \mid \omega_i)$ 表示事件属于 ω_i 类而具有 x 状态的条件概率;$P(\omega_i \mid x)$ 称为 x 条件下 ω_i 的后验概率,它表示对事件 x 的状态做观察后判断属于 ω_i 类的可能性。由式(4-140)可见,只要类别的先验概率及 x 的条件概率为已知,就可以得到类别的后验概率,再加上最小误差概率或最小风险法则,就可以进行统计判决分类。

2) 最小错误率的贝叶斯分类法

假设有两个类别,每类有两种统计参数代表,即

$$\omega_1: P(\omega_1), \ P(x \mid \omega_1)$$
$$\omega_2: P(\omega_2), \ P(x \mid \omega_2)$$

其中,$P(\omega_1)$、$P(\omega_2)$ 是先验概率;$P(x \mid \omega_1)$、$P(x \mid \omega_2)$ 是条件概率密度函数。在噪声干扰的影响下,每个模式只能得到某一类模式的概率分布。

利用贝叶斯法则分类:若 $P(\omega_1)P(x \mid \omega_1) > P(\omega_2)P(x \mid \omega_2)$,则分类 $x \in \omega_1$;反之,$P(\omega_1)P(x \mid \omega_1) < P(\omega_2)P(x \mid \omega_2)$,则分类 $x \in \omega_2$。在上述分类法则中,乘积 $P(\omega_i)P(x \mid \omega_i)$ 起到了判别函数的作用。为了方便起见,在应用中,通常取乘积的对数形式

若 $\lg[P(\omega_1)P(x \mid \omega_1)] > \lg[P(\omega_2)P(x \mid \omega_2)]$,则 $x \in \omega_1$

若 $\lg[P(\omega_1)P(x \mid \omega_1)] < \lg[P(\omega_2)P(x \mid \omega_2)]$,则 $x \in \omega_2$

$$\tag{4-141}$$

或者

$$若 \lg \frac{P(x \mid \omega_1)}{P(x \mid \omega_2)} > \lg \frac{P(\omega_2)}{P(\omega_1)}, 则 x \in \omega_1$$

$$若 \lg \frac{P(x \mid \omega_1)}{P(x \mid \omega_2)} < \lg \frac{P(\omega_2)}{P(\omega_1)}, 则 x \in \omega_2$$

(4 - 142)

对于两类的分类问题,分界面为

$$\lg[P(\omega_1)P(x \mid \omega_1)] - \lg[P(\omega_2)P(x \mid \omega_2)] = 0 \qquad (4 - 143)$$

设事件特征向量 $\boldsymbol{x}$ 的均值向量为 $\boldsymbol{\mu}_i$,协方差矩阵为 $\boldsymbol{\Sigma}_i$,$i = 1, 2$,若 $P(\boldsymbol{x} \mid \omega_i)$ 是正态分布,即 $P(\boldsymbol{x} \mid \omega_i) \sim N(\boldsymbol{\mu}_i, \boldsymbol{\Sigma}_i)$,可得到其决策分界面为

$$P(\boldsymbol{x} \mid \omega_i) = (2\pi)^{-\frac{N}{2}} \mid \boldsymbol{\Sigma}_i \mid^{-\frac{1}{2}} \exp\left[-\frac{1}{2}(\boldsymbol{x} - \boldsymbol{\mu}_i)^{\mathrm{T}} \boldsymbol{\Sigma}_i^{-1}(\boldsymbol{x} - \boldsymbol{\mu}_i)\right]$$

(4 - 144)

式中,N 为协方差矩阵 $\boldsymbol{\Sigma}_i$ 的行(列)数,即 $\boldsymbol{\Sigma}_i$ 为 $N \times N$ 的方阵。

如果 $x \in \omega_1$,则由式(4 - 142)和式(4 - 144)得

$$-\frac{1}{2}\lg\left|\frac{\boldsymbol{\Sigma}_1}{\boldsymbol{\Sigma}_2}\right| - \frac{1}{2}\left[(\boldsymbol{x} - \boldsymbol{\mu}_1)^{\mathrm{T}}\boldsymbol{\Sigma}_1^{-1}(\boldsymbol{x} - \boldsymbol{\mu}_1)\right] +$$

$$\frac{1}{2}\left[(\boldsymbol{x} - \boldsymbol{\mu}_2)^{\mathrm{T}}\boldsymbol{\Sigma}_2^{-1}(\boldsymbol{x} - \boldsymbol{\mu}_2)\right] > \lg\frac{P(\omega_2)}{P(\omega_1)} \qquad (4 - 145)$$

此时两类间的决策边界是二次的。

若两个协方差矩阵相同,即 $\boldsymbol{\Sigma}_1 = \boldsymbol{\Sigma}_2 = \boldsymbol{\Sigma}$:

$$若 \boldsymbol{x}^{\mathrm{T}}\boldsymbol{\Sigma}^{-1}(\boldsymbol{\mu}_1 - \boldsymbol{\mu}_2) + \frac{1}{2}(\boldsymbol{\mu}_1 + \boldsymbol{\mu}_2)^{\mathrm{T}}\boldsymbol{\Sigma}^{-1}(\boldsymbol{\mu}_1 - \boldsymbol{\mu}_2) > \lg\frac{P(\omega_2)}{P(\omega_1)}, 则 \boldsymbol{x} \in \omega_1$$

$$若 \boldsymbol{x}^{\mathrm{T}}\boldsymbol{\Sigma}^{-1}(\boldsymbol{\mu}_1 - \boldsymbol{\mu}_2) + \frac{1}{2}(\boldsymbol{\mu}_1 + \boldsymbol{\mu}_2)^{\mathrm{T}}\boldsymbol{\Sigma}^{-1}(\boldsymbol{\mu}_1 - \boldsymbol{\mu}_2) < \lg\frac{P(\omega_2)}{P(\omega_1)}, 则 \boldsymbol{x} \in \omega_2$$

(4 - 146)

边界决策成为线性的,也就是说,此时最小错误率的贝叶斯分类函数就是线性判别函数。当 $\boldsymbol{\Sigma} = \boldsymbol{I}$ 时,最小错误率的贝叶斯分类函数就是最小距离分类函数。

所以求两类的分类问题,若每类都是正态分布,但协方差矩阵不同,则分界就是二次函数;若 N 很大,求 $\boldsymbol{\Sigma}_i^{-1}$ 很麻烦,仍旧假设 $\boldsymbol{\Sigma}_1 = \boldsymbol{\Sigma}_2 = \boldsymbol{\Sigma}$,那将会出错,例如在图像形状识别中,就可能把球形滚珠的问题变为平面的问题,这种情况下,就要再寻求其他有效的方法予以解决。

3) 最小风险的贝叶斯分类法

设 $\boldsymbol{x}=\{x_1,\,x_2,\,\cdots,\,x_N\}=[x_1\quad x_2\quad\cdots\quad x_N]^{\mathrm{T}}$ 是随机变量,并且共有 c 类,即 $\omega_1,\,\omega_2,\,\cdots,\,\omega_c$,对于每一类模式 ω_i,其 $P(\boldsymbol{x}\mid\omega_i)$ 及 $P(\omega_i)$ 都是已知的。以 $P(\boldsymbol{x}\mid\omega_i)$ 及 $P(\omega_i)$ 为基础,一个分类器的成功条件是要在错判概率最小的条件下来完成分类任务。

定义一个决策函数 $D(\boldsymbol{x})$,当 $D(\boldsymbol{x})=d_i$,表示假设 $\boldsymbol{x}\in\omega_i$ 被接受。引入损失函数 $L(d_j,\,\omega_i)$,将来自 ω_i 的输入模式 $\boldsymbol{x}$ 分类到 ω_j(做出的决策是 d_j)所产生的损失。

由于引入了"损失"的概念,在考虑错判所造成的损失时,就不能只根据后验概率的大小来进行分类,而必须考虑分类的结果是否使损失最小。在决策 d_i 情况下的条件期望损失为

$$R(d_i\mid\boldsymbol{x})=\sum_{j=1}^{c}L(d_i,\,\omega_j)P(\omega_j\mid\boldsymbol{x}) \tag{4-147}$$

$R(d_i\mid\boldsymbol{x})$ 也称为条件风险。

定义期望风险 R 为

$$R=\int R[D(\boldsymbol{x})\mid\boldsymbol{x}]P(\boldsymbol{x})\mathrm{d}\boldsymbol{x} \tag{4-148}$$

式中,$\mathrm{d}\boldsymbol{x}$ 是特征空间中的体积元,积分在整个特征空间进行。

选择适当的决策 $D(\boldsymbol{x})=d_i(i=1,\,2,\,\cdots,\,c)$,以使期望风险 R 取最小值。如果在采取每一个决策时,都使条件风险最小,则对所有的 $\boldsymbol{x}$ 做出决策时,其期望风险也必然最小。这种决策称为最小风险贝叶斯决策,即如果 $R(d_k\mid\boldsymbol{x})=\min\limits_{i}\{R(d_i\mid\boldsymbol{x})\}$,则 $D(\boldsymbol{x})=d_k(\boldsymbol{x}\in\omega_k)$。

3. 图像识别过程特征分类判别相似度

有了特征向量后,就可以通过建立已知训练样本特征向量与测试目标(样本)特征向量之间的相似度来实现对测试目标的识别。如何建立特征向量相似度就是所谓的分类原则。分类原则可以根据先验知识或者事先的多次实验和现场观测来确定。

以最近邻域法为例,在众多的分类准则中,这是非参数分类的最重要方法之一。令判别相似度的类别集合为 $\Omega=\{\omega^j\}$,$j=1,\,2,\,\cdots,\,c$;N_j 为表明第 j 个类别的匹配样本数。则可以规定最近邻域类 ω^j 的判别函数为

$$\begin{aligned}G_j(\boldsymbol{x},\,\boldsymbol{y})&=\min_{j}\{\parallel\boldsymbol{T}_y-\boldsymbol{T}_{x_k}^j\parallel\}\\&=\min_{j}\{\sqrt{[\boldsymbol{T}_y-\boldsymbol{T}_{x_k}^j]^{\mathrm{T}}[\boldsymbol{T}_y-\boldsymbol{T}_{x_k}^j]}\}\quad(k=1,\,2,\,\cdots,\,N_j)\end{aligned} \tag{4-149}$$

式中,x、y 分别为训练样本与测试目标样本。

若 y 在第 k 个样本下,$G_j(x, y)$ 取到最小值,则表明此刻测试目标的测试特征向量最接近类 ω^j 时的训练样本特征向量,即样本集合 y 中的某一时刻目标 $y \in \omega^j$;或者说,此刻待测目标被准确识别的置信度达到最高。

4.3 人脸识别实用算法

人脸识别的特征提取过程首先是对人脸检测步骤中定位出的各个人脸,通过空间变换、降维、机器学习等方法对其人脸特征进行提取,并使用特征向量的形式表示人脸特征。即一张人脸图像对应唯一的一个特征向量,而该特征向量通过变换唯一对应原始的人脸图像。通过人脸特征提取后,即可建立人脸图像和其特征向量的对应关系。

目前,主流的人脸识别方法可以大致分为基于几何特征匹配的方法、基于特征脸的方法、基于束图匹配的方法、基于神经网络的方法、基于支持向量机(SVM)的方法和基于隐马尔可夫模型(HMM)的方法。

4.3.1 基于几何特征匹配的人脸识别算法

鉴于所有的人脸都是由眼睛、鼻子和嘴巴等器官构成,虽然这些器官的大小和形状会因人脸的不同而有所不同,但它们的形状和分布结构都存在一定的规律性,因此对它们的几何描述可以作为人脸识别的重要特征[48]。基于几何特征的人脸识别算法流程如图 4-23 所示。其中,图像预处理即图像灰度化、图像滤波、直方图均衡化等系列运算与处理。以下着重阐述人脸定位与特征提取算法。

1. 人脸器官定位方法

在人脸识别中,为了寻找人脸上特征较为突出的部位,一般会选取眼、鼻和嘴巴作为识别的主要特征,因此需要对眼、鼻和嘴巴进行定位。其中最主要的是人眼的定位,因为人眼特征相对稳定,不易受光照或表情变化的影响,而且眼睛的精确定位对于鼻子、嘴巴的定位有重要的参照作用。

1)眼睛定位常用方法

一般定位方法有灰度投影法、模板匹配法、Hough 变换法、神经网络算法等。

(1)灰度投影法。

灰度投影法通过对人脸图像进行水平方向和竖直方向的投影,根据波峰/波谷的分布信息来定位眼睛。该方法定位速度较快,但对人脸和姿态的变化鲁棒性较差。

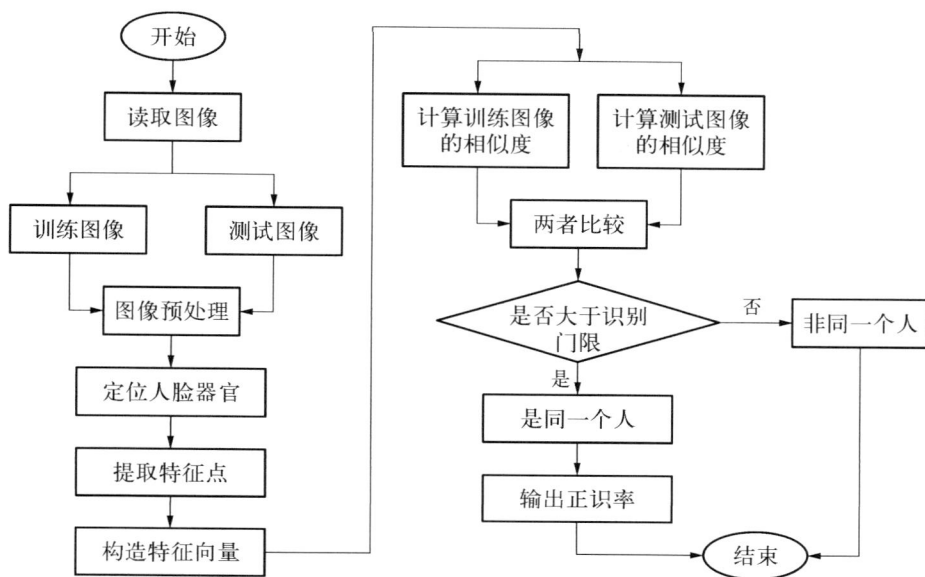

图 4-23　基于几何特征的人脸识别算法流程

（2）模板匹配法。

采用模板匹配法可以利用数据库中的眼睛图像模板,直接对眼睛进行定位。但是,模板法所需的计算量大,对图像的尺度和光照情况较敏感。

（3）Hough 变换法。

Hough 变换法是在边缘检测的基础上,通过模板检测眼睑或瞳孔的圆形特征进行眼睛定位。但是,Hough 变换法需要大量预处理,计算量较大。Hough 变换的基本原理是将影像空间中的曲线(包括直线)变换到参数空间中,通过检测参数空间中的极值点,确定出该曲线的描述参数,从而提取影像中的规则曲线。Hough 变换可以用一定函数关系描述的曲线描述检测图像中的直线、圆、抛物线、椭圆等形状,它在影像分析与模式识别等很多领域中得到了成功应用。

（4）神经网络法。

基于神经网络的眼睛定位方法将搜索窗口内的像素作为神经网络的输入。如果该窗口包含眼睛图像,则神经网络的输出较大,因此可以确定眼睛的位置。

2）眼睛定位流程

一般来说,人脸的眉眼区域具有固定的图像角点特征:① 眼白边缘较亮,灰度值较高,并且瞳孔与眼白的相交处,眼睛与皮肤之间的灰度都存在明显的突变,即角点信息较为丰富;② 瞳孔与眉毛是该区域中灰度值较低的地方,而眉毛区域的灰度的变化频率低,没有明显的突变,即角点信息较为缺少。眼睛定位的

173

一般流程如图 4-24 所示。

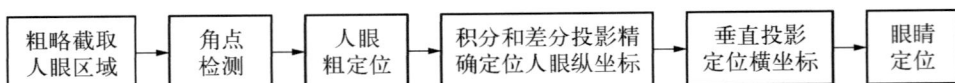

图 4-24　人脸图像中眼睛的定位流程

2. 角点检测算法

对粗略截取的人眼区域,选定窗口并在图像中不断移动(见图 4-25)[24]。

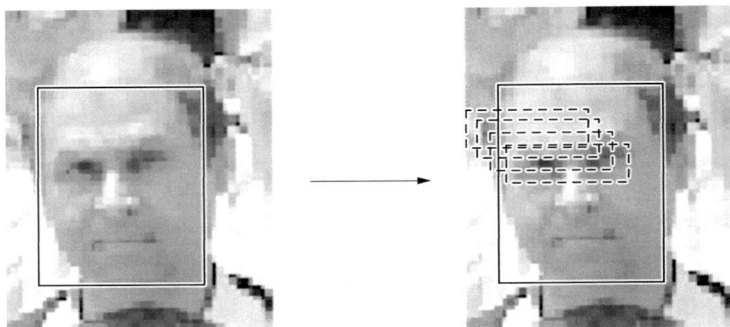

图 4-25　人脸检测窗口的移动

设图像的灰度值用 $I(x, y)$ 表示,图像中窗口的水平、垂直方向位移为 $[u, v]$,则窗口移动 $[u, v]$ 时,产生的相对灰度变化值 $E(u, v)$ 为

$$E(u, v) = \sum_{x, y} w(x, y)[I(x+u, y+v) - I(x, y)]^2 \quad (4-150)$$

将式(4-150)变换为

$$\boldsymbol{E}(u, v) = [u \quad v] \begin{bmatrix} I_x^2 & I_x I_y \\ I_x I_y & I_y^2 \end{bmatrix} \begin{bmatrix} u \\ v \end{bmatrix} \quad (4-151)$$

其中,I_x、I_y 为 $I(x, y)$ 的一阶方向导数,I_x^2、I_y^2 为 $I(x, y)$ 的二阶方向导数。

因此,对于较小的偏移量 $[u, v]$,可以将窗口设定为 2×2 大小的矩阵 $\boldsymbol{M}$,那么就可以近似得到表达式:

$$\boldsymbol{E}(u, v) \approx [u \quad v] \boldsymbol{M} \begin{bmatrix} u \\ v \end{bmatrix} \quad (4-152)$$

其中,$\boldsymbol{M} = \sum_{x, y} w(x, y) \begin{bmatrix} I_x^2 & I_x I_y \\ I_x I_y & I_y^2 \end{bmatrix}$。

计算获得 M 的特征值 λ_1 和 λ_2，因此可以创建一个度量角点函数 R，即

$$R = (\lambda_1 \lambda_2) - k(\lambda_1 + \lambda_2)^2 \tag{4-153}$$

式中，k 为系数，可取值 0.04。

对于图像角点的判断，需要将角点函数值 R 与设定的阈值进行比较，只有当函数值 R 大于设定的阈值时，才能判图像角点存在。而对于阈值的选定，时常需要根据实际情况来确定（选择），因为图像角点具有冗余性。

3. 眼睛区域粗定位法

采用局部 M 矩阵，得到最小特征值后，在每个像素点周围的邻域中找出其中最大的特征值，最后与设定的角点之间的最小距离进行比较（即与阈值比较），来判断是否为角点。图 4-26 所示为角点粗定位的一个实例[24]。

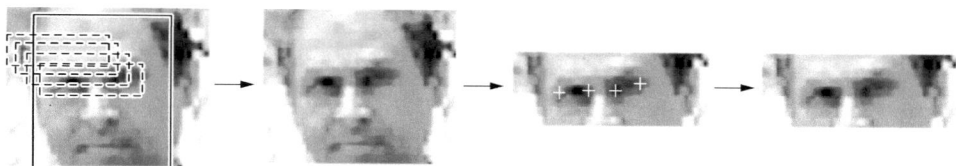

图 4-26　人眼检测粗定位例

4. 基于积分和差分投影的眼睛精确定位法

假设图像中 (x, y) 处的像素值用 $L(x, y)$ 表示，设在图像区域 $[y_1, y_2]$ 的水平积分投影和 $[x_1, x_2]$ 区域的垂直积分投影分别为 $H(y)$ 和 $V(x)$，则有

$$H(y) = \sum_{x=x_1}^{x_2} L(x, y) \tag{4-154}$$

$$V(x) = \sum_{y=y_1}^{y_2} L(x, y) \tag{4-155}$$

显然，水平投影就是将一行所有像素点的灰度值累加后再显示出来，垂直投影就是将一列所有像素点的灰度值累加后显示出来。

由此可见，$H(y)$ 和 $V(x)$ 值的变化分别反映的是图像某一行或某一列像素的灰度值变化情况。因此，可以通过对积分投影函数值的分析提取图像中的特征。在人脸图像中，与周围区域相比，人的眼睛区域较暗，即灰度值较低。利用该特征，常采用积分投影法来定位眼睛，通过对人脸图像做水平和垂直方向的投影，根据波峰、波谷的分布情况来定位眼睛区域。

令 $L(x, y)$ 在 (x, y) 点处与邻近像素点的灰度值之差为

$$\Delta L(x+1, y) = L(x+1, y) - L(x, y) \tag{4-156}$$

并将同一行差值的绝对值进行累加,则其累加值 $S(y)$ 为

$$S(y) = \sum_{x=x_1}^{x_2} |\Delta L(x+1, y)| \qquad (4-157)$$

由于眼睛较周围灰度值小,通常情况下,眼睛处的积分投影值较小。一旦眼睛处的积分值大于或等于眉毛处的积分值,此时便无法准确定位眼睛位置,甚至会产生误判。

为此,必须考虑到眼部区域在水平方向的灰度变化规律(由皮肤经过眼白到瞳孔,由瞳孔再经过眼白到皮肤),而眉毛区域的灰度值没有这种规律性分布,相对比较集中,所以只要加入两者水平方向灰度差分进行比较,将会产生大的数值差异。这种差异进而作为定位眼睛的另一个依据:变化率越大,差分累加值越大,即为眼睛,否则为眉毛。即采用积分投影和差分投影相结合的公式:

$$P(y) = k_1 H(y) - k_2 S(y) > \delta \qquad (4-158)$$

式中,k_1、k_2 分别为对应 $H(y)$ 和 $S(y)$ 的权值,均在 $(0, 1)$ 区间取值;δ 为参考阈值,一般可取图像区域灰度均值。当式(4-154)成立时,y 的值即为眼睛的纵坐标。

积分投影与差分投影在一定程度上具有互补性,将两者相结合,则 $P(y)$ 不仅考虑了图像在某个方向上的灰度分布而且也反映了在该方向的灰度变化,将两者综合考虑,具有更强的适应性。如图 4-27 所示为人眼 y 坐标的确定位置,用同样的方法也可获得人眼 x 坐标的确定位置(见图 4-28)[25]。

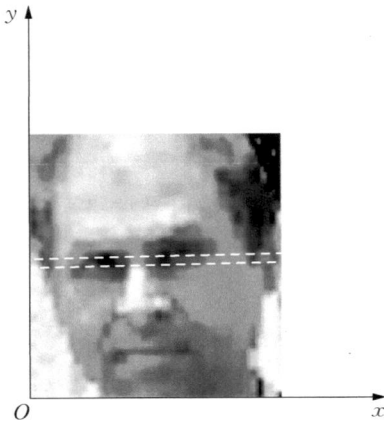

图 4-27　人眼 y 坐标的精确定位　　　　图 4-28　人眼 x 坐标的精确定位

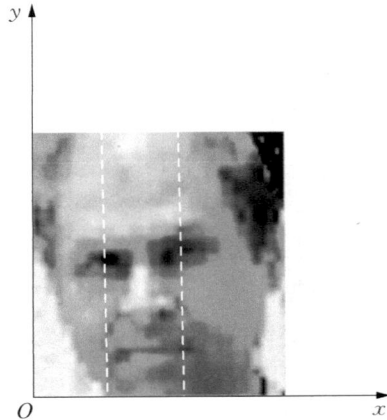

基于几何特征匹配的方法是通过提取人脸图像中的几何特征进行人脸识别的。由于其存在计算量大、识别准确率低等缺点,因此没有得到大规模的推广。

4.3.2　基于特征脸的识别算法

基于特征脸的方法是利用主分量分析（principal component analysis，PCA）方法将人脸图像映射到低维空间来实现识别结果。该方法既能提高算法准确率，又能降低运算复杂度[24]。PCA 是一种基于目标统计特性的最佳正交变换。该变换算法能够使变换后产生的新分量正交或不相关，以部分新分量表示原向量均方误差最小，具有使变换向量更趋稳定、能量更趋集中等特点，因此使得它在特征提取方面有极为重要的应用。主分量分析是多变量分析的经典技术，于 1901 年由 Pearson 引入生物理论研究，Karhunen 在 1974 年用概率论形式来进行表示，Loéve 随后发展和完善了这一理论，所以 PCA 有时又称为 K-L 变换（Karhunen-Loéve transformation）。由于该变换计算量小，能很好地用于实时处理。因此，采用 PCA 进行特征提取是降维处理的一种良好方案[49]。

1. 主分量分析原理

众所周知，数据集所包含的属性可以从十几个到上百个不等，随着信息收集手段的发展，高达上千个属性的数据集早已司空见惯。虽然数据集的每个属性都提供了一定的信息，但其提供信息量的多少及重要性是有差异的，而且在许多情况下，属性间存在着不同程度的相关性，导致这些属性所提供的信息必然有一定的重叠。换句话说，经统计发现，异常行为往往只集中在少部分属性上，如果将算法应用在全部的属性上，不仅会耗费时间，增加计算的复杂性，还会影响数据分类的正确性。因此人们希望从数据属性中提取出主要属性，用较少的互不相关的新变量来分析问题。主分量分析正好能满足这一要求，它能够很好地处理高维数据，使得低维数据能够在二乘误差最小的意义下描述高维原始数据。

1）K-L 变换

K-L 变换为

$$y = A^T(x - \mu_x) \tag{4-159}$$

反 K-L 变换表达为

$$x = Ay + \mu_x \tag{4-160}$$

其中，$n \times n$ 变换矩阵 $A = [a_1 \quad a_2 \quad \cdots \quad a_n]$，满足如下条件：

（1）$A^T A = AA^T = I$ 为正交矩阵，其中 I 为单位矩阵；列向量 a_i 满足标准正交性，即

$$a_i \cdot a_j = a_i^T a_j = \begin{cases} 1 & (i = j) \\ 0 & (i \neq j) \end{cases} \tag{4-161}$$

（2）$\boldsymbol{A}^{\mathrm{T}}\boldsymbol{\Sigma}_x\boldsymbol{A}=\boldsymbol{\Lambda}$，其中，$\boldsymbol{\Lambda}=\mathrm{diag}[\lambda_1\quad\lambda_2\quad\cdots\quad\lambda_n]$，$\lambda_1\geqslant\lambda_2\geqslant\cdots\geqslant\lambda_n$ 为 $\boldsymbol{\Sigma}_x$ 的特征值，且从大到小排列。

列向量 $\boldsymbol{a}_i$ 为 $\boldsymbol{\Sigma}_x$ 的特征向量，即

$$\boldsymbol{\Sigma}_x\boldsymbol{a}_i=\lambda_n\boldsymbol{a}_i \tag{4-162}$$

其中，下标 i 表示对于 $\boldsymbol{x}$ 向量的统计特征量。

容易求得变换后 $\boldsymbol{y}$ 的均值向量和协方差矩阵为

$$\boldsymbol{\mu}_y=E\{\boldsymbol{y}\}=E\{\boldsymbol{A}(\boldsymbol{x}-\boldsymbol{\mu}_x)\}=\boldsymbol{A}(E\{\boldsymbol{x}\}-\boldsymbol{\mu}_x)=\boldsymbol{0} \tag{4-163}$$

$$\begin{aligned}\boldsymbol{\Sigma}_y&=E\{(\boldsymbol{y}-\boldsymbol{\mu}_y)(\boldsymbol{y}-\boldsymbol{\mu}_y)^{\mathrm{T}}\}=E\{\boldsymbol{A}^{\mathrm{T}}(\boldsymbol{x}-\boldsymbol{\mu}_x)(\boldsymbol{x}-\boldsymbol{\mu}_x)^{\mathrm{T}}\}\\&=\boldsymbol{A}^{\mathrm{T}}\boldsymbol{\Sigma}_x\boldsymbol{A}=\boldsymbol{\Lambda}\end{aligned} \tag{4-164}$$

2）K-L 变换性质

（1）降维估计的二乘误差最小化。

用式（4-159）的分量 $y_i=\boldsymbol{a}_i\cdot(\boldsymbol{x}-\boldsymbol{\mu}_x)=\boldsymbol{a}_i^{\mathrm{T}}(\boldsymbol{x}-\boldsymbol{\mu}_x)(i=1,2,\cdots,n)$ 恢复 $\boldsymbol{x}$

$$\boldsymbol{x}=\sum_{i=1}^{n}y_i\boldsymbol{a}_i+\boldsymbol{\mu}_x \tag{4-165}$$

保留 $1\leqslant i\leqslant m$ 的 y_i 分量，而用一些常数分量 u_i 替代 y_i 在 $m<i\leqslant n$ 中的项来估计 $\boldsymbol{x}$，则估计 $\hat{\boldsymbol{x}}$ 为

$$\hat{\boldsymbol{x}}=\sum_{i=1}^{m}y_i\boldsymbol{a}_i+\sum_{i=m+1}^{n}u_i\boldsymbol{a}_i+\boldsymbol{\mu}_x \tag{4-166}$$

产生的误差为

$$\Delta\boldsymbol{x}=\boldsymbol{x}-\hat{\boldsymbol{x}}=\sum_{i=m+1}^{n}(y_i-u_i)\boldsymbol{a}_i \tag{4-167}$$

求二乘误差

$$\varepsilon^2=E\{|\Delta\boldsymbol{x}|^2\}=E\{\Delta\boldsymbol{x}^{\mathrm{T}}\Delta\boldsymbol{x}\}=E\left\{\sum_{i=m+1}^{n}(y_i-u_i)^2\boldsymbol{a}_i^{\mathrm{T}}\boldsymbol{a}_i\right\}=\sum_{i=m+1}^{n}E\{(y_i-u_i)^2\} \tag{4-168}$$

将此误差最小化

$$\frac{\partial\varepsilon^2}{\partial c_i}=-2E\{y_i-u_i\}=-2E\{y_i\}-u_i=0 \tag{4-169}$$

由于 $E\{y_i\}=0$，所以 $u_i=0$，估计式(4-45)简化为

$$\hat{\boldsymbol{x}} = \sum_{i=1}^{m} y_i \boldsymbol{a}_i + \boldsymbol{\mu}_x \tag{4-170}$$

其中，y_1，y_2，$\cdots$，y_m 称为主分量，而被舍弃的 y_{m+1}，y_{m+2}，$\cdots$，y_n 称为非主分量。

将 $u_i=0$ 代入二乘误差式(4-168)得

$$\varepsilon^2 = \sum_{i=k+1}^{n} E\{y_i^2\} = \sum_{i=k+1}^{n} E\{[\boldsymbol{a}_i^{\mathrm{T}}(\boldsymbol{x}-\boldsymbol{\mu}_x)]^2\}$$
$$= \sum_{i=k+1}^{n} \boldsymbol{a}_i^{\mathrm{T}} E\{(\boldsymbol{x}-\boldsymbol{\mu}_x)(\boldsymbol{x}-\boldsymbol{\mu}_x)^{\mathrm{T}} \boldsymbol{a}_i\} = \sum_{i=k+1}^{n} \boldsymbol{a}_i^{\mathrm{T}} \boldsymbol{\Sigma}_x \boldsymbol{a}_i \tag{4-171}$$

设 $\lambda_1 \geqslant \lambda_2 \geqslant \cdots \geqslant \lambda_n$ 为 $\boldsymbol{\Sigma}_x$ 的特征值，在 $|\boldsymbol{a}|=1$ 的约束下，由二次型最优化可知，使 $\boldsymbol{a}^{\mathrm{T}} \boldsymbol{\Sigma}_x \boldsymbol{a}$ 最小化的 $\boldsymbol{a}$ 为最小的特征值 λ_n 对应的特征向量 $\boldsymbol{a}_n$，满足 $\boldsymbol{\Sigma}_x \boldsymbol{a}_n = \lambda_n \boldsymbol{a}_n$。

如果还要进一步降维，则舍弃第 $n-1$ 个分量。以此类推，舍弃的 $n-m$ 个分量对应的基向量就是较小的 $n-m$ 个特征值对应的特征向量。此时

$$\varepsilon^2 = \sum_{i=m+1}^{n} \boldsymbol{a}_i^{\mathrm{T}} \lambda_i \boldsymbol{a}_i = \sum_{i=m+1}^{n} \lambda_i \tag{4-172}$$

取到最小值。

由此可见，K-L 变换后舍弃小特征值对应分量，估计恢复的数据在二乘误差意义下最优，其二乘误差为舍弃的特征值之和。根据这个原则建立的降维子空间，尽管去掉了一些分量，但是仍然可以用剩余的特征恢复出原有信息，保持最优的二乘误差水平。

（2）分量方差极大化。

考虑将向量 $\boldsymbol{x}$ 和均值 $\boldsymbol{\mu}_x$ 的偏差投影到某个轴上去，轴的方向用向量 $\boldsymbol{a}$ 表示，其分量为

$$\boldsymbol{y} = \boldsymbol{a} \cdot (\boldsymbol{x}-\boldsymbol{\mu}_x) = \boldsymbol{a}^{\mathrm{T}}(\boldsymbol{x}-\boldsymbol{\mu}_x) \tag{4-173}$$

我们希望这个投影后的新分量应该尽可能多地反映原有的信息，即 y 的变化范围要尽可能地大，用 y 的方差来反映变化范围

$$\mathrm{var}\, \boldsymbol{y} = E\{[\boldsymbol{y}-E(\boldsymbol{y})]^2\} = E\{\boldsymbol{y}^2\} = \boldsymbol{a}^{\mathrm{T}} E\{(\boldsymbol{x}-\boldsymbol{\mu}_x)(\boldsymbol{x}-\boldsymbol{\mu}_x)^{\mathrm{T}}\} \boldsymbol{a} = \boldsymbol{a}^{\mathrm{T}} \boldsymbol{\Sigma}_x \boldsymbol{a}$$
$$\tag{4-174}$$

依然设 $\lambda_1 \geqslant \lambda_2 \geqslant \cdots \geqslant \lambda_n$ 为 $\boldsymbol{\Sigma}_x$ 的特征值。

在 $|\boldsymbol{a}|=1$ 的约束下,由二次型最优化可知,使 $\boldsymbol{a}^{\mathrm{T}}\boldsymbol{\Sigma}_x\boldsymbol{a}$ 最大化的 $\boldsymbol{a}=\boldsymbol{a}_1$ 为特征值 λ_1 对应的特征向量,满足 $\boldsymbol{\Sigma}_x\boldsymbol{a}_1=\lambda_1\boldsymbol{a}_1$。

将 $\boldsymbol{x}$ 投影到垂直于 $\boldsymbol{a}_1$ 的 $n-1$ 维子空间上,可以得到 $n-1$ 维的类似问题,方差最大的投影方向应该是 $\boldsymbol{a}=\boldsymbol{a}_2$。如果还要进一步投影,依此类推,直到投影了 m 次,也能够得出相同的 K - L 变换定义。可见,K - L 变换能够最好地反映高维原始信息的降维信息,投影到主分量的降维空间上,使得各个分量的方差达到最大。

2. 核主分量分析

上述 PCA 仅涉及在输入(数据)空间上的计算。当我们考虑另一种形式的 PCA,即计算在特征空间上进行,而且它和输入空间是非线性的关系,称为线性不可分问题。这时就要运用到核主分量分析方法。尽管输入空间和特征空间存在非线性关系,即核 PCA 是非线性的,然而,它并不像其他形式的非线性 PCA,核 PCA 的实现仍然可以依赖线性代数。因此我们可以将核 PCA 看作是一般 PCA 的自然扩展。

核主分量分析是引入核函数将 PCA 推广为核 PCA(kernel principal component analysis,KPCA),首先将输入空间影射到高维特征空间,再在特征空间进行主分量分析。KPCA 的内积核函数依据 Mercer 定理,所使用的特征空间是在该内积核定义的特征空间。KPCA 直接起源于 PCA,唯一的区别是在于应用空间不同。

1) 核函数

核函数是在研究从一个空间向高维空间进行非线性映射 ϕ 过程中被引入的一个满足某一个特定条件的函数 $K(\boldsymbol{x}, \boldsymbol{y})$。其中,$\boldsymbol{x}$、$\boldsymbol{y}$ 为原始特征空间 D 中的向量。而且可以证明,存在某一空间 E,$K(\boldsymbol{x}, \boldsymbol{y}) \in E$,$K(\boldsymbol{x}, \boldsymbol{y})$ 就是 $\phi(\boldsymbol{x})$ 与 $\phi(\boldsymbol{y})$ 的点积(内积)。核函数也是一个对称函数。

此处所说的某一个特定条件指的是 Mercer 定理条件,当被引入的核函数满足 Mercer 定理条件时,上述结论自然成立。

Mercer 定理:能够保证对称函数 $K(u, v)$ 在某个特征空间中的一种内积描述,即以正的系数 $\alpha_k > 0$ 展开成 $K(u, v) = \sum\limits_{k=1}^{\infty} \alpha_k \phi_k(u) \phi_k(v)$ 的充分且必要条件是使得

$$\int g^2(\boldsymbol{u}) \mathrm{d}\boldsymbol{u} < \infty \tag{4-175}$$

的所有 $g \neq 0$，在条件

$$\iint K(u, v) g(u) g(v) \mathrm{d}u \mathrm{d}v > 0 \qquad (4-176)$$

下成立。

采用不同的函数作为核函数 $K(u, v)$，可以构造实现输入空间中不同类型的非线性决策面的学习机器。

2）核函数类型

核函数包括三种类型，即多项式核函数、径向基函数和 Sigmoid 函数。

【类型一】多项式核函数

由

$$K(x, x_i) = [(\boldsymbol{x} \cdot \boldsymbol{x}_i) + C]^q \qquad (4-177)$$

得到一个 q 阶多项式分类函数。式中，C 为待定参数。

【类型二】径向基函数

由

$$K(x, x_i) = \exp\left[-\frac{\|\boldsymbol{x} - \boldsymbol{x}_i\|^2}{\sigma^2}\right] \qquad (4-178)$$

确定一个径向基函数。

由式（4-178）所得分类函数与传统径向基函数的重要区别是，这里每个基函数中心对应一个支持向量，支持向量及输出权值都是由算法自动确定的。

【类型三】Sigmoid 函数

Sigmoid 函数在数学上又称为双曲正切函数（hyperbolic tangent function），这是一类神经元的非线性作用函数。由

$$K(x, x_i) = [\gamma \tanh(\boldsymbol{x} \cdot \boldsymbol{x}_i) + \eta] \qquad (4-179)$$

作为核函数，式中，γ、η 为待定参数；tanh 为双曲正切函数。

这是人工神经网络的学习算法（BP 算法）。神经网络的学习是基于一组样本进行的，它包括输入和输出（可以用期望输出表示），输入和输出有多少个分量就有多少个输入和输出神经元与之对应。最初的神经网络权值（weight）和阈值（threshold）是任意给定的，学习就是逐渐调整权值和阈值使得网络的实际输出和期望输出一致。

3）核主分量

令向量 $\phi(\boldsymbol{x}_i)$ 表示输入向量 $\boldsymbol{x}_i$ 在非线性映射 ϕ 下，将 $\boldsymbol{x}_i \in R^N$ 空间变换到

高维空间 R^M ($\phi: R^N \rightarrow R^M$)特征空间中导出的像,其中, N、M 分别代表原始空间 R^N 与经过非线性映射后的高维空间 R^M 的维数。

给定一组样本 $\{\boldsymbol{x}_i\}_{i=1}^N$,我们有一组相应的特征向量 $\{\phi(\boldsymbol{x}_i)\}_{i=1}^N$,因此我们可以在特征空间中定义一个 $M \times M$ 相关矩阵 $\widetilde{\boldsymbol{R}}$,且

$$\widetilde{\boldsymbol{R}} = \frac{1}{N} \sum_{i=1}^N \phi(\boldsymbol{x}_i) \phi^{\mathrm{T}}(\boldsymbol{x}_i) \tag{4-180}$$

如同普通的 PCA,首先要做的就是确保特征向量集合 $\{\phi(\boldsymbol{x}_i)\}_{i=1}^N$ 具有零均值,即

$$\frac{1}{N} \sum_{i=1}^N \phi(\boldsymbol{x}_i) = 0 \tag{4-181}$$

假设特征向量已经聚集于中心,则有关系

$$\widetilde{\boldsymbol{R}} \widetilde{\boldsymbol{q}} = \widetilde{\lambda} \widetilde{\boldsymbol{q}} \tag{4-182}$$

其中,$\widetilde{\lambda}$ 为 $\widetilde{\boldsymbol{q}}$ 的特征值;$\widetilde{\boldsymbol{q}}$ 为其对应的特征向量。

由于在 $\widetilde{\lambda} \neq \boldsymbol{0}$ 的情况下,满足式(4-182)的所有特征向量均落在特征向量集合 $\{\phi(\boldsymbol{x}_i)\}_{i=1}^N$ 生成的空间中,因此存在一组相应的系数 $\{\alpha_i\}_{i=1}^N$,用它们可以写成

$$\widetilde{\boldsymbol{q}} = \sum_{j=1}^N \alpha_j \phi(\boldsymbol{x}_j) \tag{4-183}$$

将式(4-180)与式(4-183)代入式(4-182)得

$$\sum_{i=1}^N \sum_{j=1}^N \alpha_j \phi(\boldsymbol{x}_i) K(\boldsymbol{x}_i, \boldsymbol{x}_j) = N\widetilde{\lambda} \sum_{j=1}^N \alpha_j \phi(\boldsymbol{x}_j) \tag{4-184}$$

其中,$K(\boldsymbol{x}_i, \boldsymbol{x}_j)$ 是内积核,通过特征向量由下式定义

$$K(\boldsymbol{x}_i, \boldsymbol{x}_j) = \phi^{\mathrm{T}}(\boldsymbol{x}_i) \phi(\boldsymbol{x}_j) \tag{4-185}$$

在式(4-184)等号的两边左乘转置向量 $\phi^{\mathrm{T}}(\boldsymbol{x}_k)$ 得

$$\sum_{i=1}^N \sum_{j=1}^N \alpha_j K(\boldsymbol{x}_k, \boldsymbol{x}_i) K(\boldsymbol{x}_i, \boldsymbol{x}_j) = N\widetilde{\lambda} \sum_{j=1}^N \alpha_j K(\boldsymbol{x}_k, \boldsymbol{x}_j) \quad (k=1, 2, \cdots, N) \tag{4-186}$$

其中,$K(\boldsymbol{x}_k, \boldsymbol{x}_i) = \phi^{\mathrm{T}}(\boldsymbol{x}_k) \phi(\boldsymbol{x}_i)$;$K(\boldsymbol{x}_k, \boldsymbol{x}_j) = \phi^{\mathrm{T}}(\boldsymbol{x}_k) \phi(\boldsymbol{x}_j)$。

引入两个矩阵定义：

① 定义 $N \times N$ 矩阵 $\boldsymbol{K}$ 为核矩阵，其第 ij 个元素为 $K(x_i, x_j)$；② 定义 $N \times 1$ 向量 $\boldsymbol{\alpha}$，其第 j 个元素为 α_j。

因此，可以将式(4-186)写成紧凑的矩阵形式

$$\boldsymbol{K}^2 \boldsymbol{\alpha} = N \widetilde{\lambda} \boldsymbol{K} \boldsymbol{\alpha} \tag{4-187}$$

其中，矩阵的平方 $\boldsymbol{K}^2$ 表示 $\boldsymbol{K}$ 的自身相乘。

因为式(4-187)两端均有 $\boldsymbol{K}$，围绕特征值问题的全部解同样可用更为简单的特征值问题表示为

$$\boldsymbol{K} \boldsymbol{\alpha} = N \widetilde{\lambda} \boldsymbol{\alpha} \tag{4-188}$$

令 $\lambda_1 \geqslant \lambda_2 \geqslant \cdots \geqslant \lambda_N$ 表示核矩阵 $\boldsymbol{K}$ 的特征值，即

$$\lambda_j = N \widetilde{\lambda}_j \quad (j = 1, 2, \cdots, N) \tag{4-189}$$

其中，$\widetilde{\lambda}_j$ 是相关矩阵 $\widetilde{\boldsymbol{R}}$ 的第 j 个特征值。

从而式(4-188)变成标准形式

$$\boldsymbol{K} \boldsymbol{\alpha} = \lambda \boldsymbol{\alpha} \tag{4-190}$$

其中，系数向量 $\boldsymbol{\alpha}$ 起到核矩阵 $\boldsymbol{K}$ 特征值 $\boldsymbol{\lambda}$ 对应特征向量的作用。系数向量 $\boldsymbol{\alpha}$ 是归一化的，因为已经要求将相关矩阵 $\widetilde{\boldsymbol{R}}$ 的特征向量 $\widetilde{\boldsymbol{q}}$ 归一化为单位长度，即

$$\widetilde{\boldsymbol{q}}_k^{\mathrm{T}} \widetilde{\boldsymbol{q}}_k = 1 \tag{4-191}$$

其中，$k = 1, 2, \cdots, p$，并假定特征值为降序排列，λ_p 为核矩阵 $\boldsymbol{K}$ 的特征值的最小非零值。

利用式(4-183)和式(4-190)可以得到与式(4-191)等价的归一化条件

$$\boldsymbol{\alpha}_k^{\mathrm{T}} \boldsymbol{\alpha} = \frac{1}{\lambda_k} \quad (k = 1, 2, \cdots, p) \tag{4-192}$$

为了抽出主分量，需要计算特征向量 $\widetilde{\boldsymbol{q}}_k$ 在特征空间上的投影

$$\widetilde{\boldsymbol{q}}_k^{\mathrm{T}} \boldsymbol{\phi}(\boldsymbol{x}) = \sum_{j=1}^{N} \alpha_{k,j} \boldsymbol{\phi}^{\mathrm{T}}(\boldsymbol{x}_j) \boldsymbol{\phi}(\boldsymbol{x}) = \sum_{j=1}^{N} \alpha_{k,j} K(\boldsymbol{x}_j, \boldsymbol{x}) \quad (k = 1, 2, \cdots, p) \tag{4-193}$$

其中，向量 $\boldsymbol{x}$ 是"测试点"，即待测目标向量；$\alpha_{k,j}$ 是矩阵 $\boldsymbol{K}$ 第 k 个特征值对应的特征向量 $\boldsymbol{\alpha}_k$ 的第 j 个系数。式(4-193)的投影定义在 M 维特征空间 R^M 中的非线性主分量上。

核主分量及其分析的思想如图 4－29 所示,其中特征空间经过变换为 $\phi(x)$ 与输入空间是非线性相关的。图 4－29(a)和(b)所示坐标平面分别称为输入空间坐标平面和特征空间坐标平面。图 4－29(a)显示输入空间上对应于特征空间线性等值线的非线性等值线簇。图 4－29(b)中均匀排列的虚线表示在主特征向量上的投影为一簇常数线性等值线,特征向量用虚线箭头表示;同时显示,变换 $\phi(x)$ 所采用的方式为在特征空间中数据点诱导的像聚集在特征向量沿线。必须指出,此处没有在输入空间上画出特征向量的原像,这是因为它有可能不存在。

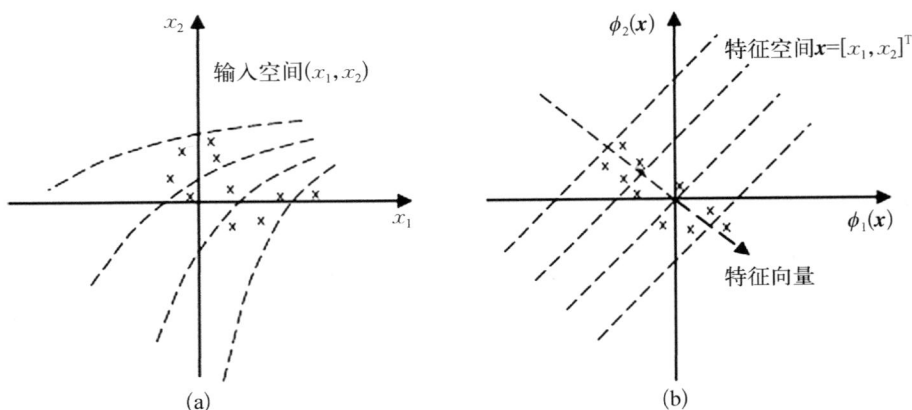

图 4－29　核主分量非线性映射几何意义示意图
(a) 输入空间坐标平面;(b) 特征空间坐标平面

3. 基于主分量分析的人脸识别

利用主分量分析原理及其方法实施对图像的识别过程大体上可以包含导入系统训练样本集、进行训练样本特征值和特征向量的计算、导入测试样本集、计算待测试图像特征向量以及分类识别等步骤。

以人脸识别为例,其本质是三维塑性物体二维投影图像的匹配问题。它的难度如下:① 人脸塑性变形(如表情等)的不确定性;② 人脸模式的多样性(如胡须、发型、眼镜、化妆等);③ 图像获取过程中的不确定性(如光照的强度、光源方向等)。

识别人脸主要依据人脸上的特征,也就是说依据那些在不同个体之间存在的较大差异特征,而对于同一个人则存在相对比较稳定特征的度量。由于人脸变化复杂,一般来说,其特征描述和特征提取较为困难。识别过程可以分如下若干步骤。

（1）人脸图像预处理。

在对人脸图像进行特征提取和分类之前一般需要做几何归一化和灰度归一化处理。几何归一化是指根据人脸定位结果将图像中人脸变换到同一位置和同样大小。灰度归一化是指对图像进行光照补偿等处理，光照补偿能够一定程度地克服光照变化的影响而提高识别率。

（2）导入人脸训练样本。

导入人脸训练样本即读入每一个二维的人脸图像数据并转化为一维的向量，对于不同表情的人脸图像，选择一定数量的图像构成训练集。假定图像的大小是 $u \times v$（u 和 v 分别为图像的行和列像素数），用于训练的人脸样数是 n，令 $m = u \times v$，则训练集是一个 $m \times n$ 的矩阵。

举例来说，如取 ORL 人脸库（系英国剑桥大学建立的开放使用人脸数据库）中的两类图例。其中，图 4-30(a) 为第 1 类训练样本；图 4-30(b) 为第 2 类测试样本。每类均取 9 幅图像，每幅原始图像均具有 256 个灰度级[23]。

图 4-30 中的第 l 类人脸第 i 图像可以表示为一维向量 $\boldsymbol{x}_i^{(l)}$

$$\boldsymbol{x}_i^{(l)} = \begin{bmatrix} x_{i1}^{(l)} & x_{i2}^{(l)} & \cdots & x_{im}^{(l)} \end{bmatrix}^{\mathrm{T}} = \begin{bmatrix} x_{ij}^{(l)} \end{bmatrix}^{\mathrm{T}} \tag{4-194}$$

式中，$l = 1, 2, 3, \cdots, c$，c 为人脸类数；$i = 1, 2, 3, \cdots, n_l$，n_l 为第 l 类的人脸样本数；$j = 1, 2, 3, \cdots, m$，m 为每个样本图像所取像素数。就 ORL 人脸库来说，共有 40 人，即 $c = 40$；每类人脸训练样本取 9 张照片，即 $i = 1, 2, \cdots, 9$。

所谓人脸样本，即特定类（人）每幅图像能够包含表情、姿态和尺度的变化，而且姿态微变、尺度变化在 20% 以内等属性的图像。当每幅图像的 $u = 112$、$v = 92$ 时，则 $m = 10\,304$，表示第 l 类人脸第 i 图像的一维向量为

$$\boldsymbol{x}_i^{(l)} = \begin{bmatrix} x_{i1}^{(l)} & x_{i2}^{(l)} & \cdots & x_{i10\,304}^{(l)} \end{bmatrix}^{\mathrm{T}} \tag{4-195}$$

(a)

(b)

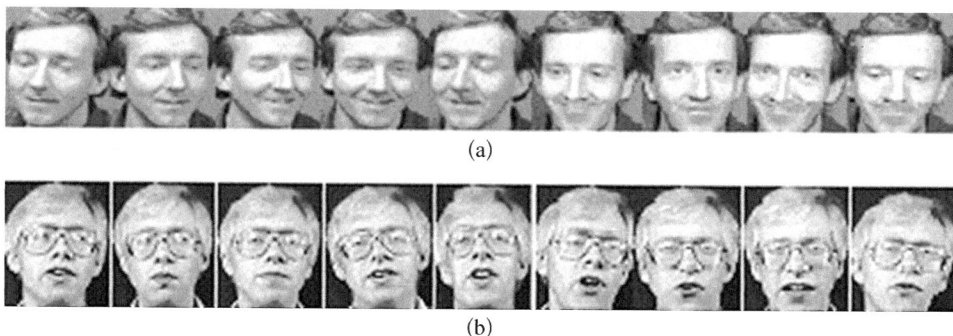

图 4-30　ORL 人脸库图例

（3）训练样本特征值及特征向量计算。

计算第 l 类的均值 $\bar{x}_l$，即

$$\bar{x}_l = \frac{1}{n_l \times m} \sum_{i=1}^{n_l} \sum_{j=1}^{m} x_{ij}^{(l)} \qquad (4-196)$$

式中，$x_{ij}^{(l)}$ 表示第 l 类第 i 个样本第 j 个像素灰度值；由此求得的均值 $\bar{x}_l$ 为平均脸。

对第 l 类训练样本进行规范化后可以表达为

$$v_i^{(l)} = x_i^{(l)} - \bar{x}_l \quad (i=1,2,\cdots,n_l) \qquad (4-197)$$

由训练样本组成的第 l 类规范化向量 $\boldsymbol{v}_l$，即

$$\boldsymbol{v}_l = \begin{bmatrix} v_1^{(l)} & v_2^{(l)} & \cdots & v_{n_l}^{(l)} \end{bmatrix}^{\mathrm{T}} \qquad (4-198)$$

此时，有第 l 类协方差矩阵为

$$\boldsymbol{Q}_l = \begin{bmatrix} v_1^{(l)} & v_2^{(l)} & \cdots & v_{n_l}^{(l)} \end{bmatrix}^{\mathrm{T}} \begin{bmatrix} v_1^{(l)} & v_2^{(l)} & \cdots & v_{n_l}^{(l)} \end{bmatrix} \ (\boldsymbol{Q}_l \in R^{n_l \times n_l})$$
$$(4-199)$$

计算总均值 $\bar{x}$，在每类样本数相等的情况下，有

$$\bar{x} = \frac{1}{c} \sum_{l=1}^{c} \bar{x}_l \qquad (4-200)$$

称总均值 $\bar{x}$ 为混合平均脸。

由混合平均脸进行类间规范化得类间规范化向量 $\boldsymbol{v}$，则有

$$\boldsymbol{v} = \begin{bmatrix} v^{(1)} & v^{(2)} & \cdots & v^{(c)} \end{bmatrix}^{\mathrm{T}} = \begin{bmatrix} v^{(l)} \end{bmatrix}^{\mathrm{T}} \qquad (4-201)$$

其中，$v^{(l)} = \bar{x}_l - \bar{x}(l=1,2,\cdots,c)$；由此又可获得类间协方差矩阵为

$$\boldsymbol{Q} = \begin{bmatrix} v^{(1)} & v^{(2)} & \cdots & v^{(c)} \end{bmatrix}^{\mathrm{T}} \begin{bmatrix} v^{(1)} & v^{(2)} & \cdots & v^{(c)} \end{bmatrix} = \boldsymbol{v}^{\mathrm{T}} \boldsymbol{v} \quad (\boldsymbol{Q} \in R^{c \times c})$$
$$(4-202)$$

利用式（4-201）求取 $\boldsymbol{Q}$ 的特征值 λ_{ll} 及其特征向量，并将其从大到小重新排列后生成特征向量

$$\boldsymbol{p}_l = \begin{bmatrix} \lambda_{l1} & \lambda_{l2} & \lambda_{l3} & \cdots \end{bmatrix}^{\mathrm{T}} \qquad (4-203)$$

其中，$\lambda_1 \geqslant \lambda_2 \geqslant \lambda_3 \geqslant \cdots$，并形成一个 $c \times c$ 特征空间阵 $\boldsymbol{P}$，即

$$\boldsymbol{P}=\begin{bmatrix}\boldsymbol{p}_1 & \boldsymbol{p}_2 & \cdots & \boldsymbol{p}_c\end{bmatrix}=\begin{bmatrix}\lambda_{11} & \lambda_{21} & \cdots & \lambda_{c1}\\ \lambda_{12} & \lambda_{22} & \cdots & \lambda_{c2}\\ \lambda_{13} & \lambda_{23} & \cdots & \lambda_{c3}\\ \vdots & \vdots & \ddots & \vdots\end{bmatrix} \qquad (4-204)$$

且 $\boldsymbol{P}^{\mathrm{T}}\boldsymbol{P}=\boldsymbol{I}$。

（4）对训练样本进行线性变换后投影到特征空间。

由于较大的特征值对应的特征向量包含了较多的人脸特征信息，因此可以选取前 s_l 个较大的特征值所对应的特征向量，构成的向量空间就可以近似地表示人脸图像的主要信息。对于图像库中的 n_l 个图像 $\boldsymbol{x}_i^{(l)}=\begin{bmatrix}x_{i1}^{(l)} & x_{i2}^{(l)} & \cdots & x_{im}^{(l)}\end{bmatrix}^{\mathrm{T}}(i=1,2,\cdots,n_l)$ 都可以向此特征空间投影，得到投影向量 $\boldsymbol{\Omega}_i^{(l)}=\begin{bmatrix}\omega_{i1}^{(l)} & \omega_{i2}^{(l)} & \cdots & \omega_{im}^{(l)}\end{bmatrix}^{\mathrm{T}}$。

从 $\boldsymbol{v}_l=\begin{bmatrix}v_1^{(l)} & v_2^{(l)} & \cdots & v_{n_l}^{(l)}\end{bmatrix}^{\mathrm{T}}$ 中选取前 s_l 个较大的特征值所对应的规范化值构成新的规范化向量

$$\hat{\boldsymbol{v}}_l=\begin{bmatrix}v_1^{(l)} & v_2^{(l)} & \cdots & v_{s_l}^{(l)}\end{bmatrix}^{\mathrm{T}} \qquad (4-205)$$

及所对应的 $n_l \times c$ 特征空间 $\hat{\boldsymbol{P}}$，即

$$\hat{\boldsymbol{P}}=\begin{bmatrix}\lambda_{11} & \lambda_{21} & \cdots & \lambda_{c1}\\ \lambda_{12} & \lambda_{22} & \cdots & \lambda_{c2}\\ \vdots & \vdots & \ddots & \vdots\\ \lambda_{1s_l} & \lambda_{2s_l} & \cdots & \lambda_{cs_l}\end{bmatrix} \qquad (4-206)$$

所以有

$$\boldsymbol{\Omega}^{(l)}=\begin{bmatrix}\boldsymbol{\Omega}_1^{(l)} & \boldsymbol{\Omega}_2^{(l)} & \cdots & \boldsymbol{\Omega}_{n_l}^{(l)}\end{bmatrix}=\hat{\boldsymbol{P}}^{\mathrm{T}}\hat{\boldsymbol{v}}_l \qquad (4-207)$$

因此，可以用 $\boldsymbol{\Omega}^{(l)}=\hat{\boldsymbol{P}}^{\mathrm{T}}\hat{\boldsymbol{v}}_l$ 来代表第 l 类人脸。

（5）导入测试样本。

假定用于测试的某人脸样本数为 n，则测试集是 $m \times n$ 的矩阵。图 4-31 为取自 ORL 人脸库的测试样本图例，此处对某两人的人脸测试样本各取一个[23]。

（6）计算待测试样本图像特征向量。

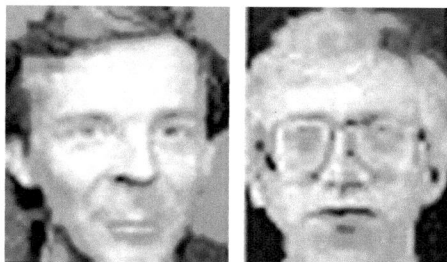

(a)　　　　　　(b)

图 4-31　人脸测试样本

按照上述(3)与(4)步骤对测试样本进行测试样本图像特征值及其特征向量的计算。将测试样本投影到式(4-207)所表达的特征子空间中,此时每一幅人脸图像投影到特征子空间以后,就对应子空间中的一个点。同样,子空间中的任一点也对应一幅人脸图像。

(7) 人脸识别。

把投影到子空间中的所有测试图像和训练图像一一进行比较,确定待识别样本的所属类别。如采用最近邻距离分类函数进行识别

$$G(\boldsymbol{\Omega}, \boldsymbol{\Omega}^{(l)}) = \min_{l}\{\parallel \boldsymbol{\Omega} - \boldsymbol{\Omega}^{(l)} \parallel\} \tag{4-208}$$

此处的 $\boldsymbol{\Omega}$ 即代表测试样本特征子空间,通过式(4-208)可确认测试样本中的任意一个人脸各自属于哪一类。如图4-31中的(a)和(b)所示为测试样本分别被识别为图4-30所示训练样本中的第1、2类人脸。不过,该方法对人脸图像光照和角度变化的鲁棒性较差[50]。

4.3.3 基于"弹性束图"匹配的人脸识别算法

弹性图匹配算法的主要思想是,首先选取一些位置较为特殊的点作为特征点;然后滤波器对特征点处的像素信息进行滤波,滤波后得到的小波系数作为该特征点对应的特征值;再将特征值存储在称为人脸图的数据结构中,这些专门选取的特征点和特征点对应的特征值就是该人脸图像的特征信息。识别时,按照统一的特征点定位准则定位待识别人脸图像中的特征点位置,然后对这些特征点上的像素值同样进行滤波,得到被测特征值,生成人脸图。计算被测人脸图特征向量与数据库中已有人脸图特征向量的相似度,进而得到人脸图的相似度,就可以得出识别结果[51]。

1. 基于弹性束图匹配的人脸识别系统

弹性图匹配算法采用标号图来表示人脸图像,标号图的节点用一组描述人脸局部特征的二维Gabor小波变换系数来表示。标号图边采用描述相邻两个节点向对应位置的度量信息来表示。通过不同人脸图像标号图之间的匹配来实现人脸对应部位的局部特征之间的联系,从而能够对人脸图像解进行比较和分类识别。进而对图中的每个节点位置进行最佳匹配。基于弹性图匹配的人脸识别系统结构如图4-32所示。

2. 图像的预处理

由于图像在提取过程中易受光照、表情、姿态等扰动的影响,因此在识别之前需要对图像做归一化预处理,通常以眼睛坐标为基准点,通过平移、旋转、缩放

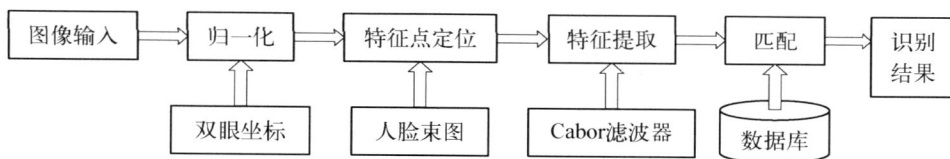

图 4 - 32 基于弹性图匹配的人脸识别系统结构

等几何仿射变换对人脸图像进行归一化。人脸双眼的位置及眼距是人脸图像归一化的依据。图像预处理过程的基本步骤如下。

1) 几何规范化

定位眼睛到预定坐标,将图像缩放至固定大小。通过平移、旋转、缩放等几何仿射变换,可以对人脸图像做几何规范化处理,仿射变换的表达式为

$$\begin{bmatrix} x & y & 1 \end{bmatrix} = \begin{bmatrix} u & v & 1 \end{bmatrix} \begin{bmatrix} a_{11} & a_{12} & 0 \\ a_{21} & a_{22} & 0 \\ a_{31} & a_{32} & 1 \end{bmatrix} \quad (4-209)$$

其中,(u, v) 表示输入图像中像素的坐标,(x, y) 表示输出图像中像素的坐标。

将式(4-209)展开可得

$$x = a_{11}u + a_{21}v + a_{31} \quad (4-210)$$

$$y = a_{12}u + a_{22}v + a_{32} \quad (4-211)$$

平移变换就是给图像中所有像素点的坐标都加上 Δu 和 Δv,其变换表达式为

$$\begin{bmatrix} x & y & 1 \end{bmatrix} = \begin{bmatrix} u & v & 1 \end{bmatrix} \begin{bmatrix} 1 & 0 & 0 \\ 0 & 1 & 0 \\ \Delta u & \Delta v & 1 \end{bmatrix} \quad (4-212)$$

将图像中的所有像素点围绕坐标原点逆时针旋转,旋转角度为 θ,变换为

$$\begin{bmatrix} x & y & 1 \end{bmatrix} = \begin{bmatrix} u & v & 1 \end{bmatrix} \begin{bmatrix} \cos\theta & \sin\theta & 0 \\ -\sin\theta & \cos\theta & 0 \\ 0 & 0 & 1 \end{bmatrix} \quad (4-213)$$

缩放变换即将图像按给定的比例 r 放大或缩小。当 $r > 1$ 时,图像被放大,当 $0 < r < 1$ 时,图像被缩小,其变换表达式为

$$[x \quad y \quad 1] = [u \quad v \quad 1] \begin{bmatrix} r & 0 & 0 \\ 0 & r & 0 \\ 0 & 0 & 1 \end{bmatrix} \tag{4-214}$$

2）灰度级插值

经过空间变换后的空间中，图像各像素的灰度值应该等于变换前图像对应位置的像素值，但是，在实际情况中，图像经过几何变换后，某些像素会被挤压在一起或者分散开来，使得变换后图像的一些像素对应在变换前图像上的非整数值坐标位置。这就需要通过插值来求出这些像素的灰度值，通常采用的方法是最近邻插值、双线性插值和双三次插值。

最近邻插值方法是一种最简单的插值方法，输出的像素灰度值就是输入图像中预期最邻近像素的灰度值，这种方法的运算量非常小，但是变换后图像的灰度值有明显的不连续性，能够放大图像中的高频分量，产生明显的块状效应。

双线性插值方法输出像素的灰度值是取该像素在输入图像中 2×2 邻近区域采样点的平均值，利用周围四个相邻像素的灰度值在垂直和水平两个方向上做线性插值。这种方法和最近邻插值法相比，计算量稍有增加，变换后图像的灰度值没有明显的不连续性，但双线性插值具有低通滤波的性质，会导致高频分量信息的部分丢失，图像轮廓变得模糊不清。

双三次差值利用三次多项式来逼近理论上的最佳正弦插值函数，其插值邻域的大小为 4×4，计算时用到周围 16 个相邻像素的灰度值，这种方法的计算量相对前两种插值方法是最大的，但能克服前两种插值方法的缺点，计算精度较高。

3）灰度归一化

通过灰度变换将不同图像的灰度分布参数统一调整到预定的数值称为灰度归一化。灰度归一化通常是调整图像灰度分布的均值和均方差分别为 0 和 1。

设一幅尺寸为 $M \times N$ 的图像的灰度值分布可以用矩阵 $I_{i \times j}$ 形式表示，$1 \leqslant i \leqslant M$、$1 \leqslant j \leqslant N$，矩阵每个元素值为图像中该点的像素值，则图像的灰度值分布概率密度函数的均值和均方差分别为

$$\frac{1}{\mu} = \frac{1}{MN} \sum_{i=1}^{M} \sum_{j=1}^{N} I_{i \times j} \tag{4-215}$$

$$\sigma = \sqrt{\frac{1}{MN} \sum_{i=1}^{M} \sum_{j=1}^{N} (I_{i \times j} - \mu)^2} \tag{4-216}$$

4）灰度规范化

灰度规范化通过图像平滑、直方图均衡化、灰度变换等图像处理方法来改善

图像质量,并将其统一到给定的水平。图像平滑处理的目的是为了抑制噪声,改善图像质量,可以在空间域和频域中进行。常用的方法包括邻域平均、空域滤波和中值滤波等。邻域平均法是一种局部空间域处理的方法,它用像素邻域内各像素的灰度平均值代替该像素原来的灰度值,实现图像的平滑。由于图像中的噪声属于高频分量,则空域滤波法采用低通滤波的方法去除噪声实现图像平滑。中值滤波法用像素邻域内各像素灰度的中值代替该像素原来的灰度值。

灰度直方图反映了图像中每一灰度级与具有该灰度级的像素出现的频率之间的关系,可以表示为

$$P(r_k) = \frac{n_k}{\mathbb{N}} \tag{4-217}$$

其中,r_k 表示第 k 个灰度级,n_k 为第 k 级灰度的像素数,$\mathbb{N}$ 为一幅图像的像素总数。

灰度直方图是图像的重要统计特征,可以认为是图像灰度概率密度函数的近似。直方图均衡化就是将图像的灰度分布转换为均匀分布。对于对比度较小的图像,其灰度直方图分布集中在某一较小的范围之内,经过均衡化处理后,图像所有灰度级出现的概率相同,此时图像的熵最大,即图像包含的信息量最大。

以 r 和 s 分别表示归一化了的原图像灰度和直方图均衡化后的图像灰度,$T(r)$ 为变换函数,则在区间 $[0,1]$ 内任意一个 r 经变换后都对应一个 s,$s = T(r)$。$T(r)$ 应满足下列条件:① 在区间 $[0,1]$ 内,s 为单调递增函数;② 在区间 $[0,1]$ 内,$r = T^{-1}(r)$ 反变换也存在,且为单调递增函数。s 为单调递增函数,保证了灰度级从黑到白的次序;$r = T^{-1}(r)$ 反变换确保了映射后的像素灰度在允许的范围内。经过直方图均衡化后,图像的细节更加清楚,直方图各灰度等级的分布更加均衡。

3. Gabor 小波变换

傅里叶变换在表示非平稳信号方面很难准确地描述信号的局部短时特性,将高斯函数引入傅里叶变换,用给傅里叶变换加窗函数的方式,强化其对短时信号或窄带信号的表示能力,因此小波变换又称为短时傅里叶变换或加窗傅里叶变换。

小波变换在对信号进行处理时在时域和频域都具有极好的局部化功能,不仅应用于语音信号的处理,在基于弹性束图匹配算法的人脸识别技术中也得到了应用。

1) Gabor 小波滤波器

一维小波滤波器为

$$J_j(x) = \int I(x) \psi_j(x - x') \mathrm{d}x \tag{4-218}$$

其中，$J_j(x)$ 表示人脸图像 $I(x)$ 中给定像素 $X(x,y)$ 周围的一小块灰度值。

小波变换和傅里叶变换的不同点在于，傅里叶变换将时域信号分解成若干精确的频率分量之和，而小波变换则将其表示为若干描述子频带的时域分量之和，因此小波具有良好的局域性，适合分析人脸的局部特征等高频信号分量。

2）二维 Gabor 小波滤波器

二维 Gabor 小波变换是图像的多尺度表示和分析的有力工具，作为唯一能够取得空域和频域联合不确定性关系下限的 Gabor 函数，经常被用作小波基函数对图像进行各种分析。小波变换是用一组滤波器函数与给定信号的卷积来表示或逼近一个信号的。

二维 Gabor 滤波器的核函数可以表示为

$$\psi_j(\hat{x}) = \frac{\|\boldsymbol{k}_j\|^2}{\sigma^2} \exp\left(-\frac{\|\boldsymbol{k}_j\|^2 \|\boldsymbol{x}\|^2}{2\sigma^2}\right)\left[\exp(i\boldsymbol{k}_j x) - \exp\left(-\frac{\sigma^2}{2}\right)\right]$$

$$(4-219)$$

Gabor 滤波器为

$$J_i(\boldsymbol{x}) = \int I(\boldsymbol{x}')\psi_j(x-\boldsymbol{x}')\mathrm{d}^2\boldsymbol{x}' \qquad (4-220)$$

其中，波矢量为

$$\boldsymbol{k}_j = \begin{bmatrix} k_{jx} \\ k_{jy} \end{bmatrix} = \begin{bmatrix} k_v\cos\varphi_\mu \\ k_v\sin\varphi_\mu \end{bmatrix} \qquad (4-221)$$

其中，$k_v = 2^{\frac{v+2}{2}}\pi$，$\varphi_\mu = \mu\frac{\pi}{8}$，$\boldsymbol{x}$ 为给定位置的图像坐标；$\boldsymbol{k}_j$ 为滤波器的中心频率；φ_μ 体现了滤波器的方向选择性。

视觉皮层细胞按其感受视野的特征分为简单细胞、复杂细胞和超复杂细胞。对哺乳动物视觉皮层信息处理机制的研究表明：大部分视皮层简单细胞的视觉响应可以由一组自相似的二维小波来模拟。当直接用图像像素的灰度值来进行人脸识别时，模式特征容易受到人脸表情、光照条件和各种几何变换的影响，难以取得很高的识别精度。二维小波变换能够捕捉对应于空间位置、空间频率以及方向选择性的局部结构信息，适合用于表示人脸图像。

4. 特征点定位

在人脸识别系统中，能否精确地定位特征点在很大程度上影响着识别系统的性能。针对特征点的定位方法包含蛇形模型方法、变模板方法、弹性图匹配技术等。其中，弹性图匹配法通过基于相位预测的位移估计结合图匹配技术来定位特征点。具体的过程分为两步：粗略估算和精确估算。

1）粗略估算

定位特征点时，首先需要基于相位预测的位移估计进行粗略估算。根据预处理时建立的人脸束图为定位算法提供的经验知识，利用距离统计特性，来估算特征点的大概位置。

预处理时，将每幅人脸图的左眼眼角坐标固定到一个确定的像素位置，由于图像经归一化后的像素大小完全一致，因此可以根据经验值估计出其他特征点到左眼像素的距离，估算其他所有特征点的位置。

2）精确估算

粗略估算完成后，还需要再结合图匹配技术进行精确估算。可先选取粗略估算点周围某个范围内的所有像素点，对这些像素点的值都进行滤波得到特征值，再分别计算这些特征值和人脸库中模板特征值的相似度，最后计算出相似度最高的那个点就可以认为是特征点的精确估算位置。

5. 特征提取

在完成对特征点的定位后，再进行特征抽取。通过对定位好的特征点上的像素值进行 Gabor 小波滤波，将得到的小波系数存储到人脸图结构中。

使用小波滤波器进行特征提取需要很大的计算量，极为耗费时间。这是因为 Gabor 小波滤波器进行特征提取采用的是卷积操作，同时从 Gabor 滤波器中提取出的特征向量是八个方向、五种波长的高达四十维的向量，所以计算量极大。

不过，应用多通道快速滤波器可以解决滤波器函数和图像灰度进行卷积时计算量过大的问题。多通道快速滤波器可以等效为对图像特征分量按照频域分布进行展开，当代入一组特定的参数集合后，这些展开的多通道快速滤波器就转化为一个离散的 Gabor 滤波器。

换句话说，用 Gabor 滤波器提取特征，需要对图像中的每一个像素点进行卷积，这样会产生所谓的维数灾难问题，严重影响识别算法的速度。解决特征向量维数较高的问题，一般采用降维方法：先进行采样处理，然后进行特征提取，但这样有可能会丢失一些重要的特征信息；或者选取一些包含人脸信息较为丰富的特征点，只对这些特征点做变换，舍弃对识别帮助不大的特征点，但这种方法对特征点的定位准确性有较高的要求。

6. 相似度匹配

在弹性束图匹配算法中，比较特征点的相似度就是比较特征点上特征向量的相似度，所用的相似度计算公式为

$$S_D(J, J', \boldsymbol{d}) = \frac{\sum_{n=1}^{N} a_n a_n' \cos[\varphi_n - (\varphi_n' + \boldsymbol{d}\boldsymbol{k}_n)]}{\sqrt{\sum_{n=1}^{N} a_n^2 \sum_{n=1}^{N} a_n'^2}} \qquad (4-222)$$

其中，$\boldsymbol{d}$ 表示 J 和 J' 两点的位置偏差向量；$\boldsymbol{k}_n$ 表示第 n 个 Gabor 小波系数的单位向量。该公式补偿了因为相位的微小偏差对相似度带来的不利影响，又利用特征值的幅度信息全面反映了两个特征值之间的相似程度。

4.3.4 基于神经网络的人脸识别算法

相对于传统的人脸识别技术（局部二值模式、基于 Gabor 和尺度不变特征等），深度卷积神经网络具有有效的自动提取特征能力。使用深度卷积神经网络进行人脸识别能有效地克服人脸姿势、表情、遮挡等严重变化的情况。

卷积神经网络是一种深度学习的神经网络模型，具有权值共享、局部连接等特性。这使得卷积神经网络有一定的平移、缩放和旋转不变性，能够广泛应用于图像分类、人脸识别等场景[52]。

1. 卷积神经网络构成

卷积神经网络一般是由卷积层、池化层和全连接层交叉堆叠而成的前馈神经网络，使用反向传播算法进行训练。

1）卷积层（convolutions layer）

卷积层用于学习输入数据的特征表示，组成卷积层的卷积核用于计算不同的特征图。卷积层是卷积神经网络不可或缺的组成部分。卷积层由一些大小统一的卷积核组成，每个卷积核的参数都是经过网络训练学习而来。一般我们把卷积层中的计算称为卷积计算，卷积计算主要的作用是提取输入图像中的特征信息。卷积运算提取特征的能力十分明显，并且随着卷积层数的加深，卷积层提取到的特征信息越来越抽象，特征信息越抽象表示特征信息越有区分性，越容易用来解决实际应用中的问题。

卷积运算是生活中最常见的运算，我们可以用卷积运算来模拟生活中大部分场景。例如，当我们在线收看视频时，因为网络的原因视频卡顿了一下，这种情况如果用卷积来进行描述的话，可以表示为视频流畅播放与一个表示网络卡顿的卷积核进行卷积运算出现的结果。用数学公式可以表示为

$$Y(m, n) = X(m, n) * H(m, n) \qquad (4-223)$$

其中，$X(m, n)$ 表示视频正常播放，$H(m, n)$ 表示网络卡顿卷积核，$Y(m, n)$

表示视频卡顿的结果。如果能通过某种方法从 $Y(m,n)$ 中估计出 $H(m,n)$，就可以采取措施恢复 $X(m,n)$，解决视频卡顿的现象。

卷积操作目前被广泛应用于图像处理领域，使用卷积神经网络可以对图像中的特征信息进行有效提取，从而达到对图像进行识别的效果。

使用卷积对图像进行操作的具体公式为

$$y_{nm} = f\Big(\sum_{j=0}^{J-1}\sum_{i=0}^{I-1} x_{m+i,\,n+j} w_{ij} + b\Big) \ (0 \leqslant m \leqslant M,\, 0 \leqslant n \leqslant N)$$

$$(4-224)$$

其中，(M,N) 表示输入图像的尺寸大小，w_{ij} 表示卷积核的大小，b 为卷积层中的偏置大小。为了使卷积神经网络能够学习到图像中的非线性特征信息，一般会在卷积操作的后面添加非激活函数，式（4-224）中的 $f(\cdot)$ 即为激活函数。

卷积神经网络中卷积层一般由多个卷积核组成，每一个卷积核都会与图像进行卷积运算，之后每个卷积核会对应输出一个特征图，也就是卷积核对图像提取的特征信息。随着卷积层中卷积核数量的增多，卷积层输出的特征图也随之增多，但这并不是可以认为卷积核越多，提取的特征信息就越多，两者之间没有必然联系。卷积核的增多也可能增加卷积层提取无关特征信息的数量，影响卷积神经网络对图像的识别。因此卷积核数量的设置有一定的要求，不是越多越好，这与输入图像的尺寸以及数据集的规模有很大的关系。

2）池化层（pooling layer）

池化层又称下采样层，用于降低卷积层输出的特征向量，同时改善结果通过卷积层与池化层可以获得更多的抽象特征。经过卷积层卷积后的特征信息依然十分庞大，不仅会带来计算性能的下降，也会产生过拟合的现象。于是在降低特征维度的同时又能提取到具有代表性的特征信息，还能使得处理过后的特征图谱拥有更大的感受视野，这种用部分特征代替整体特征的操作称为池化操作。

池化后的图像依然具有平移不变性。池化操作会模糊特征的具体位置，图像发生平移后，依然能产生相同的特征。池化操作可以将一个局部区域的特征进一步抽象，池化中的一个元素对应输入数据中的一个区域，池化作用可以减少参数数量和降低图像维度。

常用的池化操作有最大池化和平均池化。前者是对每一个小区域选最大值作为池化结果；后者是选取平均值作为池化结果。如图 4-33 所示为池化步长为 2 的两种池化效果示意图。

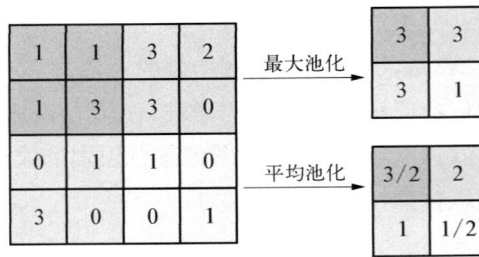

图 4-33 两种池化效果示意图

3) 全连接层(full connected layer)

在局部感知的概念没有提出来之前,所有前馈神经网络的连接方式都是以全连接的形式进行的。全连接层可以将卷积核和池化核得到的特征信息聚集到一起。另外全连接层还可以简化参数模型,在一定程度上减少前馈神经网络的神经元数据量和训练的参数数量。为了能使用反向传播算法来训练神经网络,全连接层要求图像有固定的输入尺寸。由于卷积层是在全连接层的基础上发展而来的,所以全连接层也可以用特殊的卷积层来表示。在全连接层中可以认为,每个神经元的感受视野是整个图像,全连接层隐藏层节点数越多,模型拟合能力越强,但是也会因为参数冗余带来过拟合的情况。为了解决过拟合对训练效果的影响,一般会在全连接层之间采用正则化技术。还可以在全连接层中随机舍去一些神经元,以此来解决训练过程中出现过拟合的情况。

全连接层与卷积层的计算方式不同,没有卷积计算那么复杂,在全连接层中直接将输入数据与向量做矩阵乘法。假设全连接层的输入为 x,输入维度为 D,输出为 y,输出维度为 V,则全连接层计算可以表示为

$$y = \boldsymbol{W}x \tag{4-225}$$

其中,$\boldsymbol{W}$ 为 $V * D$ 的权值矩阵。

由于卷积层中使用了权值共享、局部连接等操作,这些操作成功降低了卷积层的参数数量和计算量,使得全连接层的参数数量是卷积层的好几倍。在卷积神经网络中卷积层主要是对输入的图像进行特征提取,而全连接层的主要功能是将卷积层提取到的特征信息进行整合。因此在构建卷积神经网络时,要想提高网络的特征提取能力主要对卷积层进行设计,要想降低参数量和计算量可以对全连接层进行设计。

4) 激活函数

为了使卷积神经网络能够模拟更加复杂的函数关系,通常会在卷积层或者全连接层后边加入激活函数,让卷积神经网络可以学习到更加复杂的函数关系。

另外在卷积神经网络中加入激活函数后可以给网络添加非线性元素,使得卷积神经网络可以模拟任何非线性函数,提升卷积神经网络解决实际问题的能力。常见的激活函数有 ReLU 激活函数、Sigmoid 激活函数和 Tanh 激活函数。

(1) ReLU 激活函数的数学表达式为

$$f(x) = \max(0, x) \tag{4-226}$$

ReLU 激活函数是一种非饱和激活函数,也称为修正线性单元。与其他几种常用的激活函数相比,对于网络中的线性函数,ReLU 激活函数具有更强的表达能力;对于网络中的非线性函数,ReLU 激活函数可以使得模型的收敛速度保持在一个相对平稳的状态下。因此 ReLU 激活函数也是目前卷积神经网络使用最频繁的激活函数。

(2) Sigmoid 激活函数的数学表达式为

$$f(x) = \frac{1}{1 + e^{-x}} \tag{4-227}$$

Sigmoid 激活函数是一根 S 形的曲线,所以 Sigmoid 激活函数也称为 S 型函数。因为 Sigmoid 激活函数在 (0, 1) 之间是连续单调的,且函数的输出范围有限,因此 Sigmoid 激活函数常被用于二分类问题中。

(3) Tanh 激活函数的数学表达式为

$$f(x) = \frac{e^x - e^{-x}}{e^x + e^{-x}} \tag{4-228}$$

Tanh 激活函数是一个双曲线,所以也称为双切正切函数。Tanh 激活函数的优势在于当其用在特征信息相差明显的场景中时效果很好,并且会在训练过程中扩大特征效果[53]。

2. 基于神经网络的人脸识别步骤

1) 构建深度卷积神经网络

构建的深度卷积神经网络主要包括卷积层、激活函数层、池化层、全连接层等。其中,激活函数层将简单的线性输入转换成复杂的非线性输出,以获得更好的分类效果。

2) 训练过程

在训练过程中,对加载人脸的图像进行实时数据提升,利用旋转、翻转等方法从训练数据中创造新的训练数据以提升训练数据规模,提高模型的稳定性和训练效果。图 4-34 所示为本书作者及其学生们参与人脸识别实验所采集的样本集。

图 4-34 人脸样本集例图

3）确定卷积神经网络模型

输入数据分为静态和动态两个类别：静态输入数据为人脸图像，动态输入数据为视频流中的人脸图像。人脸检测是对输入的人脸图像进行检测，避免输入无用的信息。预处理是对输入的数据进行初步的处理，以便卷积神经网络能够提取到更多的有用信息，包括了人脸对齐、人脸裁剪等操作。特征提取则利用卷积神经网络的前向传播提取图像中人脸特征，得到人脸的特征信息。

4）实现人脸识别

将训练好的最佳卷积神经网络模型应用到视频人脸检测和识别中，通过特征对比将提取到的特征信息与人脸数据管理模块中人脸信息进行匹配，获取输入图像中人脸的身份信息，最后得到正确的人脸检测与识别结果。通过判断识别正确率及时调整各步骤以实现最佳识别效果，此时得到的卷积神经网络模型即为训练好的最佳卷积神经网络模型。

在实用技术中，自然需要建立人脸数据库的注册管理。该管理系统如图 4-35 所示，如事先对本书作者人脸图像

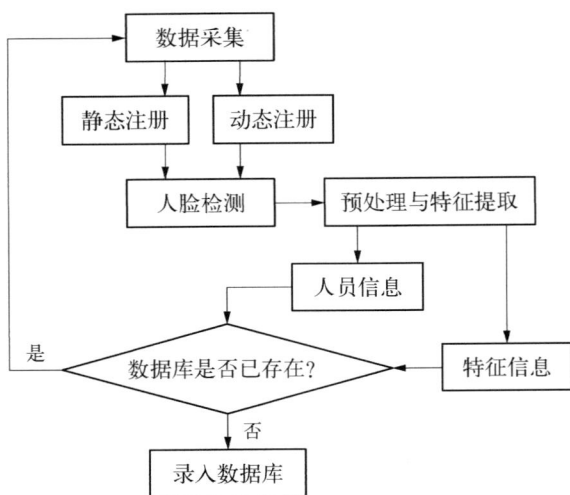

图 4-35 人脸注册流程图

进行注册,存放于人脸训练样本库,建立对于人脸训练数据库的位置记忆矩阵 $F_{m \times n}$(以图 4-34 中的人脸数据库建立的位置记忆矩阵为 $F_{4 \times 10}$),则当前被注册的样本处于 (u_2, v_5) 位置上。当实测图像进入识别过程时,会自动与 (u_2, v_5) 位置上的训练样本实施匹配(见图 4-36)。

图 4-36　人脸识别图例

4.3.5　基于支持向量机的人脸识别算法

支持向量机(SVM)以统计学习理论为坚实基础,由于其优越性,自提出来后受到了各个领域的关注和研究。目前针对 SVM 的研究主要集中在本身性质的理论研究、大型问题的有效算法以及应用领域的推广等。其中,应用研究方面已经取得了大量的研究成果,除了上述"二分类支持向量机"运用于列车动力系统及其传动装置状态识别之外,还将"多分类支持向量机"应用于人脸检测和识别、网络入侵检测、手写体文字识别等技术领域[24]。在人脸识别应用中,首先利用主成分分析(PCA)减少直方图的维数,再使用支持向量机进行分类,因而能够提高识别速率。该识别系统的基本流程如图 4-37 所示。

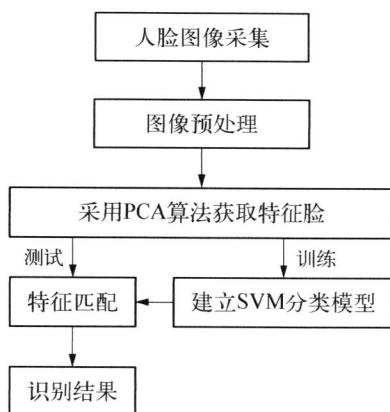

图 4-37　SVM 人脸识别流程图

1. 多分类支持向量机

非线性支持向量机通过建立非线性变换将样本从所在输入空间映射到一个特征空间,使得原有超曲面模型对应于特征空间的超平面模型,实现在高维特征空间中样本的线性可分。其拓扑结构如图 4-38 所示。

给定训练集

$$T = \{(x_1, y_1), (x_2, y_2), \cdots, (x_l, y_l)\} \tag{4-229}$$

其中,$x_l \in R^n$,$y_l \in Y = \{1, 2, \cdots, M\}$,$i = 1, 2, \cdots, l$。据此寻找空间 R^n 上的一个决策函数 $f(x): R^n \to Y$,用以推断任意输入 x 对应的输出值 y。

上述多分类问题即 M 分类问题。多分类问题可以通过转化而成一系列二分类问题来解决,转化建立起来的这一系列二分类问题的两类支持向量机,针对输入 x,根据这些两类支持向量机判定的结果来综合判断 x 的类别。不同的二分类构造对应不同的分类方法[54]。

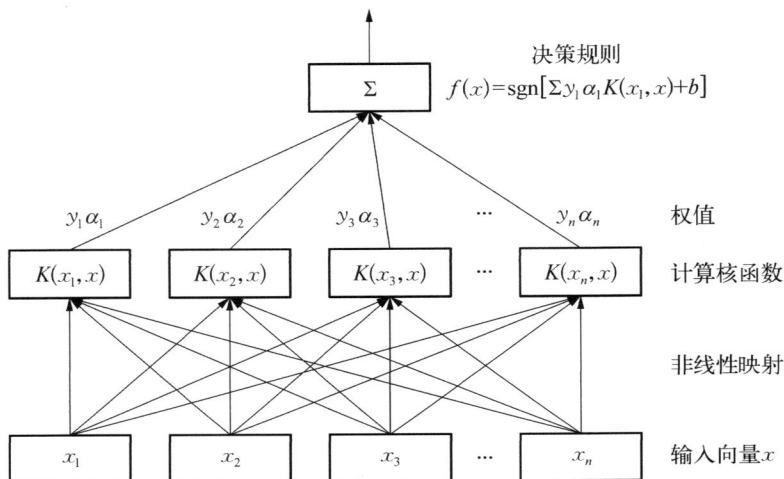

图 4-38 非线性支持向量机拓扑结构

1)"一对多"分类法

"一对多"算法即第 M 个分类器的解是由第 M 类样本集合和剩下的 $M-1$ 类样本集合的全体构成两类问题而得到。这样就需要构造 M 个分类器,然后对一个测试样本进行分类识别。

该算法的数学模型为

$$\min_{\boldsymbol{\omega}_i, b_i, \xi^i} \frac{1}{2} \boldsymbol{\omega}_i^{\mathrm{T}} \boldsymbol{\omega}_i + C \sum_j \xi_j^i \boldsymbol{\omega}_i^{\mathrm{T}} \qquad (4-230)$$

$$\text{s.t.} \begin{cases} \boldsymbol{\omega}_i^{\mathrm{T}} \varphi(x_j) + b_i \geqslant 1 - \xi_j^i \boldsymbol{\omega}_i^{\mathrm{T}} & (j = i) \\ \boldsymbol{\omega}_i^{\mathrm{T}} \varphi(x_j) + b_i \geqslant -1 - \xi_j^i \boldsymbol{\omega}_i^{\mathrm{T}} & (j \neq i) \\ \xi_j^i \geqslant 0 & (j = 1, 2, \cdots, M) \end{cases}$$

得到的决策函数为

$$F_i(x) = [\boldsymbol{\omega}_i^{\mathrm{T}} \varphi(x_j) + b_i] \quad (i = 1, 2, \cdots, M) \qquad (4-231)$$

式中,$\boldsymbol{\omega}$ 代表超平面的法向量;b 代表超平面的偏置量;ξ 表示松弛变量,能够降低最优分类超平面的要求;C 表示惩罚因子,当 $C > 0$ 时,表示对错误分类的惩罚力度。

在求解非线性问题时,对于构建的支持向量机,就是要构建从低维空间到高维空间的非线性映射,$\varphi(x_j)$ 就是从二维空间到高维空间的一种映射,$\varphi(x_j)$:$R^2 \to R^n$。

2)"一对一"分类法

"一对一"分类法即将每一类和其余的 $M-1$ 类中的每一类构成两类,这样可以得到 $\dfrac{M(M-1)}{2}$ 个分类面,即需要构造 $\dfrac{M(M-1)}{2}$ 个二类分类器把当前需要判断的这类与另一类划分开。然后根据该类与余下的各类分别建立的 $M-1$ 个二类别分类器综合判断某一个输入 x 所归属的类别。

该算法的数学描述为

$$\min_{\boldsymbol{\omega}_{ij},\,b_{ij},\,\xi_l^{ij}} \frac{1}{2}\boldsymbol{\omega}_{ij}^{\mathrm{T}}\boldsymbol{\omega}_{ij} + C\sum_l \xi_l^{ij}\boldsymbol{\omega}_{ij}^{\mathrm{T}} \tag{4-232}$$

$$\text{s.t.} \begin{cases} \boldsymbol{\omega}_{ij}^{\mathrm{T}}\varphi(x_j) + b_{ij} \geqslant 1 - \xi_l^{ij}\boldsymbol{\omega}_{ij}^{\mathrm{T}} & (l=i=j) \\ \boldsymbol{\omega}_{ij}^{\mathrm{T}}\varphi(x_j) + b_{ij} \geqslant -1 - \xi_l^{ij}\boldsymbol{\omega}_{ij}^{\mathrm{T}} & (l \neq i \text{ 或 } l \neq j) \\ \xi_l^{ij} \geqslant 0 & (l=1,\,2,\,\cdots,\,M) \end{cases} \tag{4-233}$$

得到的决策函数为

$$F_{ij}(x) = [\boldsymbol{\omega}_{ij}^{\mathrm{T}}\varphi(x_j) + b_{ij}] \quad (i=1,\,2,\,\cdots,\,M;\,j=1,\,2,\,\cdots,\,M) \tag{4-234}$$

在判定某一个输入样本的类别时,需要用上述 $\dfrac{M(M-1)}{2}$ 个分类器对当前样本进行分类,若一个分类器判断此样本属于某一类,则该样本在这一类别上就获得一票,最后,获得票数最多的类别即为输入样本的所属类别。

2. 核函数与特征选择

1)核函数的选择

对于函数 $\int f^2(x)\mathrm{d}x < 0$ 且 $f(x) \neq 0$ 都能够使决策函数

$$f(x) = \mathrm{agn}\Big[\sum_{i=1}^{l} a_i^* y_i K(x,\,x_i) + b^*\Big] \tag{4-235}$$

成立,则 $K(x,\,x_i)$ 便是能够将其描述为某个特征空间中的一个内积运算的核函数,$K(x,\,x_i) = \varphi^{\mathrm{T}}(x)\varphi(x_i)$。式中,$\mathrm{agn}(\cdot)$ 是符号函数,a^* 是最优的拉格朗日系数,b^* 为阈值,i 为支持向量的数目。

常见的核函数有如下几种形式：

（1）线性核函数

$$K(x, x_i) = x \cdot x_i \qquad (4-236)$$

（2）多项式核函数

$$K(x, x_i) = (\boldsymbol{x}^{\mathrm{T}} \boldsymbol{x}_i)^d \qquad (4-237)$$

其中，向量 $\boldsymbol{x} = [x]$，$\boldsymbol{x}_i = [x_i]$，d 为齐次多项式核函数给定的正整数。

（3）径向基核函数

$$k(x, x_i) = \exp\left(-\frac{|x - x_i|^2}{\sigma^2}\right) \qquad (4-238)$$

（4）Sigmoid 核函数

$$K(x, x_i) = \tanh[v(x \cdot x_i) + \gamma] \qquad (4-239)$$

其中，待定参数 $v \to 0$ 且 γ 取很小的值是最优选择，一般情况下，$v = 0.0001$，$\gamma = 0$。

在解决实际问题时，选取核函数的原则是将误差最小的核函数作为最优核函数。

2）特征选取方法

假设对于选择出的特征能够完全将训练样本集正确分类，即对于训练样本集，每次得到的最优超平面的经验风险相同，在此基础上，将此次所得到的最优超平面与前面所有试验所得最优超平面对于测试样本集的经验风险相比较，进而判断是否将某特征剔除。

此种假设满足序列极小化方法的基本原理，即在保持不增加经验风险的前提下，最大限度地减少特征数。在实际应用中，将样本集分为两部分，一部分用于特征选择，另一部分用于检测特征选择的效果。前者称为特征选择训练样本集，后者称为特征选择测试样本集。

特征选择极小化序列方法：① 对原始的训练样本集，选择高斯径向基核函数，确定合适的参数 σ，构造并求解最优化问题。② 去掉原始训练样本集的第 i 个特征，再重复步骤①，构造出决策函数 $f(x)$，并计算与测试样本集相对应的经验风险 $R_{\mathrm{emp}}(\hat{f})$。③ 如果 $R_{\mathrm{emp}}(\hat{f}) \leqslant R_{\mathrm{emp}}(f)$，则剔除第 i 个特征，且令 $f(x) = \hat{f}(x)$，$R_{\mathrm{emp}}(\hat{f}) = R_{\mathrm{emp}}(f)$；否则，第 i 个特征被标记。④ 选择新的特征，重复步骤②和步骤③，如果所有特征已被标记，停止计算[55]。

3. 建立分类与匹配

也就是说,要么采用"一对多"算法,第 M 个分类器的解是由第 M 类样本集合和剩下的 $M-1$ 类样本集合的全体构成两类问题而得到。然后,对于一个测试样本进行分类识别。要么采用"一对一"分类法,将每一类和其余的 $M-1$ 类中的每一类构成两类,这样可以得到 $\dfrac{M(M-1)}{2}$ 个分类面。然后,根据该类与余下的各类分别建立的 $M-1$ 个二类别分类器综合判断某一个输入 x 所归属的类别[56]。

采用图 4-34 的人脸库数据作为算例的学习样本。将采集到的一幅动态人脸进行数据标准化,即使输入的人脸图像的范围达到预定的误差标准,因此可以消除初始权重的比例依赖问题,并提高训练速度,减少陷入局部最优状态的可能性。同时,通过标准化输入可以更方便地进行权重衰减和贝叶斯估计。数据标准化应根据实验数据的情况来选择标准化的范围,一般默认数据标准化的范围为 $[-1,1]$。将一幅人脸图像对人脸数据库进行识别匹配,这是典型的"一对多"分类法运算。为了检测 SVM 分类器对人脸分类识别的实际应用效果,将分类模型对人脸图像进行分类测试。整个匹配过程可以如图 4-39 所示。

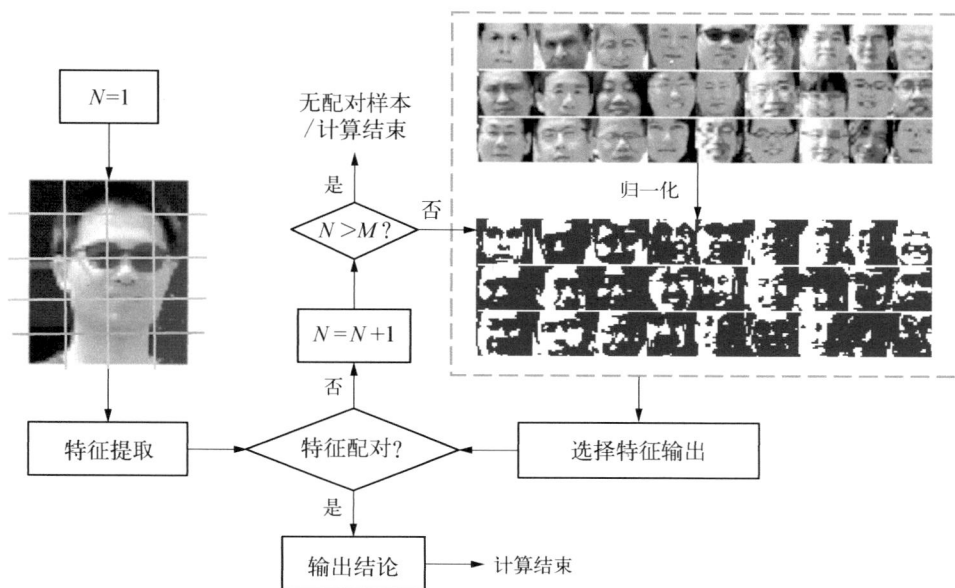

图 4-39　"一对多"人脸库分类及匹配结果图例

4.3.6 基于隐马尔可夫模型的人脸识别算法

隐马尔可夫模型(hidden Markov model，HMM)是用来描述一个含有隐性未知参数，即状态的马尔可夫过程。其难点是从已观察的数据中确定该过程的隐含参数，然后利用这些参数来做进一步的分析与挖掘。对于任意一张人脸图像而言，其像素值处于可观测状态，而其隐含状态不能根据像素值观察而得到，因此需要一个随机过程去描述隐含的状态，即隐马尔可夫模型[57]。

近年来，基于隐马尔可夫模型的方法成为人脸识别领域较为主要的研究内容。基于隐马尔可夫模型的人脸识别方法可在一定程度上提升人脸识别准确率。

1. 隐马尔可夫模型

隐马尔可夫模型是由两个相互关联的随机过程构成。其中一个是由内在的有限个状态的马尔可夫链来描述状态可能的变化，另一个随机过程描述观察值和所对应的状态之间的统计学关系。因为在状态转移过程中，观察者看到的只是与每一状态相关联的随机函数的输出值，观察不到具体的马尔可夫链的状态，故称之为隐马尔可夫模型。

1) 隐马尔可夫模型的基本参数

隐马尔可夫模型的本质是一种用参数表示、用于描述随机过程统计特性的概率模型。隐马尔可夫过程由可观测的观察序列和不可观测的状态过程构成。隐马尔可夫模型可以表示为

$$\lambda = (N, M, A, B, \Pi) \tag{4-240}$$

其中，N 为状态集合 $S = \{S_1, S_2, \cdots, S_N\}$ 中的隐马尔可夫模型的状态数，假定 t 时刻的状态为 q_t，$q_t \in S$，$1 < t < T$，T 为观察序列的长度；M 为观察集合 $V = \{V_1, V_2, \cdots, V_N\}$ 中状态所对应的观察数目；A 为状态转移概率分布或转移矩阵，$A = \{a_{ij}\}$，$a_{ij} = p(q_t = S_j \mid q_{t-1} = S_i)$，$1 < i < N$，$1 < j < N$；$B$ 为观察概率矩阵或称之为发射矩阵，$B = \{b_{ij}\}$，$b_{ij} = p(O_t = V_k \mid S_t = q_j)$；$\Pi$ 为初始状态概率分布矢量，$\Pi = \{\pi_i\}$，$\pi_i = p(q_i = S_i)$，$1 < i < N$。

2) 参数计算和模型的建立

HMM 模型建立之后，有三个基本的问题需要解决，即① 给定观察序列 $O = o_1, o_2, \cdots, o_r$，以及模型参数 $\lambda = (N, M, A, B, \Pi)$，评估给定模型产生观察序列的概率 $p(O \mid \lambda)$ 的问题；② 给定观察序列 $O = o_1, o_2, \cdots, o_r$，以及模型参数 $\lambda = (N, M, A, B, \Pi)$，为了更好地解释观察序列 $O = o_1, o_2, \cdots, o_r$，如何

选择一个最佳序列 $Q = q_1, q_2, \cdots, q_T$ 的问题；③ 如何调整模型参数 $\lambda = (N, M, A, B, \Pi)$，使得 $p(O \mid \lambda)$ 达到最大的问题。

在以上三个问题解决以后，就可以得到参数最优的模型，用于实际人脸识别。其中，第一个问题是对给定模型产生观察序列的概率进行估计，即评价模型与观察序列的匹配程度，给定一个未知人脸，计算哪个人脸模型经过状态转移生成该人脸模型的概率最大，将该未知人脸分到哪一类人脸当中。第二个是计算给定模型参数和观察序列后，生成哪种状态转移序列的可能性最大，通常需要制订一个优化准则，当满足优化准则条件后就可以认定该状态转移序列的可能性最大。第三个是对模型参数的优化问题，给定一组观察值序列后，需要不断调整优化参数 λ，使得观察值出现的概率最大。

基于 HMM 的人脸识别就是要根据一组相同人的不同人脸图像，通过学习，给每一个人脸建立一个与之相对应的模型，这实际上是一个参数估计问题。

问题①的评估问题，采用前向后向算法来解决。

定义前向变量 $\alpha_t(i)$ 为

$$\alpha_t(i) = p(o_1, o_2, \cdots, o_t, q_t = S_i \mid \lambda) \tag{4-241}$$

定义后向变量 $\beta_t(i)$ 为

$$\beta_t(i) = p(o_{t+1}, o_{t+2}, \cdots, o_t, q_t = S_i \mid \lambda) \tag{4-242}$$

前向算法步骤：

a. 初始化 $\alpha_t(i)$

$$\alpha_t(i) = \pi_1 b_1(o_1) \quad (1 \leqslant i \leqslant N) \tag{4-243}$$

b. 递推

$$\alpha_{t+1}(j) = \Big[\sum_{i=1}^{T} \alpha_t(i) a_{ij} \Big] b_j(o_{t+1}) \quad (1 \leqslant t \leqslant T, 1 \leqslant j \leqslant N) \tag{4-244}$$

c. 结束

$$p(O \mid \lambda) = \sum_{i=1}^{N} \alpha_T(i) \tag{4-245}$$

后向算法步骤：

a. 初始化 $\beta_t(i)$

$$\beta_t(i) = 1 \quad (1 \leqslant i \leqslant N) \tag{4-246}$$

b. 递推

$$\beta_t(i) = \sum_{j=1}^{N} a_{ij} b_j(o_{t+1}) \beta_{t+1}(j) \qquad (4-247)$$

定义

$$\delta_t(i) = \max p(q_1, q_2, \cdots, q_t, o_1, o_2, \cdots, o_t \mid \lambda) \qquad (4-248)$$

表示沿着一条单路径计算前 i 个观察值在时刻 t 结束于 S_i 状态时的最高值。那么可以推出关系式:

$$\delta_{t+1}(j) = [\max \delta_t(i) a_{ij}] b_j(o_{t+1}) \qquad (4-249)$$

再用一个二维阵列 $\{\psi_t(j), t=1, 2, \cdots, T, j=1, 2, \cdots, N\}$ 来跟踪记载 $\delta_t(j)$ 在推导过程中的最佳路径。

解决问题②的算法步骤:

a. 初始化

$$\delta_1(i) = \pi_1 b_1(o_1) \quad (1 \leqslant i \leqslant N) \qquad (4-250)$$

$$\psi_1(i) = 0 \qquad (4-251)$$

b. 递推

$$\delta_t(i) = \max \lfloor \delta_{t-1}(i) a_{ij} \rfloor b_j(o_t) \quad (2 \leqslant t \leqslant T, 1 \leqslant i \leqslant N) \quad (4-252)$$

$$\psi_t(i) = \operatorname{argmax} \lfloor \delta_{t-1}(i) a_{ij} \rfloor \quad (2 \leqslant t \leqslant T, 1 \leqslant i \leqslant N) \qquad (4-253)$$

c. 结束

$$p_T^* = \max[\delta_T(i)] \quad (1 \leqslant i \leqslant N) \qquad (4-254)$$

$$q_T^* = \operatorname{argmax}[\delta_T(i)] \quad (1 \leqslant i \leqslant N) \qquad (3-255)$$

d. 路径回溯(最佳状态链的确定)

$$q_T^* = \psi_{t+1}(q_{t+1}^*) \qquad (4-256)$$

算法的结果不仅给观察序列 O 确定了一个最佳状态链,而且可以同时求出模型 λ 产生观察序列 O 的概率 $p(O \mid \lambda)$。由此得到的最佳状态链也确定了观察序列和各个状态之间最可能的对应关系,这种对应关系也称为对观察序列进行了分割。

如何调整模型参数 $\lambda = (N, M, \boldsymbol{A}, \boldsymbol{B}, \boldsymbol{\Pi})$,使 $p(O \mid \lambda)$ 最大,这就是对模型参数的优化问题。受模型的训练样本个数和训练次数的限制,观察序列的长度往往也受到限制，因此不可能得到最优的参数估计值，而只能用一种估计最大化的算法来获得局部最优解。

定义 1：$\gamma_t(i)$ 为给定 HMM 模型和观察序列在 t 时刻处于状态 S_i 的概率，则

$$\gamma_t(i) = p(q_t = s_i \mid O, \lambda) = \frac{\alpha_t(i)\beta_t(i)}{\sum\limits_{i=1}^{N} \alpha_t(i)\beta_t(i)} \tag{4-257}$$

且满足条件

$$\sum_{i=1}^{N} \gamma_t(i) = 1 \tag{4-258}$$

定义 2：在 $t+1$ 时刻处于状态 S_j 的概率为

$$\xi_t(i, j) = p(q_t = s_i, q_{t+1} = s_j \mid O, \lambda) \tag{4-259}$$

用前后向概率表示，则有

$$\xi_t(i, j) = \frac{\alpha_t(i) a_{ij} b_j(o_{t+1}) \beta_{t+1}(j)}{p(O \mid \lambda)} = \frac{\alpha_t(i) a_{ij} b_j(o_{t+1}) \beta_{t+1}(j)}{\sum\limits_{i=1}^{N} \sum\limits_{j=1}^{N} \alpha_t(i) a_{ij} b_j(o_{t+1}) \beta_{t+1}(j)}$$

$$\tag{4-260}$$

显然，$\gamma_t(i)$ 和 $\xi_t(i, j)$ 满足

$$\gamma_t(i) = \sum_{j=1}^{N} \xi_t(i, j) \tag{4-261}$$

如果将 $\gamma_t(i)$ 对某个时间段 t 求和，可以得到在时间段 t 内访问状态 S_i 的次数，或者从状态 S_i 转出的期望次数；与此相类似，将 $\xi_t(i, j)$ 对某个时间段 t 求和，可以得到从状态 S_i 转移到状态 S_j 的期望次数，即

$$\sum_{t=1}^{T-1} \gamma_t(i) = N^{(1)} \tag{4-262}$$

式中，$N^{(1)}$ 为从状态 S_i 转出的期望次数。

$$\sum_{t=1}^{T-1} \xi_t(i) = N^{(2)} \tag{4-263}$$

式中，$N^{(2)}$ 为从状态 S_i 转移到 S_j 的期望次数。

根据以上公式，可以得到对 HMM 模型参数的一组估计公式：

$$\bar{\pi}_i = p(q_i = S_i) = \gamma_1(i) \quad (t=1) \tag{4-264}$$

$$\bar{a}_{ij} = \frac{\sum\limits_{t=1}^{T-1} \xi_t(i)}{\sum\limits_{t=1}^{T-1} \gamma_t(i)} \tag{4-265}$$

$$\bar{b}_j(o_i) = \frac{\sum\limits_{t=1, o_i}^{T} \gamma_t(i)}{\sum\limits_{t=1}^{T} \gamma_t(i)} \tag{4-266}$$

此处，$\sum\limits_{t=1, o_i}^{T} \gamma_t(i)$ 表示处于状态 S_j 和出现观察 o_i 的平均次数；$\sum\limits_{t=1}^{T} \gamma_t(i)$ 表示处于状态 S_j 的平均次数。

定义当前模型 $\lambda = (N, M, \boldsymbol{A}, \boldsymbol{B}, \boldsymbol{\Pi})$ 的重估公式为 $\bar{\lambda} = (N, M, \bar{\boldsymbol{A}}, \bar{\boldsymbol{B}}, \bar{\boldsymbol{\Pi}})$，如果当前模型的初始参数就是一个极值点，那么在 $p(O|\bar{\lambda}) > p(O|\lambda)$ 意义上，模型 $\bar{\lambda}$ 比模型 λ 更优。也就是说，如果能找到一个新的模型，则新的模型产生观察序列 O 的概率更大。

通过理论分析可知，如果反复重复上述步骤，不断更新优化模型参数，就能够提高模型产生观察序列的概率，相当于模型利用训练样本不断学习和升级。当满足了某个限制条件的时候，重估过程就会停止，模型的学习和升级也就告一段落，此时得到的模型参数称为对的最大似然估计。

定义了一个辅助函数

$$Q(\lambda, \bar{\lambda}) = \sum_Q p(Q|O, \lambda) \lg \lfloor p(Q|O, \bar{\lambda}) \rfloor \tag{4-267}$$

重估公式可以由上式通过对 $\bar{\lambda}$ 求极大值得到，并可以证明最大化 $Q(\lambda, \bar{\lambda})$ 会导致似然概率的增大，即

$$\max[Q(\lambda, \bar{\lambda})] \Rightarrow p(O|\bar{\lambda}) \geqslant p(O|\lambda) \tag{4-268}$$

最后，似然函数将会收敛到一个模型函数的极值点。

3) HMM 模型的训练

实际上，隐马尔可夫模型是一个包含五个状态的左右型人脸模型。该模型将正面人脸图像分为头发、额头、眼睛、鼻子和嘴巴五个显著的特征区域。无论何种人脸，受到何种干扰，这五个区域保持从上到下的次序是不变的，可以认为每个显著的特征区域中都隐含着一个人脸的状态。因此可以说，

这五个隐藏的状态可以产生一个观察序列,通过观察序列就可以估计这五个状态。

隐马尔可夫模型训练的目的就是要为每一个人建立一个与之相对应的模型,并且模型通过不断训练和学习,最终得到最优的模型参数,使得模型可以准确表示对应人脸相比于其他人脸显著的特征。HMM 模型训练的流程如图 4 – 40 所示。

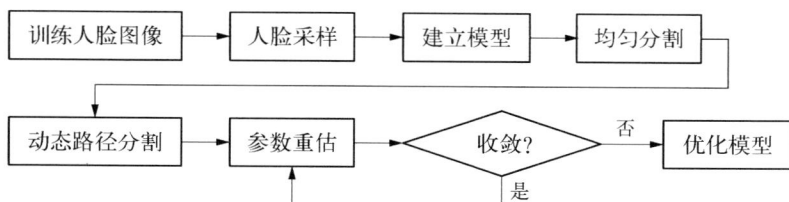

图 4 – 40　HMM 模型训练流程图

计算步骤:① 用采样窗对人脸图像进行采样,并对每一个采样窗矩阵做奇异值分解,将其奇异值向量作为观察序列;② 建立一个通用的 HMM 模型 $\lambda = (N, M, A, B, \Pi)$,确定模型的状态数、允许的状态转移和观测序列向量的大小;③ 将用于训练的人脸图像均匀分割成 N 个特征区域,分别与模型的 N 个状态对应,计算模型的初始参数;④ 用动态路径分割来重新估计模型参数的初始值;⑤ 参数重估并反复迭代,直至得到最优的模型参数。

在实验中,通常同时采用迭代次数和迭代误差两个量来控制收敛速度,也就是当迭代次数大于 15 次或前后两次的迭代误差小于 e^{-4} 时,就认为已经达到了收敛。一旦获得最大化的观察概率后,训练过程立即结束。此时的模型参数为最优的模型参数,存入数据库中作为这一类人脸的标准模型。

2. 隐马尔可夫模型的人脸识别过程

人脸识别过程与模型训练的步骤相同。将每个采样窗内的图像矩阵进行奇异值分解,得到观察序列。基于隐马尔可夫模型的人脸识别实际上就是通过人脸图像的像素值(观察值)来估计其隐含状态的参数——基于隐马尔可夫的人脸模型。通过观察值估算其隐含参数的过程就是建立人脸模型的过程。分别计算每个观察模型生成该序列的最大似然概率,概率最大的模型就是待识别的人脸所属的类。表达式为

$$p(O^{(k)} \mid \lambda_m) = \max p(O^{(k)} \mid \lambda_n) \quad (n = 1, 2, \cdots, N, m \subseteq n)$$

$$(4 – 269)$$

如果第 m 个模型 λ_m 产生序列 $O^{(k)}$ 的最大似然概率为所有概率中的最大值，说明图像 k 属于第 m 类模型。具体的识别流程如图 4‐41 所示。

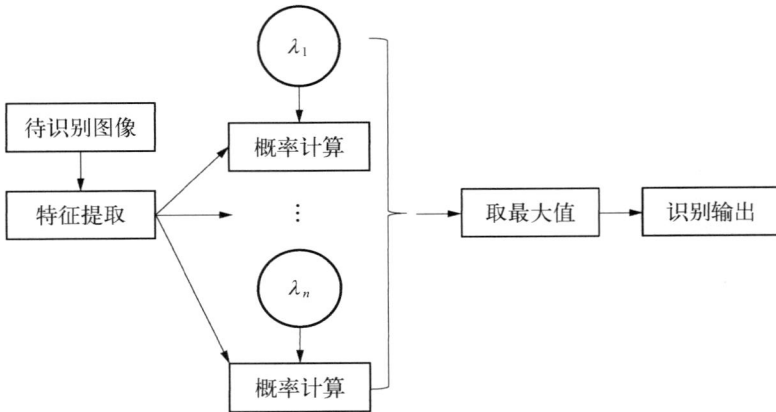

图 4‐41　HMM 模型人脸识别流程

图 4‐42　正面人脸图像

1）人脸采集与处理

用采样窗对被识别图像进行采样，待采样的图像如图 4‐42 所示。

2）奇异值向量分解

在模式识别中，特征抽取是一项至关重要的技术。特征抽取的目的是为了得到特征数量较少或特征维数较低而分类错误概率较小的特征向量。由于在实际问题中最重要的特征往往不容易找到，或是无法测量，因此如何提取简单而有效的特征成为模式识别系统一个十分重要的问题。

用于图像识别的特征可以分为直观性特征、灰度统计特征、变换系数特征以及代数特征。

（1）直观性特征。直观性特征的物理意义明确，如图像的边沿、轮廓、纹理、区域等，可以针对具体的问题设计相应的提取算法。

（2）灰度统计特征。灰度统计特征将图像看作二维随机过程，用统计意义上的各阶矩来描述图像特征，如 7 个矩不变量等。

（3）变换系数特征。变换系数特征对图像进行各种数学变换，用变换得到的系数来表示图像的特征，如傅里叶变换、哈夫变换、哈达玛变换等。

（4）代数特征。代数特征反映了图像的内在属性，并且具有不变性，将图像作为矩阵看待,可以进行各种矩阵分解或代数变换,如变换和主分量分析等。

目前较为常用的特征提取方法主要是代数特征提取,因为代数特征反映了图像各像素之间的统计规律。将灰度图像看作由各像素点上的灰度值构成的矩阵,可以对其进行各种矩阵分解或代数变换。

由于矩阵的特征向量反映了矩阵的代数属性,并且具有稳定性和不变性,因此可以作为表征图像的一种特征引入识别系统进行识别。

对矩阵进行奇异值分解是一种有效的代数特征提取方法。这种方法的优点在于,奇异值具有良好的稳定性,算法比较稳定和简单,奇异值具有代数和几何上的不变性,对光照、表情、姿态的变化具有一定的鲁棒性,因此在图像识别领域中应用广泛。奇异值分解在信号处理和模式识别领域中是一种求解最小二乘问题的有效工具。

任何一个实对称方阵都可经正交变换转化为对角阵,若一幅图像用实矩阵表示,则可用奇异值分解,将其转化为

$$A = U\Sigma V^{\mathrm{T}} \tag{4-270}$$

其中,U、V 是两个单位正交矩阵,Σ 为对角阵

$$\Sigma = \begin{bmatrix} \lambda_1 & 0 & 0 & 0 \\ 0 & \lambda_2 & 0 & 0 \\ 0 & 0 & \ddots & \\ 0 & 0 & 0 & \lambda_N \end{bmatrix} \tag{4-271}$$

如果 A 只有 k 个非零奇异值,那么

$$A = \sum_{i=1}^{k} \lambda_i u_i v_i^{\mathrm{T}} \tag{4-272}$$

其中,u_i、v_i 分别是 U 和 V 的各个列元素。

取 $S_{n\times1} = \begin{bmatrix} \lambda_1 & \lambda_2 & \cdots & \lambda_N & 0 & 0 & 0 \end{bmatrix}^{\mathrm{T}}$ 为矩阵 A 的奇异值向量。由奇异值分解的定义可知,对任意一个实矩阵 A,它的奇异值分解是唯一的。λ 按序排列成 $\lambda_1^* \geqslant \lambda_2^* \geqslant \cdots \lambda_k^*$ 时,图像 A 经过奇异值分解所得到的特征向量也应该是唯一的。因此,奇异值向量就可以作为表征灰度值矩阵的数值特征。奇异值向量具有稳定性、转置不变性、位移不变性、旋转不变性、镜像变换不变性、奇异值向量与对应图像亮度成比例变化等特性。

3) 特征提取

在人脸识别特征提取过程中,最常用的是五个状态的左右型隐马尔可夫人

脸模型。该模型将正面人脸图像分为头发、额头、眼睛、鼻子和嘴巴五个显著的特征区域,无论何种人脸,受到何种干扰,这五个区域均保持从上到下的次序是不变的,可以认为每个显著的特征区域中都隐含着一个人脸的状态。因此可以说,这五个隐藏的状态可以产生一个观察序列,通过该观察序列就可以估计到这五个状态,其状态结构如图 4-43 所示。

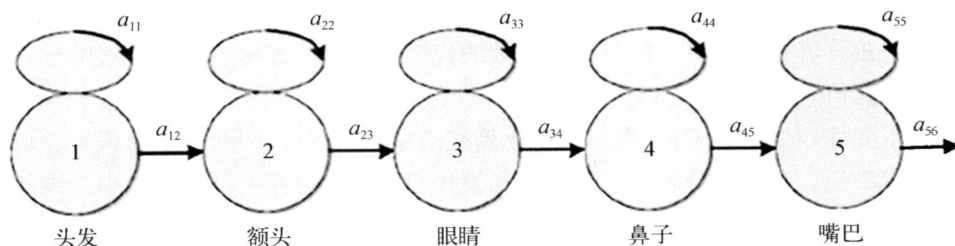

图 4-43 五个状态的左右型 HMM 模型

图 4-43 中,a_{11}、a_{12} 为转移矩阵 $A=\{a_{ij}\}$ 中头发的状态转移概率分布值,即头发可观测值矩阵元素和不可观测状态概率分布值元素;a_{22}、a_{23} 为转移矩阵 $A=\{a_{ij}\}$ 中额头的状态转移概率分布值;a_{33}、a_{34} 为转移矩阵 $A=\{a_{ij}\}$ 中眼睛的状态转移概率分布值;a_{44}、a_{45} 为转移矩阵 $A=\{a_{ij}\}$ 中鼻子的状态转移概率分布值;a_{55}、a_{56} 为转移矩 $A=\{a_{ij}\}$ 中嘴巴的状态转移概率分布值。

设人脸图像尺寸为 $M \times H$,采样窗的尺寸为 $M \times L$,对图像进行从上到下的采样,两个相邻的采样窗之间重叠的部分高度为 P,则采样数为

$$T=\frac{H-L}{L-P}+1 \qquad (4-273)$$

在实际中,参数 L 和 P 的取值在很大程度上影响识别率。一般情况下,P 越大,采样数越多,观察序列也就更长,模型的训练次数也就越多,参数更加准确,识别率也就越高。在 P 足够大的情况下($P \leqslant L-1$),L 对于系统识别率的影响就基本可以忽略不计了。

由于奇异值向量的稳定性及转置不变性等特性,相对于直接采用灰度值或二维离散余弦变换系数,奇异值向量作为观察向量可以得到更高的识别率。因为人脸识别中的一个难点问题是,同一个人的不同照片往往是有些差别的;光照强度、角度甚至面部表情变化都可能引起识别率的剧烈变化。灰度值作为观察向量的缺点在于,灰度值不代表稳健的图像特征,对噪声、光照、旋转十分敏感,另外大尺寸的观察向量也会增加计算的复杂度,增加系统训练和反应的时间。

4）匹配结果

图 4 - 44 所示为同一个人在不同角度下拍摄的人脸图像。为了降低由于拍摄条件变化导致的隐马尔可夫模型参数变化，也为了消除人脸隐状态（即五官）内部像素的像素值突变造成的状态转移参数变化，在建立人脸图像的隐马尔可夫模型之前，可以引入人脸图像预处理操作。即利用中值滤波器对人脸图像进行预处理之后，将预处理结果作为观察值估算隐马尔可夫模型参数。

经过中值滤波器后的人脸隐状态内部图像的像素值会趋于一致，同时人脸角度变化在人脸图像中所造成的阴影和五官变形也在一定程度被均值滤波器抵消了。因此，在隐马尔可夫模型建立之前，对人脸图像的均值滤波处理能够提升人脸模型的精度。

在人脸图像预处理后，还需要获取人脸图像的观察值序列，才能够实现隐马尔可夫模型参数的估算。为了能够在降低观察值序列维数的同时获取更高的识别精度，可以采取奇异值分解的方法获取观察值序列。比如，使用宽度为 W 像素，高度为 L 像素的滑动窗自上而下遍历整个人脸图像，相邻两个滑动窗之间重叠高度为 P 像素，如图 4 - 45 所示。

图 4 - 44　不同视角下的人脸图像

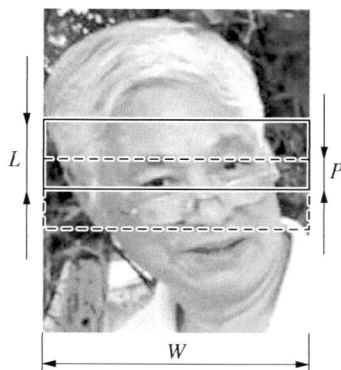

图 4 - 45　滑动窗示意图

对每个滑动窗区域的图像进行奇异值分解，分解后得到多个矩阵作为该滑动窗区域图像的观察值，所有滑动窗经过的图像部分的观察值为组成该幅人脸图像的观察值蓄序列。

上述计算过程完成后即可建立人脸隐马尔可夫模型，即通过数据库中的人脸图像获取该人脸的隐马尔可夫模型参数。

人脸隐马尔可夫模型的识别过程为计算其属于每个人脸隐马尔可夫模型的概率，概率最大的隐马尔可夫模型为识别结果。具体过程如下：① 对滤波后图像进行滑动窗分割,并计算每个窗口的观察值;② 用获取的观察值计算与每一个隐马尔可夫模型的匹配程度;③ 选取概率最大的隐马尔可夫模型作为识别结果。

如图 4‑46 所示为同一个人在不同角度且在不同时段所拍摄的人脸图像,采用 HMM 模型识别取得准确的识别样本。

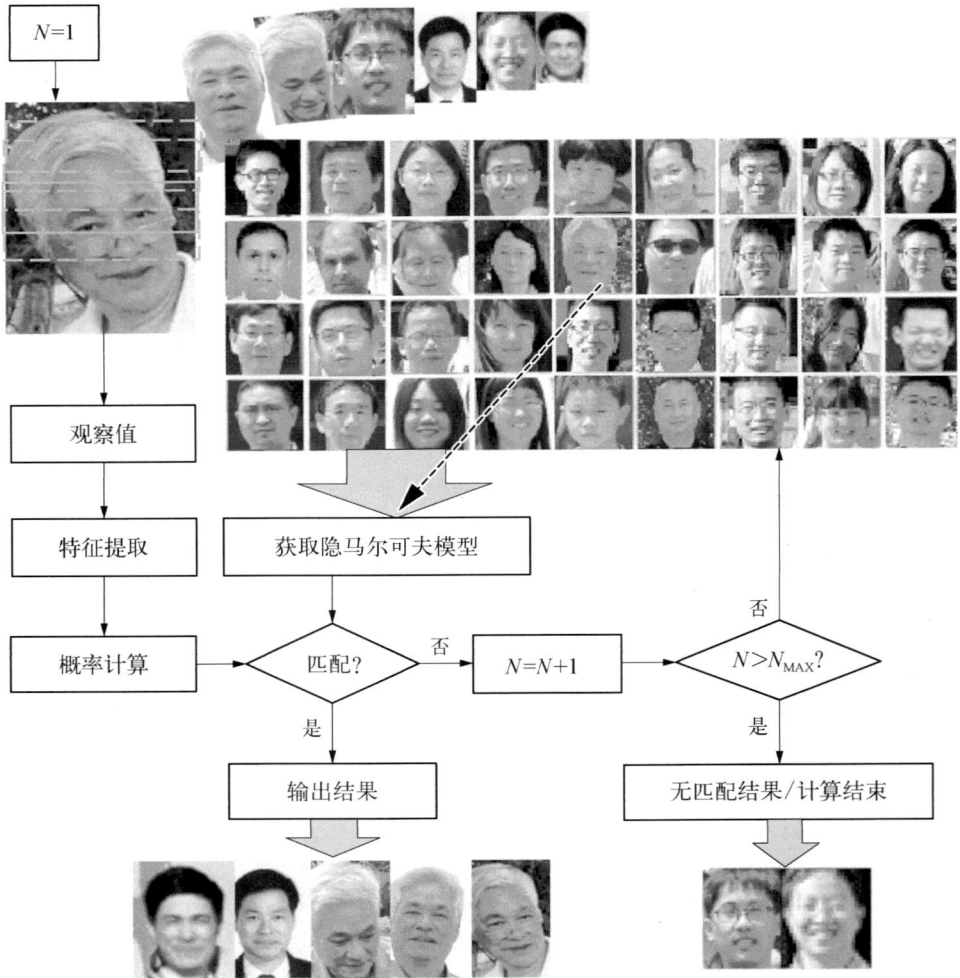

图 4‑46　基于隐马尔可夫模型的识别示意图

第 5 章　AI 在轨道交通运维中的应用

　　人工智能相对于传统方式更有利于提升行车效率与安全。当前,大数据技术和人工智能技术的广泛推广应用让人们的生活变得更加方便快捷,而以此为基础创建智慧交通管理模式,显然对我国交通领域的管理效率有极大提升[58]。

5.1　典型应用领域

　　当前,云计算、大数据、深度学习等多种人工智能技术及其算法,在轨道交通方面的运用已经日益普及。

5.1.1　编制列车运行图

　　列车运行图的编制问题是轨道交通系统组织的核心问题之一,是轨道交通系统运行的基础。以高铁为例,高铁运营特点是运行速度、开行密度、正点率、安全性等均处于"高点"状态。同时,高铁车站技术作业简单,与传统既有线路相比,高速铁路上开行的动车组拥有双向运行能力,列车到站后不需要进行机车的摘挂、转向等作业,也不必每次都入库检修,故高铁列车停站时间较短。列车运行图上预留的施工、检修等时间称为"天窗"。我国高铁一般只在白天运营,晚上则对线路、供电设备、信号设备以及动车组进行施工或检修。高铁一般利用凌晨 0 点至 6 点检修,称为"矩形天窗"。

　　对于城市轨道交通来说,地铁的行车指挥工作交由控制中心(operating control center, OCC)负责。OCC 是地铁运营生产的调度指挥部门,指挥管理每条地铁线路的行车、电力、消防、环控等工作,并负责运营突发事件的应急处理。随着地铁路网密度的加大以及逐年攀升的客流量,行车调度指挥效率显得越发重要。

广泛应用于我国地铁信号系统的列车运行图就是利用坐标原理对列车运行的时间与空间关系进行图解的实例。它规定了各次列车占用区间的顺序、列车在一个车站到达和出发的时刻、列车区间运行时分、站停时分、折返作业时间等，是行车组织工作的基础。

总之，在编制列车运行图时，需要综合考虑地铁线路的列车运行参数、线路参数、信号系统行车能力、客流分布情况等因素。其中，前三个因素属于固定因素，一旦地铁线路建成，一般不会有变动；最后一个客流分布因素则会随着运营而出现变化，属于变动因素。客流分布的变化既可以是空间分布的变动，也可以是时间分布的变动。一条线路开通后，会随着网络化线路的完善或者线路周边的发展变化，出现客流的调整。比如，从单一线路的运营发展到网络化运营时，路网换乘站的客流将会明显增加。再比如，线路上的某个车站开通初期由于与周边商业中心等建筑物有结建关系，只能开放部分出入口。当远期车站出入口全部开放后，由于这些商业中心的带动，也会增加车站的客流。根据多年的运营经验，乘客集中出行的时间在一周内呈现工作日与周末不同的分布特点，在一天内也会有早高峰、晚高峰、平峰的分布特点。

在制订运行图时，在固定因素一定的情况下，需要充分考虑客流需求，力争使运行图提供的运能与实际需求相匹配，最大化地铁的社会效益。

1. 列车运行图表示法

列车运行图是在坐标轴内对列车运行过程的一种图解表示，它规定了列车占用区间的顺序，以及列车在各个车站的出发、到达或者通过时刻。具体的图解形式有两种：一种用横坐标代表距离，纵坐标代表时间，欧洲国家主要使用这种形式；另一种用横坐标代表时间，纵坐标代表距离，我国采用的是这种表示方法。

在我国列车运行图中，规定不同种类的列车使用不同符号和颜色表示，其中旅客列车用红单线表示。根据具体使用情况的不同，列车运行图的时间划分格式也不相同，主要有三种格式：

（1）二分格运行图。相邻（细）竖线间隔为 2 min，其中小时格的竖线（如 1、2、3…）较粗，主要用于新运行图的编制，如图 5-1 所示。

（2）十分格运行图。相邻竖线间隔为 10 min，其中半小时格为虚线，小时格为较粗竖线，主要用于日常调度工作中调度调整计划的编制以及实绩运行图的绘制，如图 5-2 所示。

（3）小时格运行图。相邻竖线间隔为 1 h，主要用于机车周转图和旅客列车方案的编制，如图 5-3 所示。

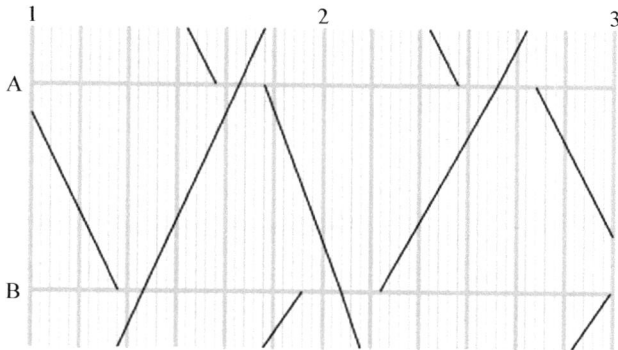

图 5‑1　列车二分格运行图

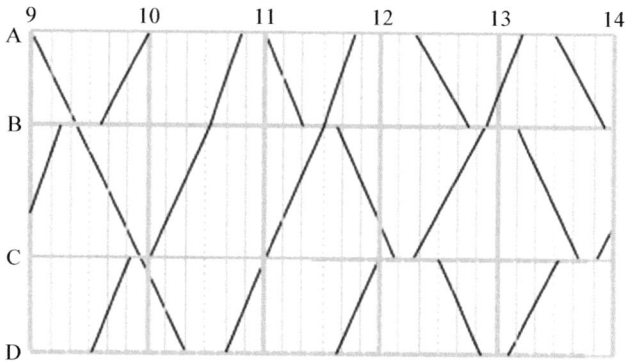

图 5‑2　列车十分格运行图

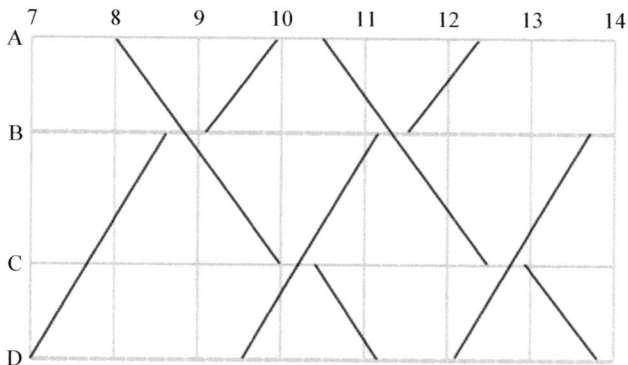

图 5‑3　列车小时格运行图

图 5‑1 至图 5‑3 中,1、2、3…表示小时(h),A、B…表示列车所经过的车站或线路中心线,斜线表示列车运行线。

2. 列车运行基本要素

列车运行图的基本要素包括列车区间运行时分、列车在中间站的停站时间、折返站停留时间、起停车附加时分、车站间隔时间、追踪列车间隔时间、维修天窗开设时间[59]。

1）列车区间运行时分

列车区间运行时分是指列车在两相邻车站（线路所）之间的运行时间标准。一般由机务部门采用牵引计算和实际试验相结合的方法进行查定，按车站中心线或线路所通过信号机之间的距离计算。列车运行时分应按照列车上下行方向分别查定，同时还应区分列车在每一区间两个车站上不停车通过和停车通过两种情况。列车不停车通过两个相邻车站所需的区间运行时分称为纯运行时分。

2）列车在中间站的停站时间

列车在中间站的停站时间指列车在中间站上办理必要作业所停留的最小时间，主要包括在中间站办理相关技术作业时间、办理客运作业时间、列车待避等待时间等。

3）折返站停留时间

折返站停留时间是指机车在折返站办理必要作业所需要的最小时间。折返站停留时间标准需要机务部门根据折返站作业内容和流程，采用作业过程分析和实际查标相结合的方法确定。

4）起停车附加时分

起停附加时分是指由于列车启动或者停车而使区间运行时分比纯区间运行时分延长的时分。编制列车运行图时，一般列车的起停附加时分都是给定的常量，其值根据实际情况牵引计算确定。

5）车站间隔时间

车站间隔时间是指在车站上相邻两列车的到达、出发或通过作业所需要的最小间隔时间。在确定车站间隔时间时，应遵守有关规章的规定及车站技术作业时间标准，以保证行车安全和最有效地利用区间通过能力。

6）追踪列车间隔时间

追踪列车间隔时间是指追踪运行的两列车之间的最小间隔时间。追踪列车间隔时间的确定取决于列车的起动制动性能、列车控制系统的技术、车站信联闭设备、线路的坡度等因素。

7）维修天窗开设时间

维修天窗时间是指用于检修维护车辆、机车及线路等铁路技术设备所用的时间。高速铁路的天窗时间一般安排在 0:00—6:00 之间，白天一般不设置固定维修天窗。

3. 列车运行图编制基本要求

1）确保行车安全

列车运行图的编制必须符合铁路相关规定，严格执行各项技术作业程序，严格遵守各种作业时间标准。

2）适应市场需求

高效便捷运输旅客：客运部门研究提出运行图运行期间的客流密度预测、列车开行方案、动车组交路计划、停站完成旅客乘降或其他技术作业的时间标准。

3）充分利用铁路通过能力

合理运用动车组：列车运行线的铺划应尽量减少不必要的停车时间，努力提升列车的旅行速度；要经济合理地运用动车组，使之发挥出最大的效益。

4）确保列车运行图的调整弹性

编制列车运行图时，合理控制区间通过能力利用率，保证列车运行图具有调整弹性，满足列车运行秩序发生变化时的调整需求。

5）保证列车分布与客流需求相适应

列车运行线的数量及分布需以旅客需求为基础，最大化地满足旅客需求，同时，列车运行图的编制还需具有一定的预见性，对市场需求的发展变化进行预测，以便提高运输效率。

6）实现车站与区间列车均衡运行

列车运行图的编制要考虑列车运行的均衡性，尽量做到各时间段内车站列车均衡到发，以充分利用车站到发线及区间通过能力，提高铁路运输能力。

7）合理安排工作人员作息时间

合理安排列车工作人员的作息时间，保证工作人员的良好精神状态，是保障列车安全运行的重要环节。

4. 列车运行数学模型

在列车运行数学模型中，首先必须对模型进行假设，再明确约束条件，最后确定目标函数。以高铁运行为例展开介绍。

1）模型假设

（1）适用于单条复线高速铁路，线路上开行不同等级的列车。

（2）假设高速铁路上行方向和下行方向的列车相互完全独立，彼此之间不会影响，建模时只需考虑单个方向。

（3）假设单个方向线路上的所有车站均可以同时接发列车。

（4）只考虑列车在单个方向线路上经过的径路。

（5）同向列车在区间运行时，假设同等级列车不发生越行，高等级列车可以越行低等级列车，低等级在一个车站最多被越行两次。

（6）高铁列车开行方案的数据（包括开行区间、列车等级、列车数量、停站方案等）都是确定且已知的，车站的到发线数量也是已知的。

（7）列车运行的各类安全间隔时间标准、在车站的时间起停附加时分、停站时间、区间纯运行时分等都是已知的，且同等级标准一致。

（8）忽略列车运行图铺划时考虑的一些因素，例如动车组运用车底数、客流变化、换乘需求等。

2）约束条件

（1）列车通过区间顺序约束。必须按照规定的区间先后顺序运行，即

$$a_s^l - d_s^l > 0 \tag{5-1}$$

式中，a_s^l 表示列车在车站的到达时刻，d_s^l 表示列车在车站的出发时刻。$l \in L$ 表示列车经过车站的集合，L 表示线路中所有列车集合，$L = \{l_1, l_2, l_3, \cdots, l_n\}$；$s \in r_l$，$r_l = \{s_i^l \mid 1 \leqslant i \leqslant m_l, l \in L, s_i^l \in S\}$；$S$ 表示线路上的车站集合，$S = \{s_1, s_2, s_3, \cdots, s_m\}$。

（2）列车发车间隔约束。列车运行时，某一闭塞区间在同一时间最多允许一辆列车进入，即列车同向运行时，后行列车 l_j 需要在前行列车 l_i 出发运行一段时间之后才能出发，即前后列车应该满足一定的发车间隔。

（3）列车到达间隔约束。同向列车运行时，前行列车 l_i 与后行列车 l_j 应该满足一定的到达间隔。

（4）列车区间运行时分约束。规定列车在区间的实际运行时间需要大于或等于标准的列车区间运行时分。列车区间运行时分包括纯运行时分和起停车附加时分。

（5）车站停站时间约束。规定列车在车站停留时间，一方面应不小于满足旅客乘降作业及相应技术作业所需的最小停车时间下限，另一方面为了不影响后续列车及提高运行图效率，不能超过停车时间的上限。

（6）天窗时间约束。由于高速铁路采用夜间维修的矩形天窗，在天窗范围内不允许行车。

（7）发车时间范围约束。列车的发车时间要受到有效时间带的制约，不同开行方案的列车，其合理的发车范围也会有区别，尤其对于跨线列车，需要考虑其合理开行时间范围。

（8）车站到发线约束。在列车运行过程中，列车占用的到发线数量均不得超过该站用于接发该类列车的到发线数量。

（9）越行约束。在后行高等级列车 l_j 的速度大于前行低等级列车 l_i 时，高等级列车需要越行低等级列车。

3）目标函数

铁路出行需求从提高运行图运输能力的角度，以极小化列车运行线占用运行图时间为优化目标。列车运行线占用运行图时间是指列车在各车站占用时间之和的最大值。

用 $a_s^{\min}$、$a_s^{\max}$、$d_s^{\min}$、$d_s^{\min}$ 分别表示车站 s 的最早到达时间、最晚到达时间、最早发车时间、最晚发车时间。则最早和最晚占用车站的时间分别为

$$t_s^{\min} = \min\{a_s^{\min},\ d_s^{\min}\} \tag{5-2}$$

$$t_s^{\max} = \max\{a_s^{\max},\ d_s^{\max}\} \tag{5-3}$$

则优化目标列车运行线占用运行图时间最少 $\min Z_1$ 可以表示为

$$\min Z_1 = \max\{t_s^{\max} - t_s^{\min} \mid s \in S\} \tag{5-4}$$

为了提高编图质量，应尽可能减少列车总旅途时间，故一个优化目标为极小化列车总旅途时间 $\min Z_2$ 为

$$\min Z_2 = \sum_{l \in L}(a_{s_{ml}^l}^{l} - d_{s_1^l}^{l}) \tag{5-5}$$

式中，下标 m_l 表示列车途经车站数量，s_1^l 表示列车的始发站，s_{ml}^l 表示列车的终到站。

对于多目标优化问题，可以采用目标加权的方法，给不同的优化目标函数赋予不同的权重系数 ω_1、ω_2，将多目标优化问题转化为单目标优化问题。模型的总体目标函数为

$$\min Z = \omega_1 Z_1 + \omega_2 Z_2 \tag{5-6}$$

$$\omega_1 = \frac{1}{Z_1^{\max} - Z_1^{\min}} \tag{5-7}$$

$$\omega_2 = \frac{1}{Z_2^{\max} - Z_2^{\min}} \tag{5-8}$$

5. 模型求解基本算法

算法可以归纳为两大类：确定性最优化方法；启发式方法。

确定性优化方法是指以传统的数学规划方法为基础,运用运筹学理论来建立数学模型,对模型进行精确求解从而获得最优解的方法。此类算法通常都是基于枚举思想,通过全局搜索来获得最优解,对于规模较小的调度问题能够取得比较满意的结果,但是对于较大规模的复杂调度问题,全局搜索的计算量会十分巨大,很难求得满意的结果,比较常用的有分支定界法和动态规划法等。

启发式方法是以启发推理为基础,通过局部搜索或邻域搜索的方式来获得最优解。常用的方法有遗传算法、禁忌搜索算法、模拟退火算法、神经网络算法等。

1) 遗传算法特点

遗传算法是一种根据自然界遗传选择和自然淘汰的生物进化过程而发展起来的高度并行、随机、自适应搜索算法[60]。遗传算法基本思想是"适者生存",将问题的解表示成"染色体",通过对染色体群进行一系列的遗传操作,使之一代代不断进化,最终得到"最适应环境"的个体,即为问题的最优解。由于其思想简单、易于实现以及表现出来的鲁棒性,使得遗传算法作为重要的智能计算技术,在科学研究、生产制造等众多领域广泛应用。

遗传算法作为一种通用的搜索算法,具有一般搜索算法的基本特征:首先产生初始候选解;根据约束条件来计算候选解的适应度值;根据适应度值选择留下某些候选解,舍弃其他候选解;通过对留下的候选解进行操作,产生新的候选解。

遗传算法将一般搜索算法的基本特征以特殊的方式组合在一起,使之与普通搜索算法区别开来,形成了其独有的特点:

(1) 遗传算法对问题参数的编码进行操作。传统的优化算法一般对问题参数的实际值进行计算,而遗传算法是对问题参数的某种形式的编码进行运算处理,算法本身具有高度的灵活性,能在广泛的问题求解中发挥作用。

(2) 遗传算法从问题解集开始搜索,而不是从单一解开始。其具有并行搜索特性和自适应性。传统算法一般是从单个初始解开始进行搜索,但是容易进入局部极值点且效率不高。遗传算法则是从多个个体组成的初始解群开始进行搜索,搜索范围广,可以有效避免进入局部极值点,能够更好地进行全局择优。

(3) 遗传算法直接以适应度作为搜索信息,不需要其他辅助信息。传统搜索算法为了确定搜索方向,除了需要目标函数值外,还需要一些辅助信息(如目标函数导数值等)。遗传算法主要根据适应度来确定搜索方向,而个体适应度的计算可以不依靠目标函数的精准估值,具有广泛的应用范围。

(4) 遗传算法使用概率搜索技术。很多传统搜索算法往往使用确定性的搜索方法,即通过确定的转移关系与方式来转移搜索点,其局限性在于容易陷入局部极值点。遗传算法使用概率搜索机制,具有不确定性,即以一定的概率性来进行选择、交叉、变异等操作,从而扩大搜索范围,具有全局最优性[61]。

2) 遗传算法的基本原理及流程

遗传算法解决优化问题时,首先将可行解按照一定规则进行编码形成染色体,然后产生多个初始染色体组成一个初始种群,在此基础上遵循"适者生存,优胜劣汰"的原则进行后续操作。

遗传算法根据个体的适应度值对种群进行筛选,适应度值高的个体被选中的概率更高。同时,通过选择、交叉、变异等操作形成的下一代种群。不断循环迭代,直到满足终止准则时,得到最优解。

遗传算法的一系列操作更好地保持了种群多样性,求解过程不易陷入局部极值点,具有较强的全局搜索能力,优秀个体可以得到保留并不断进化。

遗传算法是通过循环迭代寻找最优解,其基本流程如图 5 - 4 所示[62]。

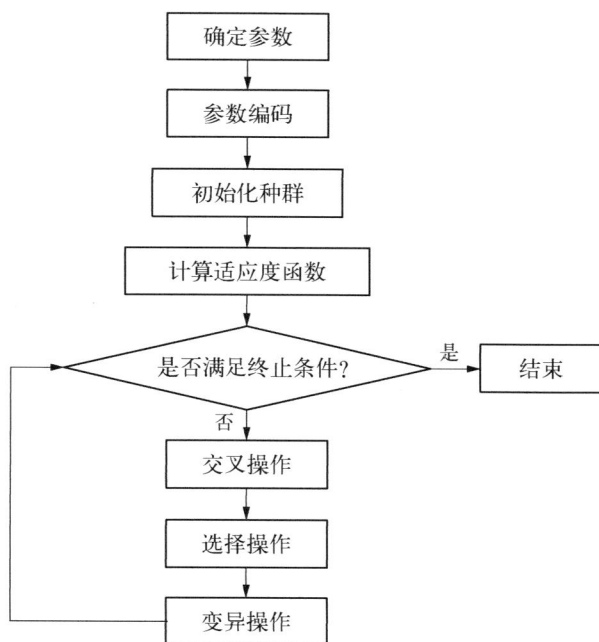

图 5 - 4　遗传算法基本流程图

5.1.2　节能视角下的列车运行图编制

随着我国高速铁路建设进程的快速推进,路网规模不断扩大,而我国能源相对稀缺，节能减排日益受到重视，铁路快速发展在带动经济增长的同时也引起了诸多能耗问题。

人工智能系统可以通过地铁的票务清分系统获取一定周期内线网全部客流的空间与时间分布。然后根据线网的网络结构、实际的列车供给、实际的客流情况进行运能的供需比较，分析出客流集中出现的时间段（可以分为尖峰、高峰、平峰）、车站以及滞留时间，进一步得出运能的匹配度。运行图编制人员根据系统得出的结论可以有针对性地根据客流分布对运行图进行优化，调整列车在某些站的站停时间，对于客流尖峰时段可以最大化行车密度，高峰时段适当增加行车密度，平峰时段减少列车密度。如此一来，不但可以满足实际的运能需求，也可以减少平峰的运能浪费，实现运营的经济效益最大化。

1. 列车节能运行图调整基础理论和方法

1）列车运行曲线与能耗关系

在基于最新的无线车地通信技术情况下，列车车载自动操作（automatic train operation，ATO）系统的主要目的是控制列车使其按照时刻表从一个站运行到另一个站。这需要 ATO 和列车自动调节（automatic train regulation，ATR）的协作。为了有效节省能源，又能按照时刻表运行，ATO 必须在某站出发时计算该站到下一站间所要求的速度。

为了准确计算这一轨迹，应考虑以下列车基本数据：线路信息，轨道纵断面（包括坡度）、弯道，下一站停车需要的详细信息（轨道电路号、运行时间等），车辆的重量信息。

在 ATO 系统中，巡航/惰行是为列车节能运行所设计的一种经济运行模式，即在已知列车运行轨迹的条件下，根据车辆参数、计划到达下一个停车点的线路等信息实施自动运行的节能模式。

2）列车运行曲线的能耗特征

铁路自动控制系统要求能够以多种方式节约电能成本，包括车辆的动力消耗、启动时的动力需求和制动时的动力损失。在实际中，列车所应用的节能方法除了在运行图编制过程中调整列车时刻表之外，还包括在列车运行过程中调整运行等级曲线以达到节能的目的。运行等级曲线旨在通过减少列车牵引系统的请求，降低牵引的能源消耗。

列车在平直无限速轨道区间运行的四种基本速度时分曲线如图 5-5 所示[63]。列车在区间内允许达到的最大速度与列车类型、轨道建设条件及区间长度有关。一般每个区间的最大速度 V_{max} 会由工程人员在运行图编制前给出。列车在区间运行过程中是否能达到最大速度 V_{max} 则与区间长度 L 和区间旅行

时间 T_s 有关。具体地说,用 $L_{ab}(V_{max})$ 表示列车速度从 0 开始加速至 V_{max} 后立即减速到 0(形式 a_1)或者稍缓后减速到 0(形式 a)这一过程中列车行走的距离。对于任一长度满足 $L \leqslant L_{ab}(V_{max})$ 的区间,由于列车速度无法达到 V_{max},列车的控制策略只能为先加速后减速。对于长度满足 $L > L_{ab}(V_{max})$ 的区间,则可能存在三种控制策略:无惰性工况(形式 b)、无巡航工况(形式 c)以及包含惰行和巡航工况(形式 d)。

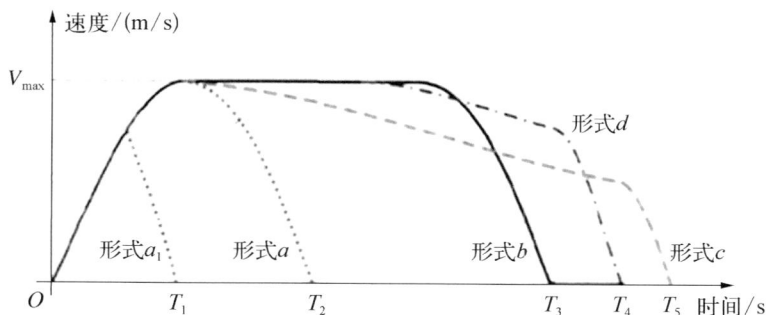

图 5-5　区间内列车速度时分曲线

运用列车运行等级曲线能够降低单一列车的动力消耗,所采用的技术如下:

(1) 减少加速时间以降低高峰时速。列车降低了其加速度的总时间,从而减少了牵引请求,也就减少了列车的能源需求。

(2) 降低加速度来降低线路运行时速。列车采用了较小的加速度,减少了牵引所需的动力,最终也就减少了列车的能源需求。

(3) 惰行。列车出站先加速,然后惰行,再减速,最后停在下一车站。

列车达到最大线路速度后惰行,这样会使运行时间将按特定比例有所增加。与正常规定速度相比,列车减少了加速请求和牵引所需动力,从而减少了能耗。

图 5-6 所示为列车单车运行距离特征简化曲线比较,图中曲线(实现或虚线)与横坐标距离线所构成的面积就相当于能耗的大小。显然,单车节能操作相对比较简单,在符合运行时间的条件下,应该尽量采用惰行曲线而不应该去"追求"最小运行时间曲线,否则就会增加在车站的停留时间。

3) 追踪条件下的节能操作

在实际情况中,列车大多数是追踪运行,其运行控制要受到前方信号或列车的影响。列车追踪运行时,前方信号显示是指示列车运行的命令,前后列车位于不同的线路平纵断面上,它们的时空间隔处在动态变化之中,前行列车位置的改

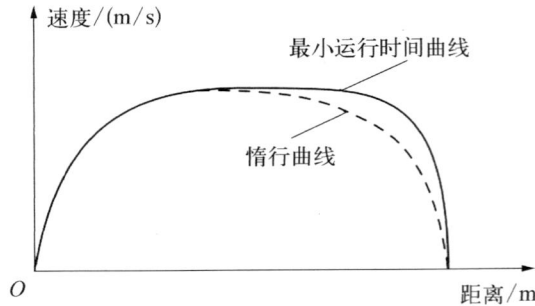

图 5‐6　列车单车运行距离曲线

变会带来信号显示的变化,并进一步影响到追踪列车的运行与操纵。

　　在固定闭塞系统中,列车的分区间隔较长,且一个分区只能被一列车占用,不利于缩短列车的运行间隔,从而降低能耗。而移动闭塞系统灵活的列车运行间隔特性使其在高峰时段的节能效果显著。通常在高峰时段运行时,发车密度大,乘客流动性快,前方列车的延误会造成后续列车频繁制动的可能性。这种制动的频率和持续时间在移动闭塞系统中由于更短和均匀的列车最小间隔而大大降低,均匀的最小列车间隔使后面列车可以更加靠近前车,提高了运营的效率。

　　2. 高速列车节能运行的必要条件

　　引入庞特里亚金极值原理,可得到最小能耗模型对应的哈密顿函数:

$$H = \left[u_t F_t(v) - \alpha u_b F_b(v) \right] - \frac{\lambda_1}{v} - \lambda_2 \left[\frac{u_t F_t(v) - u_b F_b(v) - w(v) - w(s)}{Mv} \right]$$

$$(5-9)$$

式中,u_t 表示高速列车牵引手柄的级位信息,如牵引手柄分为 10 级,$u_t = 0.2$,表示 2 级牵引;u_b 表示高速列车制动手柄的级位信息,如制动手柄分为 5 级,$u_b = 0.2$,表示 1 级制动;$F_t(v)$ 为在速度 v 时高速列车能发挥的最大牵引力;$F_b(v)$ 为在速度 v 时高速列车能发挥的最大制动力;$w(v)$ 为在速度 v 时高速列车的滚动运行阻力;$w(s)$ 为距离 s 处高速列车的线路附加阻力;α 为高速列车制动时再生制动力与总制动力的比值,若假设高速列车再生制动效率为 1,则 α 又可定义为制动利用率;下标 t 为高速列车的运行时间;M 为高速列车的总质量;λ_1 和 λ_2 为拉格朗日算子。

　　式(5‐9)包含状态变量 v 的不等式约束,为解除该约束,引入松弛算子 P,可得到哈密顿函数对应伴随状态方程和互补松弛方程

$$
\begin{cases}
\dfrac{\mathrm{d}\lambda_1}{\mathrm{d}s} = \dfrac{\partial H}{\partial t} + \dfrac{\mathrm{d}P}{\mathrm{d}s} \\[2mm]
\dfrac{\mathrm{d}\lambda_2}{\mathrm{d}s} = \dfrac{\partial H}{\partial v} + \dfrac{\mathrm{d}P}{\mathrm{d}s} = \mu_t F'_{t(v)} - \alpha\mu_b F'_{b(v)} + \dfrac{\lambda_1}{v^2} - \\[2mm]
\qquad \lambda_2 \left[\dfrac{\left[\mu_t F'_{t(v)} - \mu_b F'_{b(v)} - w'(v)\right]Mv}{M^2 v^2} \right] - \\[2mm]
\qquad \lambda_2 \left[\dfrac{-\left[\mu_t F_{t(v)} - \mu_b F_{b(v)} - w(v) - w(s)\right]M}{M^2 v^2} \right] + \dfrac{\mathrm{d}P}{\mathrm{d}s} \\[2mm]
(v - \bar{v})\dfrac{\mathrm{d}P}{\mathrm{d}s} = 0 \\[2mm]
\dfrac{\mathrm{d}P}{\mathrm{d}s} \geqslant 0
\end{cases}
\tag{5-10}
$$

式中，$\bar{v}$ 为线路对高速列车运行速度的限定值；μ_t、μ_b 分别为高速列车传动系统在牵引与制动时能量利用率，为简化分析，均可假设恒定为 1。

将 H 函数中含 μ_t、μ_b 的子项结合，可得

$$
H = \left(1 - \dfrac{\lambda_2}{Mv}\right)\mu_t F_{t(v)} - \left(\alpha - \dfrac{\lambda_2}{Mv}\right)\mu_b F_{b(v)} - \dfrac{\lambda_1}{v} - \lambda_2 \left[\dfrac{-w(v) - w(s)}{Mv}\right]
\tag{5-11}
$$

根据庞特里亚金极值原理，能耗计算模型取极小值的必要条件为 H 取极小值。根据式（5-11）可推导出 H 取极小值的必要条件为

$$
\begin{cases}
\dfrac{\lambda_2}{Mv} > 1 & (u_t = 1,\ u_b = 0) \\[2mm]
\dfrac{\lambda_2}{Mv} = 1 & (0 \leqslant u_t \leqslant 1,\ u_b = 0) \\[2mm]
\alpha < \dfrac{\lambda_2}{Mv} & (u_t = 0,\ u_b = 0) \\[2mm]
\dfrac{\lambda_2}{Mv} = \alpha & (u_t = 0,\ u_b = 0) \\[2mm]
\dfrac{\lambda_2}{Mv} = \alpha & (u_t = 0,\ u_b = 1)
\end{cases}
\tag{5-12}
$$

式（5-12）表达了 5 种工况，表明：高速列车节能运行时，制动手柄与牵引手柄至少有一个保持为 0 级位，与列车控制要求相符合。其中第一、第二和第五个方程分别对应高速列车的最大牵引、惰行和最大制动三种工况；第二和第四个

方程是高速列车节能运行的奇异点,分别对应部分牵引与部分制动工况,无法确定高速列车的详细运行状态,需要进一步予以讨论后才能确定。

对于部分牵引工况,由式(5-10)和式(5-12)推导可得

$$\frac{\lambda_1}{v^2} + w'(v) + \frac{\mathrm{d}P}{\mathrm{d}s} = 0 \tag{5-13}$$

高速列车在部分牵引工况下节能运行时,其运行速度要么等于线路限速 $\bar{v}$,要么小于 $\bar{v}$。当 $v \leqslant \bar{v}$ 时,由于 $\frac{\mathrm{d}P}{\mathrm{d}s} = 0$,表达式(5-13)可以简化为

$$\frac{\lambda_1}{v^2} + w'(v) = 0 \tag{5-14}$$

对于部分制动工况,可推导出:高速列车在部分制动工况下节能运行时,其运行速度要么等于线路限速 $\bar{v}$,要么小于 $\bar{v}$ 而等于 v^*,v^* 由 λ_1 和 α 共同决定,其计算公式为

$$\frac{\lambda_1}{v_b^{*2}} + (1-\alpha)u_b F_b'(v_b^*) + w'(v_b^*) = 0 \tag{5-15}$$

总而言之,由上述推导计算可以得出高速列车节能运行的必要条件为在运行过程中需要合理使用最大牵引、最大制动、惰行和匀速 4 种工况条件下的调整策略;当高速列车匀速运行时,其运行速度由式(5-14)和式(5-15)来决定[64]。

3. 再生能源利用方法

还有更高层次的列车运行图——能量优化分布列车运行时刻表,其已经开始进入实用阶段。

所谓能量优化分布列车运行时刻表,就是利用列车惰行和刹车降速所产生的再生电能反馈至电网时,能够实时使再生电能被其他在线列车所吸收利用,因此起到整个列车运行网的高效节能效果。能量优化分布列车运行时刻表包含如下内容:

(1)再生能量优化运行时刻表。在综合考虑地铁线路的列车运行参数、线路参数、信号系统行车能力因素而制订的列车运行图基础之上考虑再生能量优化利用的稳态运行时刻表。

(2)时刻表随机智能调节。根据随机扰动(客流分布变动、运行时刻临时变更、局部设备故障等)而调整动态运行时刻表的智能调节技术。当然,这需要对列车供电系统进行技术改造,即在机车电力传动系统中必须具备双向逆变器以确保电网供电与再生逆变反馈的无触点切换功能,实时将列车惰行和刹车降速

所产生的再生电能反馈至电网。图 5-7 所示为列车因制动所形成的再生电能传输原理过程。

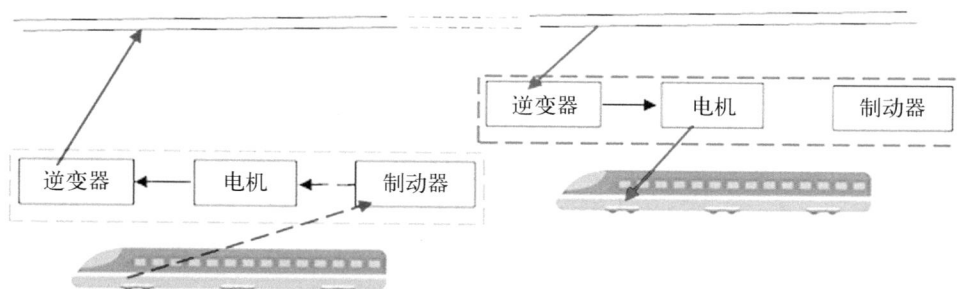

图 5-7　列车再生电能传输原理图

采用了列车再生能源回收技术后,即可获得再生电能的回收和再利用,使得整个列车运行系统的能量消耗起到了极好的智能调节作用,可以收到良好的系统节能效果(见图 5-8)[65]。

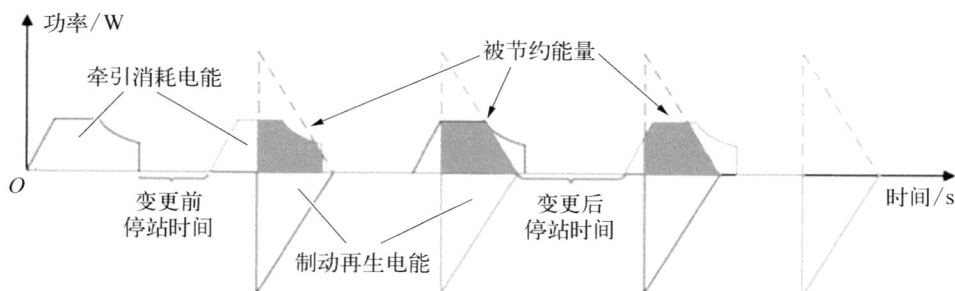

图 5-8　智能调节运行时刻表后所生成的节能效果区间

5.1.3　电话闭塞法

当前轨道交通系统,尤其是城市的地铁运行都采用列车自动控制(automatic train control,ATC)系统组织行车,ATC 实现了列车的自动监视、保护和运行。当 ATC 系统发生故障时,在故障区段常采用电话闭塞法来组织行车。电话闭塞法是地铁工作人员依照电话闭塞法行车原则,采用打电话和传递路票的方式组织行车。此时列车位置信息完全依靠肉眼(包括视频监视)观测,信息传播依靠电话通信和路票传递,这使得信息获取的准确性及信息传播的实时性都较为低下,再结合可能发生的人工误判,直接影响到行车的安全和效率。因此,基于计算机网络和传感设备,遵循电话闭塞法原则的信息化行车辅助系统便应运而生。

电话闭塞法是地铁相邻两站通过电话联系形式确认闭塞区间空闲,并以发出电话记录号码的方式办理闭塞的一种人工行车组织方法。

1. 电话闭塞法基本原理

电话闭塞法是一种固定闭塞,其闭塞区间划分可以是"一站一区间""两站两区间"或"多站多区间"。相比来说,"一站一区间"划分的区间通过能力高,但容错能力较低,而"两站两区间"划分则是较多地铁公司采用的形式。电话闭塞法的闭塞办理流程是,后方站与前方站电话通信,确认后方站的前方"两站两区间"空闲后,前方站授予后方站发车许可,后方站人员填写路票,并将路票交给司机,司机持路票,根据发车手手势指挥驶入闭塞区间行驶到下一站。系统通过传感设备获取列车位置信息,并在站场图上标示各列车的位置,从而省去了电话确认区间空闲这一流程,此外,车站人员通过本系统控制车站的发车表示器,以发车表示器信号作为区间占用凭证,省去了路票的填写和传递。

2. 系统关键部件

对于电话闭塞法来说,计轴传感器、光电传感器和发车表示器是电话闭塞法中不可或缺的部件。

1) 计轴传感器

计轴传感器是铁路行业常用的列车位置感应设备,一般为电磁式,传感器在列车车轴经过时触发[66]。计轴传感器的优点是可在较为恶劣的环境中使用,如可适应状态差的道床、生锈的钢轨和潮湿环境。计轴采用两端检测方式,即在区间的两端安装计轴,从而检测区间的占用情况。计轴传感器的安装布局如图5-9所示。计轴传感器与上位机通过串口进行通信,并采用特定的编码报文协议。

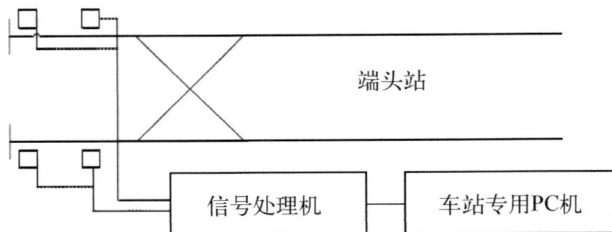

图5-9 计轴传感器布局图

2) 光电传感器

光电传感器按工作形式可分为对射型和反射型。对射型是指光由发射器射入接收器的工作形式,当有物体挡住光路时,传感器触发。反射型是指光从发射器射出,经物体反射后被接收器接收的工作形式。

在站台轨行区及站间轨行区中,一般采用漫反射型光电传感器采集列车位置信息。传感器安装在隧道壁上,当有列车经过传感器时造成光反射从而触发传感器。对于一个车站而言,在某个行车方向上的站台区和离站台 400 m 左右的站间区,各安装一个光电传感器,一个站有上行和下行两个行车方向,那么共安装 4 个光电传感器。当列车即将进站时,会触发站间区传感器,当列车到停车位时则触发站台区传感器。传感器触发有一个防抖动处理,即如果传感器在一段时间内,例如 4 秒,有 80% 的时间处于触发状态,那么认为该传感器是被列车触发。硬件具体部署如图 5‑10 所示。

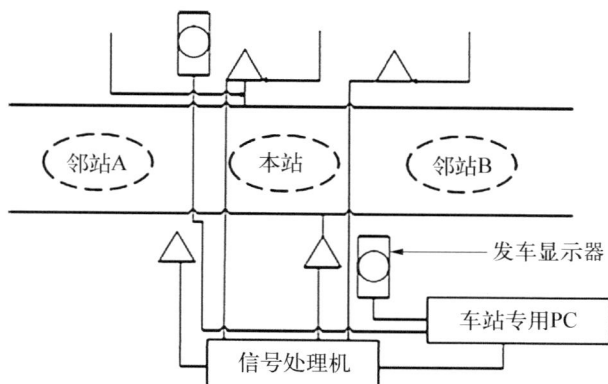

图 5‑10　光电传感器布局结构图

光电传感器信号处理机与 PC 机通信协议中可以采用三个字节作为一个通信帧,前两个字节为数据区,第三个字节为校验值。由于每个传感器的触发状态在数据帧中所对应的二进制位都不一样,所以各传感器同时触发时不会产生冲突。

3)发车表示器

发车表示器是区间闭塞的直接控制者,控制列车的停驶。发车表示器一般可以采用 LED 显示屏,通过在 LED 屏上绘制各种图形来表示发车信号。LED显示屏上有两个圆形绘图区,分别为左右绘图区。每个绘图区可显示 3 种颜色,分别是红、黄、绿。发车表示器一个字节的数据帧后 4 位是前 4 位的重复,以此作为一种校验,以增加可靠冗余度[67]。

3. 系统指令生成

按照现有的作业流程,在电话闭塞调度命令下发环节,行车调度员会通过调度专用电话向实行电话闭塞区域的所有车站值班员下发相应的调令,值班员在听取后需要进行相应的记录,由行车调度员选取一名值班员进行复诵,双方核对无误后,调度命令下发成功。根据实际经验,在处理突发事件时,无论是行车调度员,还是车站值班员,都会处于异常繁忙的状态,并行业务数量激增。此时值班员通过手动记录调度命令,尤其是内容比较多的调令往往会出现效率不高的情况。从对应关系看,调度员与值班员是一对多的关系,复诵的时候只是选取某一站,接收端调度命令的一致性有潜在的安全隐患。调度命令下发成功必须是在所有车站正常接收调令的前提下才可以成立,无论是其中哪一站出现问题,都会影响最终的行车安全。

目前,人工智能已经可以提供实时的语音识别功能。智能终端可以在行车调度员向值班员口述调度命令时,采集调度员的声频信号,通过语音识别技术将调度命令的音频直接转变为相应的文本文字,并通过智能终端的显示器同时显示给行车调度员与所有接受调令的车站,并记录保存在数据库内。车站值班员在听取调令后,无须手写记录,根据智能终端的显示直接向调度员复诵核对调令的正确性;调度员也可以在值班员复诵的同时,查看智能终端显示的调令内容,从语音与文字两个方面核对值班员复诵的调令。此举可以保证所有车站接收到的调令一致性,避免了错受调令与调令不一致的非安全因素;同时也免去了值班员手动抄写的时间,减小其他并行业务的干扰,大大提升值班员接受调令的效率,缩短实际下发调令的时间,保证行车安全。数据库内的原始语音与文字数据也可以为日后行车分析工作提供支持。同理,行车调度员也可以利用语音识别功能向列车司机下发调度命令。

4. 列车运行图的实时生成

当然,启动电话闭塞法之前,行车调度员需通过无线语音调度台和调度专用电话分别向列车司机、车站同时发布启用电话闭塞法行车的调度命令。在按照电话闭塞法组织行车的过程中,车站值班员在接到相邻发车站列车发出的报点后,确认发车进路准备妥当,即向相邻接车站请求闭塞。接车站值班员在检查满足"一站一区间"空闲(接车站站台、发车站与接车站的区间为空闲),即确认本站站台空闲、接车进路准备妥当、前次列车的路票已注销三个条件均具备后,方可同意发车站的闭塞请求。

列车由本站发出后,发车站值班员立即向接车站值班员报告发车时刻,向行车调度员汇报列车到、发时刻。行车调度员按照值班员汇报的列车到发时刻,将有关信息数据录入系统软件,整个过程均可在智能辅助技术的支撑下实现调整后的实时列车运行图。

在实行电话闭塞法组织行车时,列车自动监控系统无法自动生成实际的列车运行图,行车调度员无法实时监控在线列车的运行情况。鉴于此,车站值班员需要向行车调度员汇报列车的到、发时刻,调度员以此为据手工铺画列车运行图,实现对在线列车运行安全的实时监控。在行车密度不断加大的前提下,这种铺画方式有几点弊端:① 在列车运行间隔很小、密度很大的情况下,值班员汇报列车到、发时刻的频率会很高,此时调度专用电话通常会处于一直占用状态,影响其他业务的汇报;② 当遇到电话闭塞区域有两列及以上电客车同时出站时,会出现两站及以上的值班员同时汇报到、发时刻,行车调度员只能按照电话接入的先后顺序令所有车站排队报点,依次铺画运行图,此时若发生车站错误办理闭塞且处于排队状态,则行车调度员无法及时对列车的运行进行监督,延误发现车站错误办理闭塞的时机,极易发生行车事故;③ 需要一名行车调度员自始至终铺画列车运行图,很难进行其他行车业务的办理,大大降低了行车指挥的效率。

近些年,随着计算机软件算法的不断发展,人工智能已经可以根据人工输入的数据辅助人们完成图、表等平面数据的制作。电话闭塞启动之后,车站值班员在车站的智能终端输入本站站名、已发列车的车次号以及到、发时刻,智能系统将输入数据,根据画图程序转化为横坐标为时间、纵坐标为车站的列车运行图,并在行车调度员的显示终端进行显示。此智能终端不依赖信号系统的接口,只需要人工输入车站站名及列车的到、发时刻,自动实时生成实际的列车运行图。此类智能系统允许所有车站同时输入列车运行图所需的数据,无须排队等待,系统根据输入数据可以在运行图上显示所有列次列车的实际运行轨迹;行车调度员可以查看所有列车的实际运行轨迹,消除了时间上的延迟,有助于第一时间发现潜在的行车隐患,极大地提升了行车安全。车站值班员无须通过调度专用电话向行车调度员汇报列车的到、发时刻,大大降低了调度专用电话的占用率;行车调度员可以同时进行其他行车业务,提高了指挥效率。

5. 提升电话闭塞法作业安全

电话闭塞法行车作为一种应急的降级运行方式,在实际应用中存在着很大的人为安全隐患。国内外都曾发生过在采取电话闭塞法后发生严重行车事故的悲惨案例。在传统电话闭塞法流程中引入人工智能,可以消除人为因素造成的安全隐患:辅助行车调度员准确、快速地下发调令,确保车站接受调令的一致性,防止错误接受调令引起的行车事故;减少人工铺画的延误,及时对列车进行监控,防止车站错误办理闭塞而引发的行车事故[68]。

5.2　音视频全面智能化识别技术的普及

人工智能的迅速发展及其与各行各业结合的融洽表现让人们意识到,不管是现在还是未来,人工智能都将是改变社会生活甚至改变世界的深刻动力。而人工智能对社会的改变,不只会与经济结合带来经济效益,还将推动和谐社会建设与社会公共安全领域紧密结合,在无形之中为每个人提供一张安全可靠的智能防护网。

5.2.1 AI安防大系统基本模型

在云计算、大数据、人工智能等技术快速发展的大背景下,推进信息化、智能化建设已经成为现代警务模式改革的必经之路。

由于轨道交通是社会人流的重要"通道",必然会存在诸多不确定因素。随着国家对外开放的力度不断加大,境外进出人员更是隐含各种复杂因素,因此国家更需要在轨道交通的方方面面加强安保技术和措施。

目前,国家对于人工智能在安防领域的具体部署中也明确强调,要围绕社会综合治理、新型犯罪侦查、反恐等迫切需求,研发集成多种探测传感技术、视频图像信息分析识别技术、生物特征识别技术的智能安防与警用产品,建立智能化监测平台。

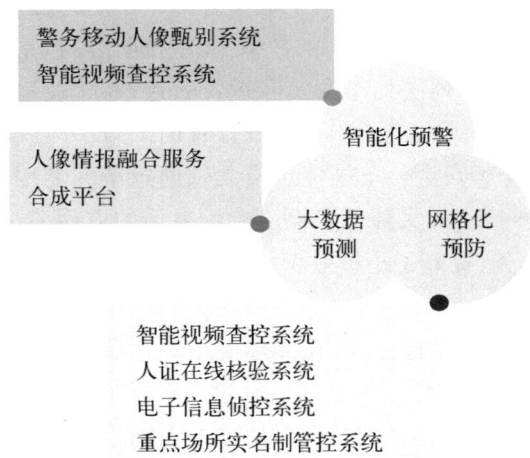

图 5‑11 AI安防大系统基本模型

已有学者发明了一种能够结合人脸识别、行人识别、车辆识别、智能视频分析的旷视技术。该技术可以对重点场所(尤其是轨道交通的进/出口)布控,为城市安保工作提供基本视频数据(见图 5‑11)。

安防工作有别于单纯的"单信号"(图像、视频、语音、声音、动作行为等)的处理、分析、识别与决策,安防工作对信息的处理是一个综合化过程,最终需要通过智能算法提炼出目标数据。其信息的关注视角与分析处理方法是通过结构化技术予以实现的。

1. 信息结构化技术

以图像与视频信息为例,视频结构化技术针对的是海量的数据信息而衍生出来的信息技术。

由于视频的非结构化特征,原始的信息不足以形成数据链,如果不能解决这样的问题,智能系统是解决不了问题的,不管是视频还是图像,都需要进行及时的抽取和识别,也就是需要结构化处理,将视频信息转换为结构信息,并有效地应用于计算机体系当中。这就涉及第二个问题——结构化描述问题。

传统的方式一般都是将非结构化的内容转换为结构化的语言,但是这不能满足智能分析系统的要求,于是结构化技术引入了深度学习,根据语义关系进行智能化的发掘和联动,从而能够形成自动检索、自动提取等具有智能化特征的内容(见图 5-12)。智能化的视频技术挖掘决定了非结构数据的智能化分析深度。

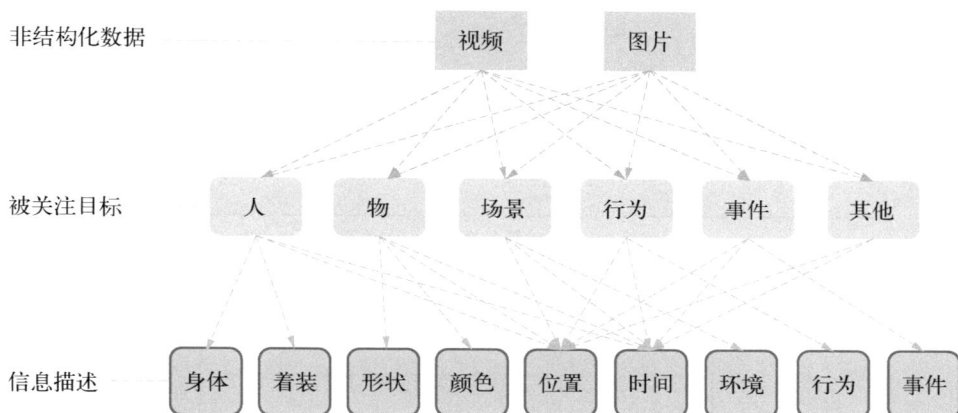

图 5-12　非结构化数据的信息描述

2. 深度学习技术

深度学习(deep learning)的概念源于人工神经网络的研究,是计算机模拟人学习机制的一种算法。深度学习的结构相比较于浅层学习更加复杂,其中包含一个多隐层的多层感知器。

深度学习不同于以往的浅层学习,深度学习采用了人工智能,引入了神经分析学,利用分层结构,深入地进入智能学习,整个深度学习系统突破传统结构,引入了包括输入、输出等多层组合的网络,不仅打通节点层之间的联系,还能够推动不同节点之间的链接。更为重要的是找到模仿人脑的关键,并将学习变为主动的学习和主动的延伸,更加贴近人工大脑的作用(见图 5-13)。

3. 大数据技术

大数据技术是指对大量结构化、半结构化和非结构化的数据进行分析处理的技术,从中获得新的价值,需要用到大量的存储设备和计算资源。大数据技术框架具有分布式、集群化、统一存储、统一访问、动态扩容的特点,其技术框架如图 5-14 所示。

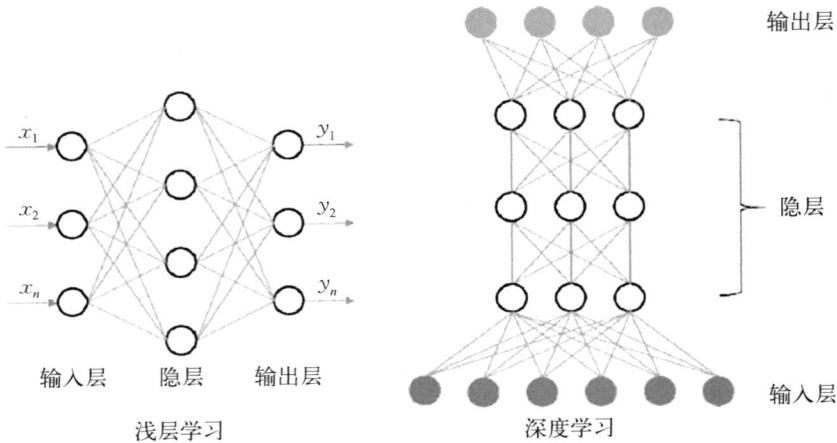

图 5-13　浅层学习与深度学习的区别

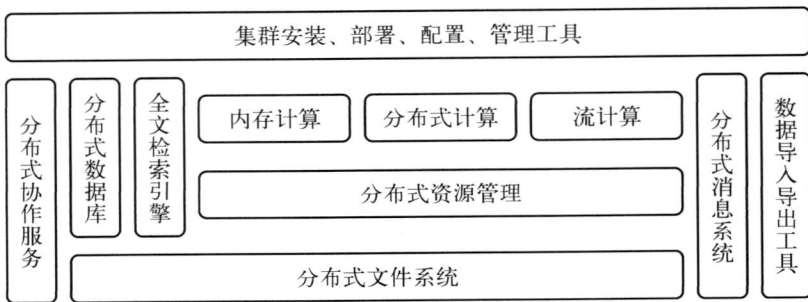

图 5-14　大数据技术框架

4. 视频云存储

视频云存储技术是通用云存储系统的一种演化形态,又不同于通用云存储,它采用面向业务应用系统按需分配的设计思路,融合了计算资源集群应用、负载均衡调度、计算/内存/网络资源虚拟化、云服务化、分布式存储等技术,可将数据中心不同类型的存储资源设备通过分布式存储软件进行集群,对外提供统一外部存储,实现高性能、高可靠、高容量、高可用的业务访问服务[69]。

智能安防是当前建设新型智慧城市、平安城市的大趋势。未来,人工智能不仅是维护社会稳定的关键利器,更会上升到国防应用的新高度。将智能识别、大数据、云存储、云计算等先进技术广泛地覆盖社会和政府等各类场所,建设互联互通的耦合式系统架构,并充分挖掘利用"人、车、物、案"四要素的数据价值,建立事前、事中、事后一体化的业务操作流程是公安机关实现治安防控转型和升级的核心。此类安防思维创新更加适合于轨道交通中每一个通行环节。

5.2.2　声纹识别在交通系统的作用

声纹与指纹、掌纹、DNA、视网膜、虹膜、血管纹路等一样,是每个人固有的生物特征,具有唯一性和稳定性。近年来,从声音中提取每个人特有的声纹信息来进行身份鉴别的声纹识别技术引起了众多国内外学者的关注与研究。声纹识别同样要涉及信号预处理、声纹特征提取和声纹特征匹配等技术流程。

1. 声纹信号预处理

语音信号的质量在一定程度上影响到声纹识别系统的准确率。在现实环境中,硬件设备、传送媒介、环境噪声以及其他讲话人都会影响到语音信号的质量。此外,移动变化的声源信号也会对采集工作产生负面影响。在传送语音信号前,需要对语音信号进行去噪处理,从而提取纯净的语音样本信号,因此在预处理阶段降噪技术的运用至关重要。对原始语音信号进行预处理是声纹识别系统中的起始步骤,是至关重要的一个流程,直接影响到声纹识别系统的准确率。

语音信号属于一维信号,它随着时间变化而变化,作为一种非平稳的时变信号,包含了丰富的内容信息。预处理通常是对原始语音信号执行去噪、分帧加窗、端点检测等操作。研究人员往往使用"短时平稳技术",这是由于一维的语音信号原本就属于非平稳时变信号,如果用处理平稳信号的方法来处理非平稳信号显然是行不通的。研究人员对语音信号的形成过程进行研究发现,人类声音的形成与口腔肌肉的运动密切相关,但是口腔肌肉运动速度是比较缓慢的,远小于声音振动的速度。于是在极短的时间范围中,语音信号可以当作是拥有短时平稳的性质。在这个预处理过程中,主要运用的方法有麦克风阵列去噪、预加重、分帧加窗、端点检测等处理技术,而且实用性非常强。

1）麦克风阵列去噪

在复杂多变的实际背景下,通过传统的单个麦克风采集到的语音信号往往是由环境噪声与多声源组合而成的混合语音信号。在 20 世纪 90 年代以后,为了削弱现实环境中噪声对语音信号的影响,科研人员开发了基于麦克风阵列的语音信号采集技术。麦克风阵列是指一组按不同位置、一定空间间距摆放的麦克风。它的原理是通过声源信号传播到每个麦克风之间的相对时延来定位声源的方向。

判断这种声源的方向涉及波束形成技术(beamforming,BF),波束形成是指对每个麦克风在输出相位与时间上进行延后补偿,并对幅度做加权处理,最终产生指向声源方向的波束。麦克风阵列技术对声源具有较强的选择性,可以相对精准地判断语音信号的传播方向以及来源方向。麦克风阵列对于信号方向外的干扰与噪声可以有效地避免,由于其抗噪效果明显,现在被广泛运用在耳机、音箱制造业、语音通信技术以及各类电子产品中。

2)预加重

根据人类发声器官的结构与声音信号的产生原理,说话过程受到口鼻辐射以及声门激励的影响,语音中的高频信号会被削弱。综上所述,我们对声音信号进行特征参数提取前,需要对原始声音信号高频区域实施预加重处理。其工作原理是将原始声音信号输入一个一阶高通滤波器,这样语音信号中高频区域的信号幅度会有所升高,低频区域幅度有所降低。对原始语音信号实施预加重处理的作用主要是提升了高频区域的分辨率,有利于后续的特征提取与分析。

3)分帧加窗

语音信号作为一种典型的非平稳时变信号,通常情况下一个音节在 $10\sim$ 30 ms 内保持不变。在这个瞬时范围内,发声器官的运动方式相对恒定不变,语音信号的各种特征参数基本维持稳定,因此采用短时平稳技术来分析声音信号。在连续的语音信号中截取长度为 $10\sim30$ ms 的信号作为一个帧,为了防止相邻两帧之间变化差异过大,一般分帧时会做交叉重叠处理,重叠区域的面积通常为整个帧面积的三分之一至二分之一。为了防止帧与帧之间遗漏信息,需要对分帧后的音频信号进行加窗处理。使用合理的窗函数,可以对短时语音帧特征参数进行分析,能够更好地体现音频信号的特征变化。矩形窗和汉明窗是经常使用的窗函数,但使用矩形窗的缺点是其频谱容易遗漏,而汉明窗由于其主瓣宽度较宽,低通性能更优越,能更好地保留语音信号的特征参数,因此选择汉明窗更合理。

4)端点检测

时域的声音信号除了包括纯粹干净的语音信号,还包括静音与噪声部分,采集语音信号时并不全是有效信息。为了除去静音部分,通常对语音信号实行端点检测的方式来识别语音信号的起始点。这样不仅能够提取出有效的语音信号,删除静音部分,还能在一定程度内减弱噪声,降低数据运算量。当前,端点检测已经取得了一定的研究成果,通常用的研究方法有过零率法、短时能量法、基于过零率与短时能量的双阈值法。

过零率是一种较为简单的方法,一般用电平信号正负交替显示。它的判断依据:过零率较小为浊音,过零率较大为清音。短时能量法依据能量函数来区分清音与浊音;帧能量较大的为浊音,帧能量较小的为清音。然而,在实际应用中,仅仅依靠过零率或短时能量确定声音信号起始位置并不是很准确,往往会综合考虑这两种特性来确定语音信号起始点的位置。

2. 声纹识别中的特征提取

特征提取的目的是用较少的信息来描述语音信号,也就是说对原始语音信号提取出能够描述其主要特征的鲁棒性参数。对于提取出来的特征参数要求可靠、稳定并且容易提取。经过对声纹识别技术多年的研究与发展,已经找到了一些可靠的特征参数来描述语音信号。

声纹识别模型几乎都是用声学层面的特征参数来作为识别标准的,但判断说话人身份的个性因素是多方面的,包含人体发声器官结构有关的声学特征,例如音色、振幅、频率、共振峰、反射系数、频谱与倒频谱等;个人说话习惯,如语速快慢、音量大小、语调高低等;个人受教育程度,例如受老师或父母影响的韵律、修饰、语义、用词等。

1) 选取特征参数的标准

一般来说,我们通过语音采集装置采集到的最原始的语音信号是不能直接作为声纹识别模型的输入。有三个方面的主要原因:第一是因为最原始的语音信号没有经过任何处理,包含许多不明确、不稳定的因素,这些未知的因素可能会对声纹识别系统模型的训练以及准确率造成极大影响;第二是因为最原始的语音信号数据含量大,系统模型的计算量与运行时间也会大大增加,同时数据的存储负担也会变大;第三是因为受到系统模型的输入要求影响,例如基于卷积神经网络模型的声纹识别,其输入一般是二维的语谱图,而不是最原始的语音信号。

要得到声纹识别模型输入的特征参数,我们一般需要对原始语音信号实行分帧操作。由于声纹特征由语音信号每帧中的特征参数形成,因此特征参数种类的选择对系统精度的影响尤为重要。

2) 特征参数的分类

在声纹识别技术中,由于语音信号存在不稳定性、语音信号特征参数容易丢失、实际环境比较复杂、语音容易被模仿、样本参数不足等问题,声纹识别技术特征参数的提取方法与方式有待更进一步优化。选择不同的特征参数,其系统识别率也会不同,选择合理的特征参数不仅可以提升声纹识别系统的稳定性与鲁棒性,还可以提高识别率。声纹识别技术发展至今,使用的特征参数大致归为三类:① 通过语音频谱直接导出的数据,包括共振峰、感知线性预测系数(PLP)与梅尔频率倒谱系数(MFCC)等;② 线性预测系数与它的派生系数,例如线性预测系数(LPC)、线性预测倒谱系数(LPCC)以及它的组合参数等;③ 混合参数,由以上不同特征参数组成的特征矢量。

3. 声纹模式匹配

识别模型的选择是声纹识别技术的重点,采用不同的模型,声纹识别的效果也会不同。声纹识别是典型的模式识别,声纹识别系统中的模式匹配是模式识别中对算法进行的分类。在声纹识别系统中为说话人建立一个模型库,在训练阶段得到说话人的模型参数,在测试阶段通过模式匹配打分得到最终的得分。常用的模型有概率统计方法、人工神经网络(ANN)、矢量量化方法(VQ)、动态时间规整方法(DTW)、高斯混合模型(GMM)、GMM-UBM 和判决规则等[70]。

人脸识别+声纹识别无疑会进一步增加轨道交通人流通行过程中的安全性冗余度,进而实现 AI 技术在轨道交通系统中的科技全覆盖。

5.2.3 保障音视频信息安全的基本原理

尽管"音视频"信息的采集、特征提取与分析算法已经日趋成熟与完善,逐步进入国家经济、工农业生产、科技研发、国防军事以及社会生活的方方面面,并取得显著的有益效果。然而,人们的"担心"与"顾虑"也随之而至,会不会因为人类生物信息被"广泛"采集和传输而造成"个人隐私"的泄漏等。这是当前国内外存在的较为普遍的社会争议。

当然,任何事物均存在它的正/反两面性。随着一种新的问题(矛盾)出现,人们完全有智慧将出现的"问题(矛盾)"限制在最小的范围,使其负面影响降到最低程度。为此,在国家完善法制与法治的同时,还有更为有效的技术手段予以解决。其中,最为基本的科学方法就是将人类生物信息采集与处理的全过程实施科学"加密",因为任何被采集源信息均可采用数学方式表达与存储,而数学公式的"加密"就属于一件"轻而易举之事"。

如人脸识别技术中人脸原图被采集后的数字图像是采用二维矩阵(灰度图像)或高维矩阵(彩色图像)来表达(描述)的。以二维灰度数字图像为例,令原图的灰度数字图像二维矩阵为 A,则可以通过加密矩阵 E 来实现后续所有步骤的信息安全,即

$$A \cdot E = B \tag{5-16}$$

一旦被采集的图像遭遇中途窃取也"无关紧要",因为被窃取的是 B,而非 A,"打开" B,看到的是一幅"乱七八糟"的灰度图(或者是一堆乱码)。只有通过解密(或破译)的方法才能恢复原图的 A,即

$$A = B \cdot E^{-1} \tag{5-17}$$

以此类推,还有其他加密/解密算法,同时还可以进行多层次和多维的加密手段和算法,使得"破译者"要想"解密"变得更为困难,甚至完全达到"不可能解密"的程度。

第6章　列车车辆环境的
智能维护

列车车厢环境的智能维护包括车厢温度的智能调节、环境和谐与舒适的智能维护，以及乘客上下车安全的智能监管。

6.1　车厢温度智能调节

目前一般室内空调温度调节基本上均采用设定温度下室温传感的单闭环反馈调节，列车车厢也不例外。这种"传统的"温度调节方式显然没有达到节能优化的程度，还会因室温设定不适当而造成室内人员的不舒适（温度偏高或偏低）。于是，车厢室温的智能调节便应运而生。

6.1.1　车厢室温的双闭环智能调节原理

所谓室温的双闭环调节，即由反馈内环和反馈外环构成的温度自动调节系统。前者是传统的负反馈，而后者则是根据当地气温等环境条件由算法形成的智能反馈，其调节系统如图 6-1 所示。其中，温度控制器主要控制中央空调机的温度输出，同时调节车厢的出风口风量大小。

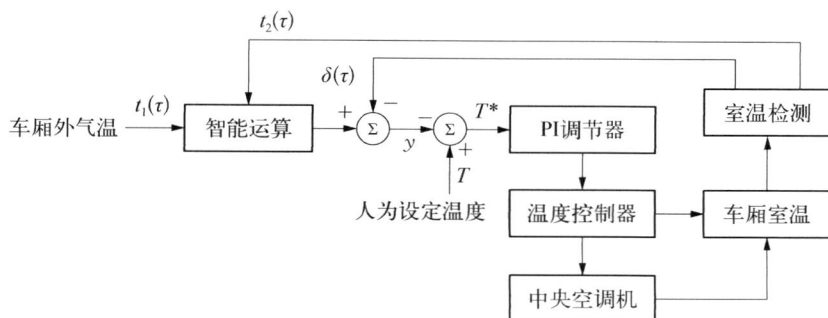

图 6-1　车厢室温的双闭环调节系统框图

其中所谓的智能运算,即将车厢外气温、车厢内平均室温,以及车厢内人员所散发的热量值予以统筹考虑而形成一个设定温度智能纠正值。然后此纠正值与人为设定温度值进行比较,进而获得温度调节的智能参考值。如此调节室温的方法能够使得车厢内乘客舒适感达到"次优"程度。

令车厢外气温变化曲线函数为 $t_1(\tau)$、车厢内平均室温变化曲线为 $t_2(\tau)$、设定温度智能纠正值为 y(即智能运算输出),则基本运算方程为

$$y = \frac{1}{2}\left[t_1(\tau) + t_2(\tau)\right] - \delta(\tau) \qquad (6-1)$$

式中,$\delta(\tau)$ 为车厢内乘客群体所散发的热温动态值函数。

当智能输出 y 与外置的人为设定温度 T 相减后,便获得一个实时的温度调节智能化参考值 T^*,即

$$T^* = T - y \qquad (6-2)$$

整个智能调节的函数曲线如图 6-2 所示。

$\delta(\tau)$ 来自车厢内置的热像仪或红外传感测温仪的人体辐射温度(见图 6-3)。

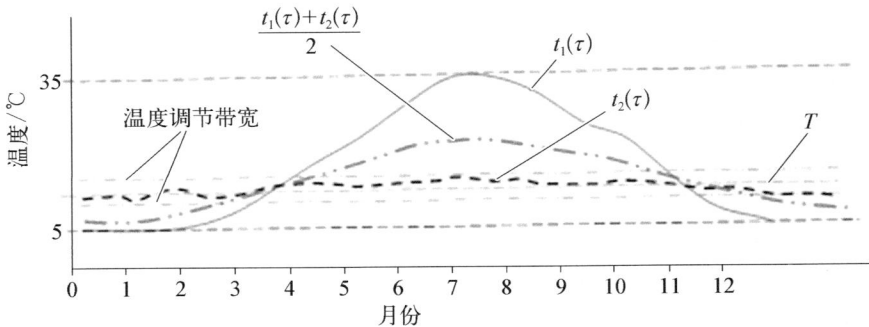

图 6-2 某地铁车厢温度调节曲线

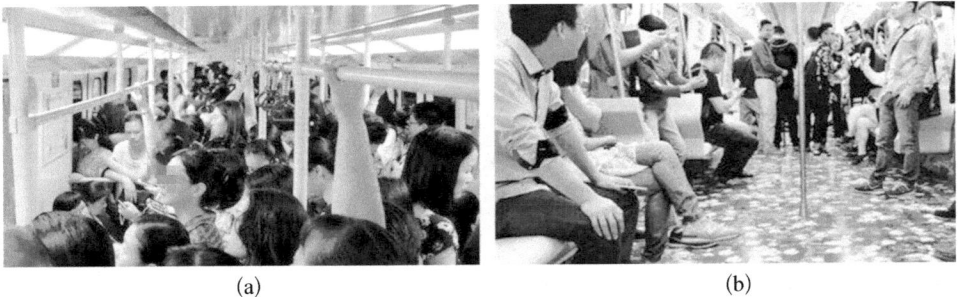

(a)   (b)

图 6-3 车厢内人体稠密程度与散发温度的区别

(a) 车厢内人体稠密;(b) 车厢内人体稀疏

图 6-3 中(a)相对于(b)人体所散发的热量对车厢环境的影响显然有所区别。同时夏季与冬季更有所不同。

车厢环境温度智能调节的物理意义在于：纠正单一负反馈 $T-t_2(\tau)$ 的简单机械式惯性思维而"进化"为智能思维。

6.1.2　车厢温度智能调节优越性

列车车厢温度采用智能调节技术后明显具有以下特点：① 克服人为设定温度值的惯性思维缺陷；② 能够根据一年四季，乃至任意时刻外界气温的实际变化，实时地变动车厢温度调节的参考值，使之智能化；③ 能够根据一年四季人们穿着的不同(如夏季单薄、冬季保暖厚实)特点，做到完全人性化地自动变更温度参考值；④ 能够根据车厢不同的乘客密集度相应感应出不同的人体散热效果，最终达到最佳的车厢温度舒适度[71]。

6.2　乘车安全保障智能技术

为了改善乘车安全环境，如今许多城市的地铁站台基本上都安装屏蔽门。虽然在地铁或轻轨站台上加装屏蔽门能够达到为乘客提供安全乘车环境的基本条件，但是，站台屏蔽门直接面对乘客，是乘客上下车的唯一通道，它的运行方式和可靠性又直接关系到车站对乘客所提供服务质量的好坏，直接关系到乘客上下车的方便性和人身安全。同时，它的工作性能也将直接影响到列车及其整个线路是否能够正常准时运行。然而，由于屏蔽门控制系统的设计缺陷，曾经有过多起乘客被夹于列车车门与屏蔽门之间乃至乘客伤亡的事件发生[72]。

比如《东方早报》曾于 2007 年 7 月 20 日报道"上海地铁屏蔽门试装探测仪防乘客被夹"中介绍：为了避免乘客伤亡事故，上海地铁屏蔽门试装探测仪，在安装探测仪后，列车车门和站台屏蔽门完全关闭后，设置在两侧的红外线光幕探测仪会自动发射出红外线，形成一道光幕屏障，如果两扇门之间夹有异物阻断光幕，探测仪就会在第一时间终止发车信号。按照设计的工作原理，红外线探测器并非 24 小时不停地发射光线，平时它处于休眠状态，在每次屏蔽门完成闭合准备发车前，其中的发射器会自动发射 7 束红外光进行 2 秒钟扫描。这是一种探测列车车门和站台屏蔽门之间是否"夹有异物阻断光幕"的传感装置。但是，由于该装置由"设置在两侧"的一对红外线发射/接收装置来"形成一道光幕屏障"，这就使得现场安装较为复杂。此外，采用红外探测仪最大的不足之处在于无法识别和区分被夹异物的形态和种类。

当然,还有采用"5级自动控制和3种手动开门方式"。所述"5级自动控制"包括:第一级是司机在驾驶室的控制;第二级是站台前端头控制,供列车司机手动操作控制屏蔽门;第三级是每档屏蔽门的就地控制,主要用于维修时用;第四级是屏蔽门设备室内的主控机控制;第五级是车站综合控制室内的操作指示盘。所述3种手动开门方式包括站台值班员可用钥匙在站内开门;下车乘客手拉把手可在列车一面把门打开;下车乘客手按压应急门上的横杆可在列车一面把应急门打开。

应该说,上述站台屏蔽门的运行模式及控制方法已经对使用环境和可能会出现的多种状况进行了较为全面的考虑,这种技术方案能够适合应用于一般正常情况下的运行环境,但是,其中根本的技术缺陷如下:① 除了对屏蔽门碰到障碍物时有传感外,缺少对屏蔽门运行状态的自动检测手段,整个装置系统仅仅通过程序控制加上人工监视,因此,整体自动化程度不高;② 正是因为该系统需要通过人工监视来干预控制,这就存在对事故发生时的人为反应滞后问题,因此,往往在猝不及防事件发生时,悲剧已经无法挽回;③ 在应急情况下,通过下车乘客手拉把手或者手按压应急门上的横杆可以把门打开,这种辅助手段无疑是必要的,但却是不可靠的,因为大多数乘客往往没有掌握这些应急常识,甚至毫无所知。由此一来,智能化屏蔽门控制便应运而生。

6.2.1　站台屏蔽门智能控制系统

站台屏蔽门智能控制系统包括 CMOS 摄像头、信号处理器、控制器、驱动器。CMOS 摄像头将采集到的图像输出到信号处理器;信号处理器对采集到的图像信号进行 A/D 转换、增强处理和信息识别,并将识别结果转换成控制指令输出至控制器;控制器将控制指令和应急控制指令数字信号转换为模拟控制信号,并将模拟控制信号送至驱动器;驱动器将模拟控制信号放大后驱动机械伺服机构,操纵屏蔽门的开或关(见图 6-4)。

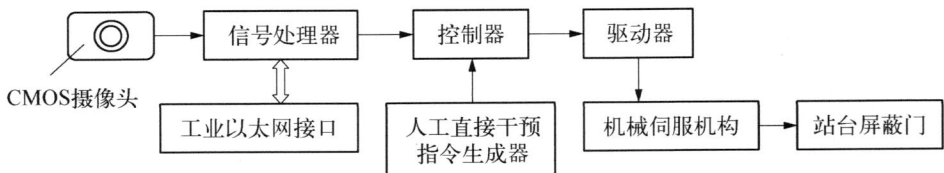

图 6-4　站台屏蔽门智能控制系统原理框图

自动控制技术领域的站台屏蔽门智能控制方法:首先通过 CMOS 摄像头采集站台轨道上停放列车和不停放列车两种状况下的图像,并将图像输出至信号处理器,信号处理器提取图像特征信息,制作成两个基本模板,同时建立现场图像与基本模板的图像阈值灰度级及其相互间的误差、相关度判据公式与指标,然后 CMOS 摄像头采集现场图像传输至信号处理器,经信号处理器对现场图像的处理和识别即可产生准确的控制指令并发送给控制器,最后控制器将接收到的数字控制指令转换为模拟控制指令并输出至驱动器,驱动器控制指令放大后驱动屏蔽门的伺服机构。

CMOS 摄像头安装于每个屏蔽门上门框、朝向列车一侧,调节俯视角度以保证监视区域处于摄像头的视场范围内(见图 6-5)。一般来说,所采用的 CMOS 摄像头技术特征基本性能参数如下:镜头直径为 1/3 英寸(1 英寸≈2.54 厘米)、感光器件为黑白 CMOS、510×492 像素、清晰度为 380TV 线、最低照度为 2.0 Lux、光焦为 2.9 mm、视场角为 140°、制式 PAL/NTSC、输出电压 $V_{pp} = 10 \text{ V}$、特性阻抗为 75 Ω、电源为 200 mA/12VDC。

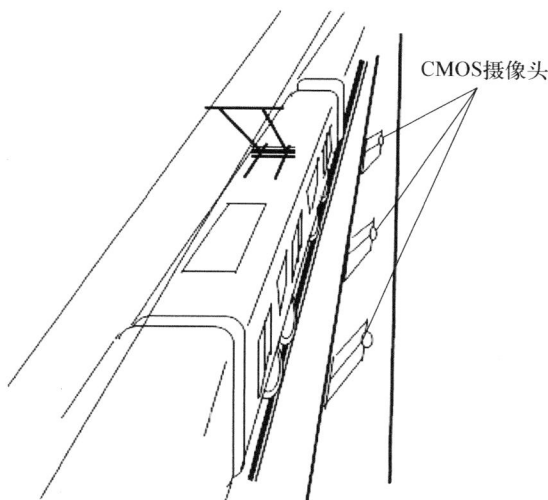

图 6-5 CMOS 摄像头实际安装位置图

信号处理器包括 A/D 转换模块、图像增强模块、图像识别模块和存储单元。其中,A/D 转换模块输入端接收 CMOS 摄像头采集的模拟图像,将模拟图像信号转换为数字图像信号,并将数字图像信号输出到图像增强模块;图像增强模块负责对数字图像信号增强处理,并将增强了的数字图像输出到图像识别模块;图像识别模块负责对数字图像的特征信息进行提取,采集站台轨道上停放列车和不停放列车两种状况下图像的特征信息作为基本模板,并存储到存储单元中,同时根据现场图像与模板图像阈值灰度级及其相互间的误差和相关度判据与指标对被采集现场图像分别与存储单元中的两个基本模板进行比对识别,最后将识别结果转化为控制指令输出至控制器;存储单元用以存放数字图像及其特征信息,实现图像识别模块对存储单元中数据的读写。信号处理器具有一个工业以太网接口,以便通过工业以太网与上位机服务器进行信息交互。控制器有两个输入端口,第一输入端口与信号处理器相连,负责接收控制指令,第二输入端口负责接收应急控制指令。

当出现检修停运、消防、战备及其他非正常营运期间的特殊情况时,控制器不接收信号处理器输出的控制指令而直接执行应急控制指令,应急控制指令直接操作屏蔽门的开或关动作;与此同时,CMOS 摄像头与信号处理器进入休眠状态,直至控制器重新接收到撤销应急控制指令后才停止休眠、恢复激活状态。

应急控制指令是指来自系统外的人工直接干预指令,由车站管理人员通过人工直接干预指令生成器向控制器第二输入端口输入应急控制指令,控制器将控制指令数字信号转换为模拟控制信号,并将模拟控制信号送至驱动器。

人工直接干预指令生成器是指在检修停运、消防、战备及其他非正常营运状态下产生有线开关控制指令或无线开关控制指令的装置,控制器第二输入端口根据人工直接干预指令生成器开关指令输出类型的通信协议配接相应的有线或无线指令接收器。

首先要对系统初始化,具体如下:

(1) 由 CMOS 摄像头采集站台轨道上停放列车和不停放列车两种状况下的图像输出至信号处理器;

(2) 信号处理器通过其内部的 A/D 转换模块、图像增强模块和图像识别模块对上述两种状况图像进行模/数转换、数字图像增强处理和图像特征信息提取,最终作为两个基本模板存放于信号处理器中的存储单元内,第一基本模板为车站轨道上无列车停放的数字图像及其特征信息,第二基本模板为车站轨道上有列车停放的数字图像及其特征信息,特征信息包括物体边缘线、图像灰度直方图和模板平均灰度;

(3) 建立现场图像与模板图像阈值灰度级及其相互间的误差和相关度指标。

初始化完毕之后系统进入运行状态,信号处理器接收由 CMOS 摄像头实时采集的现场图像,经 A/D 转换模块转换成数字图像信号送至图像增强模块,经图像增强模块增强处理后的数字图像信号输出至图像识别模块。图像识别模块通过对图像信息的提取,并根据现场图像与模板图像阈值灰度级及其相互间的误差和相关度判据与指标对被采集现场图像分别与存储单元中的两个基本模板进行比对识别,最后将识别结果转化为控制指令输出至控制器。控制器将数字控制指令转换为模拟控制指令输出至驱动器,模拟控制指令经驱动器放大后驱动屏蔽门的开/关[73]。

依据系统初始化建立的两个图像基本模板和图像识别相关度判据与指标,通过 CMOS 摄像头实时采集现场图像并经信号处理器信息处理与判断识别,对列车与屏蔽门之间的实际状况做出判定,最终向控制器与驱动器发出控制指令用以操纵站台屏蔽门的开/关。

6.2.2 算法步骤

步骤 1,CMOS 摄像头安装于屏蔽门上门框、朝向列车一侧,调节俯视角为 $60°$,以保证监视区域充分处于摄像头的视场范围内。

步骤 2,通过 CMOS 摄像头采集站台轨道上停放列车和不停放列车两种状况下的图像,并将图像输出至信号处理器。

步骤 3,信号处理器通过 A/D 转换模块将接收到的初始采集的站台轨道上停放列车和不停放列车两种状况的模拟图像信号转换成两种数字图像信号,并送至图像增强模块;然后图像增强模块对送达的两种数字图像信号进行影像光源自动增益补强,亮度、白平衡、色饱和度与对比度调节、边缘增强等技术加工,再送入图像识别模块进行图像特征信息提取,最终作为两个基本模板存放于信号处理器的存储单元内。所述两个基本模板:第一基本模板为车站轨道上无列车停放的数字图像及其特征信息,第二基本模板为车站轨道上有列车停放的数字图像及其特征信息,特征信息包括物体边缘线、图像灰度直方图及其平均灰度。

步骤 4,建立现场图像与基本模板的图像阈值灰度级及其相互间的误差、相关度判据公式与指标。

(1) 图像阈值灰度级。

为了能够分割图像的亮度值,将比阈值灰度级亮的像素和比阈值灰度级暗的像素分为黑和白两组,图像中的黑白成分基本相等、图像的边界清晰、主体基本可以分辨,在灰度级直方图上,阈值表示为一条垂直的分隔线,分隔线左面的所有灰度级将变为黑色,而右面将变为白色。一方面,分隔线应该使左右的面积相等,以保证有相同的黑色和白色像素;另一方面,假设灰度级概率分布可以用两个高斯分布来逼近,其中一个代表主体前景,另一个代表不需要的背景物体,阈值应该选择合适才能保证二值边界清晰可辨,前景区域和背景区域正确分割。

在具体识别过程中,本实施例首先搜寻灰度曲线双峰之间的谷点,并将其确定为相应图像的灰度级阈值,进而以该阈值作为图像分割的依据,将图像的前景和背景区域分割开来。

(2) 误差。

在评判图像是否匹配或相似的程度有多大的时候,比较现场图像与基本模板的图像灰度直方图及其平均灰度特征值。如果两者相差太大,就认为不是同一景象,如果误差在允许的范围内,则认为它们相关的可能性很大,可以认定为同一景象。本实施例定义误差为现场图像与模板特征信息值之差绝对值对模板特征信息值的比值,以百分比表示,确立误差值小于 2.5% 为允许误差。

（3）相关度判据公式与指标。

在阈值灰度级的基础上,建立第一基本模板矩阵 A_1、第二基本模板矩阵 A_2 和现场图像矩阵 B,以及在离散条件下的互相关函数,包括各自方差、归一化相关系数以及在所有二维矩阵所组成的线性空间里内积操作的定义。从线性空间出发,根据欧氏空间的范数和夹角概念得到第一基本模板矩阵 A_1 和现场图像矩阵 B 的相关度 sim1、第二基本模板矩阵 A_2 和现场图像矩阵 B 相关度 sim2 的定义为

$$\text{sim1} = \cos\angle(A_1, B) = \frac{A_1 \cdot B}{\|A_1\| \|B\|} = \frac{A_1 \cdot B}{\sqrt{A_1 \cdot A_1} \sqrt{B \cdot B}} \qquad (6-3)$$

和

$$\text{sim2} = \cos\angle(A_2, B) = \frac{A_2 \cdot B}{\|A_2\| \|B\|} = \frac{A_2 \cdot B}{\sqrt{A_2 \cdot A_2} \sqrt{B \cdot B}} \qquad (6-4)$$

式中,$A_1 = [a_{1x,y}]_{M \times N}$,$A_2 = [a_{2x,y}]_{M \times N}$,$B = [b_{x,y}]_{M \times N}$;$M$ 和 N 分别表示矩阵 A_1、A_2 和 B 所代表每帧图像的行数和列数;矩阵中的元素分别代表各自行列坐标所对应像素点的灰度值,其下标 x,y 表示像素点所处的行列坐标 (x, y)。

利用内积定义获得实用判据公式

$$\text{sim1} = \frac{\sum_{x=0}^{M-1} \sum_{y=0}^{N-1} a_{1x,y} b_{x,y}}{\sqrt{\sum_{x=0}^{M-1} \sum_{y=0}^{N-1} a_{1x,y}^2} \sqrt{\sum_{x=0}^{M-1} \sum_{y=0}^{N-1} b_{x,y}^2}} \qquad (6-5)$$

和

$$\text{sim2} = \frac{\sum_{x=0}^{M-1} \sum_{y=0}^{N-1} a_{2x,y} \cdot b_{x,y}}{\sqrt{\sum_{x=0}^{M-1} \sum_{y=0}^{N-1} a_{2x,y}^2} \sqrt{\sum_{x=0}^{M-1} \sum_{y=0}^{N-1} b_{x,y}^2}} \qquad (6-6)$$

在线性空间中,夹角越小,相似度越大,图像相关度越明显,图像越相似,如果相关度达到 100%,那么第一基本模板矩阵 A_1 和现场图像矩阵 B、第二基本模板矩阵 A_2 和现场图像矩阵 B 就能互相线性表出。

如以模板图像矩阵和现场图像矩阵相似的程度大于等于 95% 为相关度指标,通过判断相关度指标,能够确认现场图像与模板图像的相似程度,从而判断

现场有无异物。

步骤 5,完成步骤 1～步骤 4 后,系统进入运行状态,CMOS 摄像头实时采集的现场图像送入信号处理器。

步骤 6,信号处理器将接收到的模拟图像信号经 A/D 转换模块转换成数字图像信号送至图像增强模块;图像增强模块对送达的数字图像信号进行增强技术加工,并将加工后的数字图像信号经输出通道送至图像识别模块。

步骤 7,图像识别模块对收到增强后的数字图像信号建立现场图像矩阵 $\boldsymbol{B}$,对模板图像与现场图像分别搜寻灰度曲线双峰之间的谷点,并将其确定为相应图像的灰度级阈值,进而以该阈值作为图像分割的依据,将模板图像与现场图像的前景和背景区域分割开来,根据允许误差、相关度判据与指标对屏蔽门与列车侧之间的工作状况进行判定,同时根据列车停靠车站的前后时刻物体边缘线移动判定当前列车是在进站或者出站,从而判断出屏蔽门列车一侧的具体状况,具体有如下四种状况:

第一种状况,sim2 ≥ 95%,列车停靠站台且在屏蔽门与列车之间无异物,列车可以启动离站;

第二种状况,sim2 < 95%,列车停靠站台且在屏蔽门与列车之间有异物,不得关闭屏蔽门,同时禁止列车启动;

第三种状况,sim1 ≥ 95%,无列车停靠站台且在屏蔽门与轨道之间无异物,必须关闭屏蔽门,并通知后方列车可以正常进入本站;

第四种状况,sim1 < 95%,无列车停靠站台且在屏蔽门与轨道之间有异物,必须打开屏蔽门,人工紧急处理现场,并通知后方列车禁止进入本站。

所述物体边缘线移动判定,是指图像识别模块根据列车停靠车站的前后时刻物体边缘线(具体为列车车厢边缘线)移动来判定当前列车是在进站或者出站的具体运行状态,包括三种状态:第一种状态,从车站无列车图像到出现列车图像,直至出现静止列车图像,说明列车进站停靠;第二种状态,从静止列车图像出现向前移动列车图像,直至车站重新无列车图像,说明列车启动出站;第三种状态,从车站无列车图像到出现运动列车图像,直至车站重新无列车图像,说明列车不停靠直接通过本站台。

步骤 8,图像识别模块将判断结果转化为控制指令经信号处理器的输出端口送至控制器,控制器将接收到的数字控制指令转换为模拟控制指令并输出至驱动器,驱动器将模拟控制指令放大后驱动机械伺服机构,操纵屏蔽门的开或关。

控制指令如下:第一指令,列车进站并停靠站台,先开车门再开屏蔽门;第二指令,乘客上下车时间到,确认"第一种状况,列车停靠站台且在屏蔽门与列车之间无异物",再关屏蔽门;第三指令,乘客上下车时间到,确认"第二种状况,列车停靠站台且在屏蔽门与列车之间有异物",不得关闭屏蔽门、发出报警声并禁止列车启动;第四指令,确认"第三种状况,无列车停靠站台且在屏蔽门与轨道之间无异物",通知后方列车可以进站;第五指令,确认"第四种状况,无列车停靠站台且在屏蔽门与轨道之间有异物",通知后方列车不可以进站。

当出现检修停运、消防、战备及其他非正常营运期间的特殊情况时,控制器不接收信号处理器输出的控制指令,而直接执行应急控制指令,应急控制指令直接操作屏蔽门的开或关动作,应急控制指令输入控制器。与此同时,CMOS 摄像头与信号处理器进入休眠状态,直至控制器重新接收撤销应急控制指令后才停止休眠,恢复激活状态。

所述应急控制指令,是指来自系统外的人工直接干预指令,由车站管理人员通过人工直接干预指令生成器向控制器输入应急控制指令,控制器将控制指令数字信号转换为模拟控制信号,并将模拟控制信号送至驱动器。

所述人工直接干预指令生成器,是指在检修停运、消防、战备及其他非正常营运状态时产生有线开关控制指令或无线开关控制指令的装置,控制器根据人工直接干预指令生成器开关指令输出类型的通信协议配接相应的有线或无线指令接收器[74]。

较之现有同类技术,图像识别模块对收到增强后的数字图像信号建立现场图像矩阵 **B**,对模板图像与现场图像分别搜寻灰度曲线双峰之间的谷点,并将其确定为相应图像的灰度级阈值,进而以该阈值作为图像分割的依据,将模板图像与现场图像的前景和背景区域分割开来。根据允许误差、相关度判据与指标对屏蔽门与列车侧之间的工作状况进行判定,同时根据列车停靠车站的前后时刻物体边缘线移动判定当前列车是在进站或者出站,从而判断出屏蔽门列车一侧的具体状况,识别的准确率均达到了 100%。可以对列车离站后的屏蔽门与轨道之间是否出现异物进行监视,并向监管人员或上位机服务器发送信息和控制指令。因此保障了乘客上下车的舒适安全和列车的安全准时运行。

6.3 车厢内环境的智能辅助

众所周知,为了倡导尊老爱幼的社会美德、共同建设美好和谐的生活环境,在我们的公共汽车、地铁、轨道交通等公共交通工具上都在车厢的适当位置专门设置了"爱心专座",目的就在于能够让需要得到社会关心、爱护与帮助的人们在出行乘坐公交的时候获得适当的照顾。然而,事情往往并不像设置爱心专座时所想象的那样,而是会出现一些不文明的现象:时常有些人一进入公交车厢,压根就对"爱心专座"的文字提示视而不见,只要空着,就坐上去;时常还可见有些人坐在爱心专座上,即使随后有需要的人上车,甚至一个挺着大肚子的孕妇就站在他的旁边,他能够做到熟视无睹、旁若无人,或者假装瞌睡,任凭身边的孕妇一直站到下车;如果有人好心提醒或劝说占用爱心专座者应予以让座时,时常还会遭到占用爱心专座者的恶语相向,甚至还会大打出手。先进的技术手段用以改善这种不良的社会现象,不乏其有效性。

6.3.1　装置结构及其设置方法

专座智能提示装置系统由针孔摄像头、信号处理器和语音提示器构成。其中,针孔摄像头设置于爱心专座对面车厢壁上的适当位置,正对着专座上的乘客脸部位置,用于实时采集专座上的乘客脸部位置图像(见图 6-6)。信号处理器承担图像信息处理、识别与决策的整个运算任务。信号处理器从针孔摄像头接收专座乘客的脸部及其身体形态图像信号并进行处理、识别与判断。一旦确认当前专座上的乘客是属于健康中青年乘客(并排除孕妇的可能性),信号处理器会实时地根据识别结果生成控制指令,通过语音提示器向该青壮年乘客友好提示:"这是爱心

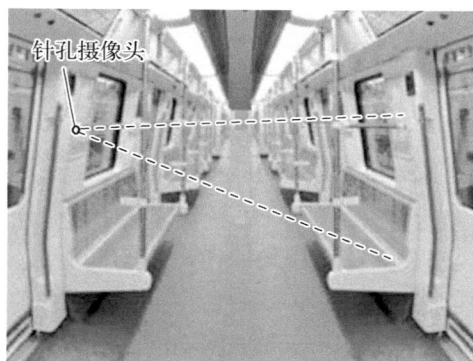

图 6-6　针孔摄像头设置方法示意图

专座,请您将它让给需要帮助的乘客好吗? 谢谢您的协助!"

在实际应用中,用不着每节车厢各自配置一个信号处理器。对于一个列车仅需配置一个信号处理器即可集中处理所有车厢实时采集专座上的乘客脸部及其身体形态图像信息。此时,装置系统的结构如图 6-7 所示。图中,N 代表列车车厢专座数,如每节车厢有 6 个专座,则 8 节列车共有 48 个专座,即 $N=48$;针孔摄像头与语音提示器的编号即代表对应专座编号;输入通道选通与输出通道选通的每个通道选通时间及其间隔由信号处理器的信号采集扫描与运算软件确定;输出通道选通的选通通道与输入通道选通相对应;信号处理器具有多任务功能,只有在获知某个专座被其他乘客占用的情况下,信号处理器才会选通对应

的语音提示器,并发送语音提示指令,在选通任意一个语音提示器的同时,信号处理器已经在处理下一个被扫描的图像信号。

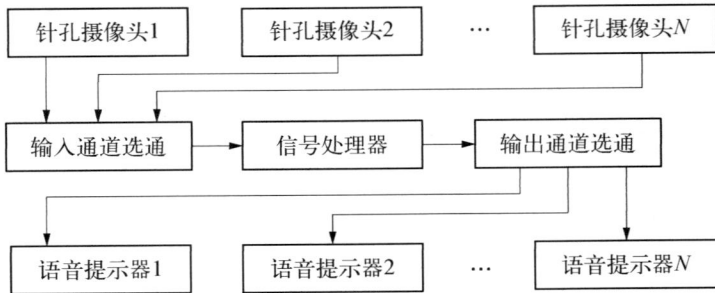

图 6-7 装置系统结构图

6.3.2 核心算法

专座智能提示方法包括训练样本学习与在线识别两大步骤。

1. 训练样本学习

所谓训练样本学习,即系统进入在线运行前必须进行的样本学习训练。当系统处于学习状态时,系统对 16~55 周岁年龄段的乘客脸部及其身体形态图像进行采集与处理。训练样本学习包含以下 7 个分步骤。

(1) 采集中青年乘客脸部及其身体形态图像并进行彩色空间转换。

将针孔摄像头抽样采集到的中青年乘客脸部及其身体形态图像进行强化后,再将其从 RGB 彩色空间转换至 HSV 彩色空间进行表达,即连续采集多幅图像,包括 16~55 周岁不同年龄段的乘客脸部及其身体形态与不同表情特征的脸部图像,再将每幅强化后的图像从 RGB 彩色空间转换至 HSV 彩色空间进行表达。

(2) 将中青年乘客脸部及其身体形态与背景区分开来。

这一过程侧重在抽样采集到的中青年乘客脸部图像中,按照像素坐标从左至右、从上到下地扫描检测像素的景物色调,并将落入 HSV 彩色空间中的色调区间[2°,47°]的色调集合所对应的像素点拟定为人脸区域,因此就能将青壮年脸部图像中其他区域及背景与脸部区域准确地区分开来。这是因为人物图像中的人脸肤色与衣物及背景存在明显不同的色调差别,人脸肤色与衣物及背景各自的色调分布于不同的角度区域,而且人脸肤色的色调相对稳定地集中在 HSV 彩色空间中的某个角度区域,通过实验证实不论是自然光照射还是人工光源照射,也不论摄像系统的异同,肤色的色调 H 的角度分布都基本保持在 HSV 彩色空间的 2°～47°之间,因此能够通过人物图像在 HSV 空间中的色调值来区分出人脸肤色和衣物、背景及其他景物。实验进一步证实,人脸肤色的色调值为 11°的概率最高,因此称 11°的色调值为人脸肤色的概率峰值。令人脸肤色色调在区间[2°, 47°]的分布概率为 $P(H)$ 时,则 $H=11$°的概率达到最高,即 $P(11$°$)=P_{max}$,也就是说,当某个景物的色调为 11°时,认定该景物为人脸肤色的置信度达到最高。

（3）确定抽样采集到的中青年乘客脸部图像的中心位置与脸部区域。

利用抽样采集到的中青年乘客脸部图像的 HSV 彩色空间表达,在人脸肤色色调集合中,将最接近 11°的色调值所对应的像素点坐标作为人脸中心点,如经过人脸区域搜寻结果,获得落入 HSV 彩色空间中的色调区间[2°, 47°]的色调集合为 $\{\cdots, 9.7$°$, 10.1$°$, 9.5$°$, \cdots\}$,而且该集合所对应的像素点坐标为 $\{\cdots, (i_{k-1}, j_{k-1}), (i_k, j_k), (i_{k+1}, j_{k+1}), \cdots\}$,其中最接近 11°的色调值是 10.1°,所对应的像素点坐标为 (i_k, j_k),因此就可以确定 (i_k, j_k) 为人脸中心位置坐标,i 表示像素的列坐标,j 表示像素的行坐标,下标表示列数和行数,i_k 的 k 表示第 k 列,j_k 的 k 表示第 k 行。并以人脸中心点为基点向上、下各扩张 $\frac{u}{2}$ 行像素和向左、右各扩张 $\frac{v}{2}$ 列像素,作为 $u \times v$ 大小的脸部区域,简称 $u \times v$ 脸部区域。

（4）导入中青年乘客脸部区域图像训练样本。

截取中青年乘客脸部图像 $u \times v$ 脸部区域后作为训练样本导入样本训练系统数据库。所采集的中青年乘客脸部图像的 $u \times v$ 脸部区域训练样本均具有 256 个灰度级,一般取训练样本数 $n=k \times l \geqslant 300$;其中,$k$、$l$ 分别为被采样青壮年数和每个中青年乘客被采样脸部区域的样本数,如 $k=30$、$l=10$ 分别代表被采样青壮年数为 30 个、每个中青年乘客被采样脸部区域的样本数为 10。

（5）将训练样本图像转换为一维向量。

将每一个二维的中青年乘客脸部区域训练样本图像数据转化为一维的向量,并定义中青年乘客脸部特征为 1 类脸部特征,其余人的脸部特征为-1 类脸部特征。所述的"其余人"包括小孩、老人、妇女等。可以表达出 1 类第 i 图像的一维向量 $\boldsymbol{x}_i$ 为

$$\boldsymbol{x}_i = [x_{i1} \quad x_{i2} \quad \cdots \quad x_{im}]^T = [x_{ij}]^T \tag{6-7}$$

式中,x_{ij} 表示 1 类第 i 个样本第 j 个像素灰度值;$i=1, 2, \cdots, n$ 为 1 类脸部区域样本序号;$j=1, 2, \cdots, m$ 为每个样本图像所取像素数,$m=u \times v$,u 和 v 分别为样本图像的列和行像素数。

（6）计算训练样本特征值及特征向量。

计算 1 类的均值 $\bar{x}$，即

$$\bar{x} = \frac{1}{n \times m} \sum_{i=1}^{n} \sum_{j=1}^{m} x_{ij} \qquad (6-8)$$

称由此求得的均值 $\bar{x}$ 为 1 类平均脸。

对上述训练样本进行规范化后可以表达为

$$v_i = x_i - \bar{x} \qquad (i = 1, 2, \cdots, n) \qquad (6-9)$$

由训练样本组成的 1 类平均脸规范化向量 $\boldsymbol{v}$，则

$$\boldsymbol{v} = \begin{bmatrix} v_1 & v_2 & \cdots & v_n \end{bmatrix}^{\mathrm{T}} \qquad (6-10)$$

此时，1 类平均脸协方差矩阵为

$$\boldsymbol{Q} = \begin{bmatrix} v_1 & v_2 & \cdots & v_n \end{bmatrix}^{\mathrm{T}} \begin{bmatrix} v_1 & v_2 & \cdots & v_n \end{bmatrix} \qquad (\boldsymbol{Q} \in R^{n \times n}) \qquad (6-11)$$

利用式（6-11）求取 $\boldsymbol{Q}$ 的特征值 λ_l 及其特征向量，并将其从大到小重新排列后生成特征向量

$$\boldsymbol{p} = \begin{bmatrix} \lambda_1 & \lambda_2 & \lambda_3 & \cdots \end{bmatrix}^{\mathrm{T}} \qquad (6-12)$$

其中，$\lambda_1 \geqslant \lambda_2 \geqslant \lambda_3 \geqslant \cdots$。

（7）建立人脸特征判据。

由于较大的特征值对应的特征向量包含较多的人脸特征信息，因此选取前 s 个较大的特征值所对应的特征向量构成的向量空间就可以近似地表示人脸图像的主要信息。s 取值由实验确定。

从 $\boldsymbol{v} = \begin{bmatrix} v_1 & v_2 & K & v_n \end{bmatrix}^{\mathrm{T}}$ 中选取前 s 个较大的特征值所对应的规范化值构成新的规范化向量为

$$\hat{\boldsymbol{v}} = \begin{bmatrix} v_1 & v_2 & \cdots & v_s \end{bmatrix}^{\mathrm{T}} \qquad (6-13)$$

因此，可以直接用 $\hat{\boldsymbol{v}}$ 来代表 1 类人脸特征，即中青年乘客脸部区域特征。这就是说，建立了人脸特征规范化向量后，就可以依次作为识别当前乘客是否为中青年乘客的判据。式（6-8）～式（6-13）的计算过程又称为脸部图像对特征空间的投影。

（8）对 1 类人脸特征再建立女性特征规范化向量。

所谓"对 1 类人脸特征再建立女性特征规范化向量"，即在获得第一层次的 1 类人脸特征向量后，重复上述（1）～（7）的步骤，再对 1 类人脸特征中做出女性

与男性的区分,即区分出"1 类人脸特征"向量中的女性特征元素,建立"1 类人脸特征"的"女性特征"2 类特征分向量。即由式(6-13)分解出 2 类特征分向量

$$\hat{\pmb{v}}_2^* = \begin{bmatrix} v_1^* & v_2^* & \cdots & v_k^* \end{bmatrix}^{\mathrm{T}} \tag{6-14}$$

余下便是 1 类中的男性特征分向量

$$\hat{\pmb{v}}_1^* = \begin{bmatrix} v_{k+1}^* & v_{k+2}^* & \cdots & v_s^* \end{bmatrix}^{\mathrm{T}} \tag{6-15}$$

式中,k 为 s 所处区间的任意值,可以取 $k = \dfrac{s}{2}$。

（9）对 2 类特征再区分是否孕妇。

对 2 类特征者再进行身体形态甄别,即对其身体形态图像求取"孕妇形态"特征点及其特征向量。确定"孕妇形态"特征点的技术要点在于,身体轮廓主要特征点间连线长度的相互比例关系。如图 6-8 所示,孕妇体型具有明显特征曲线,其相应特征点连线即构成某种特定的比例关系,即

$$\frac{l_1}{l_2} > \varepsilon_2 \tag{6-16}$$

式中,ε_2 为判定阈值,只要某位女性乘客的特征比例尺大于该判定阈值,即可确认该为女性乘客为孕妇。

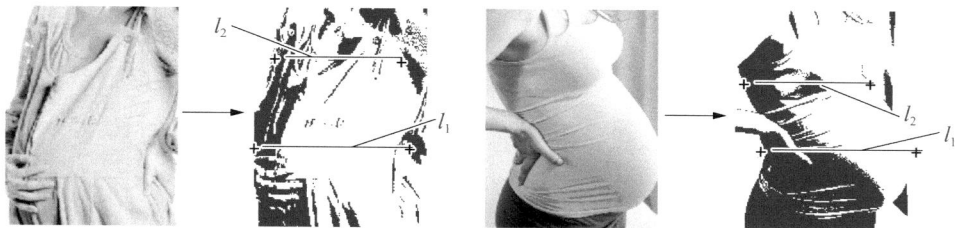

图 6-8　孕妇体型特征曲线及其特征点连线

2. 在线识别

当上述地铁专座智能提示装置系统进入（处于）在线工作状态时,对爱心专座上的乘客实施实时监视,根据识别结果对专座上的乘客确定控制指令输出,决定是否由语音提示器向该乘客提示。其整个过程由以下分步骤。

（1）在线采集专座上的乘客脸部位置图像并进行彩色空间转换。

将针孔摄像头实时采集到的专座上的乘客脸部位置图像进行强化后,再将其从 RGB 彩色空间转换至 HSV 彩色空间进行表达。乘客脸部位置图像包括专座上有乘客、没有乘客或该专座被遮挡时的图像。

（2）将专座上的乘客脸部图像与背景区分开来。

在采集到的专座上的乘客脸部位置图像中，按照像素坐标从左至右、从上到下地扫描检测像素的景物色调，将落入 HSV 彩色空间中的色调区间 $[2°, 47°]$ 的色调集合所对应的像素点拟定为人脸区域，如果能够找到对应色调区间 $[2°, 47°]$ 的像素点，则说明专座上有乘客乘坐，因此将专座上乘客的其他区域图像及其背景及脸部区域准确地区分开来。继续下一分步骤（3）。

如果没有找到能够落入 HSV 色调区间 $[2°, 47°]$ 色调所对应的像素点，则表明当前专座上尚未有人乘坐，或者是针孔摄像头的视场暂时被车厢内站立者的身体部位遮挡。此时，运算程序回到上述分步骤（1），继续监视专座上的状态。

（3）对采集到的专座上的乘客脸部图像进行人脸中心位置与眼部区域确定。

利用人脸的 HSV 彩色空间表达，将最接近 $11°$ 的色调值所对应的像素点坐标作为人脸中心点，并以人脸中心点为基点向上、下各扩张 $\frac{u}{2}$ 行像素和向左、右各扩张 $\frac{v}{2}$ 列像素，作为 $u \times v$ 大小的脸部区域，简称 $u \times v$ 脸部区域，即可获取 $u \times v$ 的脸部跟踪区域。

（4）对专座上乘客脸部区域进行跟踪。

将一阶预测算法作为专座上乘客脸部区域跟踪的方法，设当前专座乘客脸部运动速度为 $\boldsymbol{V}(t_k) = \begin{bmatrix} V_i(t_k) & V_j(t_k) \end{bmatrix}^{\mathrm{T}}$，且

$$\begin{bmatrix} V_i(t_k) \\ V_j(t_k) \end{bmatrix} = \begin{bmatrix} \dfrac{i_k - i_{k-1}}{t_k - t_{k-1}} \\ \dfrac{j_k - j_{k-1}}{t_k - t_{k-1}} \end{bmatrix} \tag{6-17}$$

即采用间隔时间为 Δt 条件下，对人脸中心位置的前后两次运算来求取 $\Delta t = t_k - t_{k-1}$。

其一阶预测估计值应为

$$\begin{bmatrix} \widetilde{V}_i(t_k) \\ \widetilde{V}_j(t_k) \end{bmatrix} = \begin{bmatrix} \dfrac{i_{k-1} - i_{k-2}}{t_k - t_{k-1}} \\ \dfrac{j_{k-1} - j_{k-2}}{t_k - t_{k-1}} \end{bmatrix} \tag{6-18}$$

预测专座上乘客脸部目标的像素坐标为

$$\begin{bmatrix} \hat{i}_{k+1} \\ \hat{j}_{k+1} \end{bmatrix} = \begin{bmatrix} \widetilde{V}_i(t_k)(t_k - t_{k-1}) \\ \widetilde{V}_j(t_k)(t_k - t_{k-1}) \end{bmatrix} + \begin{bmatrix} i_k \\ j_k \end{bmatrix} \tag{6-19}$$

式中，$V_i(t_k)$ 与 $V_j(t_k)$ 分别为第 k 时刻速度 $V(t_k)$ 在像素坐标系中 i 和 j 两个坐标轴上的分量；$\widetilde{V}_i(t_k)$ 与 $\widetilde{V}_j(t_k)$ 分别为第 k 时刻速度 $V(t_k)$ 在 i 和 j 两个坐标轴上的分量估计值；i_k、i_{k-1} 与 i_{k-2} 分别为第 k、第 $k-1$ 和第 $k-2$ 时刻的 i 坐标值；j_k、j_{k-1} 与 j_{k-2} 分别为第 k、第 $k-1$ 和第 $k-2$ 时刻的 v 坐标值；$\hat{i}_{k+1}$ 与 $\hat{j}_{k+1}$ 分别为第 $k+1$ 时刻 i 和 j 的坐标估计值。

因此，当第 k 时刻 t_k 的人脸中心为 (i_k, j_k) 时，能够通过一阶预测算法预测出爱心专座乘客脸部在第 $k+1$ 时刻 t_{k+1} 的人脸中心为 $(\hat{i}_{k+1}, \hat{j}_{k+1})$。

（5）导入测试样本。

根据系统跟踪到的人脸中心坐标 (i_k, j_k)，依次向上、下各扩张 $\dfrac{u}{2}$ 行像素和向左、右各扩张 $\dfrac{v}{2}$ 列像素，截取 $u \times v$ 脸部区域作为爱心专座乘客脸部区域的测试样本，并将其导入识别系统。

（6）计算测试样本的特征向量。

重复利用式（6-8）～式（6-13）的运算，完成对测试样本的图像特征值及其特征向量的计算，从 $v = \begin{bmatrix} v_1 & v_2 & \cdots & v_n \end{bmatrix}^{\mathrm{T}}$ 中选取前 s 个较大的特征值所对应的规范化值构成新的规范化向量

$$\widetilde{v} = \begin{bmatrix} v_1 & v_2 & \cdots & v_s \end{bmatrix}^{\mathrm{T}} \tag{6-20}$$

因此，可以直接用 $\widetilde{v}$ 来代表专座上当前乘客脸部区域特征，即测试样本特征规范化向量。

（7）类型识别。

识别专座上的乘客类别，将投影到特征空间中的 $u \times v$ 脸部区域特征 $\widetilde{v}$ 与训练样本特征 $\hat{v}$ 通过距离分类函数进行比较，确定待识别样本的所属类别，即

$$G(\widetilde{v}, \hat{v}) = \| \widetilde{v} - \hat{v} \| \leqslant \varepsilon_1 \tag{6-21}$$

说明：当前专座上的乘客属于 1 类；否则，当前专座上的乘客属于 -1 类。

在式（6-21）中，$\widetilde{v}$、$\hat{v}$ 分别代表测试样本和训练样本脸部特征规范化向量。

（8）类型进一步细分。

对属于 1 类的乘客尚需进一步区分是否属于 2 类而排除 1 类中的男性乘客。重复上述步骤（1）～（7），将被识别对象再与 2 类特征向量进行匹配。如果

不属于 2 类,则转向步骤(10);否则,继续步骤(9)。

(9)特征点测算。

提取目标图像的形态特征点,并对其关键特征点连线相互之间的比例进行测算,用以确定是否属于 2 类,如果 $\frac{l_1}{l_2} > \varepsilon_2$,则认定其为孕妇,返回步骤(1);否则,继续步骤(10)。

(10)控制决策。

根据识别结果对当前专座上乘客确定输出控制指令,即一旦判定专座上的乘客为"青壮年男性"或其他"非孕妇中青年女性"时,系统实时输出控制指令,在控制指令的驱动下,语音提示器向被识别目标乘客发出友好提示:"这是爱心专座,请您将它让给需要帮助的乘客好吗? 谢谢您的帮助!"否则,系统不会发出提示(包括专座上无人乘坐的情况)。

从步骤(1)到步骤(10)循环运算,对专座进行在线实时识别,实现对专座的全程监视。

如果被识别对象出现"青壮年男性"或其他"非孕妇中青年女性"却是患病乘客或是残疾人的情况时,仍然可以通过语音识别等其他方式得以"修正"。如只要有人(包括本人或周边乘客)说"他(她)身体患病……",系统立即予以"修正",并播送关怀之语。

当然,地铁车厢的通道上时常都会有人站立其间,此时又如何采集和识别爱心专座上乘客的图像呢? 一旦爱心专座被长期遮挡,只要有人员移动,哪怕只有瞬间的间隙,爱心专座上的图像信息就会被实时地捕捉到。所以,该项技术又称为永不疲劳、从不眨眼的单目视感器,对创造舒适、和谐的乘车环境起到了非技术方式所无法起到的积极作用[75]。

第7章 轨道交通未来的
技术发展

　　我国轨道交通也已成为应用先进技术,如信息化、智能化、节能、安全、环保等技术的前沿阵地。相较于智能化系统在其他领域的成熟应用,轨道交通系统中智能生产与运维系统的应用还存在诸多欠缺,需要进一步优化改善和提升。以下以高铁为例予以阐述。

7.1　高速列车技术现状与发展

　　在轨道交通发展浪潮的推动下,大量先进技术与新型装备得到广泛应用,有力推动了以安全、高效、绿色、智能和可持续为特征的现代轨道交通体系高质量发展。值此,有必要对高铁发展及其技术现状做一回顾。

7.1.1　高铁发展历程回顾

　　高速列车发展基本上可以分为四个重要阶段。

　　第一阶段,以日本新干线动力分散式高速动车组为代表。日本是世界上第一个开通高铁运营并大规模推广应用的国家。1964 年日本新干线以 210 km/h 的运营速度开创了高铁商业运营的里程碑,此后以几乎每 14 年开发一代新车型的规律不断研发试验新技术,形成了小轴重、低能耗的发展特点。

　　第二阶段,以法国动力集中式高速动车(TGV)组列车为代表。法国是世界上第二个开通高铁运营(1981 年)并大规模推广应用的国家,并于 1989 年将最高运营速度提高到 300 km/h,开创了欧洲推广高铁的新局面。同期代表技术还包括铰接车体、摆式技术、双层车体等。其高速铁路线路的典型特点是大坡道、少隧道、低建设成本(首条高铁每千米建设成本不足日本新干线的 20%)。

　　第三阶段,以德国动力分散式高速动车(ICE3)组为代表。德国从 1991 年开通高铁商业运营,2002 年将最高运营速度提升到 330 km/h,同期技术还包括线性涡流制动、多制式供电、灵活编组等。ICE3 使动力分散式动车组的优势再次回归,并推广到包括俄罗斯、中国在内的多个国家,推动了世界高速铁路的快速发展。

第四阶段,以中国复兴号动力分散式标准动车组为代表。中国于 2008 年首次开通高铁运营,后来居上,发展迅猛。目前中国高铁总里程已占全世界高铁总里程的 60%以上,列车运行速度名列世界第一,已成为中国制造走向世界的"金色名片"。其高速动车组以宽车体、大载客量、高稳定性、高准点率等优势享誉全球。

7.1.2　我国现有技术的薄弱环节

1. 基础技术研发能力不强

基础技术研发能力不强表现在关键材料、工艺等仍然依赖他国技术。由于轨道交通车辆在装配复杂作业现场存在其独有特征与设计,需要采用特定的装配过程,对车辆组件信息实现准确且快速的自动识别。但是现实情况是,数据采集时,实时监测种类不全;生产制造中存在故障漏报或虚报问题;在系统运维中,车辆存在过修或欠修的问题。

2. 共性技术研发能力欠缺

共性技术研发能力欠缺表现在仿真平台作用不到位上,缺乏统一的产品协同研发和仿真验证,平台包括车辆机械系统仿真平台,噪声分析与诊断,车身耐受度研究平台,牵引、制动、信号与功率集成仿真平台等。此外,需要培训网络测试平台,建立通信网络和无线通信网络,开展无损检测技术研究,形成相关技术标准,实现研发、测试环节。

3. 关键技术开发能力不足

关于列车生命周期,其在自主安全防护方面的研究仍然不够。复杂环境下的轨道交通系统的故障分析与预判、安全控制与保障系统技术研究不足,城市轨道交通系统的智能化安防保障和运维一体化技术亟待构建和优化完善。此外,产品智能感知系统的相关研究不够深入,轨道交通能源利用模式绿色化程度不够,完备的列车控制的互联互通系统没有实现。

4. 实际产品平台建设不够到位

目前还没有完成相关体系的平台化设计,该平台具有标准化、模块化、全流程管理的特点,能够对产品进行全周期的信息数据采集与分析、测试、共享,可实现同设计、生产、服务相衔接的一体化链条,促进城市轨道交通系统的现代化智能化发展。

由于无序竞争和重复建设、产业配套能力不足、产品质量种类不足、产品生产运维智能化平台建设不足、研发能力不足等问题,我国城市轨道交通车辆产业存在战略升级的瓶颈,这是迫切需要解决的问题。

7.1.3　国外高速列车技术现状及其发展方向

1. 欧盟"Shift2 Rail"计划

随着中国加入国际轨道交通科技的竞争,欧盟为提高欧洲铁路产品在全球的竞争力,提出了"Shift2 Rail"计划,以巩固其在全球产品和服务市场的领导地位。其中有 3 个量化指标,即要达到轨道交通系统寿命周期成本降低 50%、能力提高 100%、服务的可靠性和准时性提高 50% 的目标[76]。

为保证目标的实现,欧盟同时提出了基于碳化硅和独立旋转车轮的牵引系统、基于无线传输技术的列控与管理系统、轻量化车体材料应用、新型结构和轻型材料的走行机构、更高制动率及更低噪声的新型制动系统、新型轻质结构材料的车门系统、模块化车内布局等 7 个指导方向。此外 Shift2 Rail 还专注于智能材料、互操作性、能源与可持续性、人力资本等共性问题。

2. 国外未来主要商用车型

1) 日本的研究

日本 N700S 是新干线 N700 系列中的最高端车型,继续秉承安全、舒适、可靠、环保的理念,计划在 2020 年投入运营。该车型是世界上首次装用 SiC(碳化硅)驱动系统的高速列车[77]。

该车型将结合走行风冷技术,主变流装置大幅度地小型化和轻量化,相比 N700 型(带吹风机构)轻了 600 kg,并可与主变压器安装在同一辆车上。这简化了车辆种类,使其能按客户需求实现 8 辆、12 辆、16 辆的灵活编组。

另外,由于采用了 SiC 器件,能够在高频域产生大的电流,驱动电机在原有功率基础上每台减重 70 kg,总耗电量减少 7%。实现世界最轻轴重 11 t 的同时,大幅度减小了地板下的占用空间和质量制约,进而实现安装车下统一设备,形成标准车辆,有利于批量生产,提高质量,降低成本。同时,N700S 还在车头形状优化、缩短地震时制动距离、采用人字齿传动、头等车安装全有源减振控制、优化半有源结构、采用挠式滑板受电弓、强化车辆状态监测和预警、安装应急蓄电池组、提升车厢舒适度等方面进行了优化设计,极大地提高了车辆的性能[78]。

日本 Alfa‑X 是 JR(日本高速铁路系统)东日本为新干线建造的下一代高速列车平台,计划于 2025 年将以 360 km/h 的运营速度载客运营。Alfa‑X 的一个典型特点是车头设计。为减少高速进入隧道时产生的压力波以及减少风阻,车头被设计成 22 m 长,用以进行各种工况下的车头压力波检测与试验,同时显著提高车头碰撞吸能空间。Alfa-X 还有一个特点就是利用主动式的垂直和水平液压减振器,提高运行稳定性与舒适性。Alfa-X 还将采用新的抗震减震器,遇到强烈的地震振动可以自动启动,以稳定列车的运行并防止列车出轨。为应对地震频发的风险,Alfa-X 还应用了两种紧急制动装置,即位于车顶的风阻制动减速板和位于构架的线性涡流制动器,以使高速行驶的列车在自然灾害等意外情况中尽快完成减速或制动。

日本的 L0 系磁浮列车前身为 MLX-01 型磁悬浮试验车,采用超导磁浮技术[79]。磁浮车辆速度越快悬浮力和导向力越大,低速时依靠橡胶轮支承和导向,当车速为 150~180 km/h 时,进入完全无接触的悬浮态,悬浮气隙为 100 mm 以上[80]。

日本于 1962 年开始进行磁浮技术研究,从 1972 年开始磁悬浮列车的试验,1977 年建成 7 km 超导磁浮宫崎试验线,1997 年建成 18.4 km 双线山梨试验线,2003 年 MLX01-2 型高速列车创造了 581 km/h 的记录。2013 年 42.8 km 山梨试验线全线贯通,而且试验线将来会成为中央新干线的实际运营线路。2015 年 4 月 22 日,日本 L0 型磁浮列车在山梨线试验轨道上以 603 km/h(载人运行)的速度创造了新的世界纪录。2014 年日本政府正式批准建设中央新干线磁悬浮铁路,由东京经名古屋通往大阪,其中东京到名古屋段全长 286 km,计划于 2027 年以 500 km/h 的速度运营;名古屋到大阪段 152 km,计划于 2045 年完工。项目全长为 438 km,总经费约为 5 184 亿元人民币。

2) 法国的研究

TGV Avelia 是法国国营铁路公司与阿尔斯通合作研发的下一代高速列车,计划自 2022 年投入商业运营。其采用动力集中式动车组、永磁电机、铰接式转向架、双层车体、摩擦搅拌焊、碳纤维复合材料(端梁)、现代化旅客系统、基于 SiC 的牵引系统等技术。TGV Avelia 不追求用高性能或新功能作为卖点,而更关注如何降低单位运输成本与日常维护成本,提升高速列车服务的利润空间。通过技术创新与优化,TGV Avelia 目标与上一代列车相比,建设与运行成本降低了 20%,材料与结构的再循环利用率高于 90%,能源消耗降低 25%,优化内饰布局,使列车可利用空间扩大 20%,大幅减少列车整个生命周期成本[81]。

3) 德国的研究

德国 Velaro Novo 是西门子经过 5 年研发出来的新型高铁列车,可实现 250~360 km/h 运行速度下灵活编组配置,预计于 2023 年正式投产运行。其主要特点:① 牵引制动系统,采用碳化硅牵引辅助变流器、永磁同步牵引电机,使牵引功率提升 10%，制动功率提升 70%，效率提升 5%，制动距离为 4 700 m，人均功率为 14.81 kW；② 结构，车体应用了摩擦搅拌焊技术、优化了转向架及车顶形状、全新的电气系统设计减少占用空间、增加客室空间、可快速灵活编组满足不同运量和目的地的配置需求；③ 智能化，配备智能化传感器，可对维修、铁路状况、损坏等情况自动发出预警，从而减少维修费用；④ 模块化，遵循"空管"原则，内部配件标准化固定，所有座椅、桌板及布局等都可以完全定制和更换；⑤ 网络，采用 MVB/Profinet 总线，车辆维护网络和旅客信息系统网络采用以太网。

通过以上优化设计，旅客容量增加 10%，质量减少 15%，车辆成本减少 25%，能量消耗减少 30%，维护维修成本减少 30%，运营成本大幅降低。

德国 NGT 是德国航空航天中心开展的下一代高速列车项目，设计最高运营速度为 400 km/h，采用类似有轨电车 100% 低地板的结构、独立旋转车轮、单轴结构、轮对径向位置控制、双层车体结构、板式与桁架结构结合的车体、玻璃纤维增强板材(GFK)三明治填充结构和轻金属结构(比金属结构质量减少 30%)、新型暖通空调等创新性设计，有效降低轮轨和气动噪声、提高乘坐舒适度、改善车辆安全性、降低轮轨磨耗和全寿命周期成本。采用模块化设计方法和系统集成设计技术加快产品设计制造过程，提高新产品的开发效率，缩短产品开发周期。最终目标是可靠性和准时率增加 50%，比 ICE3 以 300 km/h 运行时的能耗降低 50%，全寿命周期成本减少 40%。

4) 磁悬浮与低真空新技术

轮轨式轨道交通由于受制于空气阻力、轮轨黏着、蛇行失稳、运行噪声以及弓网接触受电等问题，运营速度很难经济地大幅度提升，而且能耗和机械摩擦磨损亦随着速度的提高显著增大。最新试验结果表明，动车组以 400 km/h 运行时每百千米人均能耗较 350 km/h 运行时增加约 30%。

20 世纪 20 年代德国就已诞生了磁悬浮列车的技术概念，并采用磁悬浮技术解决了轮轨式轨道交通的轮轨黏着、摩擦、振动和高速受流等问题[82]。我国运用德国技术于 2002 年在上海建成了目前世界上唯一一条商业运营的高速磁悬浮线路——运营速度为 430 km/h 磁悬浮专线。日本于 2014 年开工建设东京至名古屋的首条高速磁悬浮线路，设计最高运营速度为 505 km/h，计划于 2027 年开通。我国正在研制速度为 600 km/h 的高速磁悬浮系统技术。

但是，无论是轮轨式还是磁悬浮式，当车辆处于开放空间大气环境下运行时，均要面临巨大的空气阻力(与速度的平方成正比)和噪声(与速度的 6~8 次方成正比)问题，尤其当速度超过 400 km/h 后，空气阻力会占到列车运行总阻力的 80% 以上,从而给商业运营带来经济和环保的极大挑战。因此,为获得更高的经济运行速度,在利用磁悬浮技术减少轮轨摩擦、振动的基础上,构建低真空运行环境以减小空气阻力和噪声是未来更高速度轨道交通技术发展的重要方向。

低真空管道高速磁悬浮系统的不足主要包括两个方面:一是作为与轮轨高铁技术迥异的高速交通系统,不能与国内已建成的长达十余万千米的铁路联网运行;二是受高速磁悬浮道岔及相关技术的制约,列车追踪间隔时间较长,影响列车运行效率。

美国学者罗伯特·戴维(Robert David)早在 1904 年就提出真空管道运输设想。瑞士于 20 世纪 70 年代提出以隧道作为管道的地下低真空高速磁悬浮地铁系统,即 Swissmetro 系统,该系统将地下隧道抽成接近一个标准大气压的低真空,使用线性推动技术和磁悬浮与导向技术,设计速度为 500 km/h[83]。

20 世纪 90 年代,美国工程师奥斯特注册了真空管道运输系统(ETT)的商标和发明专利,该系统为小型分散的管道"汽车"模式,管道内抽成低真空,采用可乘坐 6 人的圆柱状磁悬浮客舱,速度可达到 6 500 km/h。

2004 年,我国学者沈志云(1929—   ,中国科学院院士,中国工程院院士,西南交通大学教授、博士生导师,机车车辆专家)提出了发展低真空高温超导磁悬浮高速系统的技术方案[84]。不过,低真空管道高速磁悬浮系统还须对总体系统、低真空与线路系统、车辆系统、悬浮导向系统、驱动与制动系统、通信与运控系统、安全保障及防灾救援系统等多项系统关键技术进行深入研究。

(1) 总体系统。

低真空管道高速磁悬浮系统总体层面尚无成功的可借鉴设计经验,需攻克的关键技术是一体化设计技术、复杂多物理场系统耦合分析技术、系统安全及可靠性技术、系统仿真优化及试验验证技术等。

(2) 低真空与线路系统。

系统真空尺度大,真空中难以通过对流及时散热;同时,高速对线路的平顺度、可靠性、结构特征等参数提出了更高要求。需攻克的关键技术包括大尺寸管道低真空环境构建与控制、高精度轨道及线桥隧道设计制造技术、高速磁悬浮道岔技术、轨道瞬时大面积高热量密度散热技术等。

(3) 车辆系统。

车辆在高速运动状态下,受到力、热、振动及噪声多种载荷的耦合作用,对列车车体、走行机构提出了新的要求。需攻克的关键技术有低阻/噪/热车体外形一体化设计技术、轻质高承载车体结构设计技术、高固有频率走行机构设计技术等。

（4）悬浮导向系统。

列车在高速运动状态下,对于悬浮系统的稳定性、损耗抑制、结构强度等提出了较高要求。需攻克的关键技术有大重载稳定磁悬浮设计技术、高速动态悬浮力波动抑制技术、新型高性能超导体研制技术等。

（5）驱动与制动系统。

列车在高速运行状态时,对高频、高压、大电流条件下驱动系统的工作效率以及不同速度下涡流制动器的制动力密度和速域范围等提出了更高要求。需攻克的关键技术有大推力高速电机研制技术、大功率高速驱动变流控制技术、高密度高可靠储能及供电技术、宽域高密度涡流制动技术等。

（6）通信与运控系统。

低真空管道高速磁悬浮系统间耦合性强,控制复杂且可靠性要求高,需攻克的关键技术有高速高可靠运行控制技术、低真空密闭环境高速高可靠车地无线通信技术等。

（7）安全保障及防灾救援系统。

安全保障及防灾救援系统主要包括状态和灾害监测与评估技术、应急处置与安全救援技术等[85]。

7.2　世界轨道交通总体发展趋势

目前高速轨道交通技术发展形成鲜明的两条道路:一条道路是面向可持续发展的市场,追求降低全寿命周期成本,如德国 NGT、法国 Avelia 等;另一条道路是面向未来高速轨道交通市场,采用颠覆性技术,追求高速度并兼顾低成本,如日本超导磁浮列车和美国超级高铁。

7.2.1　轮轨技术发展趋势

当前,轮轨式试验列车最高线路试验速度为 574.8 km/h(法国高速动车组试验车 V150),在研轮轨列车最高运营速度为 400 km/h。

国外轮轨高速铁路,受既有线路条件、区域距离、建设资金和航空竞争等限制,对传统轮轨交通运营速度方面的追求并不强烈,更多是从可持续发展和提高国际竞争力的角度考虑,强调节能降耗、环保降噪、安全舒适、智能高效。在结构创新、材料创新、控制技术创新、前沿技术应用创新等方面趋势明显,如采用碳纤维结构减轻转向架与车体质量,采用 SiC 基芯片减小控制系统体积与质量,采用智能传感器进行更有效的健康状态监测,采用全封闭内置轴箱转向架降低噪声,采用独立轮结构降低簧下质量,采用铰接共用转向架减小整车质量与噪声等。

轮轨式列车由于存在轮轨黏着、蛇行失稳、运行噪声以及弓网接触受流等问题,机械磨损与能源消耗随速度的提高显著增大。普遍认为,轮轨高速列车在400 km/h以上的商业运营技术风险较大。

7.2.2 磁悬浮技术发展趋势

磁悬浮列车车辆通过磁力实现列车与轨道之间的无接触悬浮和导向,具有加速快、震动小、舒适性好等优势,有效避免了轮轨列车存在的问题。

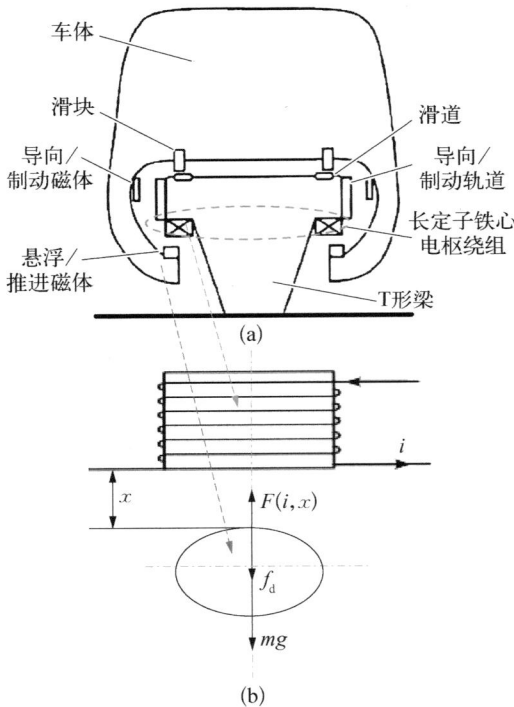

图 7-1 EMS 系统原理及其基础动力学模型

1. 磁悬浮列车机构原理

图 7-1 所示为一种常导磁吸式(electro magnetic-suction suspension, EMS)磁浮列车物理数学模型。图中的虚线(箭头与圆框)为抽象(虚拟)过程的“思维表达线”。图 7-1(a)为EMS 列车结构原理图,图 7-1(b)中的上方为固定电磁铁,代表设置于轨道的长定子铁心电磁铁,下方为铁磁性球,代表列车模拟体。当电磁铁上的线圈绕组通入电流 i 时产生的电磁场对下方的铁磁性球便形成吸力 $F(i, x)$。当产生的吸力与铁磁性球的重力相等时,铁磁性球就悬浮在空中,两者之间的间隙 x 为列车的悬浮高度。此时,铁磁性球处于不稳定的平衡状态,当铁磁性球受到外力 f_d 干扰时,极易失去平衡。为了使系统维持稳定,势必需要加上反馈环节。为此,必须设计一种控制算法,以确保悬浮达到稳定控制的技术要求。

当列车达到设定的悬浮高度时,电磁吸力和列车重力相等,此时列车就被悬浮起来。可见,单点悬浮系统的控制等价于磁浮列车整车悬浮的控制基础。其动力学方程为

$$m \frac{\mathrm{d}^2 x}{\mathrm{d}t^2} = mg + f_\mathrm{d} + F \tag{7-1}$$

式中，m 为铁磁性球的质量；x 为铁磁性球的悬浮高度；g 为地球重力加速度；f_d 为铁磁性球所受的外界干扰力；F 即 $F(i, x)$，为铁磁性球所受到的吸力。其中，

$$F = K \left(\frac{i}{x} \right)^2 \tag{7-2}$$

式中，i 为电磁线圈中的电流；K 为定义常数，$K = -\dfrac{\mu_0 A N^2}{4}$，$\mu_0$ 为空气磁导率，A 为电磁铁磁通截面积，N 为电磁线圈匝数。由式(7-1)和式(7-2)可得

$$m \frac{\mathrm{d}^2 x}{\mathrm{d}t^2} = mg + f_\mathrm{d} + K \left(\frac{i}{x} \right)^2 \tag{7-3}$$

忽略悬浮铁磁性球位置的变化对电感的影响，可以得到方程

$$U(t) = Ri(t) + L \frac{\mathrm{d}i(t)}{\mathrm{d}t} \tag{7-4}$$

式中，U 为电磁铁两端电压；R 为电磁铁等效电阻；L 为电磁铁绕组等效电感。

当铁磁性球处于平衡状态时，重力和电磁吸力相等，由牛顿第二定律可得铁磁性球此时所受的合力为零，即

$$mg + F(i_0, x_0) = 0 \tag{7-5}$$

$F(i_0, x_0)$ 为铁磁性球悬浮高度为 x_0、平衡电流为 i_0 时电磁铁对铁磁性球的电磁吸力。

联立式(7-3)、式(7-4)及式(7-5)后，得

$$\begin{cases} m \dfrac{\mathrm{d}^2 x}{\mathrm{d}t^2} = mg + f_\mathrm{d} + K \left(\dfrac{i}{x} \right)^2 \\[2mm] mg + F(i_0, x_0) = 0 \\[2mm] U(t) = Ri(t) + L \dfrac{\mathrm{d}i(t)}{\mathrm{d}t} \end{cases} \tag{7-6}$$

式(7-6)为单点悬浮系统运动动力学方程。

为了保证这种悬浮的可靠性和列车运行的平稳性，采用具有较高功率的直线电机，并通过电磁铁中电流的精确控制，使磁场保持稳定的强度和悬浮力，达到车体与导轨之间保持大约 10 cm 的间隙。EMS 通常采用气隙传感器来实施

系统的间隙反馈控制[86]。这就是磁悬浮列车相对轮轨列车的明显技术优势。

不过,常导磁吸式(EMS)为吸力磁浮,轨道与车辆端都需要通过电力线圈生磁相吸,使车辆处于悬浮状态,电力消耗较高。相对而言,车辆与轨道间隙小,高速安全性相比采用斥力悬浮的超导磁浮风险较高,更多人认为常导磁浮更适用于中低速磁浮线。

我国于2002年采用德国TR08技术建成的上海磁悬浮专线属于EMS的一种。日本的磁吸式悬浮(electro direct-repulsion suspension,EDS)列车,或称超导磁斥式列车,车辆端线圈通过超导效应产生磁力与轨道磁力相斥。超导磁斥式在车辆底部安装超导磁体(放在液态氦储存槽内),在轨道两侧铺设一系列铝环线圈。列车运行时,给车上线圈(超导磁体)通电流,产生强磁场,地上线圈(铝环)与之相切,且与车辆上超导磁体的磁场方向相反,两个磁场产生排斥力。当排斥力大于车辆质量时,车辆就浮起来。因此,超导磁斥式就是利用置于车辆上的超导磁体与铺设在轨道上的无源线圈之间的相对运动来产生悬浮力将车体抬起来的(见图7-2)。

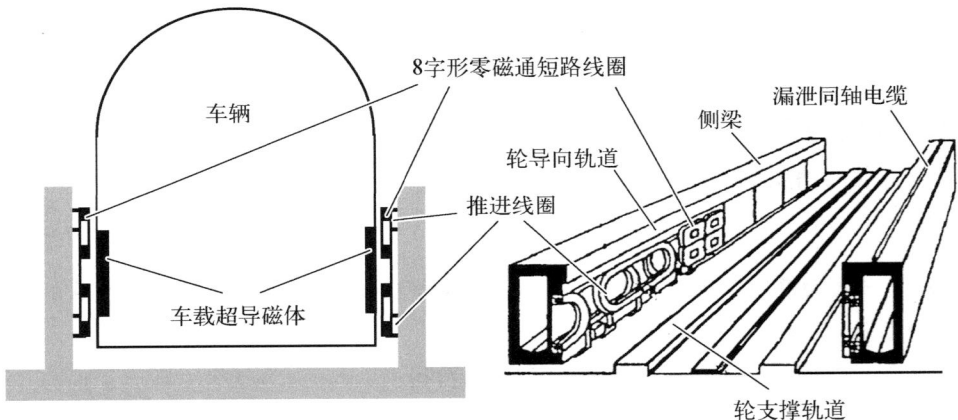

图 7-2　EDS 系统结构原理图

由于超导磁体的电阻为零,在运行中几乎不消耗能量,而且磁场强度很大,在超导体和导轨之间产生的强大排斥力,可使车辆浮起。当车辆向下移动时,超导磁体与悬浮线圈的间距减小,电流增大,使悬浮力增加,又使车辆自动恢复到原来的悬浮位置。这个间隙与速度的大小有关,一般到100 km/h时车体才能悬浮。因此,必须在车辆上装设机械辅助支承装置,如辅助支持轮及相应的弹簧支承,以保证列车安全可靠地着地。控制系统应能实现起动和停车的精确控制[87]。

2. 磁悬浮列车导向方式

常导磁吸式的导向系统与悬浮系统类似,是在车辆侧面安装一组专门用于导向的电磁铁。车体与导向轨侧面之间保持一定间隙。当车辆左右偏移时,车上的导向电磁铁与导向轨的侧面相互作用,使车辆恢复到正常位置。控制系统通过对导向磁铁中的电流进行控制来保持这一侧向间隙,从而达到控制列车运行方向的目的。超导磁斥式的导向系统可以采用以下三种方式构成。

(1) 在车辆上安装机械导向装置实现列车导向。

这种装置通常采用车辆上的侧向导向辅助轮,使之与导向轨侧面相互作用(滚动摩擦)以产生复原力,这个力与列车沿曲线运行时产生的侧向力相平衡,从而使列车沿着导向轨中心线运行。

(2) 在车辆上安装专用的导向超导磁铁。

通过专用导向超导磁铁使之与导向轨侧向的地面线圈和金属带产生磁斥力,该力与列车的侧向作用力相平衡,使列车保持正确的运行方向。这种导向方式避免了机械摩擦,只要控制侧向地面导向线圈中的电流,就可以使列车保持一定的侧向间隙。

(3) 利用磁力进行导引。

由"零磁通量"导向系铺设 8 字形的封闭线圈,当列车上设置的超导磁体位于该线圈的对称中心线上时,线圈内的磁场为零;而当列车产生侧向位移时,8 字形的线圈内磁场为零,并产生一个反作用力以平衡列车的侧向力,使列车回到线路中心线的位置。

3. 推进方式

磁悬浮列车推进系统最关键的技术是把旋转电机展开成直线电机。它的基本构成和作用原理与普通旋转电机类似,展开以后,其传动方式也就由旋转运动变为直线运动。直线电机又分为短定子异步直线电机和长定子同步直线电机两种形式。短定子异步直线电机牵引方式是在车上安装三相电枢绕组、牵引变压器及变流器等全套牵引装置,轨道上安装感应轨作为转子,车辆一般采用接触受流的方式从地面供电系统获取动力电源。这种方式结构比较简单,容易维护,造价低,适用于中低速城市运输及近郊运输以及作为短程旅游线系统;主要缺点是功率偏低,效率低,不利于高速运行。我国的长沙机场线与北京 S1 线磁悬浮列车,以及日本的 HSST 型磁悬浮列车都采用这种推进方式。超导磁斥式磁悬浮采用长定子同步直线电机。其超导电磁体安装在车辆上,在轨道沿线设置无源闭合线圈或非磁性金属板。作为磁浮装置的超导电磁线圈,其为直线同步电机的激磁线圈处于超导状态提供了方便条件。它们可以共存于同一个冷却系统,或者同一线圈同时起到悬浮、导向和推进的作用。德国 TR 系列高速磁浮是在轨道上全线铺设定子线圈(称为长定子),车辆上的悬浮磁铁同时作为直线电机的转子,而所有的牵引供变电、变流控制、开关控制等设备均设在地面上。考虑到定子线圈的电能损耗、反电势等因素,将线路上定子线圈划分为多个区间(称为牵引分区),每个牵引分区均设有完整的牵引供变电系统。仅有列车行经的区间地面牵引系统在工作,列车在跨分区时相邻的牵引分区间进行自动交接。为减少地面牵引设备的数量,牵引分区的长度要尽可能长(长度为 30～50 km)。为进一步减少定子线圈的损耗,又将一个牵引分区划分为多个更短的定子段(通常为数百至 1 千多米),各个定子段通过地面的开关站控制是否接通牵引电流,这样一个牵引分区内仅列车所在的定子段是供电的。为减少列车在段间切换时的冲动,将轨道左右两侧的定子段切换点相互错开,这样就保证同一时刻左右两侧至少一侧定子段是通电工作的。长定子直线电机的优势是牵引功率大、效率比短定子更高,能够实现更高的牵引速度。其缺点是地面设备多,系统复杂,工程造价高。但长定子直线电机是高速和超高速磁浮的必然选择。

4. 性能评价

常导磁悬浮(EMS)列车速度可达 500 km/h,超导磁悬浮(EDS)列车可达 600 km/h。它的高速度使其在 1 000～1 500 km 之间的旅行距离中比乘坐飞机更优越。由于没有轮子、无摩擦等因素,它比目前最先进的高速火车少耗电 30%。在 500 km/h 速度下,每座位/千米的能耗仅为飞机的 1/3 至 1/2,比汽车也少耗能 30%。

相对 EMS,由于 EDS 的超导效应使车辆端线圈电阻为零,因此悬浮所需消耗的电能得到大幅度下降,为经济运行提供了可能。另外,EDS 悬浮间隙大,也增加了系统的安全性[88]。

7.3 轨道交通智能运维的系统架构

只有能够制造智能设备的国家,才能实现设备的智能化运行与维护(运维)。进而可以理解,智能技术制造是我国制造技术转型升级的重要方向,而且与之后续的智能应用技术紧密相关。

一个国家的工业现代化发展方向及技术水平将对轨道交通系统的整体状况产生深远的影响,这也决定了轨道交通综合智能化体系的构建。

我国对轨道交通的投入在不断加大。由于城市轨道交通具有速度快、运量大、耗能小、占地小等特点,成为解决交通运输中客流量大、交通拥堵、速度慢等问题的有效手段,这也促使我国轨道车辆产业进一步向智能制造方向发展。

　　当前,为了保障高铁及城市轨道交通系统的稳定性、安全性与可靠性,轨道车辆的智能技术装备制造是构筑运维智能技术的工业基础,最终才能真正确保系统运行安全性、舒适性与效率的实质性提升。

7.3.1　轨道交通智能技术装备的发展思路

　　我国的轨道车辆系统应当围绕"原始创新、绿色智能"的发展思路,以建设先进的研发体系为目标,基于智能制造、网络信息化等现代化技术,正在全面推进制造技术的转变。

　　轨道交通智能技术装备具体包括车辆动力与相关组配件的实时在线智能监控、数据信息的传输、采集与分析、智能检测、车辆及关键组件寿命预测以及各类辅助安全、管理等功能,还要能够实现系统的自我学习、自我修正。这就涉及机械结构优化设计、高强度且轻质材料的配置、智能传感器等技术的开发与应用。以下以高铁即城市轨道交通为例,阐述智能技术的发展思路。

　　1. 国内外智能高铁发展现状

　　在轨道交通领域新一轮科技革命中,智能化成为世界高铁强国抢占高地的突破口。

　　日本计算机控制铁路(CyberRail)系统通过强大的信息共享功能,让乘客在铁路运输与其他运输之间实现快速便捷的换乘。CyberRail 系统提前获取乘客的个人行程需求,通过智能算法得到最优的旅程安排,实时向乘客推送路径安排和导航信息。同时,可帮助铁路公司优化列车时刻表,实现乘客个性化需求和铁路公司经济指标的统一[89]。

　　德国铁路股份公司提出的"铁路 4.0"发展规划,涉及乘客线路设计、线路使用效率、物流解决方案、检修安排等多个方面。该规划不仅使乘客获得更好的路线安排及换乘体验,而且铁路公司依此可实现高效快捷的运行规划、设施故障的自动诊断、检修计划的自动生成等[90]。

　　法国国家铁路公司提出的数字化铁路(DIGITALSNCF)项目,通过工业互联网、物联网等共享列车、路网、站房三大区域的数据,利用智能搜索、决策等方法,提高企业的生产效率、工作质量等,减少企业生产和运营过程中的能量消耗,并且满足乘客对到站准点率和乘坐舒适性的需求。

　　中国对智能高铁的研究起步较早,不仅成立了专门的研究中心,而且不断推出支持政策。2000 年成立的国家铁路智能运输系统工程技术研究中心,就已提出了中国铁路智能运输系统(railway intelligent transport system,RITS)的总体框架[91]。2006 年,《国家中长期科学和技术发展规划纲要(2006—2020)》提出,要发展交通系统信息化和智能化技术,安全高速的交通运输技术,提高运网能力和运输效率。2015 年,"中国制造 2025"战略提出,要在重点制造领域的关键环节中开展新一代信息技术与制造装备融合的集成创新和工程应用,推进工业智能化应用。2019 年国务院印发的《交通强国建设纲要》明确指出,推广应用交通设备的智能检测和运维技术;推动大数据、互联网、人工智能等新技术与交通行业深度融合。当然,智能高铁不是智能技术与高铁业务的简单叠加,而是先进智能技术与高速铁路装备的深度融合。经过多年测试与实践,现有的大数据、物联网、图像识别、三维成像、机器人等智能技术已经不同程度地在我国高铁系统中得到实际应用[92]。

2. 轨道交通智能技术的更高呈现

以高铁为例,未来乘客在乘坐智能高铁的过程中,不仅能体验安全可靠的智能行车,还能享受舒适便捷的智能服务。

1) 安全可靠的智能行车

智能高铁列车可融合应用感知、诊断、预测和控制算法等功能,智能感知列车与行驶环境的状态。列车通过无线传输装置与地面其他系统,如动车段、运营指挥中心、票务中心等连接,通过车载传感网络等设备获取风级、雨量、雪深、地震、沿线非法侵入等环境和车辆状态信息。列车在运行过程中,以安全性、稳定性和舒适性为控制目标进行优化计算,并与动车组制动技术结合,根据线路限速要求等进行决策判断,实现列车自动驾驶、高效节能运行、事故主动预防、故障快速处置等。

如京张智能高铁利用 CTCS - 3(Chinese train control system - 3)+ATO(automatic train operation)列控系统、北斗卫星导航系统等,在世界上首次实现速度高达 350 km/h 的有人值守自动驾驶。列车在行驶时,司机不再操纵列车,仅需要关注故障应急处置。这样的自动驾驶设计减轻了司机 40% 的压力,大幅提高列车运行效率。通过车载定位、北斗卫星等,不仅实现速度控制精度在 2 km/h 以内,最后停车误差在 10 cm 之内,还节省能量约 15%。此外,京张高铁还具有列车在车站自动发车和停车、车门自动打开、车门和站台门联动控制、车门防夹等功能,给乘客提供更加安全的服务。

2) 舒适便捷的智能服务

为给乘客全程带来"安全、温馨、便捷、绿色"的乘坐体验,高铁智能服务在乘客出行安全服务、乘客资讯信息服务、列车设备智能控制方面进行了开拓创新。

乘客出行安全被视为智能服务的重中之重。图像识别技术在乘客进出安全、行李安全管理、突发事故处理等方面发挥了突出作用。乘客购票后,其个人信息、乘车信息、图像信息等已通过 5G 网络被地面控制中心采集,并由车地无线通信系统传输至进出站、候车系统。乘客可以通过人脸识别技术便捷实现进出站及得到车厢号、座位号引导;残疾人士可根据语音、声光提示等快速找到车厢、座位以及洗手间所在处。行李安全同样是乘客出行时关注的问题。智能高铁车厢配备的数字摄像机采集乘客信息及所带行李的特征,如形状、颜色、数量等,并将这些特征存储在图像控制系统中。一旦发现遗留的行李,图像控制系统先扫描该行李,通过前后图像的特征对比,划出丢失行李的失主范围,并通过票务系统快速查询到丢失行李的失主信息,将行李予以归还。智能服务对车厢内发生的打架斗殴、昏厥晕倒等意外事件也进行了安全监控设计。数字摄像机采集人体手臂、腿、脚等部位的活动信息,通过深度学习,生成不同应用场景的多套人体算法模型,用以判别意外事件的性质,便于及时实施车厢内紧急情况安全管理。另外,智能服务对列车驾驶权限进行科学分级管理,在司机室及特殊区域采用指纹识别或掌纹识别,从而确保列车行车安全。

资讯信息服务的目的是给乘客带来一个快乐的旅程。地面控制中心发出的新闻资讯、行车信息、视频节目、广告等通过车地无线通信系统传输至高铁列车,乘客可通过车厢里的电视装置欣赏到丰富多彩的多媒体节目;通过操作智能高铁上配备的交互式智能终端,乘客可轻松查阅列车运行信息、站点信息、新闻、视频、广告等。乘客还可通过车厢内的 Wifi 热点,实现手机上网,在 App 上进行点餐、查询、购物等。

智能高铁采用智能化技术控制管理车上的多个设备,包括窗户、照明、空调等。高铁列车窗户采用自动调光系统。调光系统位于列车窗户的夹层,可根据外界光线的强弱控制窗户的透光率,最多可达 28%。另外,透光和遮光区域也可由乘客根据自身需要任意调整。目前,此项技术已在京雄高铁列车安装调试。照明系统则采用智能 RGB(红绿蓝)调光技术,能够根据运行状态、车内外环境等对灯具色温、亮度等进行调节,给乘客带来耳目一新的视觉效果[93]。

智能空调系统可根据外界环境自动调节车厢内的温度、湿度等。在严重的雾霾天气,智能空气净化装置将发挥威力,抑制空气中的有毒有害物质,使车厢内的空气保持新鲜。通过智能管理列车系统,车辆内部环境变得更加温馨舒适。

3) 智能运维

有效的运维是高铁列车安全运行、高效运营的重要保障。高铁列车智能运维系统以进一步提高检修效率、减低运维成本、延长列车服务周期、保证运营安全稳定、配合运营企业完成前瞻性规划为目标，采用了以故障预测与健康管理（prognostics and health management，PHM）为核心，集先进感知、云边一体化、智能决策、远程协同等功能于一体的服务架构。

（1）先进感知。

智能运维系统采用更全面的感知覆盖范围、更高精度的感知方法和更智能的感知融合技术，推进多参变量复合传感、无线传感网络等在列车状态监控中的应用，突破了车辆结构空间和复杂监测应用环境的限制，实现列车状态多维度全面感知。例如，线阵相机结合面阵相机构成立体视觉传感器：二维线阵相机实现快速定位，激光器和面阵相机完成轮对、受电弓、接触网、车底设备等的参数测量和健康扫描。

另外，根据列车运行环境，在车辆的不同区域采用不同的感知设备进行探测：利用毫米雷达探测列车轨道线路前方广域有无障碍物；利用激光雷达实现地面特定区域列车运行限界入侵检测、大范围边坡滑坡监测；利用声波分析技术完成钢轨健康状态在线监测。

（2）云边一体化。

支持实时数据处理的边缘端（车载PHM）与支持大规模数据分析、预测、决策的云端（地面PHM）协同，加之整合列车状态、线路特征、轨旁检测、环境等数据，组成了分布式列车状态监控、分析与集中式地决策优化和知识挖掘相融合的智能高铁PHM系统。健康状态洞察和决策参考还可以通过App为高速轨道交通系统的不同部门提供服务，以优化协同、提高效率。

以列车轴箱轴承PHM为例，列车轴箱是车轴与转向架或车体之间的连接装置，其内部装有轴承设备。轴承靠近轮轨接触点，运行环境中有非常大的震动噪声，且早期故障特征非常微弱，因此需要开发先进的信号处理和特征识别算法才能精准预测故障。执行这些算法的计算量很大，如果将原始数据传回远程中心进行分析，则会产生巨大的通信和计算资源成本。智能运维系统云边一体化的功能使大量测试与边缘计算技术结合，车载硬件端完成信号处理与特征提取分析，随后将计算得到的健康特征传输到数据中心，再通过模式识别等机器学习算法进行故障识别。这样，原本每秒传输的内容从上百兆位（Mb）的原始数据就变成了几千位（kb）的特征信息，既满足了数据分析的实时性要求，又降低了数据中心的传输和计算压力。

（3）智能决策。

智能运维系统通过数据分析和故障知识积累，实现了故障的自动诊断识别和部件的健康程度分析；打破定级维修制度，按照部件、系统基于里程、环境及运行状态等维度的维护决策模型,给出不同系统或设备维护周期的智能化调整建议,实现维修任务预测和形成智能化动态调整维护周期,最终形成全面提高系统运行安全、运行效率和降低检修成本的智能化维护方案。同时,连通原本各自独立的自动化系统和信息化系统,自动触发生成任务工单,推动后续维护业务开展;将维护作业的信息反馈给故障分析模块,指导优化后续故障处理流程;进行计划、工艺、配件、质管等全过程智能管理,结合工单执行情况对预测性维修模型进行闭环跟踪并给予反馈,不断验证和优化该模型。

(4)远程协同。

列车在运行中,基于实时故障数据可进行自动筛选,对筛选结果进行相关状态参数分析,甄别故障原因;依据维护和决策知识库,地面支持系统可以及时提供在途应急维修支持,指导随车机械师进行故障应急处置和维修。在维护车间,通过巡检机器人可实时智能感知设施设备的状态,并及时通知作业人员处理,全面提升数据采集精度和检修效率。检修机器人可深入检修人员难以到达的位置,通过高清视觉系统快速扫描检测部分,并将采集到的高清图像数据传回数据中心,数据中心将采集到的图像与"健康"高铁系统的相应图像进行对比分析,从而准确判定列车部件如螺栓、轮对和制动盘等的故障,大幅度缩减人工巡检的工作量。而在制造企业的监控中心,利用先进的信息化、可视化技术的综合监控服务系统能够及时判断产品当前的运行状态,随即向运营单位提供运行建议。检修现场和远程专家等多方协同作业,能够显著提高系统应急处理能力及检修效率。

智能运维系统将高铁列车的配件需求、库存管理、销售出库、配件物流和业务分析监控、人员储备、技术资料等维修分系统串接起来,实现了全国检修资源的统一管理调度,各环节联动性得到进一步增强,运维服务更加快捷高效[94]。

经过多年发展,中国高铁网络领跑全球,形成了一整套具有自主知识产权的技术体系和装备。

7.3.2 轨道交通智能技术愿景

面向未来的轨道交通技术发展趋势和科技创新包括轨道交通车辆安全设计、轨道交通系统主动安全保障、轨道交通智能传感与人工智能技术、高速列车制动系统故障诊断的非平衡分类识别、轨道交通直线电机牵引技术、第三代半导体碳化硅功率器件技术及应用、下一代高铁传动技术及 MMC 的最新发展、列车全自动驾驶技术、地铁智慧供电的探索与新技术的运用、电子灭弧技术在直流开关的应用、热循环期间 IGBT 模块的健康状况监控、GPU 加速智能轨道交通、轨道交通装备智能化等,最终都将转换为现实可行的技术被普及。

1. 城市轨道车辆智能化系统的应用展望

为了深入了解和探索轨道交通车辆的发展方向与应用前景,不断向现代化智能化的最终目标靠拢,根据轨道交通车辆发展方向的几个类型,可分别对其特征进行分析与定义。

传统型系统在生产制造过程中,具有独立运行的数据作业设备及其运作单元,并且已经实现了电子技术数据功能以及自动化网络管理与基本的财务、办公。精细型系统在生产制造过程中,初步实现设备的互联网互通,具有一定的网络数据信息体系与构架;能够实现三维技术及其数学建模,具有相关软件服务、维护网络平台系统;并且在生产流程方面,可实现流畅的衔接与贯通。精益型系统在生产制造的过程中,已经具备了较为完善的网络数据信息与设备的互联网互通体系;可流畅实现三维技术、完成具有生命周期的虚拟仿真任务;构建了设备与网络信息实时互通平台;其各方面的业务流程管理也较为完善。数字化系统在生产制造过程中,其设备的网络数字信息可实现全方位的应用,生产流程中采集数据实时可控,可及时收集数据,工业网络平台功能较为完备;虚拟化生命周期生产制造达到数字化生产阶段,可实现落地;生产制造管理流程以及各方面实现可视化、安全监控。而智能化系统在生产制造过程中,其设备具有完善的自我感知、自我分析、自我学习与决策等功能的智能集成运用;在技术上具有大数据的采集、整理与分析、智能感知与计算、处理能力;其云端网络可与工业网络流畅衔接运行,协调控制管理系统平台,具有自控管理、学习调节、多链条交叉管理等现代化智能化能力。

城市轨道车辆智能化系统的未来发展与应用趋势主要表现在以下几个方面,包括企业重组联盟兼并加快、产业链配置日益全球化、技术"归核化"趋势明显和组配件销售、售后服务比重增大。企业重组联盟兼并的目的在于降低风险与成本,结盟的形式不仅促进技术创新,而且提高了生产能力以及生产效率。产业链配置全球化的意义在于应对复杂多变的市场环境,不同地区需要不同的配置。而技术"归核化",即技术在智能制造中占据核心地位,集中自身优势专注于核心技术的开发,提高了生产制造的灵活性。组配件的销售及其售后服务是整个产业链的下游部分,但这种增值活动同样至关重要,面对竞争激烈的市场环境,服务业重要性的提升是未来发展的趋势。

2. 城市轨道交通的发展趋势

依托"互联网＋交通运输",城市轨道交通也逐步向数字化、网络化、运行自动化、运营智能化方向发展。随着物联网、云计算、大数据、人工智能等技术的飞速发展,可以通过搭建物联网平台统筹车站设备设施管理,构建各类车站应用场景,来实现对城市轨道交通线网的数字化、智能化管理。依托新技术、新设备,列车运行已向场景化的全自动运营转变,车站的乘客服务,如票务服务、资讯服务、客运组织、生活服务等随着智能技术及产业的成熟与应用,也逐步向灵活、多样、便捷、智能化转变;车站的内部管理向科学、高效、精细化转变。

　　未来车站的运营、管理趋向"智慧化",并主要体现在智慧服务、智慧管理两个方面。其中,智慧服务指用智能化科技手段为乘客出行提供"智慧化"的既全面又个性的服务;智慧管理是用智能化设备设施实现车站"自主化"的既高效又安全的管理。近几年,国内几个大城市的轨道交通行业发展,如北京、上海、广州、深圳等地,列车全自动运行、智慧车站建设、依托物联网技术的地铁云应用及其带动的产业创新,正在引领城市轨道交通行业进入一个崭新的阶段。

　　基于大数据平台,城市轨道交通通过地铁 App、智能导向、智能客服,精准服务乘客。线上为乘客提供所需的导线信息及全交通网络的换乘解决方案,使乘客可先在线上客户端拟定乘车方案及明确最优换乘路径,精准化地制订每个乘客的交通解决方案。线下依托站内智能导向、智能客服提供换乘接驳、多种服务信息,结合车站周边的"多功能盒子",满足各类乘客的精准需求。

参 考 文 献

［1］张秀彬.论科创辩证律［M］.香港：中国国际文化出版社,2017.

［2］张秀彬,陆冬良.发明解析论［M］.上海：上海交通大学出版社,2014.

［3］孙小美.路上飞龙——火车发展史［J］.中国科技月报,1998(9)：60-62.

［4］李岳瑞.春冰室野乘［M］.上海：上海世界书局,1922.

［5］魏源.海国图志［M］.长沙：岳麓书社,2011.

［6］李玉.从速度的角度观察近代中国——以轮船、火车为例［J］.暨南学报(哲学社会科学版),2017(11)：105-114.

［7］刊物编辑部.砥砺前行70载辉煌成就耀世界——新中国70年交通运输成绩斐然［J］.交通企业管理,2019,9(12)：1-2.

［8］刊物编辑部.世界十大火车事故［J］.八桂侨刊,2003(4)：56.

［9］世矿.葬身大火为哪般？——埃及特大火车事故纪实［J］.河南消防,2002(4)：12-14.

［10］李健.拯救生命大动脉——江西消防部队"5·23"列车脱轨事故救援纪实［J］.中国消防,2010(11)：6-9.

［11］陈静茜."甬温高铁追尾事故"报道框架解读——以新华网报道为例［J］.新闻传播,2011(11)：74-77.

［12］中国新闻网.美国华盛顿州列车脱轨致3死百人伤［J］.城市轨道交通研究,2018(1)：6.

［13］王伟,李锡文,刘继双.室内GPS的原理与应用［J］.测绘与空间地理信息,2010,33(3)：116-119.

［14］施颖.面向非高斯噪声条件的列车卫星定位完好性监测方法研究［D］.北京：北京交通大学,2019.

［15］王锦.列车运行安全：世界铁路经验［J］.铁路通信信号工程技术,2016,13(2)：103-104.

［16］温志鹏.泥石流冲击作用下车-线-桥系统的动力响应及高速列车运行安全研究［D］.成都：西南交通大学,2019.

［17］侯海英.人为因素对地铁列车运行安全产生的影响及防范措施［J］.经营与管理,2015,22(5)：236-238.

［18］彭亚枫.城轨CBTC系统中间人攻击检测与防御方法研究［D］.北京：北京交通大

学,2018.

［19］陈沛吉.C－V2技术在城市轨道交通协同驾驶中的设计与实现［D］.北京：北京邮电大学,2019.

［20］马小平.轨道交通系统状态监测专用无线传感网资源优化配置方法研究［D］.北京：北京交通大学,2018.

［21］赵薇.我国高铁动车组技术创新机制研究［D］.北京：北京交通大学,2016.

［22］许红珍.无线通信技术在轨道交通通信与信号业务中的应用［J］.中国新通信,2019(8)：1－2.

［23］张秀彬,应俊豪.汽车智能化技术原理［M］.上海：上海交通大学出版社,2011.

［24］张秀彬,应俊豪.智能视感学［M］.北京：中国水利水电出版社,2010.

［25］张秀彬,应俊豪.视感智能检测［M］.北京：科学出版社,2009.

［26］Zhang X B, Muhammad M K. Principles of Intelligent Automobiles［M］. Berlin：Springer，2018.

［27］Ji C G, Zhang X B, Ying J H, et al. PRIC key technologies used in storage yard based on machine vision［J］. WSEAS Transactions on Information Science and Applications，2006，3(7)：1341－1346.

［28］张秀彬,应俊豪,胡志勇,等.安全车距智能检控装置与方法：中国,201010283951.6［P］.2010－9－17.

［29］应俊豪,张秀彬,门蓬涛,等.目标图像自动识别与快速跟踪的方法：中国,200410068030.2［P］.2004－11－11.

［30］应俊豪,张秀彬,吴炯,等.提高目标图像自动识别与跟踪速度的方法：中国,200410089272.x［P］.2004－12－9.

［31］应俊豪,张秀彬,孙志旻,等.降低目标图像自动识别与快速跟踪错判率的方法：中国,200410084298.5［P］.2004－11－18.

［32］Zhang X B, Khan M M. Intelligent Visual Perception Tutorial［M］. Beijing：China Water Conservancy and Hydropower Press，2012.

［33］张秀彬,焦东升,王贺,等.自动识别道路深坑与障碍物的车辆智能装置：中国,200910049885.3［P］.2009－3－12.

［34］张秀彬,焦东升,应俊豪,等.自动识别道路深坑与障碍物的车辆智能方法：中国,200910049884.9［P］.2009－3－12.

［35］李小波,张秀彬,吴浩,等.机车发动机与传动机构异常状态的智能识别装置与方法：中国,201010522633.0［P］.2010－10－27.

［36］张秀彬,管洪法,应俊豪,等.微型超声波传感器：中国,201010109779.2［P］.2010－2－11.

［37］陈鞍龙,吴浩,杜晓红,等.地铁机车电气软制动方法：中国,200610030330.0［P］.2006－8－24.

［38］王炳锡,屈丹,彭煊.试用语音识别基础［M］.北京：国防工业出版社,2005.

［39］朱民,雄闻新.计算机语音技术［M］.北京：北京航空航天大学出版社,2002.

[40] 马鸿飞,樊昌信,宋国乡.基于小波变换和音质模型的音频编码算法研究[J].电子学报, 2000,28(1):26-29.

[41] Cristani M，Bicego M，Murino V. On-line adaptive background modelling for audio surveillance［C］. International Conference on Pattern Recognition，IEEE，2004：399-402.

[42] Shen J L，Hung J W，Lee L S. Robust entropy-based endpoint detection for speech recognition in noisy environments［C］. The 5th International Conference on Spoken Language Processing，Incorporating The 7th Australian International Speech Science and Technology Conference，1998：232-235.

[43] 王琳,李成荣.一种基于自适应谱熵的端点检测改进方法[J].计算机仿真,2010,27 (12):373-375,395.

[44] 张宏睿.车站列车运行安全监测系统异音检测算法研究[D].天津:天津理工大学,2019.

[45] 陈鞍龙,张秀彬,杜晓红,等.基于波形识别的地铁机车牵引电路故障诊断系统:中国, 200610030327.9[P].2006-8-24.

[46] 陈鞍龙,吴浩,杜晓红,等.基于波形识别的地铁机车牵引电路故障诊断方法:中国, 200610030328.3[P].2006-8-24.

[47] 闫夏.人脸识别系统在轨道交通公安通信系统中的应用[J].信息通信,2019,(8): 34-39.

[48] 赵丹.基于几何特征的人脸识别方法研究[D].天津:河北工业大学,2015.

[49] 申杨.基于多特征联合稀疏表示的人脸识别方法[J].信息技术,2019(9):154-162.

[50] 龚昊,伍雪冬,金钊.光照不变特征下的人脸识别改进方法[J].计算机与数字工程,2019, 47(9):2300-2305.

[51] 韩军.基于弹性束图匹配与隐马尔可夫模型的人脸识别算法研究[D].兰州:兰州理工大学,2012.

[52] 彭鑫.基于卷积神经网络的特定场景下人脸识别研究[D].西安:西安理工大学,2019.

[53] 刘楠,刘瑞安,尹宁浩,等.基于深度卷积神经网络的人脸识别[J].软件,2019,40(8): 6-8.

[54] 洪翠,付宇泽,郭谋发,等.改进多分类支持向量机的配电网故障识别方法[J].电子测量与仪器学报,2019,33(1):7-15.

[55] 徐静妹.基于稀疏表示和支持向量机的人脸识别算法若干研究[D].南京:南京邮电大学,2018.

[56] 苏晓伟.基于多分类支持向量机的模式识别研究[J].计算机与数字工程,2015(7):1202-1206.

[57] 孟辉,高德施,李颖,等.基于隐马尔可夫模型的人脸识别[J].中国刑警学院学报,2019 (4):124-128.

[58] 舒弢.人工智能在城市轨道交通的应用[J].辽宁省交通高等专科学校学报,2018,20(6):

25 - 27.

[59] 杨浩.铁路运输组织[M].北京：中国铁道出版社,2011.

[60] 周明,孙树栋.遗传算法原理及应用[M].北京：国防工业出版社,1996.

[61] 云庆夏.进化算法[M].北京：机械工业出版社,2000.

[62] 任向达.高速铁路列车运行图编制方法研究[D].石家庄：石家庄铁道大学,2018.

[63] Vuchic V. Urban Transit Systems and Technology[M]. New York：John Wiley & Sons, Inc., 2007.

[64] 王涛.基于节能视角的高速铁路列车调度指挥策略与方法研究[D].北京：中国铁道科学研究院,2014.

[65] 杨光.地铁系统能量优化与随机扰动时刻表实时重建算法研究[D].上海：上海交通大学,2019.

[66] 弓剑.各类电子式计轴设备工程应用浅析[J].铁道通信信号,2011,47(6)：34 - 37.

[67] 邱雁卿.基于不稳定网络环境的电话闭塞辅助行车系统[D].广州：华南理工大学,2015.

[68] 田爽,魏文渊.用人工智能构建公共全智能化监测预警与控制体系[J].中国安防,2017(8)：102 - 106.

[69] 耿直.公安视频图像特征智能分析系统[D].哈尔滨：黑龙江大学,2018.

[70] 丁冬兵.智能声纹识别方法研究[D].武汉：长江大学,2019.

[71] 张秀彬.热工测量原理及其现代技术[M].上海：上海交通大学出版社,1975.

[72] 张秀彬,朱晓乾,陈惕存,等.交通协管辅助电子控制装置：中国,200710037035.2[P].2007 - 2 - 1.

[73] 郭进,张秀彬,应俊豪.站台屏蔽门智能控制系统：中国,200710045171.6[P].2007 - 8 - 23.

[74] 张秀彬,应俊豪,郭进.站台屏蔽门智能控制方法：中国,200710045172.0[P].2007 - 8 - 23.

[75] 张秀彬,应俊豪,张筱,等.公交专座智能提示装置与方法：中国,201010501545.2[P].2010 - 10 - 11.

[76] 林鸿,王林美,魏艳萍.关于欧盟 Shift 2Rail 计划的研究[J].国外铁道车辆,2019,56(1)：11 - 16.

[77] 阿彦雄一日,曲长萍,张静.N700S 确认试验车的开发[J].国外铁道机车与动车,2017(6)：24 - 26.

[78] 苏晓声.高速列车 N700S 确认试验车[J].现代城市轨道交通,2019(4)：79 - 83.

[79] 林国斌,连级三.日本磁悬浮高速铁路发展情况及山梨试验线的技术与系统特点[J].机车电传动,1998(4)：7 - 10.

[80] 缪炳荣,张卫华,池茂儒,等.下一代高速列车关键技术特征分析及展望[J].铁道学报,2019(3)：58 - 70.

[81] 严陆光.关于我国高速磁悬浮列车发展战略的思考[J].中国工程科学,2002,4(12)：40 - 46.

[82] 张瑞华,严陆光,徐善纲,等.一种新的高速磁悬浮列车——瑞士真空管道高速磁悬浮列

车方案[J].变流技术与电力牵引,2004(1):44-46.

[83] 沈志云.关于我国发展真空管道高速交通的思考[J].西南交通大学学报,2005,40(2):133-137.

[84] 冯仲伟,方兴,李红梅,等.低真空管道高速磁悬浮系统技术发展研究[J].中国工程科学,2018,20(6):105-111.

[85] 杨杰,石恒,胡海林,等.单点悬浮系统的自抗扰控制算法[J].兵器装备工程学报,2020,41(4):167-171.

[86] 王延安,陈世元,苏战排.EMS式与EDS式磁悬浮列车系统的比较分析[J].铁道车辆,2001,39(10):17-20.

[87] 于子良,任坤华,许文天.高速轨道交通发展趋势[J].装备制造技术,2020(3):230-240.

[88] 史天运,张洪宇,贾利民.日本铁路智能运输系统(RITS)CyberRail框架及研究现状[J].中国铁道科学,2003,24(6):82-88.

[89] 聂宁,官科,钟章队.德国铁路4.0战略[J].中国铁路,2017(5):86-90.

[90] 王同军.中国智能高铁发展战略研究[J].中国铁路,2019(1):9-14.

[91] 梁建英.开启智能化轨道交通装备新时代[J].科学,2020,72(2):17-22.

[92] 张秀彬,应俊豪,程远,等.电视摄像色彩智能化自动调节方法:中国,200810201622.5[P].2008-10-23.

[93] 孙章."复兴号"开启中国铁路新时代[J].科学,2017,69(6):22-24.

[94] 孙章.从高铁先进技术的追赶者到引领者——中国高铁技术的创新之路[J].科学,2016,68(6):27-31.

索　引